著作権法入門

2023 - 2024

文化庁 編著

CRIC
著作権情報センター

目　　次

《解説編》

1．はじめに …………………………………………………… 1

2．知的財産権について ……………………………………… 2

3．著作権制度の沿革 ………………………………………… 3

4．著作権制度の目的 ………………………………………… 5

5．「著作物」とはなにか
　（1）「著作物」とは ……………………………………… 6
　（2）保護を受ける著作物 ……………………………… 7
　（3）著作物の種類 ……………………………………… 8

6．だれが「著作者」となるのか
　（1）「著作者」とは ……………………………………… 11
　（2）法人著作（職務著作）……………………………… 11
　（3）映画の著作物の著作者 …………………………… 12

7．「著作権」とはどのような権利か
　（1）「著作者の権利」の概要 …………………………… 14
　（2）著作者人格権 ……………………………………… 16
　（3）著作権（財産権）………………………………… 19

8．著作隣接権～俳優や演奏家など，作品を伝達する者の権利～
　（1）「著作隣接権」とは ………………………………… 31
　（2）「実演家の権利」の概要 …………………………… 32
　（3）実演家人格権 ……………………………………… 34
　（4）実演家の財産権 …………………………………… 35
　（5）「レコード製作者の権利」の概要 ………………… 41
　（6）レコード製作者の権利（財産権）………………… 42
　（7）「放送事業者の権利」の概要 ……………………… 45

（8）放送事業者の権利（財産権）　………………………………　46

（9）「有線放送事業者」の権利の概要　……………………………　48

（10）有線放送事業者の権利（財産権）　…………………………　49

9．著作権はいつまで存続するのか

（1）「著作者人格権」及び「著作権（財産権）」の保護期間

　　……………………………………………………………………　51

（2）「実演家人格権」及び「著作隣接権（財産権)」の保護期間

　　………………………………………………………………………　60

10．著作物を創作した場合の注意点　………………………　62

11．他人の著作物を利用したい場合　………………………　65

12．外国の著作物等の保護

（1）著作権関係条約の原則　………………………………………　77

（2）海賊版対策　……………………………………………………　78

13．著作者の権利の制限（許諾を得ずに利用できる場合）

（1）「著作者の権利の制限」とは　………………………………　82

（2）著作者の権利の制限の内容　…………………………………　85

14．著作権が「侵害」された場合の対抗措置

（1）対抗措置の種類　………………………………………………　126

（2）「刑事」の対抗措置　…………………………………………　126

（3）「民事」の対抗措置　…………………………………………　129

（4）著作権の侵害とみなされる行為　……………………………　130

（5）紛争解決あっせん制度　………………………………………　134

15．登録制度について

（1）登録の種類と効果　……………………………………………　136

（2）登録の手続　……………………………………………………　137

16．その他

（1）肖像権，パブリシティ権　……………………………………　139

（2）プロバイダ責任制限法　……………………………………　139

参考資料１．著作権及び著作隣接権関係条約の内容　…………　142

参考資料２．文化庁が提供する著作権教育教材等　……………　146

索引　………………………………………………………………　147

《法令編》

１．著作権法　………………………………………………………　153

２．著作権法施行令　………………………………………………　334

３．著作権法施行規則　……………………………………………　397

４．プログラムの著作物に係る登録の特例に関する法律　……　439

５．万国著作権条約の実施に伴う著作権法の特例に関する法律
　　………………………………………………………………………　450

６．連合国及び連合国民の著作権の特例に関する法律　………　455

７．著作権等管理事業法　…………………………………………　458

８．映画の盗撮の防止に関する法律　……………………………　476

参考資料．著作権関係条約締結状況　……………………………　478

　《解説編》は，文化庁が作成した「著作権テキスト－令和５年度版－」に依っています。

　《法令編》は，2024年１月１日時点で施行されている条文を掲載しています。また，公布されているもののこの時点で未施行の条文は，罫線で囲んで掲載しています。

《 解 説 編 》

1 はじめに

　近年，デジタル化・ネットワーク化の急速な進展により，誰もが
著作物を創作し，流通させることができるようになりましたが，そ
の一方で，他人の著作物を無断でコピーし，配信する違法な海賊版
サイトが数多く存在し，深刻な問題となっています。また最近では，
NFT やメタバース，人工知能（AI）といった新たな技術やそれを
活用したサービス等が生み出され，著作権を取り巻く環境は大きく
変化しています。

　著作物は無体物であり，多様な形態によって流通されています。
デジタル化された著作物の場合，コピーや改変が簡単に行えるため，
これらの行為に著作権が及ぶということが実感しづらいものです
が，著作物が完成するまでに多くの人たちが関わり，一つ一つの表
現に創作者の想いが込められているということを忘れてはなりませ
ん。

　また，通信技術の発達により，出版物，CD，映像ソフト等の流
通手段によらない形態で著作物が流通するようになったことは，著
作物の利用機会を拡大させ，権利者に利益をもたらす可能性がある
反面，権利者を探し出すことが難しい状況になっています。そのた
め，創作者は，著作物の公表に際して，自らの意思を明確に示すこ
とが求められています。

　このように，権利者は利用者の立場に立ち，利用者は権利者の立
場に立って，著作物等の「利用円滑化」と「権利保護・適切な対価
還元」により，コンテンツ創作の好循環を最大化させていくことが
必要とされています。

　誰もが著作物の創作者や利用者になり得る今日の社会において，
「著作権」は全ての国民に関係する身近な権利であり，著作権制度
について正しく理解し，著作権に関する意識を持つことが必要不可
欠となっているのです。

2 知的財産権について

「知的財産権」とは，知的な創作活動によって何かを創り出した人に対して付与される「他人に無断で利用されない権利」であり，これには以下のようなものが含まれます。なお，同じものを意味する用語として，「知的所有権」や「無体財産権」という用語が使われることもあります。

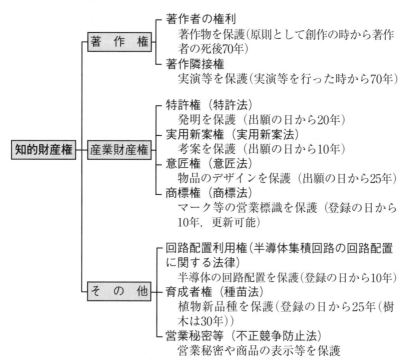

これらの権利のうち産業財産権等は，権利を取得するために「申請」「登録」などの手続が必要ですが，著作権は，こうした手続を一切必要とせず，著作物が創られた時点で「自動的」に付与するのが国際的なルールとされています（権利取得のための「登録制度」などは禁止）。これを「無方式主義」といいます。

3 著作権制度の沿革

　著作権の保護の歴史は非常に古く，15世紀中頃の印刷術の発明に始まるといわれ，ヨーロッパ諸国では18世紀から19世紀にかけて，著作権の保護に関する法律が作られました。また，多くの国々が陸続きで接し合うヨーロッパでは，著作権は国を越えて保護しなければ意味がないため，19世紀後半から，ヨーロッパ各国の間で，二国間条約による相互保護が行われ，その後，明治19（1886）年9月9日，10カ国がスイスのベルヌに集まり，いわゆる「ベルヌ条約（文学的及び美術的著作物の保護に関するベルヌ条約）」が作成されました。

　我が国の著作権法制は，「図書を出版する者」を保護する規定を持つ「出版条例」（明治2（1869）年）が，その先駆と考えられています。近代的な著作権法を備えたのは，明治32（1899）年に「著作権法」（いわゆる「旧著作権法」，以下「旧法」。）を制定したときであり，この年同時に，著作権保護の基本条約である「ベルヌ条約」を締結しました。

　旧法は，数度の改正がなされましたが，昭和45（1970）年に至って全面改正が行われ，現在の著作権法が制定されました。

　近年，デジタル化・ネットワーク化の進展により，誰もが簡単に著作物を創作し利用できる環境になり，社会は大きく変化しています。最近では，このようなデジタル化・ネットワーク化への対応や国際ルール（条約）により定められた保護水準への適合など，著作権等の適切な保護と利用の円滑化を図るための制度の見直しが行われています。

〔参考〕近年の著作権法改正

令和5年改正	・新たな裁定制度の創設 ・行政手続等に係る権利制限規定の整備 ・損害賠償額算定方法の見直し
令和4年改正	・裁判手続きに係る権利制限規定の整備
令和3年改正	・図書館関係の権利制限規定の見直し ・放送番組のインターネット同時配信等に係る権利処理の円滑化
令和2年改正	（インターネット上の海賊版対策の強化） ・リーチサイト対策 ・侵害コンテンツのダウンロード違法化 （その他の改正事項） ・写り込みに係る権利制限規定の対象範囲の拡大 ・行政手続に係る権利制限規定の整備（地理的表示法・種苗法関係） ・著作物を利用する権利に対する対抗制度の導入 ・著作権侵害訴訟における証拠収集手続の強化 ・アクセスコントロールに関する保護の強化 ・プログラムの著作物の同一性証明制度の創設

4 著作権制度の目的

> 第1条（目的）
>
> 　この法律は，著作物並びに実演，レコード，放送及び有線放送に関し著作者の権利及びこれに隣接する権利を定め，これらの文化的所産の<u>公正な利用</u>に留意しつつ，著作者等の<u>権利の保護</u>を図り，もつて<u>文化の発展に寄与</u>することを目的とする。

　著作物は人間の知的・精神的活動の所産であり，文化の形成とその発展の基盤をなすものであるため，<u>著作物等の無許諾利用を防止</u>できるよう創作者の権利を保護する必要がある一方，<u>公益性の高い利用等，一定の場合には，広くその活用の道を開いて社会一般の利用に供する</u>ことが必要です。

　このため，著作権法では，著作物を創作した者に権利を付与するとともに，著作物の公正な利用を図るための調整規定を数多く取り入れています。

　このように，著作権法は，適切な権利保護によって「<u>創作の促進</u>」を図り，権利の制限によって「<u>公正な利用</u>」を確保することで，「<u>文化の発展に寄与</u>」することを目的としています。

5 「著作物」とはなにか

（1）「著作物」とは

> 第2条（定義）
> 　一　著作物　思想又は感情を創作的に表現したものであっ
> 　　て，文芸，学術，美術又は音楽の範囲に属するものをいう。

著作権法では，著作物は，
- (a) **思想又は感情を**
- (b) **創作的に**
- (c) **表現したものであつて**
- (d) **文芸，学術，美術又は音楽の範囲に属するもの**

と定義されています。

　具体的にどのようなものが著作物であるのかは，8ページの表に例示されていますが，これらはあくまでも例示であって，著作物はこれだけに限りません。

　上記の定義にあてはまるもの（以下の要件をすべて満たすもの）は，8ページの表に掲げられていないものであっても，著作物に該当することになります。

- (a) **「思想又は感情」を**

　　「東京タワーの高さ：333メートル」といった「単なる事実やデータ」など（人の思想や感情を伴わないもの）が著作物から除かれます。

- (b) **「創作的」に**

　　他人の作品の「模倣品」など（創作が加わっていないもの）が著作物から除かれます。また，「ありふれたもの」（誰が表現しても同じようなものになるもの）も創作性があるとはいえません。

- (c) **「表現したもの」であつて**

「アイデア」など（表現されていないもの）が著作物から除かれます（ただし，アイデアを解説した「文章」は，表現されているため著作物になり得ます）。

(d) **「文芸，学術，美術又は音楽の範囲」に属するもの**

「工業製品」などが著作物から除かれます。

注 「特許権」は「アイデア」を保護し，「著作権」は「表現」を保護しています。このため，例えば，ある「薬」の製法について特許権が付与されている場合，1）その製法に従って，その薬を「製造・販売」すること（アイデアの利用）は，特許権の侵害となりますが，2）その製法を書いた「論文をコピー」することは，「表現」を利用しているため，「著作権」の侵害になります。

（2）保護を受ける著作物

我が国の著作権法によって保護を受ける著作物（無断で利用してはいけない著作物）は，次のいずれかに該当するものです（第6条）。

(イ) **国籍条件**：日本国民が創作した著作物

(ロ) **発行地条件**：最初に日本国内で発行（相当数のコピーが頒布）された著作物（外国で最初に発行されたが発行後30日以内に国内で発行されたものを含む）

(ハ) **条約の条件**：条約により我が国が保護の義務を負う著作物

また，次の著作物については，著作権が及びません（第13条）。

(i) 憲法その他の法令（地方公共団体の条例，規則を含む。）

(ii) 国，地方公共団体又は独立行政法人・地方独立行政法人の告示，訓令，通達など

(iii) 裁判所の判決，決定，命令など

(iv) (i)から(iii)の翻訳物や編集物（国，地方公共団体又は独立行政法人・地方独立行政法人が作成するもの）

（3）著作物の種類

①　一般の著作物

　　著作物の定義については，前述しましたが，著作権法では，次の表に掲げられているように，著作物の種類を例示しています（第10条）。なお，事実の伝達にすぎない雑報及び時事の報道は，著作物に該当しません（第10条第2項）。

言語の著作物	講演，論文，レポート，作文，小説，脚本，詩歌，俳句など
音楽の著作物	楽曲，楽曲を伴う歌詞など
舞踊，無言劇の著作物	日本舞踊，バレエ，ダンス，舞踏，パントマイムの振り付け
美術の著作物	絵画，版画，彫刻，マンガ，書，舞台装置，茶碗，壺，刀剣等の美術工芸品
建築の著作物	芸術的な建築物
地図，図形の著作物	地図，学術的な図面，図表，設計図，立体模型，地球儀など
映画の著作物	劇場用映画，アニメ，ビデオ，ゲームソフトの映像部分などの「録画されている動く影像」
写真の著作物	肖像写真，風景写真，記録写真など
プログラムの著作物	コンピュータ・プログラム

　　著作物として保護されるためには，「映画の著作物」を除き，「固定」（録音，録画，印刷など）されている必要はありませんので，「原稿なしの講演」や「即興の歌」なども保護の対象となります。

②　二次的著作物

　　ある外国の小説を日本語に「翻訳」した場合のように，原作に新たな創作性を加えて創られたものは，原作となった著作物

とは別の著作物として保護されます。このような著作物は,「二次的著作物」と呼ばれています。小説を「映画化」したもの,既存の楽曲を「編曲」したものなども二次的著作物に該当します（第2条第1項第11号,第11条）。

　なお,二次的著作物の創作に当たっては,原作の著作者の了解が必要です。また,第三者が二次的著作物を利用する場合,「二次的著作物の著作者」の了解のほか,「原作の著作者」の了解も得ることが必要です（29ページ参照）。

③　編集著作物とデータベースの著作物

　詩集,百科事典,新聞,雑誌のような「編集物」のうち,どのようなものを選択し,どのような順序で配列するかといった点について創作性があるものは,そこに収録されている個々の著作物とは別に,全体が「編集著作物」として保護されます（第12条）。

　したがって,編集物全体を利用する場合は,個々の著作物すべての著作権者の了解を得るとともに,編集著作物の著作権者の了解も得なければなりません。

　このような編集物のうち,コンピュータで検索できるものを「データベースの著作物」といいます（第2条第1項第10号の3,第12条の2）。

　なお,編集著作物やデータベースの著作物の個々の素材は,著作物の場合もあれば,単なるデータ等の場合もあります。

④　共同著作物

　2人以上の者が共同して創作した著作物であって,その各人の寄与分を分離して個別に利用できないものを「共同著作物」と呼びます（第2条第1項第12号）。具体的には,誰がどこを分担すると決めずに共同で書いた場合など,それぞれの人が書いた（創作した）部分を明確に区別できない場合のことです。一方,第1章はAさん,第2章はBさんと分担するところを

定めて書いた場合はこれに当てはまりません。

　なお，共同著作物は，原則として，全員が共同で（全員一致の意思により）その権利を行使することとされており（第64条第1項，第65条第2項），著作権の保護期間は，最後に死亡した著作者の死亡時から起算されます（第51条第2項）。

6 だれが「著作者」となるのか

（1）「著作者」とは

第2条（定義）
　二　著作者　著作物を創作する者をいう。

　著作者とは，「著作物を創作する者」のことです（第2条第1項第2号）。小説家や画家，作曲家などの「創作活動を職業とする人」に関わらず，作文・レポートなどを書いたり，絵を描いたりすれば，創作した時点でその人が著作者になります。上手いか下手かということや，芸術的な価値などといったことは，一切関係ありません。

　経済的な価値を伴って利用されないと意識しづらいかもしれませんが，手紙やスマートフォンで撮影した写真など，私たちが日常生活で作成したものも，定義さえ満たせば著作物となるのです。

　そして，前述のとおり，著作物を創作すれば，その時点で創作者に対して著作権が自動的に与えられます。

　なお，著作者とは「著作物を創作する者」のことであるため，著作物の創作を他人や他社に委託（発注）した場合は，料金を支払ったかどうか等にかかわりなく，実際に著作物を創作した「受注者側」が著作者となります。このため，発注者側が納品後にその著作物を利用（例：自社のコピー機による増刷など）するためには，そのための契約をあらかじめ交わしておくことが必要になります。

（2）法人著作（職務著作）

　著作者になり得るのは，通常，実際の創作活動を行う個人（自然人）ですが，創作活動を行う個人以外が著作者となる場合が法律により定められています。例えば，新聞記者によって書かれた新聞記事や，公務員によって作成された各種の報告書などのように，会社

や国の職員などによって著作物が創作された場合などは，その職員が著作者となるのではなく，会社や国が著作者となる場合があります（第15条）。

しかし，会社や国の職員などが創作した著作物のすべてについて，会社や国などが著作者になるわけではありません。次に掲げる要件をすべて満たす場合に限り，会社や国などが著作者になります（なお，プログラムの著作物については，公表されない場合も多いため，(d)の要件を満たす必要はありません）。

(a) その著作物をつくる「企画」を立てるのが法人その他の「使用者」（例えば，国や会社など。以下「法人等」という）であること

(b) 法人等の「業務に従事する者」が創作すること

(c) 「職務上」の行為として創作されること

(d) 「公表」する場合に「法人等の著作名義」で公表されるものであること

(e) 「契約や就業規則」に「職員を著作者とする」という定めがないこと

注　著作権法上の「法人」について

　著作権法上の「法人」には，「法人格を有しない社団又は財団で代表者又は管理人の定めがあるもの」を含むこととされています（第2条第6項）。このため，自治会，PTAのような団体も著作者となる場合があります。

（3）映画の著作物の著作者

　「映画の著作物」については，「プロデューサー」，「監督」，「撮影監督」，「美術監督」など，映画の著作物の「全体的形成に創作的に寄与した者」が著作者となります（第16条）。原作，脚本，映画音楽など，映画の中に「部品」などとして取り込まれている著作物の

著作者は，全体としての「映画」の著作者ではありません。映画を利用するときには，これらの「部品」なども同時に利用されるため，これらの人々の了解も得ることが必要です。

7 「著作権」とはどのような権利か

（1）「著作者の権利」の概要

第17条（著作者の権利）

　　著作者は，次条第1項，第19条第1項及び第20条第1項に規定する権利（以下「著作者人格権」という。）並びに第21条から第28条までに規定する権利（以下「著作権」という。）を享有する。

2　著作者人格権及び著作権の享有には，いかなる方式の履行をも要しない。

　著作者の権利は，他人が「無断で○○すること」を止めることができる権利であり，大きく分けると「著作者人格権」と「著作権（財産権）」の2つで構成されています。

　「著作者人格権」は著作者の精神的利益を守る権利であり，「著作権（財産権）」は著作者の財産的利益を守る権利です。

　著作権法には「著作権」という名称の権利は規定されておらず，複製，上演，演奏，公衆送信といったように利用形態ごとに権利が規定されています。

　このため，複製，上演，演奏，公衆送信などの利用の都度，著作権が及ぶということを理解しておくことが重要です。

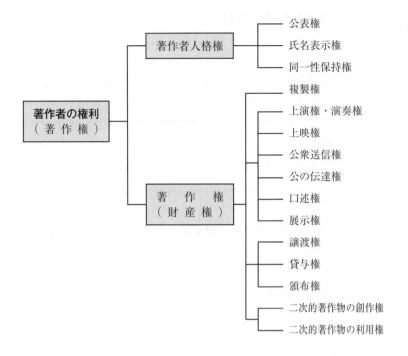

① 著作者人格権と著作権（財産権）の違い

	権利の概要	権利の移転等
著作者人格権	著作者の精神的利益を守るための権利	著作者に専属する権利であるため，譲渡はできない（第59条）
著作権（財産権）	著作者の財産的利益を守るための権利	土地の所有権などと同様，譲渡や相続することが可能（第61条）

② 映画の著作物の権利

映画の著作物については，映画製作者が巨額の製作費を投入し，多数の関係者の参画によって完成する特殊性を踏まえ，全ての関係者に権利行使を認めると映画の円滑な流通を阻害することとなるため，「著作者の権利」のうち「財産権」については，監督等の著作者から映画会社に移ることが法定されています（第 29 条）。

映画の著作物の場合，「著作者人格権」と「財産権」がどのように帰属するかについては，創作の実態によって以下のようになります。

㈠ 個人が自分だけで「映画の著作物」を創った場合

その人が著作者となり，「著作者の権利」の全部（「著作者人格権」「財産権」）を持つことになります。

㈡ 映画会社が，社員だけで「映画の著作物」を創った場合

「法人著作」（11 ページ参照）となり，映画会社が「著作者の権利」の全部（「著作者人格権」「財産権」）を持つことになります。

㈢ 映画会社が，外部の監督等に依頼して「映画の著作物」を創った場合

映画の著作物については，「著作者の権利」のうち「財産権」の部分が，自動的に監督等の著作者から映画会社に移ることとされており（第 29 条），このため，映画会社が「財産権」を持ち，監督等は「著作者人格権」のみを持つことになります。

（2）著作者人格権

① 公表権

第 18 条（公表権）
　著作者は，その著作物でまだ公表されていないもの（その

同意を得ないで公表された著作物を含む。以下この条におい
て同じ。）を公衆に提供し，又は提示する権利を有する。当
該著作物を原著作物とする二次的著作物についても，同様と
する。

2～4（略）

　「公表権」は，まだ公表されていない自分の著作物について，
それを「公表するかしないかを決定できる権利」（無断で公表
されない権利）です（第18条第1項）。

　ただし，「未公表の著作物」の「著作権（財産権）」を譲渡し
た場合や，「未発表の美術又は写真の著作物の原作品」を譲渡
した場合には，著作物の公表に同意したものと推定されます（第
18条第2項）。

　また，情報公開法や公文書管理法の円滑な運用の観点から，
情報公開法等による開示決定までに開示に同意しない旨の意思
表示をしていない場合には，情報公開法等の規定により開示す
ること等に同意したものとみなされる旨の規定等が置かれてい
ます。

②　氏名表示権

第19条（氏名表示権）
　著作者は，その著作物の原作品に，又はその著作物の公衆
への提供若しくは提示に際し，その実名若しくは変名を著作
者名として表示し，又は著作者名を表示しないこととする権
利を有する。その著作物を原著作物とする二次的著作物の公
衆への提供又は提示に際しての原著作物の著作者名の表示に
ついても，同様とする。

2～4（略）

　「氏名表示権」は，自分の著作物を公表する時に，「著作者名

を表示するかしないか」，表示するとすれば「実名（本名）」か
「変名（ペンネーム等）」かなどを決定できる権利です（第19
条第1項）。

　ただし，著作物の利用目的や態様に照らし，著作者が創作者
であることを主張する利益を害するおそれがないと認められる
ときは，公正な慣行に反しない限り，著作者名の表示を省略す
ることができます。例えば，ホテルのロビーでBGMを流す場
合に，作曲者名をアナウンスする必要はありません（第19条
第3項）。

③　同一性保持権

第20条（同一性保持権）

　著作者は，その著作物及びその題号の同一性を保持する権
利を有し，その意に反してこれらの変更，切除その他の改変
を受けないものとする。

2（略）

　「同一性保持権」は，自分の著作物の内容や題号を，自分の
意に反して無断で「改変（変更・切除等）」されない権利です（第
20条第1項）。

　ただし，教科用図書や教科用代替教材等への掲載，教科用拡
大図書等の作成，学校教育番組の放送等において，学校教育の
目的上やむを得ないと認められる改変，建築物の増改築等につ
いて本規定の適用を除外しているほか，コンピュータ・プログ
ラムのバグの修正やバージョンアップなどの修正・機能追加等
については，プログラムの特殊性に鑑み，同一性保持権は適用
しないこととされています。

　その他，著作物の性質やその利用の目的・態様に照らしてや
むを得ないと認められる場合は除かれます（第20条第2項）。
例えば，印刷機の性能の問題で色がうまく出ないとか，「歌手

の歌が下手」などという場合がこれに当たります。

（3）著作権（財産権）

①　複製権

第21条（複製権）
　著作者は，その著作物を複製する権利を専有する。

　「複製権」は，著作者に与えられた最も基本的な権利であり，全ての著作物が対象となります。手書き，印刷，写真撮影，複写，録音・録画，パソコンのハードディスクやサーバーへの蓄積など，その方法を問わず，著作物を「形のある物に再製する」（コピーする）ことに関する権利で，このような行為を行えば，著作者の複製権が働きます（第21条）。また，「生」の講演を録音，筆記したり，「生」の楽曲等を録音するような行為もこの複製権が働きます。

　なお，脚本等の演劇用の著作物の場合は，それが上演・放送されたものを録音・録画することも，複製に当たります。また，建築の著作物に関しては，その「図面」に従って建築物を作ることも，建築の著作物の複製に当たります（建築に関する図面自体は，「図形の著作物」として保護されます）。

②　上演権・演奏権

第22条（上演権及び演奏権）
　著作者は，その著作物を，公衆に直接見せ又は聞かせることを目的として（以下「公に」という。）上演し，又は演奏する権利を専有する。

　「上演権・演奏権」は，無断で著作物を公衆向けに「上演」（演

劇等の場合）や「演奏」（音楽の場合）されない権利であり，このような行為を行えば，著作者の上演権や演奏権が働きます（第22条）。この上演・演奏には，「生」の上演・演奏だけでなく，CD や DVD などの「録音物・録画物から音楽や演劇等を再生すること」にも権利が働きます。

　上演権・演奏権は「公衆に直接見せ又は聞かせることを目的として」行われる場合に権利が働きます（次頁以降，「公に」とあるのは，「公衆に直接見せ又は聞かせることを目的として」の意味）。観客の目の前で演奏等を行う場合が「直接」の典型的なケースですが，例えば，観客がいないスタジオで演奏行為が行われ，その演奏を離れた場所にあるホールの観客に聞かせたりすることも「直接」の概念に含まれます。

　また，第22条以下の利用に関する権利については，「公衆」に対する行為の場合に権利が働きます。ただし，著作権法上の「公衆」は，一般的な「公衆」の概念とは異なるため，注意が必要です。

注　「公衆」とは

　著作権法の「公衆」には，「不特定の者」のほか「特定かつ多数の者」も含まれます（第2条第5項）。

	少数の者	多数の者
特定の者	公衆ではない	公衆
不特定の者	公衆	公衆

　相手が「一人」であっても，「誰でも対象となる」ようなサービスを行えば，「不特定の者」に対するサービスとして，公衆向けと評価されます。

　例えば，一人しか入れない電話ボックス程度の大きさの箱の中でビデオを上映している場合，「1回に入れるのは一人だが，順番を待って100円払えば誰でも入れる」というときは，「公衆向けに上映した」ことになります。また，ファックス送信などの場合，1回の送信は「一人向け」だが，「申込みがあれば誰にでも送信する」

というサービスを行うと「公衆向けに送信した」ことになります。さらに，一つしかない複製物を「譲渡」「貸与」するような場合，「特定の一人」に対して，「あなたに見て（聞いて）欲しいのです」と言って渡す場合は「公衆」向けとはなりませんが，「誰か欲しい人はいませんか？」と言って希望した人に渡した場合には，「不特定の者」＝「公衆」向けということになります。

「特定かつ多数の者」を「公衆」に含めているのは，「会員のみが対象なので，不特定の人向けではない」といった脱法行為を防ぐためです。なお，何人以上が「多数」かについては，著作物の種類や利用態様によって異なり，一概に何人とはいえません。

一方，「特定少数の者」の例としては，「電話で話しているときに歌を歌う」とか「子どもたちが両親の前で劇をする」といった場合がこれに当たり，こうした場合には著作権は働きません。

③ 上映権

第22条の2（上映権）
　著作者は，その著作物を公に上映する権利を専有する。

「上映権」は，著作物を，映写機等を用いて公衆向けに「上映」する（スクリーンやディスプレイに映し出す）ことに関する権利であり，このような行為を行えば著作者の上映権が働きます（第22条の2）。

この権利は，映画の著作物に限らず，美術，言語，写真などの著作物が対象となりますが，有線か無線かを問わず，著作物をスクリーンやディスプレイ画面等に映し出すような行為が該当します。例えば，インターネットを通じて動画や静止画を入手し，一旦パソコン内に「固定」した後，ディスプレイ上に映し出して公衆に見せる行為も上映に当たります。

④ 公衆送信権・公の伝達権

第23条（公衆送信権）

　著作者は，その著作物について，公衆送信（自動公衆送信の場合にあつては，送信可能化を含む。）を行う権利を専有する。

2　著作者は，公衆送信されるその著作物を受信装置を用いて公に伝達する権利を専有する。

　「公衆送信権」は，放送，有線放送，インターネット等，著作物を公衆向けに送信することに関する権利です（第23条）。このような行為を行えば，著作者の公衆送信権が働きます。

　公衆向けであれば，無線・有線を問わず，あらゆる送信形態が対象となり，具体的には次の図のような行為が該当します。

放送

　情報が，常に受信者の手元まで無線で送信されており，受信者がチャンネルを合わせることで視聴できる送信形態です。

チャンネル
を合わせる

無線通信
（常に情報が受信者の手元まで送信）

放送事業者

有線放送

　情報が，常に受信者の手元まで有線で送信されており，受信者がチャンネルを合わせることで視聴できる送信形態です。

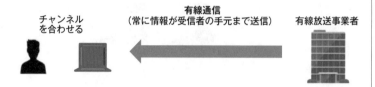

自動公衆送信

　インターネットのように，受信者がアクセスした情報だけが手元に送信されるような送信形態です。自動公衆送信装置（サーバー等）の内部に情報が蓄積されるウェブサイトのような「蓄積型」と，自動公衆送信装置への蓄積を伴わないウェブキャストのような「入力型」に分けられ，蓄積・入力された情報は，受信者からアクセスがあり次第，自動的に送信されるため，「自動公衆送信」と呼ばれています。

　また，送信の準備段階として，送信される状態に置く行為（いわゆる「アップロード」等）を「送信可能化」と定義しており，アップロードも「自動公衆送信」に含まれます。したがって，受信者への送信が行われていなくても，無断でアップロードすると権利侵害となります。

　なお，学校内などの「同一の構内」においてのみ行われる送信は公衆送信の概念から除かれています。校内 LAN を使う場合も同様です（ただし，プログラムの著作物は除かれます）。

「同一の構内」＝「公衆送信には該当しない」

（例）
・校内放送
・校内LAN

その他の公衆送信

　電話などで公衆から申込みを受けて，ファックスやメール等を用いて手動で送信するような形態です。これに対し，サーバー等の機器によってこれを自動化したものが「自動公衆送信」に該当します。

申込み

手動による公衆送信
（公衆からの申し込みを受けて手動で送信）

メールサーバ等

　「公の伝達権」は，公衆送信される著作物を，テレビなどの受信装置を使って公衆向けに伝達する（公衆に見せたり聞かせたりする）ことに関する権利です（第23条第2項）。

　具体的には，公衆送信される放送番組を受信装置であるテレビを使って公衆に視聴させる行為や，インターネット等によって公衆送信される著作物を，ディスプレイ等を用いて公衆に伝達するような行為等が該当します。

　なお，パソコン等に保存（固定）されている著作物をスクリーン等に映し出す行為は「上映」に該当し，「公の伝達」には該当しません。

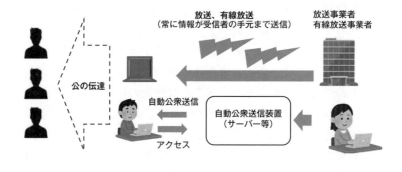

⑤ 口述権

> 第24条（口述権）
> 　著作者は，その言語の著作物を<u>公に口述</u>する権利を専有す<u>る</u>。

　「口述権」は，小説等の「言語の著作物」のみを対象として付与されているもので，朗読などの方法により公衆に伝達すること（演劇的な著作物の口演は除く。）に関する権利です。このような行為を行えば，著作者の口述権が働きます（第24条）。
　「口述」には，「生」の口述だけでなく，<u>CD</u>などに録音された講演などを再生したり，離れた場所にあるスピーカーを通じて聞かせる行為も含まれます。

⑥ 展示権

> 第25条（展示権）
> 　著作者は，その<u>美術の著作物</u>又はまだ発行されていない写<u>真の著作物</u>をこれらの原作品により<u>公に展示</u>する権利を専有<u>する</u>。

　「展示権」は，「美術の著作物の原作品」と「未発行の写真の

著作物の原作品」のみを対象として付与されているもので、これらを公衆向けに「展示」することに関する権利です。このような行為を行えば、著作者の展示権が働きます（第25条）。

原作品とは、美術の著作物の場合、画家が創作した作品そのもののことです。また、写真の著作物の場合は、印画紙にプリントされたものが原作品となります。なお、通常、絵画が売買されても、売主から買主へ移転するのは、物としての絵画の「所有権」だけで、「著作権」は、著作権を譲渡するという契約が行われていなければ、著作権者が引き続き保有しています。

したがって、物としての絵画を購入しても、著作権者に無断で「複製」や「展示」は原則としてできないことになります。なお、「美術の著作物等の原作品の所有者による展示」については、例外規定が設けられています（118ページ参照）。

⑦ 譲渡権

第26条の2（譲渡権）
　著作者は、その著作物（映画の著作物を除く。以下この条において同じ。）をその原作品又は複製物（映画の著作物において複製されている著作物にあつては、当該映画の著作物の複製物を除く。以下この条において同じ。）の譲渡により公衆に提供する権利を専有する。

2（略）

「譲渡権」は、著作物の原作品又は複製物の公衆向けの譲渡に関する権利で、このような行為を行えば、著作者の譲渡権が働きます（第26条の2）。

この権利が設けられたのは、主として、無断で海賊版を大量に作った侵害者が、これを全部第三者に一括して転売してしまった場合に、海賊版作成者ではない第三者による販売を差し止められるようにするためです。したがって、「いったん適法に

譲渡されたもの」については，譲渡権がなくなります（第26条の2第2項第1号）。例えば，店頭で売られている本や音楽CDを買った場合，譲渡権はすでに消滅していますので，転売は自由です。また，この権利が働くのは「公衆」向けに譲渡する場合のみですので，「特定少数の人」へのプレゼントのような場合には，この権利は働きません。さらに，後に解説する「著作者の権利の制限」（82ページ以降参照）によって公衆への譲渡が当然想定されているような場合（例：教員による教材のコピー・配布行為）には，複製権だけでなく譲渡権についても著作者の権利が制限されます（第47条の7）。

⑧　貸与権

第26条の3（貸与権）
　著作者は，その著作物（映画の著作物を除く。）をその複製物（映画の著作物において複製されている著作物にあつては，当該映画の著作物の複製物を除く。）の貸与により公衆に提供する権利を専有する。

　「貸与権」は，著作物を「複製物の貸与」という方法によって公衆に提供することに関する権利で，このような行為を行えば，著作者の貸与権が働きます（第26条の3）。
　「貸与権」は，レコードレンタル業の発達に対応するため，昭和59（1984）年の著作権法改正により導入された権利です。レンタル業のうち，当時の貸本業は零細な事業者が多く，事業者数もそう多くなかったことから，書籍・雑誌の貸与は，（主として楽譜により構成されているものを除いて）当分の間は貸与権が働かないこととされました。しかしながら，平成15（2003）年ごろから大手事業者がコミックレンタル業に参入してきたことなどから，平成16（2004）年に著作権法が改正され，他の著作物と同様，書籍等の貸与についても原則として権利者

に無断でできないことになりました。貸与には，どのような名義・方法でするかを問わず，貸与と同様の使用の権原を取得させる行為（例えば買戻特約付譲渡等）も含まれます（第2条第8項）。

なお，図書館などでの館外への書籍等の貸出しは「貸与」に該当しますが，「非営利・無料」の場合の貸与については，例外規定が定められています（109ページ参照）。

⑨ 頒布権

第26条（頒布権）
　著作者は，その映画の著作物をその複製物により頒布する権利を専有する。
2　著作者は，映画の著作物において複製されているその著作物を当該映画の著作物の複製物により頒布する権利を専有する。

映画の著作物（映画，アニメ，ビデオなどの録画されている動く影像）の場合に限り，「譲渡権」と「貸与権」の両方を対象とする「頒布権」という権利が付与されています（第26条）。

「頒布」とは，公衆向けに「譲渡」したり「貸与」したりすることですが，この「頒布権」は，特定少数への譲渡・貸与であっても，公衆向けの上映を目的として行われる場合には権利が及ぶとされています。この「頒布権」のうち譲渡に関する部分については，「譲渡権」とは異なり，適法に譲渡された後の再譲渡にも権利が及ぶことに注意が必要です。このように「頒布権」は非常に強力な権利となっていますが，市販用のビデオなどが出現する前の「劇場用映画」の配給形態を前提としたものであり，公衆に提示することを目的としない市販用ビデオ・DVDや家庭用ゲームソフトなどを譲渡することについては，一旦適法に譲渡された後，公衆に再譲渡することについては，

「頒布権」は消滅するという判断が示されました（平成14(2002)年4月25日の最高裁判決「中古ゲームソフト差止請求」事件参照）。

　なお，第26条第1項は，第29条によって法定帰属する映画製作者の頒布権であり，第26条第2項は，映画の中に収録されている音楽や美術作品の著作者が，映画の著作物としての一体的利用に関して有する頒布権を定めたものです。このほか，原作をもとに映画の著作物（二次的著作物）が作られた場合，原作者は，第28条の権利（二次的著作物の利用に関する原著作者の権利）を通じて頒布権を有することになります。

⑩　翻訳権・翻案権等

第27条（翻訳権，翻案権等）
　著作者は，その著作物を翻訳し，編曲し，若しくは変形し，又は脚色し，映画化し，その他翻案する権利を専有する。

　「翻訳権・翻案権等」は，著作物（原作）を，翻訳，編曲，変形，脚色，映画化などにより，創作的に「加工」することによって，「二次的著作物」を創作することに関する権利です（第27条）。例えば，原作者であるAさんの作品をBさんが翻訳して出版したい場合，BさんはAさんの了解を得なければなりません。

⑪　二次的著作物の利用に関する原著作者の権利

第28条（二次的著作物の利用に関する原著作者の権利）
　二次的著作物の原著作物の著作者は，当該二次的著作物の利用に関し，この款に規定する権利で当該二次的著作物の著作者が有するものと同一の種類の権利を専有する。

　「二次的著作物の利用に関する原著作者の権利」は，自分の著作物をもとに創られた「二次的著作物」を第三者が利用する場合に関する権利です（第28条）。

　例えば，原作者であるAさんの作品をBさんが（Aさんの了解を得て）翻訳し，この翻訳物（二次的著作物）をCさんがコピーするとします。この場合，翻訳物の著作者はBさんですので，CさんはBさんの了解を得る必要がありますが，原作者であるAさんは，「二次的著作物の利用に関する原著作者の権利」を持つため，CさんはAさんの了解も得る必要があります。

原 作 者（英語版（原作）の著作者）
【A さん】
「二次的著作物（日本語版）の創作に関する権利」
「二次的著作物（日本語版）の利用に関する権利」
を持っている。

↑ 翻訳（二次的著作物の創作）
について了解を得る

翻 訳 者（日本語版（二次的著作物）の著作者）
【B さん】
「二次的著作物（日本語版）の利用に関する権利」
を持っている。

↑ 「日本語版のコピー」について
了解を得る

利 用 者
【C さん】
（日本語版（二次的著作物）をコピーしたい）

「二次的著作物の利用」（日本語版のコピー）について了解を得る

8 著作隣接権～俳優や演奏家など，作品を伝達する者の権利～

（1）「著作隣接権」とは

　「著作者の権利（著作権）」が著作物を「創作した者」に付与されるものであるのに対して，「著作隣接権」は，俳優や演奏家など，著作物などを人々に「伝達した者」に与えられる権利です。

　著作権に隣接する権利という趣旨で「著作隣接権」と呼ばれており，わが国では，実演家，レコード製作者，放送事業者，有線放送事業者に権利が付与されています。

　例えば「放送」の場合，音楽番組であっても通常は「既存の音楽」を放送するだけで，「音楽の著作物の創作」は行われていませんが，その番組を制作する（放送によって音楽を人々に伝達する）過程で，どの曲を選ぶか，誰に歌わせるか，伴奏はどうするか，背景やライトをどうするか，カメラはどこに置くか，などといったことについて，準創作的な工夫がなされています。こうしたことを評価して，放送事業者に「著作隣接権」を付与しているのです。

　また，「著作隣接権」は，「実演」「レコード製作」「放送」「有線放送」の行為が行われた瞬間に自動的に付与されるのが国際的なルールですので，著作権と同様に申請や登録などの手続きは一切必要ありません。権利を持つ者も「プロ」とは限らず，例えば，一般の人々がカラオケで歌った場合や電車の音を録音した場合，キャンパス FM などで番組を放送した場合などにも著作隣接権が発生します。「著作隣接権」の場合，「著作者の権利」の場合とは異なり，関係する行為をするだけで権利が付与され，「創作性」は権利付与の要件となっていません。

　例えば，CD に録音されている音楽をコピーする場合，著作物（歌詞・楽曲）のほか，アーティスト等の演奏・歌唱，レコードが関係するため，著作権と著作隣接権が重層的に働きます。

（2）「実演家の権利」の概要

① 「実演」とは

　「著作物を，演劇的に演じ，舞い，演奏し，歌い，口演し，朗詠し，又はその他の方法により演じること」や，「著作物以外のものを演じる場合で芸能的な性質を有するもの」です（第2条第1項第3号）。

　著作物以外のものを演じる場合で芸能的な性質を有するものとは，具体的には，奇術，曲芸，手品，ものまねなどのことです。アクロバットショーやアイススケートショーのように「観客向け」のショーとして行われるものは実演になります。

② 「実演家」とは

　実演を行った者（俳優，舞踊家，歌手など），実演を指揮した者，実演を演出した者です（第2条第1項第4号）。

③ 保護を受ける実演（第7条）

　(イ)　日本国内で行われた実演

　(ロ)　保護を受けるレコードに固定された実演

　(ハ)　保護を受ける放送で送信された実演

　(ニ)　保護を受ける有線放送で送信された実演

　(ホ)　「実演家等保護条約」「実演及びレコードに関する世界知的所有権機関条約」「TRIPS協定」「視聴覚的実演に関する北京条約」により我が国が保護の義務を負う実演

④ 実演家の権利の種類（第89条第1項，第90条の2〜第95条の3）

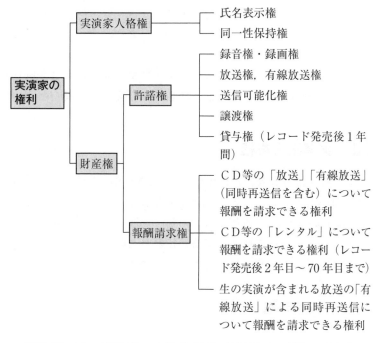

　実演家には，実演家の人格的利益（精神的に「傷つけられない」こと）を保護するための「実演家人格権」と，財産的利益（経済的に「損をしない」こと）を保護するための「財産権」の２つがあります。

　例えば，歌手や俳優などの実演家に出演してもらい，その実演について録音・録画を行う場合は，実演家の許諾が必要となります。

　また，音楽CDなど，「レコードに録音された実演」をコピーするような場合は，作詞家・作曲家等の「著作者」，「レコード製作者」だけでなく，「実演家」の了解も得ることが必要です。

　これに対して，ビデオやDVDなど，「映画の著作物に録音・録画された実演」をコピーする場合には，映画製作者や脚本家等の了解を得ることは必要ですが，第91条第2項の規定により，出演している俳優などの「実演家」の了解を得る必要はないこととされています。

　このように，実演家の財産権については，以下の3つの場合に分けて考えると理解しやすいでしょう。

(イ)　生の実演

(ロ)　レコードに録音された実演（歌手，演奏家などが関係）

(ハ)　映画の著作物に録音・録画された実演（俳優などが関係）

（3）実演家人格権

　著作者人格権には，「公表権」「氏名表示権」「同一性保持権」の3つの権利がありますが，実演家人格権は，「氏名表示権」「同一性保持権」の2つの権利となっており，実演家には「公表権」が付与されていません。これは，実演が行われる際には，公表を前提として行われることが多いことによるものです。

①　氏名表示権

第90条の2（氏名表示権）
　実演家は，その実演の公衆への提供又は提示に際し，その氏名若しくはその芸名その他氏名に代えて用いられるものを実演家名として表示し，又は実演家名を表示しないこととする権利を有する。
2〜4（略）

　「氏名表示権」は，自分の実演について，「実演家名」を「表示するかしないか」，表示するとすればその「実名か変名か」などを決定できる権利です（第90条の2）。

　ただし，実演の利用の目的及び態様に照らして，「実演家の利益を害するおそれがないとき」又は「公正な慣行に反しないとき」は，実演家名を省略することができます。例えば，BGMとして音楽を利用する場合氏名表示を省略することが，これに当たります。

② 同一性保持権

> 第 90 条の 3（同一性保持権）
> 　実演家は，その実演の同一性を保持する権利を有し，自己の名誉又は声望を害するその実演の変更，切除その他の改変を受けないものとする。
> 2　前項の規定は，実演の性質並びにその利用の目的及び態様に照らしやむを得ないと認められる改変又は公正な慣行に反しないと認められる改変については，適用しない。

　「同一性保持権」は，自分の実演について，無断で「名誉声望を害するような改変」をされない権利です（第 90 条の 3）。
　著作者の同一性保持権は，「意に反する改変」のすべてについて権利が及びますが，実演家の同一性保持権は，「名誉声望を害するような改変」のみに権利が及んでおり，侵害があった場合には，権利者である実演家が「名誉声望を害された」ことを立証しなければなりません。また，実演の性質やその利用の目的・態様に照らして，「やむを得ない」と認められる場合や，「公正な慣行に反しない」場合は，除かれます。例えば，機器の性能や特性の問題のために，実演の音声や映像を正しく再生・伝達できないような場合が該当します。

（4）実演家の財産権

① 録音権・録画権

> 第 91 条（録音権及び録画権）
> 　実演家は，その実演を録音し，又は録画する権利を専有する。
> 2　前項の規定は，同項に規定する権利を有する者の許諾を得て映画の著作物において録音され，又は録画された実演につ

> いては，これを録音物（音を専ら影像とともに再生すること
> を目的とするものを除く。）に録音する場合を除き，適用しな
> い。

(イ) 生の実演

　自分の「生の実演」を，ディスク，テープ，フィルムなど
に録音・録画することに関する権利です（第91条第1項）。

(ロ) レコードに録音された実演

　この権利は，自分の実演が「録音」されたCDなどをコピー
（複製）することにも及びます（第91条第1項）。したがって，
音楽CDなどをコピーする場合には，作詞家，作曲家等の「著
作者」，「レコード製作者」だけでなく，歌手や演奏家などの
「実演家」の了解も必要となります。

(ハ) 映画の著作物に録音・録画された実演

　「映画の著作物に録音・録画された実演」に関し，一旦，
実演家が自らの実演が映画の著作物に録音・録画されること
を了解した場合には，原則として，その実演を映画として二
次利用する際は，改めて実演家の了解を得る必要はありませ
ん（第91条第2項，第92条第2項，第92条の2第2項）。
ただし，サントラ盤のように映画の著作物から録音物を作成
する場合は，例外的に権利が働きます。

　このため，通常の実務では，実演家は，多くの場合，出演
契約時において「録音・録画の了解」をするのと同時に，映
画の二次利用を考慮した対価の条件を交渉しています。劇場
用映画，Ｖシネマその他の映像作品については，おおむね
これに該当します。

　一方，放送事業者が製作した放送番組については，実演家
が録音・録画を了解せずに放送されている場合があり（この
場合，実演家は放送につき了解し，出演料は放送の対価のみ
となります），その場合には，放送番組の二次利用につき改
めて実演家の了解を得る必要があります。これは，実演を放

送することについて実演家の了解を得た放送事業者等は，その実演を放送等するために技術的に必要である場合，録音・録画についての了解を得なくても，その実演を固定（録音・録画）することができるという特別の規定が存在するからです。すなわち，放送局がこの特別な規定を用いて放送番組に「録音・録画」した実演については，実演家から未だ「録音・録画の了解」を得ていないために，その後の利用について，改めて実演家の了解を得ることが必要になります。

　このように「映画」と「放送番組」（局製作番組）とでは，「録音・録画の了解」の有無の違いから，その後の二次利用手続における実演家の権利処理に違いが生じます。「放送番組」においては，あらためて実演家の了解を得て二次利用を行い，二次利用で得た収益から実演家への対価を支払うのが通常の実務です。

　なお，特別な規定を用いて固定された実演が円滑に二次利用されるためには，実演家がまとまって許諾を付与し使用料を受領する仕組みが必要です。このため，一般社団法人映像コンテンツ権利処理機構（aRma）が，実演家に関する権利処理の窓口を一元化する取組を実施しています。

②　放送権・有線放送権

第92条（放送権及び有線放送権）
　実演家は，その実演を放送し，又は有線放送する権利を専有する。
2（略）

⑴　生の実演

　「生の実演」を，テレビやラジオなどにより，直接，放送・有線放送することに関する権利です（第92条）。ただし，放送される実演を有線放送する場合（同時再送信）は，実演家

の権利は働かないこととされており，そのうち，営利又は有料で行われる有線放送による放送の同時再送信については，第94条の2の規定により，有線放送事業者は相当な額の報酬を実演家に支払う義務が課されています。

㈹　**レコードに録音された実演**

この権利は，実演家の了解を得ないで作成されたレコードを用いて放送・有線放送する場合にも及びます（第92条第2項）。

㈸　**映画の著作物に録音・録画された実演**

この権利は，実演家の了解を得ないで映画の著作物に録音・録画された実演を用いて放送・有線放送する場合に及びます（第92条第2項）。一方，一旦，実演家の了解を得て収録された映画の著作物の増製プリントを用いて放送・有線放送する場合などは，実演家の権利は働きません。

③　送信可能化権

第92条の2（送信可能化権）
　実演家は，その実演を送信可能化する権利を専有する。
2（略）

㈶　**生の実演**

「生の実演」を，サーバー等の「自動公衆送信装置」に「蓄積」「入力」することにより，「受信者からのアクセスがあり次第「送信」され得る」状態に置くことに関する権利です（第92条の2第1項）。「入力」による送信可能化とは「自動公衆送信装置への蓄積（複製）」を伴わない場合であり，例えば，「ウェブキャスト」や「インターネット放送」などによって，「生の実演」をそのまま流す場合が該当します。

㈹　**レコードに録音された実演**

この権利は，レコードに録音された実演を送信可能化する

場合にも及びます。

(ハ)　**映画の著作物に録音・録画された実演**

　　実演家の了解を得ないで映画の著作物に録音・録画された実演を用いて送信可能化する場合に権利が及びます（第92条の2第1項）。なお，映画のサントラ盤を用いて送信可能化する場合は，放送権・有線放送権とは異なり，一旦，実演家の了解を得て作成されているレコードかどうかに関わらず，権利が働くことに注意が必要です（第92条の2第2項第2号）。

④　譲渡権

第95条の2（譲渡権）
　　実演家は，その実演をその録音物又は録画物の譲渡により公衆に提供する権利を専有する。
2～3（略）

　　自分の実演が「録音」されたCDなどを公衆向けに譲渡することに関する権利です（第95条の2第1項）。この権利は，著作者の譲渡権の場合と同様に，いったん適法に譲渡されたCDなどについてはなくなりますので，購入したCDなどの転売は自由です。

　　実演家の了解を得ないで映画の著作物に録音・録画された実演の複製物を譲渡する場合は，権利が働きます（第95条の2第1項）。

⑤　貸与権等

第95条の3（貸与権等）
　　実演家は，その実演をそれが録音されている商業用レコードの貸与により公衆に提供する権利を専有する。

2〜6（略）

　　自分の実演が「録音」された CD など（市販用に限る）を公衆向けに貸与することに関する権利です（第 95 条の 3）。なお，「許諾権」は，他人が無断で利用することを止めることができる権利ですが，「報酬請求権」は，他人が利用することを止めることはできず，利用した際に報酬を請求できる権利です。

　　この権利については，立法時の経緯から，特別の扱いがなされており，発売後「1 年間は許諾権」，「残りの 69 年間は報酬請求権」とされていますので，実演家は CD レンタル店に対して，許諾権の期間経過後は，報酬の請求のみができることとなります（第 95 条の 3 第 3 項）。なお，実演家の貸与権に係る使用料及び報酬を受ける権利の行使は，文化庁が指定する団体（公益社団法人日本芸能実演家団体協議会）を通じて行われています。

⑥　商業用レコードの二次使用料請求権

第 95 条（商業用レコードの二次使用）

　放送事業者及び有線放送事業者（以下この条及び第九十七条第一項において「放送事業者等」という。）は，第九十一条第一項に規定する権利を有する者の許諾を得て実演が録音されている商業用レコードを用いた放送又は有線放送を行つた場合（営利を目的とせず，かつ，聴衆又は観衆から料金を受けずに，当該放送を受信して同時に有線放送を行つた場合を除く。）には，当該実演（第七条第一号から第六号までに掲げる実演で著作隣接権の存続期間内のものに限る。次項から第四項までにおいて同じ。）に係る実演家に二次使用料を支払わなければならない。

2〜14（略）

　自分の実演が「録音」された CD など（市販用に限る）や配信音源が，放送や有線放送（同時再送信を含む）で使われた場合，非営利・無料で放送を受信して同時に「有線放送」をする場合を除き，放送事業者や有線放送事業者に対して報酬を請求できる権利です（第 95 条）。著作者の場合には，CD などを放送，有線放送する場合は，「公衆送信権」として「許諾権」とされていますが，実演家の場合は，「報酬請求権」とされています。なお，この報酬請求権の行使は，文化庁が指定する団体（公益社団法人日本芸能実演家団体協議会）を通じて行われています。

（5）「レコード製作者」の権利の概要

①　「レコード」とは

　音（著作物に限らない）を最初に固定（録音）したもの（いわゆる「原盤」のこと）で，媒体は問われませんので，CD，テープ，パソコンのハードディスクなどに録音された場合でも，レコードとなります（第 2 条第 1 項第 5 号）。固定される音は，必ずしも音楽の著作物である必要はありません。

　なお，レコード（原盤）をコピーして市販されている CD などのことを「商業用レコード」といいます（第 2 条第 1 項第 7 号）。

②　「レコード製作者」とは

　ある音を最初に固定（録音）して原盤（レコード）を作った者です（第 2 条第 1 項第 6 号）。

③　保護を受けるレコード（第 8 条）

　(イ)　日本国民が作ったレコード

　(ロ)　日本国内で作られた（音が最初に日本国内で固定された）

レコード

(ハ) 「実演家等保護条約」「実演及びレコードに関する世界知的
　　所有権機関条約」「TRIPS協定」「レコード保護条約」によ
　　り我が国が保護の義務を負うレコード

④ **レコード製作者の権利の種類（第89条第2項，第96条
　〜第97条の3）**

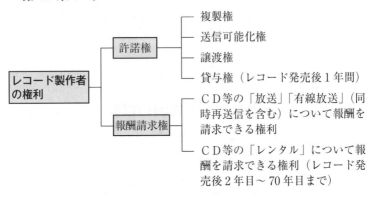

（6）レコード製作者の権利（財産権）

① 複製権

第96条（複製権）
　　レコード製作者は，そのレコードを複製する権利を専有す
　る。

　レコードをコピー（複製）することに関する権利です（第
96条）。
　音楽CDなどをコピーする場合には，「著作者」である作詞家，
作曲家，演奏・歌唱した「実演家」だけでなく，原盤を作成し
た「レコード製作者」の了解も必要となります。
　また，CDなどによる放送などを受信して，その音を録音す

ることも含まれます。

②　送信可能化権

第 96 条の 2（送信可能化権）
　レコード製作者は，そのレコードを送信可能化する権利を専有する。

　レコードを，サーバー等の「自動公衆送信装置」に「蓄積」「入力」することにより，「受信者からのアクセスがあり次第「送信」され得る」状態に置くことに関する権利です（第 96 条の2）。「入力」による送信可能化とは「自動公衆送信装置への蓄積（複製）」を伴わない場合であり，レコードを，いわゆる「ウェブキャスト」「インターネット放送」などによって（サーバー等を通じて）そのまま流す場合です。

③　譲渡権

第 97 条の 2（譲渡権）
　レコード製作者は，そのレコードをその複製物の譲渡により公衆に提供する権利を専有する。
2（略）

　CD などを公衆向けに譲渡することに関する権利です（第 97条の2）。この権利は，著作者の譲渡権の場合と同様に，いったん適法に譲渡された CD などについてはなくなりますので，購入した CD などの転売は自由です。

④ 貸与権等

第 97 条の 3（貸与権等）

　レコード製作者は，そのレコードをそれが複製されている商業用レコードの貸与により公衆に提供する権利を専有する。

2〜7（略）

　CD など（市販用に限る）を公衆向けに貸与することに関する権利です（第 97 条の 3 第 1 項）。この権利については，実演家の「貸与権等」と同様，立法時の経緯から，特別の扱いがされており，発売後 1 年間は「許諾権」，残りの 69 年間は「報酬請求権」とされています。このため，実演家と同様，レコード製作者は CD レンタル店に対して，許諾権の期間経過後は，報酬の請求のみができることとなります（第 97 条の 3 第 3 項）。なお，レコード製作者の貸与権に係る使用料及び報酬を受ける権利の行使は，文化庁が指定する団体（一般社団法人日本レコード協会）を通じて行われています。

⑤ 商業用レコードの二次使用料請求権

第 97 条（商業用レコードの二次使用）

　放送事業者等は，商業用レコードを用いた放送又は有線放送を行つた場合（営利を目的とせず，かつ，聴衆又は観衆から料金（いずれの名義をもつてするかを問わず，レコードに係る音の提示につき受ける対価をいう。）を受けずに，当該放送を受信して同時に有線放送を行つた場合を除く。）には，そのレコード（第八条第一号から第四号までに掲げるレコードで著作隣接権の存続期間内のものに限る。）に係るレコード製作者に二次使用料を支払わなければならない。

2〜4（略）

CDなど（市販用に限る）や配信音源が，放送や有線放送（同時再送信を含む）で使われた場合，非営利・無料で放送を受信して同時に「有線放送」をする場合を除き，放送事業者や有線放送事業者に対して使用料（報酬）を請求できる権利です（第97条）。「著作者」の場合には，放送，有線放送は「公衆送信権」として「許諾権」とされていますが，レコード製作者の場合は「報酬請求権」とされています。なお，レコード製作者の権利の行使は，文化庁が指定する団体（一般社団法人日本レコード協会）を通じて行われています。

（7）「放送事業者」の権利の概要

① 「放送」とは

「公衆送信」のうち，公衆によって同一の内容の送信が同時に受信されることを目的として行う無線の送信であり，具体的には，テレビ放送のように，番組が常に受信者の手元まで届いているような送信形態のものです（第2条第1項第8号）。

なお，国際的な「著作権」のルールに基づく「著作権法」と，日本国内だけの「規制」のルールにすぎない「放送法」では，同じ「放送」という用語が用いられていても差異があります。なお，著作権法には「通信」という概念は存在しません。

② 「放送事業者」とは

放送を業として行う者です（第2条第1項第9号）。

③ 保護を受ける放送（第9条）

(イ) 日本国民が業として行う放送

(ロ) 国内にある放送設備から行われる放送

(ハ) 「実演家等保護条約」「TRIPS協定」により我が国が保護の義務を負う放送

④ **放送事業者の権利の種類（第89条第3項，第98条〜第100条）**

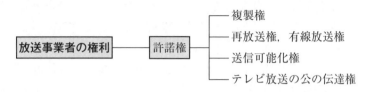

（8）放送事業者の権利（財産権）

① 複製権

第98条（複製権）
　放送事業者は，その放送又はこれを受信して行なう有線放送を受信して，その放送に係る音又は影像を録音し，録画し，又は写真その他これに類似する方法により複製する権利を専有する。

　テレビ・ラジオの放送（放送を受信して行われた有線放送の場合を含む）を「録音・録画」したり，テレビの画像などを「写真などの方法により複製」したりすることに関する権利です（第98条）。録音・録画したものをさらに複製することにも権利が及びます。

② 再放送権・有線放送権

第99条（再放送権及び有線放送権）
　放送事業者は，その放送を受信してこれを再放送し，又は有線放送する権利を専有する。
2（略）

放送を受信して，それをさらに放送したり，有線放送することに関する権利です（第99条）。著作権法では，放送を受信してそのまま直ちに放送することを「再放送」といいます（同じ放送事業者がある番組を繰り返し放送することではありません）。

③ 送信可能化権

第99条の2（送信可能化権）
　放送事業者は，その放送又はこれを受信して行う有線放送を受信して，その放送を送信可能化する権利を専有する。
2（略）

放送（放送を受信して行う有線放送の場合を含む）を受信して，インターネット等で送信するために，サーバー等の自動公衆送信装置に「蓄積」「入力」することにより，「受信者からのアクセスがあり次第「送信」され得る」状態に置くことに関する権利です（第99条の2）。この権利は，いわゆる「ウェブキャスト」のように，受信した番組を録音・録画せず，（サーバー等を通じて）そのまま流す場合が対象です。

④ テレビ放送の公の伝達権

第100条（テレビジョン放送の伝達権）
　放送事業者は，そのテレビジョン放送又はこれを受信して行なう有線放送を受信して，影像を拡大する特別の装置を用いてその放送を公に伝達する権利を専有する。

テレビ放送を受信して，超大型テレビやオーロラビジョンなど，画面を拡大する特別の装置を用いて，公衆向けに伝達する（公衆に見せる）ことに関する権利です（第100条）。

（9）「有線放送事業者」の権利の概要

① 「有線放送」とは

「公衆送信」のうち，公衆によって同一の内容の送信が同時に受信されることを目的として行う有線の送信であり，具体的には，ケーブルテレビの有線放送のように，番組が常に受信者の手元まで届いているような送信形態のものです（第2条第1項第9号の2）。

② 「有線放送事業者」とは

有線放送を業として行う者です（第2条第1項第9号の3）。

なお，国際的なルールとしては，「実演家」「レコード製作者」「放送事業者」の3者に「著作隣接権」を付与することとされていますが，日本では，国内的な政策判断の結果として，これらに加えて，「有線放送事業者」にも独自に著作隣接権を付与しています。

③ 保護を受ける有線放送（第9条の2）

(イ) 日本国民が業として行う有線放送（放送を受信して行うものを除く）

(ロ) 国内にある有線放送設備から行われる有線放送（放送を受信して行うものを除く）

④ 有線放送事業者の権利の種類（第89条第4項，第100条の2〜第100条の5）

- 複製権
- 放送権，再有線放送権
- 送信可能化権
- 有線テレビ放送の公の伝達権

有線放送事業者の権利 ─ 許諾権

（10） 有線放送事業者の権利（財産権）

① 複製権

第 100 条の 2（複製権）
　　有線放送事業者は，その有線放送を受信して，その有線放送に係る音又は影像を録音し，録画し，又は写真その他これに類似する方法により複製する権利を専有する。

　　有線放送を「録音・録画」したり，テレビの画像などを「写真などの方法により複製」したりすることに関する権利です（第100 条の 2）。録音・録画したものをさらに複製することにも権利が及びます。

② 放送権・再有線放送権

第 100 条の 3（放送権及び再有線放送権）
　　有線放送事業者は，その有線放送を受信してこれを放送し，又は再有線放送する権利を専有する。

　　有線放送を受信して，それを放送したり，さらに有線放送することに関する権利です（第 100 条の 3）。著作権法では，放送の場合と同様に，有線放送を受信して別の有線放送事業者が有線放送することを「再有線放送」といいます（同じ有線放送事業者が，ある番組を繰り返し有線放送することではありません）。

③ 送信可能化権

第 100 条の 4（送信可能化権）

> 有線放送事業者は，その有線放送を受信してこれを送信可能化する権利を専有する。

　有線放送を受信して，インターネット等で送信するために，サーバー等の自動公衆送信装置に「蓄積」「入力」することにより，「受信者からのアクセスがあり次第「送信」され得る」状態に置くことに関する権利です（第100条の4）。この権利は，いわゆる「ウェブキャスト」のように，受信した番組を録音・録画せず，（サーバー等を通じて）そのまま流す場合が対象です。

④　有線テレビ放送の公の伝達権

> 第100条の5（有線テレビジョン放送の伝達権）
> 　有線放送事業者は，その有線テレビジョン放送を受信して，影像を拡大する特別の装置を用いてその有線放送を公に伝達する権利を専有する。

　有線テレビ放送を受信して，超大型テレビやオーロラビジョンなど，画面を拡大する特別の装置を用いて，公衆向けに伝達する（公衆に見せる）ことに関する権利です（第100条の5）。

9 著作権はいつまで存続するのか

（1）「著作者人格権」及び「著作権（財産権）」の保護期間

① 保護期間とは

　　著作権や著作隣接権などの権利には一定の存続期間が定められており，この期間を「保護期間」といいます。これは，著作者等に権利を認め保護することが大切である一方，一定期間が経過した著作物等については，その利用による新たな創造の観点から，権利を消滅させ，社会全体の共有財産として自由に利用できるようにすることが「文化の発展」にとって必要であると考えられたためです。

② 「著作者人格権」の保護期間

　　「著作者人格権」は一身専属の権利とされているため（第59条），著作者が死亡（法人の場合は解散）すれば権利も消滅することとなります。つまり，保護期間は著作者の「生存している期間」です。しかし，著作者の死後（法人の解散後）においても，原則として，著作者人格権の侵害となるべき行為をしてはならないこととされています（第60条）。

③ 「著作権（財産権）」の保護期間

(イ) 原則

　　「著作権（財産権）」の保護期間は，著作者が著作物を「創作したとき」に始まり，原則として，著作者の「生存している期間＋死後70年間」です（第51条）。

(ロ) 例外

(i) 無名・変名の著作物，団体名義の著作物等

　　無名・変名の著作物，団体名義の著作物，映画の著作物

の保護期間は，原則として，公表の時から起算されます。

著作物の種類	保護期間
無名・変名の著作物（周知の変名は除く）	公表後70年（死後70年経過が明らかであれば，その時点まで）（第52条）
団体名義の著作物（著作者が法人か個人かは問わない）	公表後70年（創作後70年以内に公表されなかったときは，創作後70年）（第53条）
映画の著作物	公表後70年（創作後70年以内に公表されなかったときは，創作後70年）（第54条）

(ii) **新聞・雑誌等の定期刊行物**

　　新聞・雑誌等の継続的刊行物（定期刊行物など）に掲載された著作物についても，原則として保護期間は「死後70年」までですが，上記の「無名・変名」の著作物など，保護期間が「公表後70年」とされるものについては，公表時点をいつにするか問題が生じます。これについては，以下のようになります（第56条）。

区分	保護期間
著作物の一部分ずつが発行され，一定期間内に完成されるもの（連載小説など）	最終部分が公表されたときから70年（継続すべき部分が直近の公表の時から3年を経過しても公表されないときは，すでに公表されたもののうち最終の部分が公表された時から70年）
上記以外のもの	各号・各冊の公表のときから70年

また，「公表された著作物」とは別に，新聞・雑誌等の全体も「編集著作物」として保護されますが，こうした定期刊行物（編集著作物）であって，その保護期間が「公表後70年」とされるものについても，同じ規定が適用されます。

・百科事典や文学全集のように「全巻を合わせて1つの編集著作物」となるもので，定期刊行によって最後に全巻がそろうもの

→最終部分が公表されたときから70年

・上記以外のもの

→各号・各冊が公表されたときから70年

(ハ) **保護期間の計算方法**

保護期間は，著作者が死亡した日，公表された日，創作された日の属する年の「翌年の1月1日」から起算します（第57条）。例えば，手塚治虫さんの著作物は，手塚さんが平成元（1989）年に亡くなられましたから，平成2（1990）年1月1日から起算して70年後の令和41（2059）年12月31日まで保護されます。

「死亡した年の月日にかかわらず，死亡年に70年を加算した年の12月31日まで」と考えれば理解しやすいでしょう。

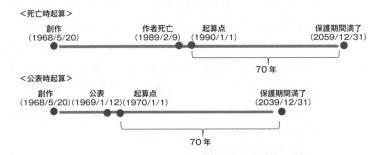

④　条約により保護すべき著作物の保護期間

　(イ)　原則

　　　ベルヌ条約をはじめとする著作権に関する条約では，自国民と同等以上の保護を条約締結国民に与える「内国民待遇」が原則とされています（77 ページ参照）。

　　　したがって，原則として，条約上保護義務を負う著作物の保護期間は，我が国の著作権法の仕組みによることとなりますが，以下の特例があります。

　(ロ)　外国人の著作物の保護期間の特例

　　(i)　保護期間の相互主義

　　　　我が国より保護期間が短い国の著作物は，その相手国の保護期間だけ保護されます（これを「保護期間の相互主義」といいます）。例えば，ある国で著作権の保護期間が著作者の死後 50 年間であれば，我が国の著作物は当該国では 50 年間保護される一方，我が国でも当該国の著作物は 50 年間保護すれば足りることとなります（第 58 条）。

　　(ii)　保護期間の戦時加算

　　　　平和条約に基づき，条約関係にある連合国及び連合国の国民が第二次世界大戦前又は大戦中に取得した著作権については，通常の保護期間に戦争期間（昭和 16（1941）年 12 月 8 日又は著作権を取得した日から平和条約の発効する日の前日までの実日数（アメリカ・イギリス・オーストラリア・カナダ・フランス：3794 日，ブラジル：3816 日，オランダ：3844 日，ノルウェー：3846 日，ベルギー：3910 日，南アフリカ：3929 日，ギリシャ：4180 日等））を加算することとなっています（連合国及び連合国民の著作権の特例に関する法律第 4 条）。

　　(iii)　翻訳権の保護期間

　　　・翻訳権 10 年留保

　　　　　我が国はかつて，著作物が最初に発行された年から 10 年以内に翻訳物が発行されなかった場合翻訳権が消

滅し，自由に翻訳することができる制度（翻訳権不行使による10年消滅制度）を適用することを，ベルヌ条約上，宣言していました。

　しかし，現行法制度制定当時に，同宣言を撤回したことから，現行著作権法施行前に発行された著作物についてのみ，翻訳権不行使による10年消滅制度が適用されます（附則第8条）。

・翻訳権の7年強制許諾

　著作物が最初に発行された年から7年以内に翻訳物が発行されない場合で，翻訳権者から翻訳の了解が得られない時，文化庁長官の許可を受け，所定の補償金を払って翻訳することができる制度があります。なお，この制度は，万国著作権条約に基づく保護のみを受ける国の著作物について適用されます（万国著作権条約の実施に伴う著作権法の特例に関する法律第5条）。

〔参考〕旧著作権法下における著作権の保護期間について

旧著作権法（明治32（1899）年制定，以下「旧法」）と現行著作権法（昭和46（1971）年1月1日施行）では著作物の保護期間が異なっていますので，旧法の時代に公表又は創作された著作物の著作権が存続しているか否かを考える際には，旧法及び現行著作権法の保護期間の規定を調べる必要があります[※1]。

旧法及び現行著作権法における著作物の保護期間は，数次にわたる改正の結果，次の表のようになっています。

著作物の種類	公表名義の別	旧法による保護期間	昭和45年(1970年)法(昭和46(1971)年1月1日施行)制定後の保護期間	平成8年(1996年)著作権法(平成9年(1997年)3月25日施行)改正後の保護期間	平成15年(2003年)著作権法改正(平成16年(2004年)1月1日施行)後の保護期間	平成28年(2016年)著作権法改正(平成30年(2018年)12月30日施行)後の保護期間[※5]
映画・写真以外の著作物（小説，美術，音楽，建築，コンピュータ・プログラムなど）	実名（生前公表）	死後38年間	死後50年間			死後70年間
	実名（死後公表）	公表後38年間	死後50年間			死後70年間
	無名・変名	公表後38年間[※2]	公表後50年間[※3]			公表後70年間
	団体名義	公表後33年間	公表後50年間[※4]			公表後70年間
写真の著作物	—	発行又は創作後13年間	公表後50年間	死後50年間		死後70年間
映画の著作物（独創性のあるもの（劇場用映画など））	実名（生前公表）	死後38年間	公表後50年間		公表後70年間	
	実名（死後公表）	死後38年間	公表後50年間		公表後70年間	
	無名・変名	公表後38年間	公表後50年間		公表後70年間	
	団体名義	公表後33年間	公表後50年間		公表後70年間	
映画の著作物（独創性のないもの（ニュース映画，記録映画など））	—	発行又は創作後13年間	公表後50年間		公表後70年間	

※1　法改正により保護期間の長さが変更される場合は，それぞれの改正法の施行の際，現に著作権が消滅していないもののみが，変更された保護期間の適用を受けます（附則第2条，平成8年改正法附則第1条第2項，平成15年改正法附則第2条，平成28年改正法附則第1条）。なお，旧法の時代の著作物の保護期間について

は，変更後の保護期間と比べて，旧法に定められた保護期間のほうが長い場合は，その長い保護期間が適用されます（附則第7条，平成8年改正法附則第1条第3項，平成15年改正法附則第3条）。

　また，次の「〔参考〕映画の著作物の著作権の保護期間に関するこれまでの裁判例について」もご参照ください。

※2　無名・変名により公表された後，昭和45（1970）年12月31日までの間に実名登録を受けたものについては，保護期間は，著作者の死後38年間となります。

※3　旧法の時代の著作物のうち，昭和46（1971）年1月1日以降において，かつ，公表後50年が経過するまでの間に，実名登録を受けたもの又は実名・周知の変名により公表されたものについては，保護期間は，著作者の死後50年間となります。

※4　旧法の時代の著作物のうち，昭和46（1971）年1月1日以降において，かつ，公表後50年が経過するまでの間に，実名・周知の変名により公表されたものについては，保護期間は，著作者の死後50年間となります。

※5　TPP11協定の発効日が平成30（2018）年12月30日となったことにより，著作物等の保護期間の延長を含めた著作権法改正が同日から施行されることとなり，原則として昭和43年（1968年）以降に亡くなった方の著作物の保護期間が延長されることとなりました。具体的には，昭和43年（1968年）に亡くなった方の著作物の保護期間（原則）は平成30（2018）年12月31日まででしたが，平成30（2018）年12月30日付けで著作者の死後50年から70年に延長されることになり，20年長く著作物が保護されることとなりました。

　例えば，藤田嗣治さんの著作物は，藤田さんが昭和43（1968）年に亡くなられましたから，昭和44（1969）年1月1日から起算して，これまでは50年後の，平成30（2018）年12月31日まで保護されるとされていましたが，TPP整備法による著作権法の改正により，70年後の，2038年12月31日まで保護されることとなりました。

〔参考〕映画の著作物の著作権の保護期間に関するこれまでの裁判例について

○「シェーン事件」（平成 19（2007）年 12 月 18 日，最高裁判所判決）

　「シェーン事件」訴訟は，昭和 28（1953）年に公開された映画『シェーン』の著作権を侵害されたとして，米国の映画会社と，国内で同作品に関する権利を譲り受けた会社（原告）が，映画『シェーン』のいわゆる廉価版 DVD を製造・販売した会社（被告）に対し，その製造・販売の差止めと損害賠償の請求等を行ったものです。

　この訴訟では，映画『シェーン』の著作権の保護期間は，平成 15（2003）年の著作権法改正（平成 16（2004）年 1 月 1 日施行）により公表後 70 年に延長され，平成 35（2023）年まで存続するのか，それとも，同法改正の規定は適用されず，改正前の公表後 50 年の保護期間のまま平成 15（2003）年 12 月 31 日をもって終了するのか，という点について争われました。

　この点について，最高裁は，映画『シェーン』は昭和 28（1953）年に団体の著作名義をもって公表された（独創性を有する）映画であるとの認定の下，そのような映画の著作物は，平成 15（2003）年改正による保護期間の延長措置の対象とはならず，その著作権は平成 15（2003）年 12 月 31 日で消滅した，という旨の判断を下し，原告の請求は認められませんでした。

○「チャップリン作品事件」（平成 21（2009）年 10 月 8 日，最高裁判所判決）

　「チャップリン作品事件」訴訟は，故チャップリン氏が監督した映画のいわゆる廉価版 DVD を，複製・販売している会社（被告）を相手に，チャップリン氏の著作権管理会社（原告）が，著作権侵害を理由として，その複製・販売の差止め等を求めたものです。

　この訴訟では，大正 8（1919）年から昭和 27（1952）年に公開されたチャップリン氏の映画 9 作品の著作権がすでに消滅しているか否かが問題となったため，①それらの映画の著作者はだれか（団体なのかチャップリン氏か），及び②団体名義の公表なのか著作者の実名の公表なのかという点が中心の争点となりました。

　知財高裁は，①映画の著作物の著作者は，旧法下においても，現行著作権法第 16 条と同様，「映画著作物の全体的形成に創作的に寄与した者」がその著作者に当たるものと解すべきであり，各映画の

著作者は，（団体ではなく）チャップリン氏であると判示しました。また，②各映画の著作権の保護期間については，チャップリン氏が監督である旨映画中に表示されていることなどから，各映画の公表は団体名義ではなく著作者の実名により行われたものであり，旧法第3条に定められる「著作者の死後38年間」の保護期間の適用がある旨判断しました。そして，これらの判断の結果，各映画の著作権の保護期間は満了していないとの判断がなされました。

　この判断を不服として廉価版DVD販売会社が上告しましたが，最高裁は，知財高裁の判決を支持して上告を棄却し，原告の請求が認められました。

（2）「実演家人格権」及び「著作隣接権（財産権）」の保護期間

① 「実演家人格権」の保護期間

　「実演家人格権」は一身専属の権利とされているため（第101条の2），実演家が死亡すれば権利も消滅することとなります。つまり，保護期間は実演家の「生存している期間」です。しかし，実演家の死後においても，原則として，実演家人格権の侵害となるべき行為をしてはならないこととされています（第101条の3）。

② 「著作隣接権（財産権）」の保護期間（第101条第2項）

	保護の始まり	保護の終わり
実　演	その実演を行ったとき	実演後70年
レコード	その音を最初に固定（録音）したとき	発行（発売）後70年（発行されなかったときは，固定（録音）後70年）
放　送	その放送を行ったとき	放送後50年
有線放送	その有線放送を行ったとき	有線放送後50年

　保護期間は，著作物と同様に，実演，発行，固定，放送，有線放送を行った年の翌年の1月1日から起算します（53ページの「保護期間の計算方法」を参照）。

③ 旧法下で行われた実演（歌唱実演），レコードの保護期間

　旧法（昭和45（1970）年までの著作権法）においては，演奏歌唱及びレコードは著作権により保護されており，その保護期間は著作者の死後30年（団体名義は発行後30年）となっていました（他の著作物と異なり暫定延長はされていません）。そのため，旧法の著作権の保護期間が新法（現行著作権法）の著作隣接権の保護期間より長い場合は，旧法による保護期間と

し，さらに，この旧法の保護期間が新法施行の日から 70 年よりも長くなるときは，新法によって新しく保護される実演等との均衡を考慮して，新法施行後 70 年（2040 年 12 月 31 日）をもって打ち切ることとされています（附則第 15 条第 2 項）。

(イ) **旧法の保護期聞が新法の保護期間より長い場合**

三波春夫氏（平成 13（2001）年没）が昭和 32（1957）年に行った「チャンチキおけさ」の歌唱の場合

（新法による保護期間）

実演後 70 年：令和 9（2027）年 12 月 31 日

（旧法による保護期間）

死後 30 年：令和 13（2031）年 12 月 31 日

→令和 13（2031）年 12 月 31 日まで保護

(ロ) **旧法の保護期聞が新法の保護期間より長く，新法施行後 70 年より長い場合**

島倉千代子氏（平成 25（2013）年没）が昭和 32（1957）年に行った「東京だョおっ母さん」の歌唱の場合

（新法による保護期間）

実演後 70 年：令和 9（2027）年 12 月 31 日

（旧法による保護期間）

死後 30 年：令和 25（2043）年 12 月 31 日

（新法施行後 70 年）

令和 22（2040）年 12 月 31 日

→令和 22（2040）年 12 月 31 日まで保護

■10■　著作物を創作した場合の注意点

　著作権は，著作物が創られた時点で「自動的」に付与されますので，著作権の発生に行政庁等への登録等の手続は一切必要ありません。

　デジタル化・ネットワーク化の急速な進展により，誰もが簡単に他人の著作物をコピーしたり，改変したり，インターネット上に送信するなど，様々な利用を行うことができるようになりました。このような状況は，著作物を利用する側にとっては非常に便利ですが，著作者側にとってみれば，自分が意図しない利用をされ，ネットワークを介して世界中に広まる可能性があり，とても不安な状況です。

　このため，自分の著作物を公表する場合，著作物の利用条件を明確に表示することが重要です。自分の意図しない利用を防止する観点からも意思を明確に示すようにしましょう。意思表示に関するツールとしては，国際的非営利団体が運用している「クリエイティブ・コモンズ・ライセンス」等があります。また，後々のトラブルを防止するためにも，口頭による契約ではなく「書面」で契約し，使用料や追加報酬等を含む条件についてもしっかり確認することが重要です。

　著作権は「私権」ですので，権利者が権利を管理することが基本ですが，「著作権等管理事業者」に管理を委託する方法もあります。我が国では，音楽分野の日本音楽著作権協会（JASRAC）が有名ですが，音楽分野以外にも，小説，脚本，美術，写真，レコード，実演等の分野において，複数の著作権等管理事業者が文化庁の登録を受けて管理事業を実施しています。著作権等管理事業者については，文化庁のホームページに「著作権等管理事業者の登録状況」が掲載されていますので，ご確認ください。

〔参考〕「クリエイティブ・コモンズ・ライセンス」について

　著作者が自らの著作物を公開する際に，その著作物の利用条件を意思表示するためのツールとして，「クリエイティブ・コモンズ・ライセンス」というライセンスが国際的に利用されています。

　すべての権利を主張するいわゆる「All rights reserved」と，すべての権利を放棄する「パブリックドメイン（PD）」の間で，いくつかの権利を主張する場合に利用され，「BY（表示）」，「NC（非営利）」，「ND（改変禁止）」，「SA（継承）」の４つのマークの組み合わせができます。

■ マークの意味

①	表示	作品のクレジットを表示すること
⑤	非営利	営利目的での利用をしないこと
⊜	改変禁止	元の作品を改変しないこと
↻	継承	元の作品と同じ組み合わせのCCライセンスで公開すること

■ マークの基本的な組み合わせ

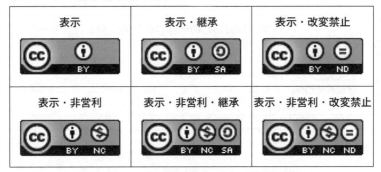

表示	表示・継承	表示・改変禁止
CC BY	CC BY SA	CC BY ND
表示・非営利	表示・非営利・継承	表示・非営利・改変禁止
CC BY NC	CC BY NC SA	CC BY NC ND

■ クリエイティブ・コモンズ・ライセンスの位置づけ

全ての権利の主張	いくつかの権利の主張	全ての権利の放棄

　画像出典：クリエイティブ・コモンズ・ジャパン　ウェブサイト

〔参考〕「自由利用マーク」について

　文化庁では，3つのタイプの「自由利用マーク」を作り，文化庁ホームページで公表しています。それぞれのマークの趣旨や利用範囲に合致する限り，権利者は自由にマークを付けることができます。

コピーOK

「プリントアウト・コピー・無料配布」OKマーク
　「プリントアウト」「コピー」「無料配布」のみを認めるマーク
　（変更，改変，加工，切除，部分利用，要約，翻訳，変形，脚色，翻案などは含まれません。そのまま「プリントアウト」「コピー」「無料配布」をする場合に限られます）
　（会社のパンフレットにコピーして配布することなどは，営利目的の利用ですが，無料配布であればできます）

障害者OK

「障害者のための非営利目的利用」OKマーク
　障害者が使うことを目的とする場合に限り，コピー，送信，配布など，あらゆる非営利目的利用を認めるマーク
　（変更，改変，加工，切除，部分利用，要約，翻訳，変形，脚色，翻案なども含まれます）

学校教育OK

「学校教育のための非営利目的利用」OKマーク
　学校のさまざまな活動で使うことを目的とする場合に限り，コピー，送信，配布など，あらゆる非営利目的利用を認めるマーク
　（変更，改変，加工，切除，部分利用，要約，翻訳，変形，脚色，翻案なども含まれます）

11 他人の著作物を利用したい場合

他人の著作物を利用する際のフロー図

① 著作物に当たるか？

「「著作物」とはなにか」（6 ページ参照）で説明したとおり，「単なる事実やデータ」「他人の模倣品」「ありふれたもの」「アイデア」「工業製品」などが著作物から除かれますが，何らかの形で創作者の個性が発揮され，表現されているものであれば，多くの場合，著作物に該当すると考えた方がよいでしょう。

② 保護対象となる著作物か？

日本において著作権が付与され，保護対象となる著作物は，「日本国民の著作物」「日本で最初に発行された著作物」「条約によって保護の義務を負う外国の著作物」です。「実演」「レコー

ド」「放送」「有線放送」についても，それぞれこうした限定があります。我が国で流通している様々な著作物は，上記のいずれかの条件を満たすものがほとんどであり，多くのものは保護対象と考えた方がよいでしょう。

なお，憲法その他法令などの著作物は，権利が及びませんので，自由に利用することができます（7ページ参照）。

③　保護期間が満了しているか？

「著作物」「実演」「レコード」「放送」「有線放送」のそれぞれについて，「保護期間」が定められていますので（51ページ参照），保護期間が満了しているものについては，権利者の了解を得る必要がありません。ただし，さまざまな例外がありますので，よく注意することが必要です。

④　権利制限規定に該当するか？

第30条から第47条の7までに規定されている「権利制限規定」に該当する場合には，権利者の権利が制限され，著作権者の了解を得ないで利用することが可能です（82ページ参照）。

権利制限規定は，あらゆる利用行為が対象とされているわけではなく，例えば，「私的使用のための複製（第30条）」では「複製権」を制限して利用可能としており，「引用（第32条）」では「複製権」や「公衆送信権」等の権利を制限して利用可能としていますので，権利制限規定がどの権利を制限しているのかをよく確認した上で，利用可能かどうかを確認することが重要です。

また，例えば，「引用（第32条）」の規定では，翻訳して引用することは可能ですが，翻案等の利用はできないこととされていますので，二次的な利用に関しては，翻訳権・翻案権等の権利制限規定の適用範囲かどうかを確認することが必要です（96ページ参照）。

⑤ 権利者が判明しているか？

(イ) 利用の許諾を得る

(i) 権利者を特定する

権利関係が単純な著作物の場合は大きな問題は生じませんが，映画の著作物のように複数の権利が関係する著作物の場合，映画全体の権利とは別に，小説家・脚本家等の二次的著作物の原著作者の権利，音楽や美術作品等の著作者の権利，実演家・レコード製作者の権利など，様々な権利が関係するため，誰が権利を保有しているのかを確認することが必要となります。また，雑誌等の場合，個々の写真やイラスト等に関して，写真家やイラストレーター自身が権利を保有している場合や所属するプロダクションが利用に関する窓口となっているケースも考えられます。このほか複数の者が権利を共有している場合もあれば，著作者の遺族や第三者が権利を保有している場合など様々なケースが考えられますので，まずは権利関係を確認し，権利者を特定することが必要です。

(ii) 権利者に連絡を取る

出版物や音楽CD等，すでに何らかの流通手段によって商業利用されている著作物等の場合，出版社やレコード会社等を通じて，著作者や実演家の了解を得ることが可能なケースが多いと考えられます。また，著名な著作者等であれば，著作権関係団体に問い合わせれば，利用申請の窓口を紹介してもらえる場合もあります（著作権等管理事業者が権利を管理している場合については，68ページ参照）。

(iii) 許諾を得る

「了解を得る」ということは，権利者と契約を交わすことを意味し，口頭の場合でも契約は成立します。利用目的や利用方法によっては，了解が得られない場合や使用料が高額になるケースも考えられます。逆に，利用目的，利用方法によっては，使用料が無償又は低廉な額になるケース

もあります。

(iv)　契約書を交わす

　権利者の了解が得られた場合，後々のトラブルを防ぐために，利用する著作物を特定した上で，利用目的，使途，使用料や報告義務等の各種条件について確認し，お互いが契約内容を明確にした上で，「契約書」という形で文書を残しておくことが重要です。

　文化庁のホームページに「著作権契約書作成支援システム」を公開していますのでご活用ください。

注　著作権等管理事業者が権利を管理している場合

　著作権等管理事業者は，権利者から権利の管理について委託を受け，利用者からの申請に対して著作物等の利用許諾を行うとともに，徴収した使用料を権利者に分配する業務を行っています。

　したがって，利用したい著作物等の権利を著作権等管理事業者が管理している場合は，著作権等管理事業者に利用許諾申請を行い，管理事業者から許諾を得るとともに使用料を支払うことで，適法に著作物等を利用することができます。

　例えば，音楽の著作物に係る権利を管理している一般社団法人日本音楽著作権協会（JASRAC）では，各種音楽イベントや各種施設での利用，インターネット上での利用，録音物・映像ソフト・出版物での利用など，様々な利用形態に対応した使用料規程を定めており，多くの利用についてカバーしていますが，JASRAC が委託を受けていない場合や，同じ著作物であっても利用形態によっては他の著作権等管理事業者に委託されているケースもありますので，詳細については，それぞれの著作権等管理事業者にお尋ねください。

　また，外国の著作物の日本での利用について，日本の著作権等

管理事業者が外国の著作権管理団体と相互管理契約を締結し，お互いに管理し合っている場合がありますが，この相互管理契約は，全ての分野で行われている訳ではなく，音楽を中心に一部の分野にとどまっています。そのため，外国の著作物の利用については，分野によっては，直接，外国の権利者に連絡をとって契約交渉を行うか，日本のエージェント等の窓口を通じて利用の許諾を得ることが必要となります。

なお，著作権等管理事業者の最新の情報は，文化庁のホームページをご確認ください。

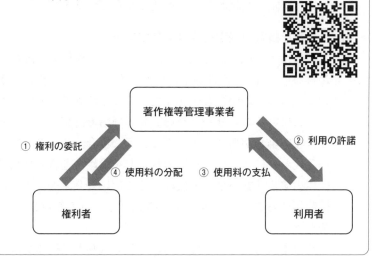

㈹ 著作権の譲渡を受ける

「著作権（財産権）」は，契約によって権利者から譲り受けることができます。

なお，著作権法では譲渡人の保護規定（第 61 条第 2 項）があり，二次的な利用に関する権利（第 27 条，第 28 条）については，契約において特掲されていないときは，譲渡した者に留保されたものと推定する旨規定されているため，これらの権利も含めた著作権の譲渡を受けるときは，契約書に「すべての著作権（著作権法第 27 条及び第 28 条の権利を含む）を譲渡する」と記載しておく必要があります。

　また，「著作者人格権」については，利用者に自由に使わせる必要がある場合などに，著作者人格権を行使しない旨を規定する例も見受けられます。この場合，著作者としては，依頼者が著作物を改変，修正した場合や著作者の氏名を表示しなかった場合でも異議を述べることができないといった不利益が生じるため注意が必要です。（第61条）。

　さらに，著作権は分割して譲渡することも可能であり，例えば，複製権などの支分権ごとの譲渡，期間を限定した譲渡，地域を限定した譲渡なども可能とされています。

(ハ)　文化庁長官の裁定を受けて利用する

　著作権者等の許諾を得ようとしても，「権利者が誰だか分からない」，「（権利者が誰か分かったとしても）権利者がどこにいるのか分からない」，「亡くなった権利者の相続人が誰でどこにいるのか分からない」等の理由で許諾を得ることができない場合があります。このような場合，権利者の許諾を得る代わりに「文化庁長官の裁定」を受け，通常の使用料額に相当する「補償金」を供託することにより，著作物を適法に利用することができます（第67条，第67条の2，第103条）。

　裁定申請に当たっては，あらかじめ権利者と連絡を取るための「相当な努力」を払う必要があります。

　この「相当な努力」として，以下のことを行っていただく必要があります。

　(a)　広く権利者情報を掲載する資料の閲覧（名簿・名鑑等の閲覧又はインターネット検索）

　(b)　広く権利者情報を有している者への照会（著作権等管理事業者及び関連する著作者団体等への照会）

　(c)　公衆に対する情報提供の呼びかけ（日刊新聞紙又は公益社団法人著作権情報センターへの広告掲載）

　なお，過去に裁定を受けた著作物等の権利者の捜索につい

ては，文化庁ホームページに公開している「過去に裁定を受けた著作物等の情報を掲載したデータベース」を閲覧することで，上記(a)及び(b)の措置を替えることも可能です。

補償金の供託については，国等（地方公共団体，独立行政法人，国立大学法人，大学共同利用機関法人，地方独立行政法人，日本放送協会を含む）の申請の場合，補償金の事前供託は免除され，権利者が現れた場合に，文化庁長官が定める額の補償金を直接権利者に支払うことも可能となっています。

上記の裁定申請をした申請者は，文化庁長官が定める額の担保金を供託した場合は，裁定又は裁定をしない処分を受けるまでの間，申請に係る著作物を利用することができます（裁定申請中の著作物の利用）。ただし，著作者が当該著作物の出版その他の利用を廃絶しようとしていることが明らかである場合は，その著作物を利用することはできません。なお，国等が申請者の場合，裁定申請中の著作物の利用に係る担保金の供託は不要です。

上記以外に，著作物を放送（放送同時配信を含む）したいときに，著作権者との契約交渉がうまくいかない場合に，「文化庁長官の裁定」を受け，通常の使用料に相当する「補償金」を著作権者に支払うことによって，著作物を利用する方法（第68条）や，発売の日から3年を経過した市販レコード（音楽CDなど）に録音されている音楽を他の市販レコードに録音して販売したいときに，著作権者との契約交渉がうまくいかない場合に，「文化庁長官の裁定」を受け，通常の使用料に相当する「補償金」を著作権者に支払うことによって，著作物を利用する方法があります（第69条）。

詳しくは，文化庁ホームページに「裁定の手引き」を掲載しておりますので，ご覧ください。

◎文化庁長官の裁定についてのお問合せ先

文化庁著作権課

〒100-8959

東京都千代田区霞が関 3-2-2　旧文部省庁舎 5 階

03-5253-4111（内線 2847）

～著作物等の利用に関する新たな裁定制度の創設～

　令和 5（2023）年に著作権法が改正され，過去のコンテンツ，一般ユーザーが創作するコンテンツ，著作権者等不明著作物等の膨大かつ多種多様なコンテンツについて，コンテンツの利用円滑化とクリエイターへの適切な対価還元の両立を図るため，著作物等の利用に関する新たな裁定制度が創設されました。

　具体的な改正事項は以下の通りです。

① 集中管理がされておらず，その利用可否に係る著作権者の意思が明確でない著作物について，文化庁長官の裁定を受け，補償金を支払うことで，時限的な利用を可能とする。

② 著作権者は，文化庁長官の裁定の取消しを請求でき，取消し後は，時限的利用は停止。利用されていた間の補償金を受け取ることができる。

③ 手続の簡素化・迅速化を実現すべく，新制度の手続（申請受付・要件確認・補償金の額の決定・補償金の収受等）の事務は，文化庁長官による登録や指定を受けた民間機関が担うことができる。

　なお，この新たな裁定制度は，令和 5 年 5 月 26 日から 3 年を超えない範囲内で，政令で定める日から施行されることになっています。

取り扱う著作物の種類等	団体名	連絡先
著作権全般	公益社団法人 著作権情報センター（CRIC）	〒164-0012 東京都中野区本町1-32-2 ハーモニータワー22階 03-5333-0393（著作権テレホンガイド） https://www.cric.or.jp
文芸	公益社団法人 日本文藝家協会	〒102-8559 東京都千代田区紀尾井町3-23 文藝春秋ビル新館5階 03-3265-9658（管理部） https://www.bungeika.or.jp
脚本	協同組合 日本脚本家連盟	〒102-0082 東京都千代田区一番町21 一番町東急ビル2階 03-6256-9961 https://www.writersguild.or.jp
脚本	協同組合 日本シナリオ作家協会	〒103-0013 東京都中央区日本橋人形町2-34-5 シナリオ会館2階 03-6810-9550 https://www.j-writersguild.org
美術	一般社団法人 日本美術家連盟	〒104-0061 東京都中央区銀座3-10-19 美術家会館5階 03-3542-2581 http://www.jaa-iaa.or.jp
美術	一般社団法人 日本美術著作権連合	〒103-0013 東京都中央区日本橋人形町2-8-11 友高ビル3階 03-5962-3408 https://www.jart.tokyo
写真	一般社団法人 日本写真著作権協会	〒102-0082 東京都千代田区一番町25 JCIIビル403 03-3221-6655 https://jpca.gr.jp

取り扱う 著作物の種類等	団体名	連絡先
漫画	公益社団法人 日本漫画家協会	〒160-0001 東京都新宿区片町 3-1 YANASE 兎ビル 03-5368-3783 https://nihonmangakakyokai.or.jp
音楽	一般社団法人 日本音楽著作権協会（JASRAC）	〒151-8540 東京都渋谷区上原 3-6-12 03-3481-2121 https://www.jasrac.or.jp
音楽	株式会社 NexTone	〒150-0012 東京都渋谷区広尾 1-1-39 恵比寿プライムスクエアタワー 20階 03-5766-8080 https://www.nex-tone.co.jp
映像	公益社団法人 映像文化製作者連盟	〒103-0016 東京都中央区日本橋小網町 17-18 藤和日本橋小網町ビル 7階 03-3662-0236 https://www.eibunren.or.jp
映像	一般社団法人 日本映像ソフト協会	〒104-0045 東京都中央区築地 2-11-24 第 29 興和ビル別館 2階 03-3542-4433 https://www.jva-net.or.jp
コンピュータ ソフトウェア	一般社団法人 コンピュータソフトウェア著作権協会	〒112-0012 東京都文京区大塚 5-40-18 友成フォーサイトビル 5階 03-5976-5175 https://www2.accsjp.or.jp
コンピュータ プログラム	一般財団法人 ソフトウェア情報センター	〒105-0003 東京都港区西新橋 3-16-11 愛宕イーストビル 14階 03-3437-3071 https://www.softic.or.jp
実演	公益社団法人 日本芸能実演家団体協議会・実演家著作隣接権センター（CPRA）	〒163-1466 東京都新宿区西新宿 3-20-2 東京オペラシティタワー 11階 03-5353-6600 https://www.cpra.jp

取り扱う 著作物の種類等	団体名	連絡先
実演	一般社団法人 映像コンテンツ権利処理機構（aRma）	〒 107-0061 東京都港区北青山 2-11-10 青山野末ビル 301 03-5775-4870 https://www.arma.or.jp
レコード	一般社団法人 日本レコード協会	〒 105-0001 東京都港区虎ノ門 2-2-5 共同通信会館 9 階 03-5575-1304 https://www.riaj.or.jp
放送	日本放送協会 （NHK）	〒 150-8001 東京都渋谷区神南 2-2-1 03-3465-1111（代） ◎こちらの代表電話番号より知財センターへお問い合わせください。 https://www.nhk.or.jp
放送	一般社団法人 日本民間放送連盟	〒 102-8577 東京都千代田区紀尾井町 3-23 03-5213-7707（番組・著作権部） https://j-ba.or.jp
有線放送	一般社団法人 日本ケーブルテレビ連盟	〒 104-0031 東京都中央区京橋 1-12-5 京橋 YS ビル 4 階 03-3566-8200 https://www.catv-jcta.jp
出版	一般社団法人 日本書籍出版協会	〒 101-0051 東京都千代田区神田神保町 1-32 出版クラブビル 5 階 03-6273-7061 https://www.jbpa.or.jp
企業・団体等の複製利用	公益社団法人 日本複製権センター	〒 105-0002 東京都港区愛宕 1-3-4 愛宕東洋ビル 7 階 03-6809-1281 https://jrrc.or.jp
私的録音録画	一般社団法人 私的録音録画補償金管理協会	〒 105-0021 東京都港区東新橋 2-2-10 村松・共栄火災ビル 5 階 03-6453-0066 http://www.sarah.or.jp

取り扱う 著作物の種類等	団体名	連絡先
教育機関における公衆送信	一般社団法人 授業目的公衆送信補償金等管理協会 （SARTRAS）	〒 100-0014 東京都千代田区永田町 2-4-3 永田町ビル 6 階 03-6381-5026 https://sartras.or.jp
図書館資料の公衆送信	一般社団法人 図書館等公衆送信補償金管理協会 （SARLIB）	〒 101-0051 東京都千代田区神田神保町 1-32 https://www.sarlib.or.jp

◎日本行政書士会連合会では，著作権相談に対応できる「著作権相談員」を各地域に配置しています。詳しくは，同連合会のホームページをご覧ください。

12 外国の著作物等の保護

著作物等は，国境を越えて利用されるため，世界中の国々はさまざまな多国間条約を結んでお互いに著作物等を保護しています。例えば，日本では，ドイツ人（ベルヌ同盟国国民）の著作物等は日本の著作権法によって保護され，逆にドイツでは，日本人の著作物等はドイツの著作権法によって保護されます。

（1）著作権関係条約の原則

① 無方式主義

著作権・著作隣接権を享有及び行使する際に，登録，作品の納入，著作権の表示など，いかなる方式も必要としないという原則です。

② 内国民待遇

自国民に与えている保護と同等以上の保護を条約締結国民に与える，という原則です。

(イ) **ベルヌ型の内国民待遇**：国内法で規定している権利については，条約に規定していなくても内国民待遇を付与

(ロ) **ローマ型の内国民待遇**：条約上規定する権利についてのみ内国民待遇を付与

③ 遡及効

(イ) **遡　及**：条約の発効前に創作された著作物等であっても，発効時に保護されていたものについては保護

(ロ) **不遡及**：条約の発効後に創作された著作物等についてのみ保護

条約名　　　　　　項目		内国民待遇	遡及効
著作権	文学的及び美術的著作物の保護に関するベルヌ条約	ベルヌ型	遡　及
	著作権に関する世界知的所有権機関条約（WCT，WIPO 著作権条約）	ベルヌ型	遡　及
著作隣接権	実演家，レコード製作者及び放送機関の保護に関する国際条約（実演家等保護条約，ローマ条約）	ローマ型	不遡及
	実演及びレコードに関する世界知的所有権機関条約（WPPT，WIPO 実演・レコード条約）	ローマ型	遡　及
	視聴覚的実演に関する北京条約	ローマ型	遡　及
知的所有権の貿易関連の側面に関する協定（TRIPS 協定）		著作権：ベルヌ型 著作隣接権：ローマ型	遡　及

◎各条約の内容については142ページをご覧ください。

（2）海賊版対策

　デジタル化・ネットワーク化の進展により，誰もが著作物を創作し，流通させることができる社会となりましたが，海賊版被害に関する対策として，令和2年にリーチサイト対策や侵害コンテンツのダウンロード違法化を内容とする著作権法の改正が行われました。

　文化庁では，制度改正のほか，国際連携・国際執行の強化等を図るとともに，インターネット上の海賊版対策に関する普及啓発に積極的に取り組んでいます。

令和4年8月には，海賊版対策情報ポータルサイトを公開，海賊版による著作権侵害の相談窓口を開設しました。詳細については，右 QR コードよりご確認ください。

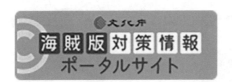

また，著作権関係団体においても，健全なコンテンツ市場の発展のため，正規版のサービスであることを示すマークを作成するなど，海賊版対策に関する取組が進められています。

① ABJ マーク

ABJ マークは，マンガや書籍の電子書店・電子配信サービスに関する正規版マークです。

（一般社団法人 ABJ 提供）

② エルマーク

エルマークは，音楽や映像の配信サービスに関する正規版マークです。

エルマーク　　　　　　　　エルマーくん

（一般社団法人日本レコード協会提供）

③ コンテンツ海外流通促進機構

文化庁と経済産業省の呼びかけにより，日本のコンテンツ産業の積極的な海外展開とともに，海外における海賊版対策を講じていくため，著作権関連団体，コンテンツ関連企業等が平成14（2002）年8月に発足させた民間組織です。平成21（2009）年4月1日に一般社団法人（非営利型）として設立され，令和4（2022）年4月現在，企業会員33社，団体会員12団体，賛助会員9社／団体が参加しています。

〔参考〕©マークについて

　書籍の巻末やマンガ・写真などの片隅に「©」（コピーライト・マーク）という表示がよくみられますが，これは，次のような趣旨で設けられたものです。

　著作権保護が進んだヨーロッパ諸国や日本では，基本条約である「ベルヌ条約」に基づいて，「著作権は，申請・審査・登録などの手続きを一切必要とせず，著作物が創作された時点で自動的に付与される」（無方式主義）という制度が，すでに100年以上も前から確立されていました。

　これに対して，アメリカなどいくつかの国では，「著作権を得るためには，政府機関への登録等が必要」（方式主義）という制度が，最近まで維持されてきました。

　このため，日本やヨーロッパの著作物は，アメリカでは（登録をしない限り）保護されないという事態になっていましたが，この問題を解決するために，昭和27（1952）年に「万国著作権条約」が制定され，この条約の規定により，著作物に「©」等を付しておくことによって，アメリカなど「登録を義務づけている国」においても，「登録されているものとみなして保護される」ことになったのです。

　しかし，アメリカも平成元（1989）年にようやくベルヌ条約を締結（日本が締結したのは明治32（1899）年）して「無方式主義」に移行し，令和4（2022）年3月には，万国著作権条約の全加盟国がベルヌ条約の加盟国となりました。

　このため，「©」を付す法律的な意味はほとんどなくなっていますが，現在では，権利者名を示すためのマークなどとして利用されており，広く一般に著作権を意識してもらうためのツールになっているようです。

13 著作者の権利の制限（許諾を得ずに利用できる場合）

（1）「著作者の権利の制限」とは

　他人の著作物を利用する場合は，原則として，著作権者の了解を得ることが必要ですが，著作権法では，一定の場合には，著作権者の了解を得ずに著作物等を利用できる例外規定が置かれています。この例外規定は，著作者の「財産権（著作権）」を制限することで公正な利用を確保するという趣旨から「権利制限規定」と呼ばれています。

　権利制限規定の要件に合致する利用であれば，他人の著作物を利用することは可能ですが，例外規定の適用を受けて複製物を作成した場合であっても，その複製物を目的外に使用することはもちろん許されません（例えば，教育機関において担任する者が授業で用いるために著作物の複製を行った後，授業目的以外の目的で使用する場合などが該当します。このような場合，権利者の了解を得ることが必要です）。

　また，権利制限規定によって著作物を利用する際，「出所の明示」をすべき場合や，「補償金の支払い」をすべき場合なども法律に定められています。

　なお，著作者の「財産権（著作権）」が制限されて，例外的に許諾を得ずに複製等ができる場合には，関係する「著作隣接権」も制限され，「複製権」が制限される場合に配布（譲渡）を伴うことが当然想定されるときは，「譲渡権」についても権利制限の対象となります。

　しかし，「財産権」が制限されていても「人格権」が制限されているとは限りませんので，注意が必要です（無断での「複製」が例外的に許されても，無断での「改変」や「氏名表示の省略」が当然に許されるわけではありません）。

原則　⇒　著作権者の許諾（了解）を得て利用する

（著作物の利用の許諾）
第 63 条　著作権者は，他人に対し，その著作物の利用を許諾
することができる。
2　前項の許諾を得た者は，その許諾に係る利用方法及び条件
の範囲内において，その許諾に係る著作物を利用することがで
きる。

例外（著作権者の権利の制限）　⇒　許諾（了解）を得ずに利用できる
【権利制限規定】
　　・私的使用のための複製（第 30 条）
　　・引用（第 32 条）
　　・営利を目的としない上演等（第 38 条）
　　・裁判手続，立法・行政目的のための内部資料としての複製（第
　　　42 条第 1 項）
　　　　　　など

◎権利制限規定一覧

内容	ページ
私的使用のための複製（第 30 条）	85
付随対象著作物の利用（第 30 条の 2）	87
検討の過程における利用（第 30 条の 3）	88
著作物に表現された思想又は感情の享受を目的としない利用（第 30 条の 4）	89
図書館等における複製等（第 31 条）	91
引用（第 32 条）	96
教科用図書等への掲載（第 33 条）	97
教科用図書代替教材への掲載等（第 33 条の 2）	98

教科用拡大図書等の作成のための複製等（第33条の3）	98
学校教育番組の放送等（第34条）	99
学校その他の教育機関における複製等（第35条）	100
試験問題としての複製等（第36条）	104
視覚障害者等のための複製等（第37条）	105
聴覚障害者等のための複製等（第37条の2）	107
営利を目的としない上演等（第38条）	108
時事問題に関する論説の転載等（第39条）	110
政治上の演説等の利用（第40条）	111
時事の事件の報道のための利用（第41条）	112
裁判手続等における複製（第42条）	112
行政機関情報公開法等による開示のための利用（第42条の2）	115
公文書管理法等による保存等のための利用（第42条の3）	115
国立国会図書館法によるインターネット資料及びオンライン資料の収集のための複製（第43条）	116
放送事業者等による一時的固定（第44条）	117
美術の著作物等の原作品の所有者による展示（第45条）	118
公開の美術の著作物等の利用（第46条）	119
美術の著作物等の展示に伴う複製等（第47条）	119
美術の著作物等の譲渡の申出に伴う複製等（第47条の2）	120
プログラムの著作物の所有者による複製等（第47条の3）	121
電子計算機における著作物の利用に付随する利用等（第47条の4）	121
電子計算機における情報処理及びその結果の提供に付随する軽微利用等（第47条の5）	123

（2）著作者の権利の制限の内容

① 私的使用のための複製（第 30 条）

　テレビ番組を録画しておいて後日自分で見る場合などのように，家庭内など限られた範囲内で，仕事以外で使用することを目的として，使用する本人が複製する場合の例外です。インターネットから著作物をダウンロードしたりプリントアウトしたりすることにも，この例外は適用されます。また，学校の児童生徒などが本人の学習のために行う複製（コンピュータ，インターネット等の利用を含む）も，この例外の対象です。

【条件】

(a)　個人的に又は家庭内など，限られた範囲内での使用を目的とすること（仕事での利用は対象外）

(b)　使用する本人が複製すること（使用者の手足として他者に複製作業を頼むことは可能）

(c)　以下の利用に該当しないこと

　(ⅰ)　誰でも使える状態で設置してあるダビング機など（当分の間，コンビニ等のコピー機など「文献複写」のみに用いるものは除かれています）を用いて複製すること

　(ⅱ)　コピーガードを解除して（又は解除されていることを知りつつ）複製すること

　(ⅲ)　著作権を侵害したインターネット配信と知りつつ，音楽や映像をダウンロードすること

　(ⅳ)　著作権を侵害したインターネット配信と知りつつ，音楽や映像以外の著作物（漫画，書籍，論文，コンピュータ・プログラム等）をダウンロードすること（軽微なもののダウンロード等，一定の利用は除かれています）

※　翻訳，編曲，変形または翻案も可

〔参考〕デジタル方式による録音録画について

　平成4（1992）年の法改正により，政令で指定するデジタル方式の機器・媒体による私的使用のための複製については，権利者に一定の対価（補償金）を還元する仕組みとして，「私的録音録画補償金制度」が設けられました。この補償金は，メーカー等の協力により，機器・媒体の価格にあらかじめ上乗せして販売され，文化庁長官が指定する団体を通じて，権利者に分配されています。

〔参考〕映画の盗撮防止について

　映画の盗撮の防止に関する法律により，映画館等で映画の録音・録画を行うことは，私的使用のためであっても第30条の適用対象外とされています。したがって，権利者に無断で映画の盗撮をした場合は著作権侵害となり，差止請求，損害賠償請求等の民事的措置や刑事罰の対象となります。

～侵害コンテンツのダウンロード違法化（令和3年1月施行）～

　近年，ダウンロード型の海賊版サイトが多数存在し，著作物の分野・種類を問わず，インターネット上の海賊版被害が深刻さを増していることを踏まえ，令和2年に著作権法が改正され，違法にアップロードされた著作物のダウンロード規制について，「音楽・映像」だけでなく「著作物全般（漫画・書籍・論文・コンピュータ・プログラムなど）」に対象範囲が拡大されました。

　これにより，違法にアップロードされた著作物（漫画・書籍・論文・コンピュータ・プログラムなど）を，違法にアップロードされたものだと知りながらダウンロードすることは，私的使用目的であっても違法とされ，特に悪質な行為については，刑事罰（2年以下の懲役又は200万円以下の罰金（懲役と罰金の併科も可）（親告罪））の対象になりました（第119条第3項第2号）。

なお，「海賊版対策としての実効性確保」と「国民の正当な情報収集等の萎縮防止」のバランスを図る観点から，規制対象を，違法にアップロードされたことを知りながらダウンロードする場合のみとするとともに，以下の場合は規制対象から除外することとされました。

(ⅰ) スクリーンショットを行う際の写り込み

(ⅱ) 漫画の1コマ〜数コマなど「軽微なもの」

(ⅲ) 二次創作・パロディ

(ⅳ) 著作権者の利益を不当に害しないと認められる特別な事情がある場合のダウンロード

また，刑事罰については，特に悪質な行為に限定する観点から，罰則の対象を正規版が有償で提供されている著作物を反復・継続してダウンロードする場合に限定しました。

このほか，改正法の附則では，国民への普及啓発・教育の充実，関係事業者による適法サイトへのマーク付与の推進，刑事罰の運用に当たっての配慮等について規定し，運用面からも国民の懸念・不安等に対応していくこととしています。

文化庁では，「侵害コンテンツのダウンロード違法化」に関して，Q＆Aを公開しておりますので，文化庁のホームページをご覧ください。

② 付随対象著作物の利用（第30条の2）

写真撮影，録音・録画，放送等を行う際，本来意図した対象以外の著作物が「写り込む」場合の例外です。例えば，写真撮影したところ，本来意図した撮影対象だけでなく，背景に小さく絵画等（付随対象著作物）が写り込む場合が該当します。

【条件】

(a) 写真撮影，録音・録画，放送等の方法によって著作物を利用するにあたっての複製又は複製を伴わない伝達行為であること

(b) メインの著作物に占める割合や再製の精度等に照らし，軽微な構成部分であること

(c) 付随対象著作物の利用により利益を得る目的の有無や分離の困難性等の程度，付随対象著作物が果たす役割等に照らし，正当な範囲内の利用であること

(d) その付随対象著作物の種類や用途などから判断して，著作権者の利益を不当に害しないこと

③ 検討の過程における利用（第30条の3）

著作権者の許諾を得て，又は裁定を受けて著作物を利用しようとする場合に，これらの利用について検討を行うために著作物を利用する場合の例外です。

例えば，漫画のキャラクターの商品化を企画するにあたって，著作権者から許諾を得る前に，会議資料や企画書にそのキャラクターを掲載する場合に，この例外が適用されます。

なお，この規定は，結果として企画が実現しなかった場合でも適用されます。

【条件】

(a) 著作権者の許諾を得て，又は裁定を受けて著作物を利用しようとする者であること

(b) 許諾を得て，又は裁定を受けて行う著作物の利用についての検討の過程における利用に供することを目的とすること（「検討の過程」には，著作権者に許諾を申し出る際に作成される資料における著作物の利用も含む）

(c) 必要な限度内のものであること

(d) その著作物の種類や用途などから判断して，著作権者の利益を不当に害さないこと

④ 著作物に表現された思想又は感情の享受を目的としない利用（第30条の4）

　IoT，ビックデータ，人工知能などの技術革新やデジタル化・ネットワーク化の進展を踏まえ，著作物等の市場に悪影響を及ぼさない一定の著作物等の利用に関する場合について規定した例外です。以下の条件を満たす場合には，いずれの方法によるかを問わず，著作物を利用することができます。

【条件】

(a)　次に掲げる場合その他の著作物に表現された思想又は感情を自分で享受したり，他人に享受させたりすることを目的としない場合であること

　(i)　著作物の録音・録画等の技術の開発又は実用化のための試験の用に供する場合

　(ii)　情報解析の用に供する場合

　(iii)　上記のほか，著作物の表現についての人の知覚による認識を伴うことなく当該著作物を利用に供する場合

(b)　必要な限度内の利用であること

(c)　その著作物の種類や用途などから判断して，著作権者の利益を不当に害さないこと

～AIと著作権の関係等について～

① 基本的な考え方

・著作権法では，著作権者の権利・利益の保護と著作物の円滑な利用のバランスが重要

・著作権は，「思想又は感情を創作的に表現した」著作物を保護するものであり，単なるデータ（事実）やアイデア（作風・画風など）は含まれない

・AIと著作権の関係については，「AI開発・学習段階」と「生成・利用段階」では，著作権法の適用条文が異なり，分けて考えることが必要

② 現状の整理

| AI開発・学習段階（著作権法第30条の4）|

　　EX）著作物を学習用データとして収集・複製し，学習用データ
　　　　セットを作成

　　　　データセットを学習に利用して，AI（学習済みモデル）を
　　　　開発

・AI開発のような情報解析等において，著作物に表現された思想
　又は感情の享受を目的としない利用行為^{※1}は，<u>原則として著
　作権者の許諾なく利用することが可能</u>

　※1　例えば，3DCG映像作成のため風景写真から必要な情報を抽出する
　　　　場合であって，元の風景写真の「表現上の本質的な特徴」を感じ取
　　　　れるような映像の作成を目的として行う場合は，元の風景写真を享
　　　　受することも目的に含まれていると考えられることから，このよう
　　　　な情報抽出のために著作物を利用する行為は，本条の対象とならな
　　　　いと考えられる。

・ただし，<u>「必要と認められる限度」</u>を超える場合や<u>「著作権者の
　利益を不当に害することとなる場合^{※2}」</u>は，この規定の対象
　とはならない。

　※2　例えば，情報解析用に販売されているデータベースの著作物をAI
　　　　学習目的で複製する場合など。

| 生成・利用段階 |

　　EX）AIを利用して画像等を生成

　　　　生成した画像等をアップロードして公表，生成した画像等
　　　　の複製物（イラスト集など）を販売

・AIを利用して生成した画像等をアップロードして公表したり，
　複製物を販売したりする場合の著作権侵害の判断は，著作権法で
　利用が認められている場合^{※3}を除き，<u>通常の著作権侵害と同
　様</u>

　※3　個人的に画像を生成して鑑賞する行為（私的使用のための複製）等

・生成された画像等に既存の<u>画像等（著作物）との類似性</u>（創作的
　表現が同一又は類似であること）<u>や依拠性</u>（既存の著作物をもと
　に創作したこと）<u>が認められれば</u>，著作権者は著作権侵害として

損害賠償請求・差止請求が可能であるほか，刑事罰の対象ともなる。

⑤　**図書館等での複製（第 31 条第 1 項）**

国立国会図書館，公立図書館，大学図書館，美術館・博物館等が所蔵資料を複製する場合の例外です。

【条件】

(a)　国立国会図書館又は政令で定める図書館・美術館・博物館等であること

(b)　「営利」を目的としない事業として行われる複製であること

(c)　複製行為の「主体」が図書館等であること

(d)　その図書館等が所蔵している資料を複製すること

(e)　次のいずれかの場合であること

　(i)　調査研究を行う利用者の求めに応じて，すでに公表されている著作物の一部分（国や地方公共団体などが一般に周知させることを目的として作成した広報資料等や，全部を複製しても著作権者の利益を不当に害さないと認められる特別な事情があるとして政令で定めるものについては，全部でもよい）を，一人につき一部提供する場合

　(ii)　所蔵資料の保存のために必要がある場合

　(iii)　他の図書館等の求めに応じ，絶版その他これに準ずる理由により一般に入手することが困難な所蔵資料（絶版等資料）の複製物を提供する場合

※　コピーサービスについては，翻訳も可

⑥　**特定図書館等から利用者への所蔵資料のインターネット送信（第 31 条第 2〜5 項　令和 5 年 6 月施行）**

特定図書館等が，直接，利用者へ所蔵資料をインターネット送信する場合の例外です。

13

著作者の権利の制限（許諾を得ずに利用できる場合）

- 91 -

【条件】

（特定図書館等による複製，公衆送信について）

(a)　「特定図書館等（※)」に該当していること

(b)　「営利」を目的としない事業であること

(c)　インターネット送信のための複製行為の「主体」が「特定図書館等」であること

(d)　その図書館等が所蔵している資料であること

(e)　調査研究を行う利用者の求めに応じて，すでに公表されている著作物の一部分（国や地方公共団体などが一般に周知させることを目的として作成した広報資料等や，全部を複製しても著作権者の利益を不当に害さないと認められる特別な事情があるとして政令で定めるものについては，全部でもよい）を，インターネット送信する行為であること

(f)　利用者が予め「特定図書館等」に利用者情報を登録していること

(g)　「特定図書館等」の設置者が，相当な額の補償金を支払うこと

(h)　その著作物の種類や用途などから判断して，著作権者の利益を不当に害さないこと

（利用者による複製について）

(i)　受信した著作物を調査研究の用に供するために必要と認められる限度において複製すること

※　特定図書館等の条件

(i)　国立国会図書館又は政令で定める図書館・美術館・博物館等であること

(ii)　資料の公衆送信を適正に実施するための責任者が置かれていること

(iii)　資料の公衆送信を行う職員に対し，該当業務を適正に実施するだめの研修を行っていること

(iv)　利用者情報を適切に管理する措置を講じていること

(v)　インターネット送信のために作成された資料データにつ

いて，目的外の利用をされないよう防止し，又は抑止する
ために必要な措置を講じていること

(vi) その他，文部科学省令で定める措置を講じていること

⑦ 国立国会図書館の所蔵資料の電子化（第31条第6項）

国立国会図書館がその所蔵資料を電子化する場合の例外で
す。

【条件】

(a) 以下の場合であること

(ⅰ) 原本の滅失，損傷若しくは汚損を避けるために原本に代
えて公衆の利用に供する目的で電子化すること

(ⅱ) 第31条第7項又は第8項のインターネット送信を目的
として絶版等資料を電子化すること

(b) 必要な限度内のものであること

⑧ 国立国会図書館から公共図書館等への絶版等資料のイン
ターネット送信（第31条第7項）

国立国会図書館が，政令で定める国内の公立図書館や外国の
図書館等に対して電子化された絶版等資料をインターネット送
信することや，送信先の公立図書館などにおいてコピーする場
合の例外です。

【条件】

(a) インターネット送信の対象は，絶版等資料に係る著作物で
あること

(b) 政令で定める図書館等又はこれに類する外国の施設への送
信であること

(c) 上記の施設において公衆に提示することを目的とする場合
であること

(d) 送信先の図書館等における以下の行為であること

(ⅰ) 複製物の提供

・コピー行為の「主体」が図書館等であること

　　　・「営利」を目的としない事業として行われるものである
　　　　こと
　　　・利用者の求めに応じ，利用者が自ら利用するために行う
　　　　ものであること
　　　・自動公衆送信された著作物の複製物を作成し，複製物を
　　　　提供すること
　　(ii)　公の伝達
　　　・国立国会図書館から送信された著作物を受信装置を用い
　　　　て公に伝達すること
　　　・伝達を受ける者から料金を受けないこと
　※　(d)-(i)については，翻訳も可

⑨　国立国会図書館から利用者への絶版等資料のインターネット送信（第31条第8項・第9項　令和4年5月施行）

　　国立国会図書館が，直接，利用者へ絶版等資料（著作権者等
から申出のあった日から3か月以内に絶版等資料に該当しなく
なる蓋然性が高いことを国立国会図書館長が認めた資料を除
く）をインターネット送信する場合の例外です。

【条件】
(a)　絶版等資料に係る著作物であること
(b)　あらかじめ国立国会図書館に利用者情報を登録している者
　　に対する送信であること
(c)　デジタル方式の複製を防止又は抑止する措置を講じている
　　こと
(d)　事前登録者であることを識別するための措置を講じている
　　こと
(e)　事前登録者は自ら利用するために必要と認められる限度で
　　複製すること
(f)　自動公衆送信された著作物を受信装置を用いて公に伝達す
　　ること（非営利・無料等の場合に限定。国，地方公共団体等
　　が設置する非営利施設において，必要な知識を持った職員を

配置する施設で非営利・無料で行う場合を含む。)

※　(e)については，翻訳も可

～図書館関係の権利制限規定の見直し～

　令和3（2021）年の著作権法改正により，図書館関係の権利制限規定の見直しが行われ，「国立国会図書館による絶版等資料のインターネット送信」及び「図書館等による図書館資料のメール送信等」に関する規定が新たに創設されました。

① **国立国会図書館による絶版等資料のインターネット送信（令和4年5月1日施行）**

　従来，国立国会図書館がデジタル化した絶版等資料のデータを，公共図書館や大学図書館等に送信することが可能とされていましたが，令和3年著作権法改正において，国立国会図書館が絶版等資料（3か月以内に復刻等の予定があるものを除く。）のデータを，事前登録した利用者に対して直接送信できることとし，これにより，利用者は自分で利用するために必要な複製（プリントアウト）や，非営利無料等の要件の下での公の伝達（ディスプレイなどを用いて公衆に見せること）が可能となりました。

※　権利者団体や出版者団体，有識者などをメンバーとする「国立国会図書館による入手困難資料の個人送信に関する関係者協議会」による合意文書

② **特定図書館等から利用者への所蔵資料のインターネット送信（令和5年6月1日施行）**

　国立国会図書館をはじめ，公共図書館，大学図書館等では，利用者の調査研究の用に供するため，図書館資料を用いて，著作物の一部分の複製物を一人につき1部提供することが可能ですが，メール

などでの送信は例外規定に該当せず，簡易・迅速な資料の入手が困難な状況でした。このため，令和3年著作権法改正において，権利者保護のための厳格な要件の下，図書館資料を用いて，著作物の一部分（政令で定める場合は全部）をメールなどで送信することを可能とし，その際，図書館等の設置者が権利者に補償金を支払うことが義務づけられました。補償金の徴収・分配については，文化庁が指定する指定管理団体（一般社団法人図書館等公衆送信補償金管理協会（SARLIB））が一括して行うこととされています。

「図書館資料公衆送信補償金制度」

　特定図書館等から，所蔵資料をインターネット送信する場合は，指定管理団体である「SARLIB」に事前登録した上で，一定の補償金を支払えば，著作物を適法に利用可能

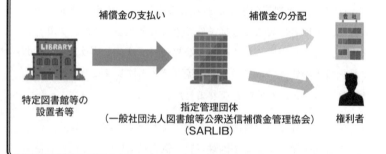

補償金の支払い　　　　　　補償金の分配

特定図書館等の
設置者等

指定管理団体
（一般社団法人図書館等公衆送信補償金管理協会）
（SARLIB）

権利者

⑩　引用（第32条第1項）

　報道，批評，研究等の目的で，他人の著作物を「引用」して利用する場合の例外です。例えば，報道の材料として他人の著作物の一部を利用したり，自説の補強や他人の考え方を論評するために他人の著作物の一部を利用するような行為が該当します。

【条件】

(a)　すでに公表されている著作物であること

(b)　「公正な慣行」に合致すること（例えば，引用を行う「必

然性」があることや，言語の著作物についてはカギ括弧などにより「引用部分」が明確になっていること）

(c)　報道，批評，研究などの引用の目的上「正当な範囲内」であること（例えば，引用部分とそれ以外の部分の「主従関係」が明確であることや，引用される分量が必要最小限度の範囲内であること，本文が引用文より高い存在価値を持つこと）

(d)　「出所の明示」が必要（複製以外はその慣行があるとき）

※　美術作品や写真，俳句のような短い文芸作品などの場合，その全部を引用して利用することも考えられます。

※　自己の著作物に登場する必然性のない他人の著作物の利用や，美術の著作物を実質的に鑑賞するために利用する場合は引用には当たりません。

※　翻訳も可

⑪　**「行政の広報資料」等の転載（第32条第2項）**

　　国・地方公共団体の行政機関，独立行政法人の「広報資料」「調査統計資料」「報告書」などを，「新聞」「雑誌」などの刊行物に転載する場合の例外です。

【条件】

(a)　一般に周知させることを目的とした資料であること

(b)　行政機関等の名義の下に公表した資料であること

(c)　説明の材料として転載すること

(d)　転載を禁止する旨の表示がないこと

(e)　「出所の明示」が必要

※　翻訳も可

⑫　**「検定教科書」等への掲載（第33条）**

　　「検定教科書」等に掲載するために複製する場合の例外です。

【条件】

(a)　すでに公表されている著作物であること

(b)　学校教育の目的上必要な限度内であること

(c) 掲載することを著作者に通知すること

(d) 掲載に当たり，文化庁長官が定める算出方法により算出した「補償金」を著作権者に支払うこと

(e) 「出所の明示」が必要

※ 翻訳，編曲，変形又は翻案も可

⑬ 「学習者用デジタル教科書」への掲載（第33条の2）

「検定教科書」等に掲載された著作物を「学習者用デジタル教科書」に掲載するために複製し，「学習者用デジタル教科書」の使用に伴って利用する場合の例外です。

【条件】

(a) 「検定教科書」等に掲載された著作物であること

(b) 学校教育の目的上必要な限度内であること

(c) 掲載することを著作者に通知すること

(d) 掲載に当たり，文化庁長官が定める算出方法により算出した「補償金」を著作権者に支払うこと

(e) 「出所の明示」が必要

※ 変形又は翻案も可

⑭ 「拡大教科書」や「音声教材」等の作成のための複製（第33条の3）

視覚障害，発達障害その他の障害により教科書に掲載された著作物を使用することが困難な児童又は生徒のために，既存の「検定教科書」等の文字や図形を拡大した「拡大教科書」や「音声教材」の作成等，その児童・生徒が必要とする方式により著作物の複製物を作成するために複製する場合の例外です。

【条件】

(a) 「検定教科書」等に掲載された著作物であること

(b) 視覚障害，発達障害などの障害により「検定教科書」等に掲載された著作物を使用することが困難な児童生徒用であること

(c) 「検定教科書」等の「全部」又は「相当部分」を複製する場合は，教科書発行者に通知すること。そのうち，「営利目的」の作成の場合は，文化庁長官が定める算出方法により算出した「補償金」を著作権者に支払うこと

(d) 「出所の明示」が必要

※ 変形又は翻案も可

⑮ 「学校教育番組」の放送等やそのための複製（第34条）

学校向けの教育番組を放送，有線放送，IPマルチキャスト放送等による同時再送信，インターネット同時配信等を行う際に著作物を利用する場合の例外です。なお，この例外が適用される場合には，その著作物を放送番組用又は有線放送番組用の「教材」に掲載（複製）することも，例外の対象となります。

【条件】

(a) すでに公表されている著作物であること

(b) 学習指導要領に準拠した番組であること

(c) 学校教育の目的上必要な限度内であること

(d) 放送等をしたことを著作者に通知すること

(e) 著作権者に「補償金」を支払うこと

(f) 「出所の明示」が必要

※ 翻訳，編曲，変形又は翻案も可

注 「出所の明示」

引用，教科書への掲載，点字による複製等の利用にあたっては，一定の条件を満たせば著作権者の了解を得る必要はありませんが，誰の著作物を利用しているかを明らかにすることが法律上要求されています（第48条）。これが，通常「出所の明示」と呼ばれているものです。また「出所の明示」をすれば著作権者の了解を得なくてもよいという誤解がありますが，それは逆で，著作権者の了解を得なくてもよい場合でも「出所の明示」の義務が課されるものであり，「出所の明示」をしても法律上の要件を満たさない場

合には，著作権者の了解が必要です。

「出所の明示」は，複製又は利用の態様に応じ，合理的と認められる方法及び程度により，著作物の題号，著作者名及び出版者名などを明示しなければなりません。なお，「出所の明示」の義務に違反した場合には，罰則が適用されます（第122条）。

⑯　学校その他の教育機関における複製等（第35条第1項・第2項）

学校・公民館などの教育機関において，教師や児童生徒等が授業の過程で使用するために，必要と認められる範囲で他人の著作物等を複製，公衆送信，公に伝達する場合の例外です。例えば，以下のような行為が該当します。

- ・教師や学習者がインターネット上の著作物をダウンロードして授業で配布する
- ・教師が児童生徒に対して対面授業の予習・復習用の資料をメールで送信する
- ・オンデマンド配信授業やスタジオ型のリアルタイム配信授業において，講義映像や資料を学習者に限定した上でインターネット送信する
- ・動画投稿サイト上の著作物をパソコンのディスプレイ等を用いて生徒等に視聴させる
- ・授業参観で来校した保護者に児童生徒に配布した資料（著作物）と同じものを配布する
- ・小学校の運動会の様子を（会場で使用される音楽を消さずに）保護者など限られた相手に限定してリアルタイムで配信する

【条件】

(a)　営利を目的としない教育機関であること

(b)　授業等を担当する教師等やその授業等を受ける児童生徒等が複製，公衆送信，公に伝達すること（指示に従って作業し

てくれる人に頼むことは可能）

(c)　授業のためにその著作物を使用すること

(d)　必要な限度内の使用であること

(e)　すでに公表されている著作物を使用すること

(f)　著作物の種類・用途・複製の部数・複製等の態様などから
判断して，著作権者の利益を不当に害しないこと（著作物の
全部を複製する行為や，ドリルなど児童生徒等が購入するこ
とを想定して販売されているものやソフトウェアなどを複製
する場合等は対象外）

(g)　慣行があるときは「出所の明示」（99 ページ参照）が必要

※　翻訳，編曲，変形又は翻案も可

※　公衆送信行為を行う場合（第 35 条第 3 項の行為は除く）
には，教育機関の設置者は，文化庁長官が指定する指定管理
団体（一般社団法人授業目的公衆送信補償金等管理協会
（SARTRAS：サートラス））に補償金を支払う必要がありま
す。

なお，補償金の支払いに当たっては，事前にサートラスへの
登録手続が必要です。詳細については，サートラスのホーム
ページ（76 ページ参照）をご覧ください。

〔参考〕補償金額（年間包括料金の場合）

〈児童生徒学生等 1 人当たりの年額〉
　小学校 120 円，中学校 180 円，高等学校 420 円，大学 720 円など

　　◎上記金額に別途消費税が加算されます。公衆送信の回数は無
　　制限です。

⑰　「教育機関」での遠隔合同授業等（第 35 条第 3 項）

　学校・公民館等の教育機関において，一方の会場の授業を他
方の会場（当該会場に教師がいるか否かを問わない）に同時中

継する場合に，当該授業のために用いられている教材を，互いの会場（公衆）向けに送信する場合の例外です。なお，「遠隔合同授業」の場合の公衆送信については，前述の補償金の支払いは不要です。

【条件】

(a) 営利を目的としない教育機関であること

(b) 教師等と児童生徒等がいる会場と，その授業を受ける他方の会場（当該会場に教師がいるか否かを問わない）がある授業形態であること（教師等がいる会場に児童生徒等がおらず，遠隔地にのみ児童生徒等がいる場合は対象外）

(c) その教育機関の授業を直接受ける者のみへの送信であること（登録された学生でなくても「誰でも視聴できる」ような場合は対象外）

(d) 生で中継される授業を受信地点で「同時」に受ける者への公衆送信であること（「録画された授業」を後日公衆送信している場合（オンデマンド授業等）は対象外）

(e) 授業のために用いられる教材として，配布，提示，上演，演奏，上映，口述されている著作物であること

(f) すでに公表されている著作物であること

(g) その著作物の種類や用途，公衆送信の形態などから判断して，著作権者の利益を不当に害しないこと（ソフトウェアやドリルなど，個々の児童生徒等が購入することを想定して販売されているものを公衆送信すること等は対象外）

(h) 慣行があるときは「出所の明示」が必要

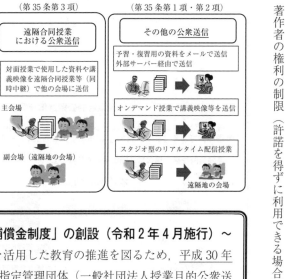

~「授業目的公衆送信補償金制度」の創設（令和2年4月施行）~

　学校等における ICT を活用した教育の推進を図るため，平成30年の著作権法改正により，指定管理団体（一般社団法人授業目的公衆送信補償金等管理協会（SARTRAS：サートラス））に補償金を支払う代わりに，オンデマンド授業，スタジオ型のリアルタイム配信授業，予習・復習・自宅学習用の資料のメール送信等を無許諾で行うことができるようになりました。

　新型コロナウイルス感染症の影響で，教育現場におけるオンライン指導の急速なニーズの増加に緊急的に対応すべく，令和2年4月28日から令和2年度に限って特例的に補償金額は無償で施行されましたが，令和3年度以降は，有償となっています。

　なお，上述の法改正を契機に，教育関係団体と権利者団体による「著作物の教育利用に関する関係者フォーラム」が設立され，同フォーラムにおいて，改正著作権法第35条における「著作物等の種類及び用途並びに当該複製の部数及び当該複製，公衆送信又は伝達の態様に照らし著作権者の利益を不当に害する」場合の典型例などに関するガイドラインが策定されています。

　※　改正著作権法第35条運用指針（令和3（2021）年度版）

　※　同　初等中等教育における特別活動に関する追補版

⇒初等中等教育における運動会，文化祭等の特別活動（学校行事等）における保護者等へのインターネット配信についての考え方を追記した，追補版が策定されました。

「授業目的公衆送信補償金制度」

教育機関において、リアルタイム配信授業等によって著作物を公衆送信する場合は、指定管理団体である「SARTRAS」に事前登録した上で、一定の補償金を支払えば、著作物を適法に利用可能
※遠隔合同授業の場合は、補償金の支払は不要

補償金の支払い　　　　　補償金の分配

学校等の設置者等

指定管理団体
（一般社団法人授業目的
公衆送信補償金等管理協会）
（SARTRAS）

権利者

学校等の教育機関における公衆送信
・リアルタイム配信授業
・オンデマンド配信授業
・予習復習用メール送信　等

> この制度は、「授業の過程における利用」に限って認められているため、あらゆる場面で他人の著作物を公衆に送信できる訳ではありません。学校等の教育機関においては、児童生徒等が誤った認識を持たないよう十分留意することが必要です。

⑱ 「試験問題」としての複製（第 36 条）

　著作物を「入学試験」などの人の学識・技能に関する試験・検定の問題として複製する場合の例外です。

【条件】

(a) すでに公表されている著作物であること

(b) 試験・検定の目的上必要な限度内であること（試験後にその問題を冊子に印刷・配付することは対象外）

(c) 「営利目的」の試験・検定の場合は著作権者に「補償金」を支払うこと

(d)　慣行があるときは「出所の明示」が必要

※　翻訳も可

「試験問題」としての公衆送信（第36条）

　著作物を「入学試験」などの人の学識・技能に関する試験・検定の問題としてインターネットなどで送信する場合の例外です。

【条件】

(a)　すでに公表されている著作物であること

(b)　試験・検定の目的上必要な限度内であること（試験後にその問題をウェブサイトなどに掲載することは対象外）

(c)　「営利目的」の試験・検定の場合は著作権者に「補償金」を支払うこと

(d)　その著作物の種類や用途，送信の形態などから判断して，著作権者の利益を不当に害しないこと（ヒアリング試験用のテープなど，各試験会場でそれぞれ購入することを想定して販売されているものを送信すること，誰でも解答者として参加できるような形で送信すること等は対象外）

(e)　慣行があるときは「出所の明示」が必要

※　翻訳も可

「点訳」のための複製（第37条第1項）

　著作物を「点字」により複製する場合の例外です。

【条件】

(a)　すでに公表されている著作物であること

(b)　「出所の明示」が必要

※　翻訳も可

「点訳データ」の蓄積・送信（第37条第2項）

　著作物を「点字データ」にしてインターネット等を通じて送

信（放送・有線放送を除く）するため，サーバーへの「蓄積」や「送信可能化」，「公衆送信」する場合の例外です。

【条件】

(a) すでに公表されている著作物であること

※ 翻訳も可

㉒ 視覚障害者等向けの「録音図書」等の製作等（第37条第3項）

視覚障害者等のための「録音図書」等を製作する（録音により複製する）場合，もしくはその「録音図書」等をインターネット送信・メール送信する場合の例外です。

【条件】

(a) 視覚障害その他の障害により視覚による表現の認識が困難な者（視覚障害者等：肢体不自由者等も含む）の利用に供する目的で必要な限度内のものであること

(b) 視覚障害者等の福祉に関する事業を行う者（政令で定めるもの(※)）が行うこと

　(※)政令で定めるものとして，障害者施設や図書館等の公共施設の設置者，文化庁長官が個別に指定する者のほかに，一定の要件を満たすボランティア団体等が対象となっています。詳細は，文化庁のホームページをご覧ください。

(c) すでに公表されている著作物で，視覚で認識される方式のものであること

(d) 視覚障害者等が利用するために必要な方式で「複製」「公衆送信（放送又は有線放送を除き，自動公衆送信の場合にあっては送信可能化を含む）」するものであること

(e) 視覚障害者等向けの著作物が著作権者やその許諾を得た者により公衆に提供されていないこと

(f) 「出所の明示」が必要

※ 翻訳，変形又は翻案も可

㉓ 聴覚障害者等向けの「字幕」の作成等（第37条の2第1号）

聴覚障害者等のために「字幕」等の作成や自動公衆送信をする場合の例外です。

【条件】

(a) 聴覚障害者や発達障害者など聴覚による表現の認識に障害のある者（聴覚障害者等）の利用に供する目的で必要な限度内のものであること

(b) 聴覚障害者等の福祉に関する事業を行う者（政令で定めるもの）が行うこと

(c) すでに公表されている著作物で，聴覚により認識される方式のものであること

(d) 音声について，字幕等の聴覚障害者等が利用するために必要な方式で「複製」「自動公衆送信」「送信可能化」するものであること

(e) 聴覚障害者等向けの著作物が著作権者やその許諾を得た者により公衆に提供されていないこと

(f) 「出所の明示」が必要

※ 翻訳又は翻案も可

㉔ 聴覚障害者等向け貸出し用の「字幕入り映像」等の作成（第37条の2第2号）

聴覚障害者等のために，映像への「字幕」の挿入等をする場合の例外です。

【条件】

(a) 聴覚障害者や発達障害者など聴覚による表現の認識に障害のある者（聴覚障害者等）へ貸し出す目的で必要な限度内のものであること

(b) 聴覚障害者等の福祉に関する事業を行う者（政令で定めるもの）が行うこと

(c) すでに公表されている著作物で，聴覚により認識される方

式のものであること

(d) 音声について，字幕等の聴覚障害者等が利用するために必要な方式で作成したものを，映像等に挿入するものであること

(e) 聴覚障害者等向けの著作物が著作権者やその許諾を得た者により公衆に提供されていないこと

(f) 「出所の明示」が必要

※ 翻訳又は翻案も可

㉕ 「非営利・無料」の場合の著作物の上演，演奏，上映，口述（第38条第1項）

学校の学芸会，市民グループの発表会，公民館での上映会など，非営利・無料で出演者等に報酬が支払われないときに，音楽や映画等の著作物を無形的に利用する場合の例外です。

【条件】

(a) 「上演」「演奏」「上映」「口述」のいずれかであること（「複製・譲渡」や「公衆送信」は含まれない）

(b) すでに公表されている著作物であること

(c) 営利を目的としていないこと

(d) 聴衆・観衆から料金等を受けないこと

(e) 出演者等に報酬が支払われないこと

(f) 慣行があるときは「出所の明示」が必要

㉖ 「非営利・無料」の場合の放送番組の有線放送（第38条第2項）

「難視聴解消」や「共用アンテナからマンション内への配信」など，非営利・無料により，放送を受信して同時に有線放送する場合や，放送対象地域を限定した放送の同時再送信（IPマルチキャスト放送等）を行う場合の例外です。

【条件】

(a) 営利を目的としていないこと

(b)　聴衆・観衆から料金を受けないこと

㉗　「非営利・無料」の場合の放送番組等の伝達（第38条第3項）

　喫茶店に置いてあるテレビなどの受信機を用いて，放送・有線放送・IP マルチキャスト放送等による同時再送信，インターネットによる放送同時配信等が行われる著作物を，「公に伝達」する場合の例外です。

【条件】

(a)　営利を目的とせず，聴衆・観衆から料金を受けないこと

※　通常の家庭用受信機（テレビジョン受信機等）を用いた伝達の場合，営利目的でも可

㉘　「非営利・無料」の場合の本などの貸与（第38条第4項）

　図書館等，非営利・無料による本や音楽 CD の貸出しなどの場合の例外です（映画・ビデオ等の場合は，第5項が適用されます）。

【条件】

(a)　すでに公表されている著作物であること

(b)　営利を目的としていないこと

(c)　貸与を受ける者から料金を受けないこと

㉙　「非営利・無料」の場合のビデオなどの貸与（第38条第5項）

　ビデオライブラリーなどによる「ビデオの貸出し」などの場合の例外です（本や音楽 CD などの場合は，第4項が適用されます）。

【条件】

(a)　視聴覚資料の一般貸出しを目的とする施設又は聴覚障害者等の福祉に関する事業を行う者（政令で定めるもの）が行うこと

(b) 営利を目的とする施設でないこと

(c) すでに公表された映画の著作物であること

(d) 貸与を受ける者から料金を受けないこと

(e) 権利者に「補償金」を支払うこと

注 「営利」

　「営利」とは，反復継続して，その著作物の利用行為自体から直接的に利益を得る場合又はその行為が間接的に利益に具体的に寄与していると認められる場合をいいます。

　「料金」

　「料金」とは，どのような名義のものであるかを問わず，著作物の提供又は提示の対価としての性格を有するものをいいます（収益金を見込まず，会場費等に充当する場合等を含みます）。逆に言えば，授業料や入館料等を徴収している施設であっても，それらが著作物の提供又は提示の対価として徴収されているものでなければ，本条の「料金」には該当しません（子供会主催の演奏会で，茶菓子代を徴収する場合等を指します）。

　「報酬」

　「報酬」とは，社会通念上の報酬であり，どのような名目であれ，実演の提供に対する反対給付をいいます。したがって，車代あるいは弁当代が支払われる場合，実質的に車代や弁当代に相当する程度の金額であれば報酬に該当しませんが，名義が車代であった場合でも実際に交通に要する程度を超えるものを支払っていれば報酬になります。

㉚ 「新聞の論説」等の転載等（第39条）

　新聞等に掲載・発行された「論説」を，他の新聞等への転載のほか，放送・有線放送・放送対象地域を限定した放送の同時再送信，インターネットによる放送同時配信等を行う場合の例

外です。

【条件】

(a) 新聞又は雑誌に掲載して発行された論説であること

(b) 学術的な性質を有するものでないこと

(c) 政治上，経済上，社会上の時事問題に関する論説であること

(d) 「他の新聞・雑誌への転載」「放送」「有線放送」「放送対象地域を限定した放送の同時再送信」「インターネットによる放送同時配信」等であること

(e) 転載，放送・有線放送等を禁止する旨の表示がないこと

(f) 「出所の明示」が必要

※ 翻訳も可

㉛ 「政治上の演説」「裁判での陳述」の利用（第40条第1項）

「政治上の演説・陳述」や「裁判での公開の陳述」を，さまざまな方法で利用する場合の例外です。

【条件】

(a) 公開して行われた政治上の演説・陳述又は裁判手続きにおける公開の陳述であること

(b) 同一の著作者のもののみを編集しないこと

(c) 「出所の明示」が必要

㉜ 「国等の機関での公開演説」等の報道のための利用（第40条第2項）

国・地方公共団体の機関，独立行政法人，地方独立行政法人において行われた演説・陳述を，「報道目的」で利用する場合の例外です。新聞紙や雑誌に掲載するほか，放送・有線放送・放送対象地域に限定した放送同時再送信，インターネットによる放送同時配信等が可能です。

【条件】

(a) 公開の演説・陳述であること

(b)　報道の目的上正当と認められる利用であること

(c)　「新聞・雑誌への掲載」「放送」「有線放送」「放送対象地域
に限定した放送同時再送信」「インターネットによる放送同
時再配信」等であること

(d)　「出所の明示」が必要

※　翻訳も可

㉝　「時事の事件」の報道のための利用（第41条）

「時事の事件」を「報道」する場合の例外です。

【条件】

(a)　その事件を「構成した著作物」や，その事件の過程で「見
られたり聞かれたりした著作物」のみを利用すること

(b)　報道の目的上正当な範囲内であること

(c)　慣行があるときは「出所の明示」が必要

※　翻訳も可

㉞　「立法」「司法」「行政」のための内部資料としての複製（第42条第1項）

公表された著作物かどうかに関わらず，「裁判」の手続や，「立
法」，「行政」の目的のための「内部資料」として著作物をコピー
する場合の例外です。

例えば，訴訟の際の証拠書類や弁論・準備書面の論拠資料と
して著作物をコピーする場合や国会・議会・官公庁（国・地方
公共団体）において，法案審議や予算審議等のほか所掌事務を
遂行するために必要なコピーをする場合などが該当します。

なお，単に職務参考用として新聞記事や書籍等をコピーする
ことは該当しません。

【条件】

(a)　「裁判」の手続き又は「立法」「行政」の目的の「内部資料」
として必要な場合であること（広報資料としてコピーするこ
とは「内部資料」には該当しません）

(b) 「裁判」「立法」「行政」の目的上必要な限度内であること

(c) その著作物の種類や用途などから判断して，著作権者の利益を不当に害さないこと

(d) 「出所の明示」が必要

※ 翻訳も可

㉟ 「特許審査」「薬事に関する事項」等の行政手続のための複製（第42条第2項）

「特許審査」などや「薬事」に関する行政手続で，行政機関等への文献の提出のためにコピーする場合の例外です。

【条件】

(a) 以下の審査などに関する行政手続の場合であること

(ⅰ) 「特許」「意匠」「商標」「実用新案」「国際出願」等に関する審査

(ⅱ) 行政庁の行う「品種」（種苗法）に関する審査・調査

(ⅲ) 行政庁の行う「特定農林水産物等」の指定に関する手続き

(ⅳ) 行政庁，独立行政法人の行う薬事に関する審査・調査

(ⅴ) 行政庁，独立行政法人に対して行う薬事に関する報告

(ⅵ) これらに類するものとして政令で定める手続き

(b) (a)に該当する手続きの目的上必要な限度内であること

(c) その著作物の種類や用途などから判断して，著作権者の利益を不当に害さないこと

(d) 「出所の明示」が必要

※ 翻訳も可

～行政手続等の権利制限の整備（令和6年1月1日施行）～

令和5（2023）年に著作権法が改正され，立法・行政のデジタル化への対応を著作権法の観点からも支えていくために，行政手続等の権利制限規定の対象範囲が拡大されました。具体的な改正事項は以下のとおりです。

① 立法又は行政の目的のために内部資料として，必要な限度において，内部資料の利用者間に限って著作物等の公衆送信等を可能とする。

② 特許審査等の行政手続・行政審判手続きについて，必要と認められる限度において著作物等の公衆送信等を可能とする。

その際，現行法下での複製行為において許容される範囲と同等の範囲での公衆送信に限定することや，著作権者の利益を不当に害さないと規定することで，ライセンス市場等の既存ビジネスを害するような利用を防止することとされました。

～民事訴訟法等の改正及び民事関係手続整備法（IT化関係）に伴う著作権法の一部改正～

○民事訴訟法及び民事関係手続整備法の概要

令和4年通常国会に民事訴訟法等の一部を改正する法律が，令和5年通常国会に民事関係手続等における情報通信技術の活用等の推進を図るための関係法律の整備に関する法律案が提出され，それぞれ令和4年5月，令和5年6月に成立しました。

主な内容は，民事訴訟手続や民事関係手続のデジタル化をすすめるため，訴状・申立書等の電子データをオンラインで裁判所のサーバーに提出することや，訴訟記録・事件記録を電子データにより作成すること，訴訟記録・事件記録の電子データを裁判所内の端末等で閲覧することなどを可能とするものであり，令和8年度までの施行が予定されています。

○著作権法の改正内容

訴訟・申立書等の訴訟記録・事件記録に他人の著作物が含まれる場合，裁判所に電子データで送信して提出する行為や，その電子データを閲覧・ダウンロードさせるようにする行為は，著作権法に定める「公衆送信」等に当たり，現行では著作権者の許諾が必要です。

裁判を受ける権利を阻害せず，公正な裁判手続を可能にするには著

作権の円滑な処理が必要なことから，今般の整備法案において著作権法の規定の必要な整備を行い，著作権者の許諾がなくても民事訴訟手続や民事関係手続のために必要となるデータ送信等を行えるようにするものです。

㊱ 「情報公開法」等に基づく「開示」等のための利用（第42条の2）

「情報公開法」又は「情報公開条例」に基づき，情報（著作物）の「開示」を行う場合の例外です。

【条件】

(a) 行政機関の長等又は地方公共団体の機関等が行う利用であること

(b) 「情報公開法」等の規定に基づく著作物の提供・提示であること

(c) 「情報公開法」等に規定する方法による開示であること

(d) 「情報公開法」等による開示に必要な限度内であること

㊲ 「公文書管理法」等に基づく保存のための利用（第42条の3第1項）

「公文書管理法」又は「公文書管理条例」に基づき，歴史公文書等の永久保存を行う場合の例外です。

【条件】

(a) 国立公文書館等の長又は地方公文書館等の長が行う利用であること

(b) 「公文書管理法」又は「公文書管理条例」の規定による歴史公文書等の保存であること

(c) 「公文書管理法」等による保存に必要な限度内であること

㊳ 「公文書管理法」等に基づく利用のための利用（第42条の3第2項）

　「公文書管理法」等に基づき，著作物を提供・提示する場合の例外です。

【条件】

(a)　国立公文書館等の長又は地方公文書館等の長が行う利用であること

(b)　「公文書管理法」等の規定による著作物の提供・提示であること

(c)　「公文書管理法」等に規定する方法による利用であること

(d)　「公文書管理法」等による利用に必要な限度内であること

㊴ 国立国会図書館によるインターネット資料やオンライン資料の収集のための複製（第43条第1項）

　国立国会図書館法に基づき，国立国会図書館長がインターネット資料（国，地方公共団体，独立行政法人等がインターネット上で公開している資料）やオンライン資料（民間の出版社等がインターネット等で提供する図書や逐次刊行物等）を収集するために複製する場合の例外です。

【条件】

(a)　国立国会図書館法に規定されるインターネット資料・オンライン資料であること

(b)　収集に必要な限度内のものであること

㊵ インターネット資料やオンライン資料の国立国会図書館への提供のための複製（第43条第2項）

　国，地方公共団体，独立行政法人等がインターネット資料を国立国会図書館に提供する場合，又は民間の出版社等がオンライン資料を国立国会図書館に提供するために複製する場合の例外です。

【条件】

(a) 国立国会図書館法の規定に基づいて国立国会図書館の求め
に応じるために複製するものであること

(b) 提供に必要な限度内のものであること

㊶ 「放送局」や「有線放送局」の一時的固定（第44条）

「放送局」や「有線放送局」が放送，有線放送，インターネッ
トによる放送同時配信等を行うために，一時的に著作物等を録
音・録画をする場合の例外です。

【条件】

(a) 「放送」「有線放送」「インターネットによる放送同時配信等」
を行うことについて，著作権者の了解を得ている場合又は例
外的に「放送」「有線放送」「インターネットによる放送同時
配信等」が認められている場合であること

(b) 自局の「放送」「有線放送」「インターネットによる放送同
時配信等」を行うための録音・録画であること

(c) 自局（又は「放送」の場合は「放送」「インターネットに
よる放送同時配信等」をすることができる他局）の手段によ
る録音・録画であること

◎ 録音・録画したものは，政令で定める公的な記録保存所で保存
を行う場合を除き，6か月を超えて保存できません。

～放送番組のインターネット同時配信等に係る権利処理の円滑化（令和4年1月施行）～

近年，デジタル化・ネットワーク化の急速な進展により，高品質な
コンテンツの視聴機会が拡大しており，視聴者の利便性向上やコンテ
ンツ産業の振興等の観点から，令和3年の著作権法改正において，放
送番組のインターネット同時配信等（同時配信，追っかけ配信，一定
期間の見逃し配信を含む）を行う際の権利処理の円滑化に関する規定
が設けられました。

① 権利制限規定の拡充

許諾なく著作物を利用できることを定める「権利制限規定」（学

校教育番組の放送等）について，インターネット同時配信等に拡充することとしました。

② 「許諾推定規定」の創設

放送番組での利用を認める契約の際，権利者が別段の意思表示をしていなければ，放送だけでなく，インターネット同時配信等での利用も許諾したと推定する「許諾推定規定」を創設することとしました。

③ レコード・レコード実演の同時配信等における利用の円滑化

集中管理等が行われておらず許諾を得るのが困難な「レコード（音源）・レコード実演（音源に収録された歌唱・演奏）」について，インターネット同時配信等を行う際，事前許諾を不要としつつ，放送事業者が権利者に報酬を支払うことを義務づけることとしました。

④ 映像実演の同時配信等における利用の円滑化

集中管理等が行われておらず許諾を得るのが困難な「映像実演（俳優の演技など）」について，過去の放送番組のインターネット同時配信等を行う際，事前許諾を不要としつつ，放送事業者が権利者に報酬を支払うことを義務づけることとしました。

⑤ 協議不調の場合の裁定制度の拡充

放送に当たって権利者との協議が整わない場合に「文化庁長官の裁定を受けて著作物等を利用できる制度」を，インターネット同時配信等に拡充することとしました。

㊷ 「美術品」等のオリジナルの所有者による「展示」（第45条）

「美術品」「写真」のオリジナル（原作品）の「所有者」等が公の「展示」を行う場合の例外です。

【条件】

(a) 「美術」又は「写真」の著作物であること

(b) オリジナル（原作品）の「所有者自身」又は「所有者の同意を得た者」が展示すること

(c) 美術の著作物のオリジナルを，街路・公園等や，ビルの外壁など一般公衆の見やすい屋外の場所に恒常的に設置する場合でないこと

㊸ 屋外設置の「美術品」「建築物」の利用（第46条）

一般公衆の見やすい屋外の場所に恒常的に設置されている「美術品」や「建築の著作物」を利用する場合の例外です。

【条件】

(a) 次のいずれにも該当しないこと

　(ⅰ) 「彫刻」を増製するような場合

　(ⅱ) 全く同じ「建築の著作物」を造る場合

　(ⅲ) 一般公衆の見やすい屋外の場所に恒常的に設置するために複製する場合

　(ⅳ) 「美術品」について複製の販売を目的とする場合

(b) 慣行があるときは「出所の明示」が必要

㊹ 美術展における作品の解説・紹介のための利用（第47条第1項・第2項）

「美術品」「写真」のオリジナル（原作品）を展示するときに，解説・紹介のために「小冊子」や「電子機器」に作品を掲載又は上映若しくは自動公衆送信する場合の例外です。

【条件】

(a) オリジナル（原作品）を展示する者が行うこと

(b) 展示が展示権の侵害とならない（著作権者の了解を得ている場合又は例外的に展示が認められている場合）こと

(c) 展示作品の解説・紹介のために「小冊子」へのコピー，又は「電子機器」を用いた上映若しくは自動公衆送信を行う場合であること

(d) 必要と認められる限度であること

(e) その著作物の種類や用途などから判断して，著作権者の利益を不当に害さないこと

(f)　「出所の明示」が必要

※　変形又は翻案も可

㊺　美術展の情報をインターネット上で提供するための利用（第47条第3項）

　「美術品」「写真」のオリジナル（原作品）を展示するときに，著作物の展示情報とともに展示する著作物の画像をインターネットで提供する場合の例外です。

【条件】

(a)　オリジナル（原作品）を展示する者又はこれに準ずる者（政令で定めるもの）が行うこと

(b)　展示が展示権の侵害とならない（著作権者の了解を得ている場合又は例外的に展示が認められている場合）こと

(c)　美術展の情報を一般に提供するためにインターネット上に掲載する場合であること

(d)　必要と認められる限度であること

(e)　「出所の明示」が必要

※　変形又は翻案も可

㊻　インターネット販売等での美術品等の画像掲載（第47条の2）

　「美術品」や「写真」について，インターネットオークションや通信販売等の対面で行われない取引をする際に，その商品画像の掲載（複製又は自動公衆送信）を行う場合の例外です。

【条件】

(a)　「美術品」又は「写真」の譲渡や貸与が，その所有者等により適法に行われる場合であること

(b)　譲渡や貸与の申し出（広告）のために行うものであること

(c)　所有者等又はその委託を受けた者が行うこと

(d)　画像を一定の大きさや画素数（政令で定めるもの）以下にすること

㊼ **プログラムの所有者による複製等（第47条の3）**

　プログラムの所有者が，バックアップコピーやプログラムの修正等を行う場合の例外です。

　なお，オリジナル又はコピーのいずれかを他人に譲った場合は，本人は著作権者の了解なしにオリジナル又はコピーを保存できません。

【条件】

(a)　プログラムの所有者が行うこと

(b)　所有者がプログラムを実行するために必要な限度内であること（複数台のパソコンで使うための複製は対象外）

(c)　海賊版と知って入手したものでないこと

※　翻案も可

㊽ **電子計算機における著作物の利用に付随する利用等（第47条の4）**

（キャッシュ等関係：第1項）

　コンピュータ等において著作物を利用する場合に，情報処理を円滑又は効率的に行うためのキャッシュ等に係る例外です。以下の条件を満たす場合には，いずれの方法によるかを問わず，著作物を利用することができます。

【条件】

(a)　次に掲げる場合その他これらと同様に，著作物のコンピュータ等における利用を円滑又は効率的に行うために，それに付随する利用に供することを目的とする場合であること

　(ⅰ)　コンピュータ等において著作物を利用する際に，その情報処理の過程において情報処理を円滑又は効率的に行うために，当該著作物を当該コンピュータ等の記録媒体に記録する場合

　(ⅱ)　インターネットサービスプロバイダー等の事業者がネットワーク上での送信の遅滞や障害の防止，効率化のために，送信可能化された著作物を記録媒体に記録する場合

(iii) 情報通信技術を利用する方法により情報を提供する場合において，その提供を円滑又は効率的に行うための準備に必要なコンピュータ等による情報処理を行うために，記録媒体への記録又は翻案を行う場合

(b) 必要な限度内の利用であること

(c) その著作物の種類や用途などから判断して，著作権者の利益を不当に害さないこと

（バックアップ等関係：第2項）

著作物のコンピュータ等における利用ができる状態を維持・回復するためのバックアップ等に係る例外です。以下の条件を満たす場合には，いずれの方法によるかを問わず，著作物を利用することができます。

【条件】

(a) 次に掲げる場合その他これらと同様に，著作物のコンピュータ等において利用ができる状態を維持・回復することを目的とする場合であること

(i) 記録媒体を内蔵する機器の保守又は修理を行うために，記録媒体に記録されている著作物を一時的に別の媒体へ記録し，作業後に元の記録媒体へ記録する場合

(ii) 記録媒体を内蔵する機器の交換を行うために，記録媒体に記録されている著作物を一時的に別の記録媒体に記録したり，交換を行う機器の記録媒体に記録する場合

(iii) 通信用サーバーの提供を行う事業者等が，サーバー内に蓄積された著作物の複製物の滅失や毀損した場合の復旧に備え，著作物を記録媒体に記録する場合

(b) 必要な限度内の利用であること

(c) その著作物の種類や用途などから判断して，著作権者の利益を不当に害さないこと

㊾ 電子計算機器による情報処理及びその結果の提供に付随する軽微利用等（第47条の5）

（電子計算機器による情報処理及びその結果の提供に付随する軽微利用関係：第1項）

　ビッグデータを活用して新たな知見・情報を創出する所在検索サービス（例：書籍に関する各種情報等を検索し，その結果と共に書籍の表紙や内容の一部を表示するサービス）や情報解析サービス（例：大量の論文データを収集し，検証したい論文と照合して盗用がないかチェックし，盗用箇所の原典の一部分を表示するサービス）等に付随して著作物を利用する場合の例外です。以下の条件を満たす場合には，いずれの方法によるかを問わず，著作物を利用することができます。

【条件】

(a)　次に掲げる行為を行うものであること

　(i)　コンピュータ等を用いた検索で，検索により求める情報が記録された著作物の題号や著作者名，検索情報に係るURL その他の検索情報の特定や所在に関する情報を検索し，その結果を提供する行為

　(ii)　コンピュータ等による情報解析を行い，その結果を提供する行為

　(iii)　上記のほか，コンピュータ等による情報処理により新たな知見や情報を創出し，その結果を提供する行為のうち，国民生活の利便性の向上に寄与するものとして政令^(※)で定めるもの

　　（※）政令で定める基準として，サービスに用いるデータベース等の漏えい防止のための措置を講ずることや，サービスに係る著作物の利用が要件に適合したものとなるよう，事前に要件の解釈を記載した書類の閲覧，学識経験者に対する相談等の必要な取組を行うことなどを規定しています。

(b)　必要な限度内の利用であること

(c)　著作物の利用が(a)の行為に付随して行われるものであるこ

と（例：インターネット情報検索サービスでは，URL（非著作物）の提供が主たる行為，スニペットやサムネイル（著作物）の提供が従たる行為として行われることが必要）

(d)　著作物の利用が，その利用される部分が占める割合や量，利用される際の表示の精度などの要素に照らし軽微なものであること

(e)　利用する著作物が公表又は送信可能化が行われたものであること

(f)　利用する著作物が著作権侵害により公衆に提供・提示されたものであることを知りながら利用せず，また，著作物の種類や用途などから判断して，著作権者の利益を不当に害さないこと

（上記第1項に係る準備行為のための利用関係：第2項）

所在検索サービスや情報解析サービス等を行う準備のためのデータベースの作成・提供に係る例外です。

【条件】

(a)　第1項の条件(a)の行為の準備を行うものであること（政令で定める基準（※）に従うことが必要）

　（※）政令で定める基準として，作成したデータベース等の漏えい防止のための措置を講ずることなどを規定しています。

(b)　利用される著作物が公衆への提供又は提示が行われたものであること

(c)　第1項の条件(d)の軽微な利用の準備のための必要な限度内の利用であること

(d)　その著作物の種類や用途などから判断して，著作権者の利益を不当に害さないこと

注　**目的外使用**

　権利制限規定により一定の目的で利用するために作成された複製物については，作成する際の目的とは別の目的で公衆へ提供したり，公衆に提示（※）したりする行為は，基本的に「目的外使用」

となるため，著作権者の了解が必要となります（第49条）。

　これは，一度合法的に作成された複製物であっても，作成の際の目的以外の目的で利用されると，それぞれの権利制限規定が想定していた範囲を超えて著作物が利用されることとなってしまうため，そのようなことを防止するために定められた仕組みです。

（※）「公衆に提示」するとは，公衆に見せたり聴かせたりすることを意味します。

14 著作権が「侵害」された場合の対抗措置

（1）対抗措置の種類

　自分の著作物が無断でコピー・販売されたり，インターネットで
送信されたりした場合など，「著作者の権利」や「著作隣接権」が
侵害された場合には，権利者は，次のような対抗措置をとることが
できます。

```
「刑事」の対抗措置
    (イ) 個人
        10 年以下の懲役，又は 1000 万円以下の罰金（併科も可）（第
    119 条第 1 項）
    (ロ) 法人
        3 億円以下の罰金（第 124 条第 1 項）
```

```
「民事」の対抗措置
    ①  差止請求（第 112 条，第 116 条）
    ②  損害賠償請求（民法第 709 条）
    ③  不当利得返還請求（民法第 703 条，第 704 条）
    ④  名誉回復等措置請求（第 115 条，第 116 条）
```

（2）「刑事」の対抗措置

①　原則

　　(イ)　個人

　　　　著作権，出版権，著作隣接権の侵害は「犯罪行為」であり，
　　権利者が「告訴」を行うことを前提として，「10 年以下の懲

役」又は「1000万円以下の罰金」（懲役と罰金の併科も可）
という罰則規定が設けられています（第119条第1項）。

㋺　法人

　　企業などの法人等による侵害（著作者人格権や実演家人格
権の侵害を除く）の場合には，「3億円以下の罰金」とされ
ています（第124条第1項）。

注　「親告罪」と「非親告罪」

　　他人の著作物を利用する行為は，客観的には「了解を得ている
かどうか」が不明であり，仮に了解を得ていないとしても，権利
者が黙認している場合は問題とならないため，警察等による取り
締まりには，原則として権利者による「告訴」が必要（親告罪）
とされています（第123条第1項）。

　　ただし，第119条第1項の著作権等侵害罪のうち一定の要件に
該当する場合に限り，著作権者等の告訴がなくとも公訴を提起す
ることができること（非親告罪）としています（第123条第2項）。
例えば，海賊版DVDを販売して，その販売代金として利益を得
る行為等が該当します。

---

②　その他の罰則

　　前記の原則のほか，次のような行為についても，それぞれ刑
事上の罰則が定められています。

行為	親告罪／非親告罪	罰則
著作者人格権又は実演家人格権を侵害すること（第119条第2項第1号）	親告罪	「5年以下の懲役」又は「500万円以下の罰金」（併科も可）
営利を目的として「公衆向けのダビング機」を設置し，音楽CDのコピーなど（著作権の侵害となること）に使用させること（第119条第2項第2号）	親告罪	
後述(4)①②の「著作権の侵害とみなされる行為」を行うこと（第119条第2項第3号）	親告罪	

著作権が「侵害」された場合の対抗措置

行為	親告罪／非親告罪	罰則
違法にアップロードされた著作物（侵害コンテンツ）へのリンク情報を集約した，いわゆる「リーチサイト」を公衆へ提示すること（第119条第2項第4号）（131ページ参照）	親告罪	「5年以下の懲役」又は「500万円以下の罰金」（併科も可）
違法にアップロードされた著作物（侵害コンテンツ）へのリンク情報を集約した，いわゆる「リーチアプリ」を公衆へ提供等すること（第119条第2項第5号）（131ページ参照）	親告罪	
プログラムの違法複製物を，そのことを知りながら電子計算機において使用すること（第119条第2項第6号）	親告罪	
小説などの原作者（著作者）が亡くなった後に，その小説の内容や原作者名を勝手に変えたり，実演家が亡くなった後に実演家の芸名を変えたりするようなこと（第120条）	非親告罪	「500万円以下の罰金」
コピーガードキャンセラーやDVD等に施されている暗号型の保護技術を解除するプログラム，不正なコンテンツの視聴を制限する技術を回避する機器など「著作物のコピー防止機能や不正アクセス防止機能を解除することを目的とした機器やプログラム」を頒布したり，製造，輸入，所持したりすること。また，このプログラムをインターネット上に掲載すること（第120条の2第1号）	非親告罪	「3年以下の懲役」又は「300万円以下の罰金」（併科も可）
「コピー防止機能や不正アクセス防止機能などを解除すること」を事業として行うこと（第120条の2第2号）	非親告罪	
後述(4)③④⑤⑦⑧⑨⑩の「著作権の侵害とみなされる行為」を行うこと（第120条の2第3号〜第6号）	親告罪	
私的使用の目的をもって，録音録画有償著作物等（※）の著作権又は著作隣接権を侵害する自動公衆送信を受信して行うデジタル方式の録音又は録画を，自らそのことを知りながら行って著作権又は著作隣接権を侵害すること（第119条第3項第1号）	親告罪	「2年以下の懲役」又は「200万円以下の罰金」（併科も可）
私的使用の目的をもって，音楽・映像以外の著作物の著作権を侵害する自動公衆送信を受信して行うデジタル方式の複製を，自らそのことを知りながら行って著作権を侵害する行為（軽微なもののダウンロード等の一定の場合を除く）を継続的に又は反復して行うこと（第119条第3項第2号）（86ページ参照）	親告罪	

行為	親告罪／非親告罪	罰則
著作者名を偽って著作物を頒布すること（第121条）	非親告罪	「1年以下の懲役」又は「100万円以下の罰金」（併科も可）
原盤供給契約による商業用レコードを複製・頒布すること（第121条の2）	親告罪	

（※）「録音録画有償著作物等」とは，録音され，又は録画された著作物，実演，レコード又は放送若しくは有線放送に係る音若しくは影像であって，有償で公衆に提供され，又は提示されているもの（その提供又は提示が著作権又は著作隣接権を侵害しないものに限る。）をいいます。

（3）「民事」の対抗措置

① 差止請求

著作権の侵害を受けた者は，侵害をした者に対して，侵害者の故意又は過失を問わず，「侵害行為の停止」を求めることができます。また，侵害のおそれがある場合には，「予防措置」を求めることができます（第112条，第116条）。

② 損害賠償請求

侵害を被った者は，故意又は過失によって他人の権利を侵害した者に対して，その損害を賠償するよう請求することができます（民法第709条）。

③ 不当利得返還請求

侵害を被った者は，他人の権利を侵害することにより利益を受けた者に対して，侵害者が侵害の事実を知らなかった場合には「その利益が残っている範囲での額」を，知っていた場合には「利益に利息を付した額」を，それぞれ請求することができます（民法第703条，第704条）。

例えば，自分で創作した物語を無断で出版された場合，その行為者に故意又は過失がなくても，その出版物の売上分などの返還を請求できます。

④ 名誉回復等の措置の請求

著作者又は実演家は，侵害者に対して，著作者等としての「名誉・声望を回復するための措置」を請求することができます（第115条，第116条）。

例えば，小説を無断で改ざんして出版されたような場合，新聞紙上などに謝罪文を掲載させるなどの措置がこれに当たります。

（4）著作権の侵害とみなされる行為

次のような行為は，直接的には著作権の侵害には該当しませんが，実質的には著作権の侵害と同等のものですので，法律によって「侵害とみなす」こととされています（第113条）。

権利侵害物の 輸出入・使用等	権利侵害物等への リンク提供等	人格的利益を 害する行為	その他
①権利侵害物の輸入（第1項第1号）	④リーチサイト・リーチアプリにおける侵害コンテンツへのリンク提供行為（第2項）	⑥名誉・声望を害する利用（第11項）	⑦アクセスコントロールの回避行為（第6項）
②権利侵害物の配布・輸入等（第1項第2号）	⑤リーチサイト運営行為・リーチアプリ提供行為（第3項）		⑧不正なシリアルコードの譲渡・貸与等（第7項）
③著作権侵害プログラムの業務上使用（第5項）			⑨権利管理情報の改変等（第8項）
			⑩音楽レコードの還流行為（第10項）

① 権利侵害物の輸入

外国で作成された海賊版（権利者の了解を得ないで作成されたコピー）を国内において販売や配布する目的で「輸入」すること（第113条第1項第1号）

② 権利侵害物の配布・輸出等

海賊版を，海賊版と知っていながら，「販売・配布・貸与」することと，販売・配布・貸与する目的で「所持」すること，販売・配布・貸与をする旨の「申出」をすること，継続・反復して「輸出」すること，継続・反復して輸出する目的で「所持」すること（第113条第1項第2号）

③ 著作権侵害プログラムの業務上使用

海賊版のコンピュータ・プログラムを会社のパソコンなどで業務上使用すること（使用する権原を得たときに海賊版と知っていた場合に限る）（第113条第5項）

④ リーチサイト・リーチアプリにおける侵害コンテンツへのリンク提供行為

違法にアップロードされた著作物（侵害コンテンツ）へのリンク情報を集約した，いわゆる「リーチサイト」や「リーチアプリ」において，侵害コンテンツへのリンクを提供すること（（第113条第2項〜第4項）（133ページ参照）

⑤ リーチサイト運営行為・リーチアプリ提供行為

リーチサイトを運営することやリーチサイトアプリを提供すること（第113条第2項〜第4項）（133ページ参照）

⑥ 名誉・声望を害する利用

著作者の「名誉・声望を害する方法」で，著作物を利用すること（第113条第11項）

⑦ アクセスコントロールの回避行為

コンテンツの視聴を制限する技術的手段（いわゆる「アクセスコントロール」）を，権限なく回避すること（技術的手段に

関する研究や技術の開発の目的上正当な範囲内で行われる場合
や著作権者等の利益を不当に害しない場合を除く）（第113条
第6項）

⑧　不正なシリアルコードの譲渡・貸与等

ライセンス認証などを回避するための不正なシリアルコード
を公衆に「譲渡・貸与」すること，譲渡・貸与する目的で「製
造・輸入・所持」すること，公衆の使用に供すること，「公衆
送信・送信可能化」すること（第113条第7項）（133ページ
参照）

⑨　権利管理情報の改変等

著作物等に付された「権利管理情報」（「電子透かし」などに
より著作物等に付されている著作物等，権利者，著作物等の利
用条件などの情報）を不正に，付加，削除，変更すること，権
利管理情報が不正に付加等されているものを，そのことを知っ
ていながら，販売，送信すること（第113条第8項）

⑩　音楽レコードの還流行為

国内で市販されているものと同一の市販用音楽CDなどを，
輸入してはいけないことを知りつつ，国内で販売するために「輸
入」し，「販売・配布」し，又はそのために「所持」すること（販
売価格が安い国から輸入される音楽CDなどであること，また
国内販売後7年を超えない範囲内で，政令で定める期間を経過
する前に販売等されたものであること，などの要件を満たす場
合に限る）（第113条第10項）

〔参考〕リーチサイト対策に関する著作権法の改正について

　令和2（2020）年に著作権法が改正され，リーチサイト対策に関する改正事項が令和2年10月1日から施行されました。

　この改正は，侵害コンテンツへのリンク情報等を集約してユーザーを侵害コンテンツに誘導する「リーチサイト」や「リーチアプリ」を規制するものです。

　具体的には，悪質なリーチサイト・リーチアプリを「公衆を侵害著作物等に殊更に誘導するもの」及び「主として公衆による侵害著作物等の利用のために用いられるもの」として規定（第113条第2項第1号，第2号）した上で，リーチサイト運営行為及びリーチアプリ提供行為を刑事罰（5年以下の懲役等：親告罪）の対象とする（第119条第2項第4号，第5号）とともに，リーチサイト・リーチアプリにおいて侵害コンテンツへのリンク等を提供する行為を，著作権等を侵害する行為とみなし（第113条第2項），民事請求及び刑事罰（3年以下の懲役等：親告罪）の対象（第120条の2第3号等）としています。

〔参考〕アクセスコントロールに関する保護の強化に関する著作権法の改正について

　令和2（2020）年に著作権法が改正され，アクセスコントロールに関する保護の強化に関する改正事項が令和3年1月1日から施行されました。

　この改正は，コンテンツの不正利用を防止する「アクセスコントロール」の保護に関して，シリアルコードを利用したライセンス認証など最新の技術に対応できるよう規定が整備されました。

　具体的には，平成30年の不正競争防止法の改正と同様，アクセスコントロールに関して，(i)定義規定の改正（ライセンス認証など最新の技術が保護対象に含まれることを明確化），(ii)ライセンス認証などを回避するための不正なシリアルコードの提供等に対する規制（著作権等の侵害とみなす行為に追加）を行いました。

　(ii)について，具体的には，不正なシリアルコードを公衆に「譲渡・貸与」すること，譲渡・貸与する目的で「製造・輸入・所持」すること，

公衆の使用に供すること，「公衆送信・送信可能化」することが，著作権等を侵害する行為とみなされます（第113条第7項）。また，当該行為を行った者は，刑事罰の対象（3年以下の懲役等：親告罪）となります（第120条の2第4号）。

～損害賠償額の算定方法に関する著作権法の一部改正～

令和5（2023）年に著作権法が改正され，損害賠償額の算定方法に関する改正事項が令和6年1月1日から施行されます。

この改正は，損害賠償額の算定方法に関して，著作権者等の被害回復に実効的な対応策を取る観点から規定の見直しがなされました。

具体的には，令和元年の特許法の改正と同様，損害賠償額の算定方法について，以下の内容が規定されました。

① 著作権者の販売等の能力を超える部分に係るライセンス料相当額を損害の算定基礎に追加（第114条第1項関係）

② 著作権侵害を前提とした交渉額を考慮できる旨の明記（ライセンス料相当額の増額を図る）（第114条第5項関係）

（5）紛争解決あっせん制度

著作権等に関する紛争が生じた際，第三者が関与して解決する制度としては，訴訟，民事調停法に基づく調停制度などがあります。これらのほかに，著作権等に関する紛争の特殊性から，実情に即した簡易，迅速な解決を図るために，著作権法においては，「紛争解決あっせん制度」（以下「あっせん」）が設けられています（第105条～第111条）。

あっせんは，著作権法に規定する，著作者人格権，著作者の権利，著作隣接権などに関する紛争であれば，どのような内容でも文化庁に申請することができます。

申請は紛争当事者の両者で行うことが原則ですが，一方の当事者

のみでの申請であっても，他の当事者が同意すれば，あっせんは行われます。

　あっせんは，あっせん委員により，申請のあった内容について，当事者を交えて，実情に即した解決を目指して行われます。争点があまりにもかけ離れているなど解決の見込みがないときは，あっせんが打ち切られることがあります。

　また，あっせん委員により得られたあっせん案を，受け入れるかどうかは当事者の自由意思によります。

　詳しくは，文化庁のホームページに「あっせん申請の手引き」を掲載していますので，ご覧ください。

15　登録制度について

（1）登録の種類と効果

　ベルヌ条約などの国際ルールにより，著作権は著作物の創作と同時に「自動的」に発生するものとされており，著作権を得るための登録制度といったものは禁止されています。

　しかし，著作権に関する事実関係の公示や，著作権が移転した場合の取引の安全の確保等のために，著作権法では次のような登録制度が定められています。

　プログラムの著作物を除いては，著作物を創作しただけでは登録することはできません。登録を受けるためには，著作物を公表や譲渡等したという事実が必要となります。

登録の種類	登録の内容及びその効果		申請できる者
実名の登録 （第75条）	［内容］	無名又は変名で公表された著作物の著作者は，その実名（本名）の登録を受けることができます。	・無名又は変名で公表した著作物の著作者 ・著作者が遺言で指定する者
	［効果］	登録を受けた者が，当該著作物の著作者と推定されます。その結果，著作権の保護期間が公表後70年間から，実名で公表された著作物と同じように，著作者の死後70年間となります。	
第一発行年月日等の登録 （第76条）	［内容］	著作権者又は無名若しくは変名で公表された著作物の発行者は，当該著作物が最初に発行され又は公表された年月日の登録を受けることができます。	・著作権者 ・無名又は変名の著作物の発行者
	［効果］	反証がない限り，登録されている日に当該著作物が第一発行又は第一公表されたものと推定されます。	
創作年月日の登録 （第76条の2）	［内容］	プログラムの著作物の著作者は，当該プログラムの著作物が創作された年月日の登録を受けることができます。	・著作者
	［効果］	反証がない限り，登録されている日に当該プログラムの著作物が創作されたものと推定されます。	

著作権・著作隣接権の移転等の登録（第77条，第104条）	［内容］著作権若しくは著作隣接権の譲渡等，又は著作権若しくは著作隣接権を目的とする質権の設定等があった場合，登録権利者及び登録義務者は，著作権又は著作隣接権の登録を受けることができます。 ［効果］権利の変動に関して，登録することにより第三者に対抗することができます。	・登録権利者及び登録義務者（原則として共同申請だが，登録権利者の単独申請も可）
出版権の設定等の登録（第88条）	［内容］出版権の設定，移転等，又は出版権を目的とする質権の設定等があった場合，登録権利者及び登録義務者は，出版権の登録を受けることができます。 ［効果］権利の変動に関して，登録することにより第三者に対抗することができます。	・登録権利者及び登録義務者（原則として共同申請だが，登録権利者の単独申請も可）

（2）登録の手続

① 一般の著作物

プログラムの著作物以外の著作物に関する登録は文化庁で行っています。登録を受けるには，所定の様式に必要事項を記載した申請書等に，登録免許税（収入印紙）を添えて文化庁著作権課に提出する必要があります。

詳しくは，文化庁のホームページに「登録の手引き」を掲載しておりますので，ご覧ください。

② プログラムの著作物

プログラムの著作物に関する登録は，「プログラムの著作物に係る登録の特例に関する法律」（昭和61年法律第65号）の規定により，文化庁長官が指定した指定登録機関（一般財団法人ソフトウェア情報センター（SOFTIC））によって登録事務

が実施されています。なお，プログラムの著作物に関して登録を受けようとする者は，所定の申請書類に登録免許税（収入印紙）及び1件につき4万7,100円の登録手数料を添えて同センターに提出する必要があります。

◎プログラムの著作物の登録についてのお問合せ先
　一般財団法人ソフトウェア情報センター
　港区西新橋3-16-11　愛宕イーストビル14階
　03-3437-3071

16 その他

（1）肖像権，パブリシティ権

「肖像権」は，自己の氏名や肖像をみだりに他人に公開されない権利で，プライバシー権の一種とされています。また，芸能人やプロスポーツ選手等のように，著名人の氏名や肖像には一定の顧客吸引力があり，その価値に基づく権利のことを「パブリシティ権」と呼んでいます。ただし，我が国では「肖像権」や「パブリシティ権」を規定した法律はなく，これらは判例によって確立された権利です。

なお，我が国では，パブリシティ権の内容・効果・範囲・期間等はまだ明確にはなっていませんが，実務上，芸能プロダクションに所属する芸能人の多くは，所属プロダクションがその「パブリシティ権」を管理している場合が多いと思われます。

（2）プロバイダ責任制限法

プロバイダ責任制限法は，「プロバイダの責任の範囲」（どのような行動をとれば，利用者・権利者の双方から訴えられずに済むかということ）を定めた法律です（平成14（2002）年5月施行。正式名称「特定電気通信役務提供者の賠償責任の制限及び発信者情報の開示に関する法律」）。

インターネットを通じた権利侵害は，「著作権侵害」だけではなく，「プライバシー侵害」「肖像権侵害」「名誉毀損」など，さまざまな場合があり得るため，この法律は，これらすべてを対象とするものとして定められました。

その内容としては，第一に，「私の権利が侵害されているので，サーバーから削除してくれ」という要望が権利者からあった場合については，「権利侵害が明らかである場合」と「明らかでない場合」を分け，前者の場合には，プロバイダは，その情報を直ちに削除しても利用者から訴えられることはなく，逆に削除しないと権利者から

訴えられる立場に立つことになります。また，後者の場合には，いったん利用者に通知するなどの手続きが定められています。

　第二に，「自分で相手を訴えるので，誰が蓄積・入力しているのか教えてくれ」という要望が権利者からあった場合については，法律上，「発信者情報開示請求権」が権利者に与えられていますので，こうした請求を行えるようになっています。

　なお，インターネット上の誹謗中傷などによる権利侵害について，より迅速に被害者救済を図るため，発信者情報開示に関する新たな裁判手続（非訴手続）の創設等を内容とする改正プロバイダ制限責任法が令和3年4月に成立しました。

～コンテンツに関するNFTを安全に活用するために～

　特定のコンテンツ（著作物等）に紐付くブロックチェーン上のNFT（Non-Fungible Token）データの取引が行われていますが，コンテンツの権利を持っていない第三者が無断でNFTを売っている事例が報告されています。

◎コンテンツに関するNFTを安全に利用するために，知っておくこと，意識することの一例

・NFTはコンテンツとは別のものです（コンテンツは通常のWebサーバー上にありますが，NFTはブロックチェーン上にあるものです）。

・NFTを保有しても，直接コンテンツの所有権や著作権を持つことにはなりません。

　→コンテンツに関するNFTの取引によって，コンテンツに関するどのような権利が得られるのか，事前に購入するNFTマーケット等のサービスの利用規約を確認しましょう。

　→著作権者本人やその団体・法人等が発行しているNFTかどうかを確認することも大切です。

　コンテンツを対象としたNFTの活用により，新たなサービスをより安全な形で提供するために取り組む民間団体もあります。

著作権者ではない者が，コンテンツに紐付く NFT を販売する際に，コンテンツの画像などをコピーしたり，サムネイル表示用にアップロードしたりすることは，複製権・公衆送信権といった著作権の侵害になる可能性があります。

　コンテンツに関する NFT についての理解を深め，安全な取引や利用を行いましょう。

【参考資料1】著作権及び著作隣接権関係条約の内容

(2023年9月30日現在)

条約名	所管機関・加盟国数	経緯	我が国における締結等	条約の対象，原則内容
文学的及び美術的著作物の保護に関するベルヌ条約（ベルヌ条約）	WIPO 181カ国	明治19（1886）年にヨーロッパ諸国を中心に創設。数次にわたる改正を経て，パリ改正条約を昭和46（1971）年に作成。昭和49（1974）年に効力発生。	明治32（1899）年に本条約を締結。最新のベルヌ条約パリ改正条約は，昭和50（1975）年に締結。同年に効力発生。	対象：著作権 原則内容： (a)原則 　(イ)ベルヌ型内国民待遇 　(ロ)無方式主義 　(ハ)遡及 (b)主な規定 　著作物について，著作者人格権，複製権，上映権，放送権等を規定
著作権に関する世界知的所有権機関条約（WIPO著作権条約又はWCT（WIPO COPYRIGHT TREATY））	WIPO 115カ国	ベルヌ条約は全加盟国の満場一致でないと改正できないという特殊な条約であり，実質的に改正が困難な状況となっていたため，ベルヌ条約本体を改正するのではなく，より高い保護を行える国のみが批准する「2階部分」をベルヌ条約の「特別の取極」として策定することとされ，平成8（1996）年に採択。平成14（2002）年に効力発生。	平成12（2000）年に本条約を締結。平成14（2002）年に効力発生。	対象：著作権 原則内容： (a)原則 　(イ)内国民待遇 　(ロ)無方式主義 　(ハ)遡及 (b)主な規定 　(イ)インタラクティブ送信に関する権利を規定 　(ロ)技術的保護手段に関する義務を規定 　(ハ)権利管理情報に関する義務を規定
盲人，視覚障害者その他の印刷物の判読に障害のある者が発行された著作物を利用する機会を促進するためのマラケシュ条約	WIPO 93カ国	世界の視覚障害者及び読字障害者の著作物へのアクセスを改善する目的として，平成25（2013）年にマラケシュにおいて採択。平成28（2016）年に効力発生。	平成30年（2018）年に本条約を締結。平成31（2019）年に効力発生。	対象：著作権 主な規定： (イ)視覚障害者等のための利用しやすい様式の複製物に関する著作権の制限又は例外を規定 (ロ)各国の権限を与えられた機関が，作成された利用しやすい様式の複製物を，国境を越えて交換可能 (ハ)権限を与えられた機関間の情報交換や支援を通じて，作成された利用しやすい様式の複製物の国境を超える交換を促進するため協力

条約名	所管機関・加盟国数	経緯	我が国における締結等	条約の対象, 原則内容
実演家, レコード製作者及び放送機関の保護に関する国際条約（実演家等保護条約又はローマ条約）	WIPO 97カ国	実演家, レコード製作者及び放送事業者の権利の保護を目的として, 昭和36 (1961) 年に, ベルヌ同盟, ILO及び UNESCO により採択。昭和39 (1964) 年に効力発生。	平成元 (1989) 年に本条約を締結。同年に効力発生。	対象：著作隣接権 原則内容： (a)原則 　(イ)ローマ型内国民待遇 　(ロ)不遡及 (b)保護の内容 【実演家】 　(イ)了解を得ない実演の放送, 録音・録画の防止等 　(ロ)商業用レコードの放送二次使用料請求権 【レコード製作者】 　(イ)レコードの複製権の付与 　(ロ)商業用レコードの放送二次使用料請求権 【放送事業者】 　(イ)放送の再放送権, 録音・録画権の付与
実演及びレコードに関する世界知的所有権機関条約（WIPO実演・レコード条約又はWPPT (WIPO PERFORMANCES AND PHONOGRAMS TREATY))	WIPO 112カ国	基本条約である実演家等保護条約を米国は締結していないことなどから, 実演家等保護条約とは無関係の独立した新しい条約として, 平成8 (1996) 年に採択。平成14 (2002) 年に効力発生。	平成14 (2002) 年に本条約を締結。同年に効力発生。	対象：著作隣接権 原則内容： (a)原則 　(イ)ローマ型内国民待遇 　(ロ)無方式主義 　(ハ)遡及 (b)主な規定 　(イ)実演については, 音に関する実演を保護する 　(ロ)人格権（氏名表示権・同一性保持権）を規定 　(ハ)利用可能化（インターネットにアップロードすること）に関する権利を規定 　(ニ)技術的保護手段に関する義務を規定 　(ホ)権利管理情報に関する義務を規定
視聴覚的実演に関する北京条約	WIPO 47カ国	WPPT 採択後, 視聴覚的実演に関する保護についての検討が継続され, 平成24 (2012) 年に北京で採択。令和2 (2020) 年に効力発生。	平成26 (2014) 年に本条約を締結。令和2 (2020) 年に効力発生。	対象：著作隣接権 原則内容： (a)原則 　(イ)ローマ型内国民待遇 　(ロ)無方式主義 　(ハ)遡及 (b)主な規定 　(イ)視聴覚的実演を保護する 　(ロ)人格権（氏名表示権・同一性保持権）を規定 　(ハ)利用可能化（インターネットにアップロードすること）に関する権利を規定 　(ニ)技術的保護手段に関する義務を規定 　(ホ)権利管理情報に関する義務を規定

条約名	所管機関・加盟国数	経緯	我が国における締結等	条約の対象，原則内容
知的所有権の貿易関連の側面に関する協定（TRIPS（Trade-Related Aspects of Intellectual Property Rights）協定）	WTO 164カ国	GATT（関税及び貿易に関する一般協定）ウルグアイ・ラウンド交渉の結果，平成7（1995）年に発効したWTO設立協定の附属書に，知的財産権の保護について定めた「知的所有権の貿易関連の側面に関する協定」があり，著作権及び著作隣接権の保護についても規定。	平成6（1994）年に本協定を締結。平成7（1995）年に効力発生。	対象：著作権，著作隣接権原則内容： (a)原則 　(イ)最恵国待遇 　(ロ)内国民待遇（著作権についてはベルヌ型内国民待遇を，著作隣接権についてはローマ型内国民待遇をそれぞれ付与） 　(ハ)遡及 (b)主な内容 　(イ)ベルヌ条約の規定する保護内容の遵守（著作者人格権を除く） 　(ロ)コンピュータ・プログラム及びデータベースの保護 　(ハ)コンピュータ・プログラム，映画及びレコードの商業的貸与に関する権利の付与 　(ニ)実演家，レコード製作者及び放送機関の保護 (c)法令レビュー 　WTOに加盟すると，TRIPS協定の適用義務が発生する（先進国については平成8年1月1日から，開発途上国については平成12（2000）年1月1日から，後発開発途上国については平成18（2006）年1月1日から，それぞれ適用義務が発生）。加盟国はTRIPS理事会に著作権関係法令等を通知し，関係法令等がTRIPS協定の規定と整合しているかどうかを相互に確認することとしている。

WIPO 　：世界知的所有権機関（World Intellectual Property Organization）

UNESCO：国際連合教育科学文化機関（United Nations Educational, Scientific and Cultural Organization）

ILO 　　：国際労働機関（International Labour Organization）

WTO 　：世界貿易機関（World Trade Organization）

◎各条約の加盟国は，《法令編》の「参考資料・著作権条約締結状況（478ページ参照）をご覧ください。

主 要 な 著 作 権 関 連 条 約

―― 著 作 権 ――

―― 著 作 隣 接 権 ――

ベルヌ条約（1886年採択）
＊複製権
＊伝達系の権利（放送等）

日本：1899 年締結

ローマ条約（1961年採択）
レコード製作者、実演家、放送事
業者の権利を保護
＊固定権・複製権
＊伝達系の権利（放送等）
日本：1989 年締結

WTO協定（TRIPS）（1994年採択）
著作権者、レコード製作者、実演家の権利を保護
日本：1994 年締結

**デジタル化・ネットワーク化
の進展**
（音楽・映像のネット配信等の活発化）

インターネット条約の必要性
＊利用可能化権　＊技術的保護手段に関する義務
＊権利管理情報に関する義務

**WIPO著作権条約（WCT）
（1996年採択）
日本：2000年締結**

盲人、視覚障害者その他の印刷
物の判読に障害のある者が発行
された著作物を利用する機会を
促進するためのマラケシュ条約
（2013年採択）
日本：2018年締結

WIPO実演
・レコード
条約
（WPPT）
（1996年
採択）
日本：
2002年
締結

（音）

視聴覚的実
演に関する
北京条約
（2012 年
採択）
日本：
2014年
締結

（視聴覚）

放送条約
（WIPOで
検討中のた
め、未採択）

レコード製作者　実演家　　　　放送事業者

【参考資料 2】文化庁が提供する著作権教育教材等

はじめて学ぶ著作権

 小学校低学年向けの著作権教材。親しみやすいキャラクターを用いて、著作物を扱う上で作者の思いについて考える動画教材。教員用指導手引も附属。

楽しく学ぼうみんなの著作権

 小学生を対象とした著作権動画教材。インターネット上の著作物の扱い方など、著作権法の基礎知識を学べる内容。

マンガでわかる著作物の利用「作太郎の奮闘記」

 著作権の実践的な知識が学べる教材。制作委託や楽曲の利用等において必要な権利処理を動画・マンガ形式で解説。中学・高校の教職員向けの指導手引や発問例集なども附属。

著作権Q&A～教えてぶんちゃん～

 著作権に関する様々な疑問について、著作権制度における基本的な考え方をQ&A形式で掲載。

場面対応型指導事例集「著作権教育5分間の使い方」

 小学校から高校向けの著作権指導事例集。各教科や学校行事など、学校における様々な場面における指導事例について紹介。

学校における教育活動と著作権（令和5年度改定版）

 学校現場で直面する著作物利用について解説。平成30年著作権法改正「授業目的公衆送信補償金制度」の運用指針についても掲載。

著作権契約書作成支援システム

 画面の案内にしたがって項目を入力・選択することで、誰でも簡単に著作権等に関する契約書の案（ひな型）を作成できるシステム。

［あ］

ILO（国際労働機関）……… 143
アイデア……………………7,65,89
IPマルチキャスト放送
　………………………… 99,108,109
アクセスコントロール
　………………………4,130,131,133
あっせん…………………………… 134
アップロード
　………… 23,86,90,128,131,141
新たな裁定制度………………… 4,72

［い］

意匠権（意匠法）………… 2,113
一時的固定………………………… 117
インターネット送信
　………… 91,93,94,95,96,100,106
インターネット放送……… 38,43
引用………………………… 66,96,99

［う］

ウェブキャスト… 23,38,43,47,50
写り込み……………………… 4,87

［え］

AI……………………………… 1,89
映画化……………………… 9,29
映画の著作物
　… 8,12,16,21,26,27,28,51,52,56,
　　　　　　　　　　58,67,110
映画の著作物に録音・録画さ
　れた実演………… 33,36,38,39
映画の盗撮の防止に関する法
　律………………………………86

営利…… 38,40,44,91,92,94,100,102,
　　　　　　　109,110,127
営利目的……… 64,99,104,105,109
NFT…………………………… 1,140
ABJマーク ………………………79
エルマーク…………………………80
遠隔合同授業………… 103,104
演出………………………………32
演奏権…………………………… 15,19

［お］

公の伝達権
　………… 15,22,24,46,47,48,50
屋外設置の「美術品」「建築物」
　………………………………… 119
音楽の著作物………………… 8
音声教材…………………………98

［か］

海賊版…1,4,26,78,86,121,127,130,
　　　　　　　　　　　131
海賊版対策情報ポータルサイ
　ト…………………………………79
改変………………… 1,18,35,132
学習者用デジタル教科書……98
拡大教科書…………………………98
学校教育番組………… 18,99
関税及び貿易に関する一般協
　定（GATT） …………… 144

［き］

脚色…………………………………29
脚本…………………………8,12,19
旧著作権法（旧法）

索引

‥‥‥‥‥‥‥‥‥‥ 3,56,58,60
行政手続‥‥‥‥‥‥‥‥‥ 4,113
共同著作物‥‥‥‥‥‥‥‥‥‥9
許諾権‥‥33,40,41,42,44,45,46,48

［く］
国等の機関での公開演説‥‥ 111
クリエイティブ・コモンズ・
　ライセンス‥‥‥‥‥‥‥ 62,63

［け］
「刑事」の対抗措置‥‥‥‥‥ 126
刑事罰‥‥‥‥‥‥ 86,91,126,133
継続的刊行物‥‥‥‥‥‥‥‥52
軽微利用‥‥‥‥‥‥‥‥‥ 123
劇場用映画‥‥‥‥‥ 8,28,36,56
言語の著作物‥‥‥‥‥‥ 8,25,97
原作（品）
　‥‥‥8,12,17,25,29,118,119,120
建築の著作物‥‥‥‥‥‥ 8,19,119
検定教科書‥‥‥‥‥‥‥‥ 97,98
原盤‥‥‥‥‥‥‥‥‥‥‥ 41,42
権利管理情報‥‥‥‥‥‥‥ 132
権利制限規定‥‥‥‥‥‥‥ 65,82

［こ］
口演‥‥‥‥‥‥‥‥‥‥‥ 25,32
公衆‥‥‥17,19,20,24,26,27,28,34,39,
　　40,43,44,45,47,48,50,93,95,
　　102,119,124,129,132,133
公衆送信‥‥‥‥14,22,45,48,92,100,
　　　　　　　　105,114,132
公衆送信権‥‥‥‥‥‥ 15,22,41,45
口述権‥‥‥‥‥‥‥‥‥‥ 15,25
CODA（コンテンツ海外流
　通促進機構）‥‥‥‥‥‥‥80
公正な慣行‥‥‥‥‥‥ 18,34,35,96

公表権‥‥‥‥‥‥‥‥‥ 15,16,34
公文書管理条例‥‥‥‥‥‥ 115
公文書管理法‥‥‥‥‥ 17,115,116
国際連合教育科学文化機関
　（UNESCO）‥‥‥‥‥‥ 143
国際労働機関（ILO）‥‥‥ 143
国立国会図書館
　‥‥‥‥‥‥ 91,92,93,94,95,116
固定‥‥‥‥‥‥8,21,24,32,37,41,60
コピーガード‥‥‥‥‥‥ 85,128
コンテンツ海外流通促進機構
　（CODA）‥‥‥‥‥‥‥‥‥80
コンピュータ・プログラム
　‥‥‥‥‥‥8,18,56,85,86,131

［さ］
SARTRAS（授業目的公衆送
　信補償金管理協会）
　‥‥‥‥‥‥‥‥‥‥ 76,101,103
SARLIB（図書館等公衆送信
　補償金管理協会）‥‥‥‥ 76,96
最恵国待遇‥‥‥‥‥‥‥‥ 144
裁定‥‥‥‥‥‥‥ 65,70,88,118
裁判での陳述‥‥‥‥‥‥‥ 111
再放送権‥‥‥‥‥‥‥‥‥‥46
再有線放送権‥‥‥‥‥‥‥ 48,49
差止請求‥‥‥‥‥ 86,91,126,129
サムネイル‥‥‥‥‥‥‥ 124,141
産業財産権‥‥‥‥‥‥‥‥‥‥2

［し］
視覚障害者‥‥‥‥‥‥‥ 106,142
指揮‥‥‥‥‥‥‥‥‥‥‥‥32
試験問題‥‥‥‥‥‥‥‥ 104,105
時事の事件‥‥‥‥‥‥‥‥ 112
質権の設定‥‥‥‥‥‥‥‥ 137
視聴覚的実演に関する北京条

約……………………32,78,143
実演………5,31,32,60,65,110,129
実演家……31,32,33,36,60,67,130
実演家人格権……… 33,34,60,127
実演家の権利…………………32
実演家等保護条約
…………………32,42,45,78,143
実演及びレコードに関する世
界知的所有権機関条約
（WPPT）……… 32,42,78,143
実演家，レコード製作者及び
放送機関の保護に関する国
際条約…………………… 78,143
実名………………… 17,34,56
実名の登録………………… 136
実用新案権（実用新案法）
…………………………2,113
指定管理団体……… 96,101,103
私的使用………… 66,85,86,128
私的録音録画補償金制度……86
自動公衆送信
…… 22,23,24,25,94,119,120,128
自動公衆送信装置
………………… 23,38,43,47,50
氏名表示権………… 15,17,33,34
写真の著作物……… 8,17,25,56
自由利用マーク………………64
授業目的公衆送信補償金制度
………………………… 103
授業目的公衆送信補償金管理
協会（SARTRAS）
………………… 76,101,103
出所の明示……… 82,97,98,99,
101, 102, 105, 106, 107, 108, 111,
112,113,119,120
出版権の設定等の登録……… 137
主従関係…………………………97

種苗法……………………2,4,113
上映権……………………… 15,21
商業用レコード
…………… 39,40,41,44,129
肖像権……………………… 139
譲渡権……… 15,26,28,33,39,42,43
商標権（商標法）………… 2,113
情報解析………………… 89,90,123
情報検索サービス………… 124
情報公開法……………… 17,115
職務著作…………………………11
所在検索サービス……… 123,124
侵害コンテンツ
………4,78,86,128,130,131,133
親告罪……………… 86,127,133
新聞の論説………………… 110

［す］
図形の著作物……………… 8,19
スニペット………………… 124

［せ］
政治上の演説……………… 111
正当な範囲内……88,97,112,132
世界知的所有権機関（WIPO）
………………………… 142,143
世界貿易機関（WTO）…… 144
絶版………………91,93,94,95

［そ］
創作年月日の登録………… 136
送信可能化…22,23,38,43,50,106,
107,121,124,132,134
送信可能化権
………33,38,42,43,46,47,48,49
遡及……………………… 77,78
損害賠償請求……86,91,126,129

［た］

第一発行年月日等の登録‥‥ 136
対抗措置‥‥‥‥‥‥‥‥‥‥ 126
題号‥‥‥‥‥‥‥‥‥ 18,100,123
貸与権‥‥‥‥‥ 15,27,33,39,42,44
ダウンロード違法化‥‥‥ 4,78,86
WCT（著作権に関する世界
　知的所有権機関条約）
　‥‥‥‥‥‥‥‥‥‥‥ 78,142
WTO（世界貿易機関）‥‥‥ 144
WPPT（実演及びレコード
　に関する世界知的所有権機
　関条約）‥‥‥‥‥ 32,42,78,143
団体名義の著作物‥‥‥‥‥‥ 51

［ち］

蓄積
　‥19,23,38,43,47,50,105,122,140
地図‥‥‥‥‥‥‥‥‥‥‥‥‥ 8
知的財産権‥‥‥‥‥‥‥‥‥ 2
知的所有権‥‥‥‥‥‥‥‥‥ 2
知的所有権の貿易関連の側面
　に関する協定（TRIPS 協
　定）‥‥‥‥‥‥‥‥‥ 78,144
聴覚障害者‥‥‥‥‥‥ 107,109
著作権（財産権）
　‥‥‥‥‥2,5,14,15,17,19,51,69
著作権・著作隣接権の移転等
　の登録‥‥‥‥‥‥‥‥‥ 137
著作権等管理事業者
　‥‥‥‥‥‥‥‥62,67,68,70
著作権に関する世界知的所有
　権機関条約（WCT）
　‥‥‥‥‥‥‥‥‥‥‥ 78,142
著作権法上の「法人」‥‥‥ 12
著作者人格権
　‥‥‥‥‥ 14,15,16,51,70,127,134

著作隣接権‥‥‥‥‥ 2,31,51,60,77
地理的表示‥‥‥‥‥‥‥‥‥ 4

［て］

定期刊行物‥‥‥‥‥‥‥‥‥ 52
デジタル教科書‥‥‥‥‥‥‥ 98
データベース‥‥‥‥‥ 71,123,124
データベースの著作物‥‥‥ 9,90
転載‥‥‥‥‥‥‥‥‥‥ 97,110
展示権‥‥‥‥‥‥ 15,25,119,120
電子透かし‥‥‥‥‥‥‥‥ 132
伝達‥‥‥‥‥‥ 8,31,88,103,109
点訳‥‥‥‥‥‥‥‥‥‥‥ 105

［と］

同一の構内‥‥‥‥‥‥‥‥‥ 23
同一性保持権‥‥‥‥‥ 15,18,33,35
同時再送信‥‥‥ 33,37,41,42,45,99,
　　　　　　　 108,109,110,111
登録制度‥‥‥‥‥‥‥‥‥ 2,136
登録免許税‥‥‥‥‥‥‥‥ 137
特許権（特許法）‥‥‥‥ 2,7,113
特定図書館‥‥‥‥‥‥‥‥ 91,95
図書館等公衆送信補償金管理
　協会（SARLIB）‥‥‥‥ 76,96
TRIPS 協定（知的所有権の
　貿易関連の側面に関する協
　定）‥‥‥‥‥‥‥‥ 42,78,144

［な］

内国民待遇‥‥‥‥‥‥‥‥ 54,77
生の実演‥‥‥‥‥‥ 33,34,36,37,38

［に］

二次的著作物‥‥‥‥ 8,15,29,30,67

［は］

配信音源·····················41,45
発信者情報開示請求権·······140
半導体集積回路の回路配置に
　関する法律·····················2
頒布権·························15,28
罰則·················· 87,100,127
万国著作権条約·············55,81
万国著作権条約の実施に伴う
　著作権法の特例に関する法
　律·····························55
パブリシティ権···············139

［ひ］

非営利・無料
　············28,41,45,94,108,109
BGM·······················18,34
美術工芸品·······················8
美術の著作物·········8,25,97,119
非親告罪···················127,128
表現··········1,6,65,89,90,106,107

［ふ］

複製権···········15,19,42,46,48,49
付随対象著作物·················87
不正競争防止法··············2,133
不遡及·····················77,78
不当利得返還請求········126,129
舞踊，無言劇の著作物···········8
プライバシー権···············139
プログラムの著作物
　·················4,8,12,136,137
プログラムの著作物に係る登
　録の特例に関する法律····137
プロバイダ責任制限法········139
紛争解決あっせん制度········134
文化庁長官の裁定······65,70,118

［へ］

併科····················86,126,127
ベルヌ条約····3,54,78,81,136,142
編曲··············9,29,85,98,99,101
変形·······29,85,98,99,101,106,120
編集著作物····················9,53
変名···········17,34,51,52,56,136

［ほ］

方式主義·························81
報酬請求権······33,40,41,42,44,45
法人著作·······················11,16
放送権·················33,37,48,49
放送事業者·····22,25,31,36,40,44,
　　　　　　　　　　　　45,118
放送事業者の権利···········45,46
放送番組のインターネット同
　時配信·····················4,117
放送法··························45
保護期間····· 10,51,56,58,60,65,66
保護期間の戦時加算···········54
保護期間の相互主義···········54
補償金····55,70,71,72,82,86,92,96,
　　　　98,99,101,103,105,110
翻案····29,64,66,85,98,99,101,106,
　　　　107,108,120,121,122
翻案権························29,66
翻訳····8,29,30,55,64,66,85,91,94,
　　　95,97,98,99,101,105,106,107,
　　　108,111,112,113
翻訳権························29,54
翻訳権10年留保················54
翻訳権の7年強制許諾·········55

［ま］

©マーク·························81

索引

[み]
未公表の著作物……………………17
未発行の写真の著作物………25
民事関係手続整備法…………114
民事訴訟法……………………114
「民事」の対抗措置……126,129

[む]
無体財産権……………………2
無方式主義……………………2,77,81
無名・変名の著作物…………51

[め]
名誉回復等(の)措置(の)請求
……………………………126,130
名誉声望を害するような改変
………………………………35
メタバース……………………1

[も]
盲人，視覚障害者その他の印
　刷物の判読に障害のある者
　が発行された著作物を利用
　する機会を促進するための
　マラケシュ条約…………142
目的外使用……………………124
模倣品……………………6,65

[ゆ]
有線放送権……………33,37,46
有線放送事業者

……………23,25,31,38,40,45,48
UNESCO（国際連合教育科
　学文化機関）……………143

[り]
リーチアプリ…128,130,131,133
リーチサイト
…………4,78,128,130,131,133

[れ]
レコード製作者………31,33,36,41
レコード製作者の権利……41,42
レコードに録音された実演
………………………33,36,38
レコード保護条約……………42
連合国及び連合国民の著作権
　の特例に関する法律………54

[ろ]
朗詠……………………………32
ローマ条約………………78,143
録音録画有償著作物等………128
録音・録画……19,33,36,38,39,46,
　　　　　　　49,86,87,88,89,117
録音権・録画権………………33,35
録音図書………………………106

[わ]
WIPO（世界知的所有権機関）
……………………………142,143

《法 令 編》

1 著作権法 （昭和四十五年五月六日 法律第四十八号）

改正 昭和五十三年　五月　十八日　法律第四十九号

同　五十六年　五月　十九日　同　第四十五号

〔各種手数料等の改定に関する法律第四条による改正〕

同　五十八年十二月　　二日　同　第七十八号

〔国家行政組織法の一部を改正する法律の施行に伴う関係法律の
整理等に関する法律第七十六条による改正〕

同　五十九年　五月　　一日　同　第二十三号

〔各種手数料等の額の改定及び規定の合理化に関する法律第五条
による改正〕

同　五十九年　五月二十五日　同　第四十六号

同　　六十年　六月　十四日　同　第六十二号

同　六十一年　五月二十三日　同　第六十四号

同　六十一年　五月二十三日　同　第六十五号

〔プログラムの著作物に係る登録の特例に関する法律附則第三項
による改正〕

同　六十三年十一月　　一日　同　第八十七号

平成　　元年　六月二十八日　同　第四十三号

同　　　三年　五月　　二日　同　第六十三号

同　　　四年十二月　十六日　同　第百六号

同　　　五年十一月　十二日　同　第八十九号

〔行政手続法の施行に伴う関係法律の整備に関する法律第八十一
条による改正〕

同　　　六年十二月　十四日　同　第百十二号

同　　　七年　五月　十二日　同　第九十一号

〔刑法の一部を改正する法律附則第八条第六号による改正〕

同　　　八年十二月二十六日　同　第百十七号

同　　　九年　六月　十八日　同　第八十六号

同　　　十年　六月　十二日　同　第百一号

〔学校教育法等の一部を改正する法律附則第三十八条による改
正〕

同　　十一年　五月　十四日　同　第四十三号

〔行政機関の保有する情報の公開に関する法律の施行に伴う関係
法律の整備等に関する法律第十一条による改正〕

同　　十一年　六月二十三日　同　第七十七号

同　　十一年十二月二十二日　同　第百六十号

〔中央省庁等改革関係法施行法第五百六十三条による改正〕

同　　十一年十二月二十二日　同　第二百二十号

〔独立行政法人の業務実施の円滑化等のための関係法律の整備等
　　に関する法律第十五条による改正〕

同　　十二年　五月　　八日　同　第五十六号

同　　十二年十一月二十九日　同　第百三十一号

〔著作権等管理事業法附則第八条による改正〕

同　　十三年十二月　　五日　同　第百四十号

〔独立行政法人等の保有する情報の公開に関する法律附則第六条
　　による改正〕

同　　十四年　六月　十九日　同　第七十二号

同　　十五年　五月　三十日　同　第六十一号

〔行政機関の保有する個人情報の保護に関する法律等の施行に伴
　　う関係法律の整備等に関する法律第十八条による改正〕

同　　十五年　六月　十八日　同　第八十五号

同　　十五年　七月　十六日　同　第百十九号

〔地方独立行政法人法の施行に伴う関係法律の整備等に関する法
　　律第三十五条による改正〕

同　　十六年　六月　　九日　同　第八十四号

〔行政事件訴訟法の一部を改正する法律第八条による改正〕

同　　十六年　六月　　九日　同　第九十二号

同　　十六年　六月　十八日　同　第百二十号

〔裁判所法等の一部を改正する法律第九条による改正〕

同　　十六年十二月　　一日　同　第百四十七号

〔民法の一部を改正する法律附則第七十五条による改正〕

同　　十七年　六月二十九日　同　第七十五号

〔不正競争防止法等の一部を改正する法律第六条による改正〕

同　　十八年　六月　　二日　同　第五十号

〔一般社団法人及び一般財団法人に関する法律及び公益社団法人
　　及び公益財団法人の認定等に関する法律の施行に伴う関係法律
　　の整備等に関する法律第二百七十一条による改正〕

同　　十八年十二月二十二日　同　第百二十一号

同　　二十年　六月　十八日　同　第八十一号

〔障害のある児童及び生徒のための教科用特定図書等の普及の促進等に関する法律附則第四条による改正〕

同　二十一年　六月　十九日　同　第五十三号

同　二十一年　七月　　十日　同　第七十三号

〔国立国会図書館法の一部を改正する法律附則第三条による改正〕

同　二十二年十二月　　三日　同　第六十五号

〔放送法等の一部を改正する法律附則第三十条による改正〕

同　二十四年　六月二十二日　同　第三十二号

〔国立国会図書館法の一部を改正する法律附則第四条による改正〕

同　二十四年　六月二十七日　同　第四十三号

同　二十五年十一月二十七日　同　第八十四号

〔薬事法等の一部を改正する法律第八十一条による改正〕

同　二十六年　五月　十四日　同　第三十五号

同　二十六年　六月　十三日　同　第六十九号

〔行政不服審査法の施行に伴う関係法律の整備等に関する法律第百十二条による改正〕

同　二十七年　六月二十四日　同　第四十六号

〔学校教育法等の一部を改正する法律附則第四条による改正〕

同　二十八年　五月二十七日　同　第五十一号

〔行政機関等の保有する個人情報の適正かつ効果的な活用による新たな産業の創出並びに活力ある経済社会及び豊かな国民生活の実現に資するための関係法律の整備に関する法律附則第五条による改正〕

同　二十八年十二月　十六日　同　第百八号

〔環太平洋パートナーシップ協定の締結に伴う関係法律の整備に関する法律による改正〕

同　二十九年　六月　　二日　同　第四十五号

〔民法の一部を改正する法律の施行に伴う関係法律の整備等に関する法律による改正〕

同　　三十年　五月二十五日　同　第三十号

同　　三十年　六月　　一日　同　第三十九号

〔学校教育法等の一部を改正する法律による改正〕

同　　三十年　七月　　六日　同　第七十号

〔環太平洋パートナーシップ協定の締結及び環太平洋パートナー
シップに関する包括的及び先進的な協定の締結に伴う関係法律
の整備に関する法律による改正〕

同　　三十年　七月　十三日　同　第七十二号

〔民法及び家事事件手続法の一部を改正する法律附則第十九条に
よる改正〕

令和　　二年　六月　十二日　同　第四十八号

同　　三年　五月　十九日　同　第三十七号

〔デジタル社会の形成を図るための関係法律の整備に関する法律
附則第二十一条による改正〕

同　　三年　六月　　二日　同　第五十二号

〔民事訴訟法等の一部を改正する法律附則第六十一条による改
正〕

同　　四年　五月二十五日　同　第四十八号

同　　四年　六月　十七日　同　第六十八号

〔刑法等の一部を改正する法律の施行に伴う関係法律の整理等に
関する法律第第二百十七条による改正〕

同　　五年　五月二十六日　同　第三十三号

同　　五年　六月　十四日　同　第五十三号

〔民事関係手続等における情報通信技術の活用等の推進を図るた
めの関係法律の整備に関する法律第四十条による改正〕

目次

第一章　総則
　第一節　通則（第一条－第五条）
　第二節　適用範囲（第六条－第九条の二）
第二章　著作者の権利
　第一節　著作物（第十条－第十三条）
　第二節　著作者（第十四条－第十六条）
　第三節　権利の内容
　　第一款　総則（第十七条）
　　第二款　著作者人格権（第十八条－第二十条）
　　第三款　著作権に含まれる権利の種類（第二十一条－第二十八条）
　　第四款　映画の著作物の著作権の帰属（第二十九条）
　　第五款　著作権の制限（第三十条－第五十条）

第四節　保護期間（第五十一条－第五十八条）

第五節　著作者人格権の一身専属性等（第五十九条・第六十条）

第六節　著作権の譲渡及び消滅（第六十一条・第六十二条）

第七節　権利の行使（第六十三条－第六十六条）

第八節　裁定による著作物の利用（第六十七条－第七十条）

第九節　補償金等（第七十一条－第七十四条）

第十節　登録（第七十五条－第七十八条の二）

第三章　出版権（第七十九条－第八十八条）

第四章　著作隣接権

第一節　総則（第八十九条・第九十条）

第二節　実演家の権利（第九十条の二－第九十五条の三）

第三節　レコード製作者の権利（第九十六条－第九十七条の三）

第四節　放送事業者の権利（第九十八条－第百条）

第五節　有線放送事業者の権利（第百条の二－第百条の五）

第六節　保護期間（第百一条）

第七節　実演家人格権の一身専属性等（第百一条の二・第百一条の三）

第八節　権利の制限、譲渡及び行使等並びに登録（第百二条－第百四条）

第五章　著作権等の制限による利用に係る補償金

第一節　私的録音録画補償金（第百四条の二－第百四条の十）

第二節　図書館等公衆送信補償金（第百四条の十の二－第百四条の十の八）

第三節　授業目的公衆送信補償金（第百四条の十一－第百四条の十七）

第六章　紛争処理（第百五条－第百十一条）

第七章　権利侵害（第百十二条－第百十八条）

第八章　罰則（第百十九条－第百二十四条）

附則

第六章　裁定による利用に係る指定補償金管理機関及び登録確認機関

第一節　指定補償金管理機関（第百四条の十八－第百四条の三十二）

第二節　登録確認機関（第百四条の三十三－第百四条の四十七）

第七章　紛争処理（第百五条－第百十一条）

第八章　権利侵害（第百十二条－第百十八条）

第九章　罰則（第百十九条－第百二十五条）

附則

（令和五年五月二十六日から起算して三年を超えない範囲内において政令で定める日から施行）

1
著作権法

第一章　総則

第一節　通則

（目的）

第一条　この法律は、著作物並びに実演、レコード、放送及び有線放送に関し著作者の権利及びこれに隣接する権利を定め、これらの文化的所産の公正な利用に留意しつつ、著作者等の権利の保護を図り、もつて文化の発展に寄与することを目的とする。

　　　　　（昭六一法六四・一部改正）

（定義）

第二条　この法律において、次の各号に掲げる用語の意義は、当該各号に定めるところによる。

　一　著作物　思想又は感情を創作的に表現したものであつて、文芸、学術、美術又は音楽の範囲に属するものをいう。

　二　著作者　著作物を創作する者をいう。

　三　実演　著作物を、演劇的に演じ、舞い、演奏し、歌い、口演し、朗詠し、又はその他の方法により演ずること（これらに類する行為で、著作物を演じないが芸能的な性質を有するものを含む。）をいう。

　四　実演家　俳優、舞踊家、演奏家、歌手その他実演を行う者及び実演を指揮し、又は演出する者をいう。

　五　レコード　蓄音機用音盤、録音テープその他の物に音を固定したもの（音を専ら影像とともに再生することを目的とするものを除く。）をいう。

　六　レコード製作者　レコードに固定されている音を最初に固定した者をいう。

　七　商業用レコード　市販の目的をもつて製作されるレコードの複製物をいう。

　七の二　公衆送信　公衆によつて直接受信されることを目的として無線通信又は有線電気通信の送信（電気通信設備で、その一の部分の設置の場所が他の部分の設置の場所と同一の構内（その構内が二以上の者の占有に属している場合には、同一の者の占有に属する区域内）にあるものによる送信（プログラムの著作物の送信を除く。）を除く。）を行うことをいう。

　八　放送　公衆送信のうち、公衆によつて同一の内容の送信が同時に受信されることを目的として行う無線通信の送信をいう。

　九　放送事業者　放送を業として行う者をいう。

　九の二　有線放送　公衆送信のうち、公衆によつて同一の内容の送信が同時に受信されることを目的として行う有線電気通信の送信をいう。

九の三　有線放送事業者　有線放送を業として行う者をいう。

九の四　自動公衆送信　公衆送信のうち、公衆からの求めに応じ自動的に行
　うもの（放送又は有線放送に該当するものを除く。）をいう。

九の五　送信可能化　次のいずれかに掲げる行為により自動公衆送信し得る
　ようにすることをいう。

　　イ　公衆の用に供されている電気通信回線に接続している自動公衆送信装
　　　置（公衆の用に供する電気通信回線に接続することにより、その記録媒
　　　体のうち自動公衆送信の用に供する部分（以下この号において「公衆送
　　　信用記録媒体」という。）に記録され、又は当該装置に入力される情報
　　　を自動公衆送信する機能を有する装置をいう。以下同じ。）の公衆送信
　　　用記録媒体に情報を記録し、情報が記録された記録媒体を当該自動公衆
　　　送信装置の公衆送信用記録媒体として加え、若しくは情報が記録された
　　　記録媒体を当該自動公衆送信装置の公衆送信用記録媒体に変換し、又は
　　　当該自動公衆送信装置に情報を入力すること。

　　ロ　その公衆送信用記録媒体に情報が記録され、又は当該自動公衆送信装
　　　置に情報が入力されている自動公衆送信装置について、公衆の用に供さ
　　　れている電気通信回線への接続（配線、自動公衆送信装置の始動、送受
　　　信用プログラムの起動その他の一連の行為により行われる場合には、当
　　　該一連の行為のうち最後のものをいう。）を行うこと。

九の六　特定入力型自動公衆送信　放送を受信して同時に、公衆の用に供さ
　れている電気通信回線に接続している自動公衆送信装置に情報を入力する
　ことにより行う自動公衆送信（当該自動公衆送信のために行う送信可能化
　を含む。）をいう。

九の七　放送同時配信等　放送番組又は有線放送番組の自動公衆送信（当該
　自動公衆送信のために行う送信可能化を含む。以下この号において同じ。）
　のうち、次のイからハまでに掲げる要件を備えるもの（著作権者、出版権
　者若しくは著作隣接権者（以下「著作権者等」という。）の利益を不当に
　害するおそれがあるもの又は広く国民が容易に視聴することが困難なもの
　として文化庁長官が総務大臣と協議して定めるもの及び特定入力型自動公
　衆送信を除く。）をいう。

　　イ　放送番組の放送又は有線放送番組の有線放送が行われた日から一週間
　　　以内（当該放送番組又は有線放送番組が同一の名称の下に一定の間隔で
　　　連続して放送され、又は有線放送されるものであつてその間隔が一週間
　　　を超えるものである場合には、一月以内でその間隔に応じて文化庁長官
　　　が定める期間内）に行われるもの（当該放送又は有線放送が行われるよ

り前に行われるものを除く。）であること。

　　ロ　放送番組又は有線放送番組の内容を変更しないで行われるもの（著作
　　　権者等から当該自動公衆送信に係る許諾が得られていない部分を表示し
　　　ないことその他のやむを得ない事情により変更されたものを除く。）で
　　　あること。

　　ハ　当該自動公衆送信を受信して行う放送番組又は有線放送番組のデジタ
　　　ル方式の複製を防止し、又は抑止するための措置として文部科学省令で
　　　定めるものが講じられているものであること。

九の八　放送同時配信等事業者　人的関係又は資本関係において文化庁長官
　　が定める密接な関係（以下単に「密接な関係」という。）を有する放送事
　　業者又は有線放送事業者から放送番組又は有線放送番組の供給を受けて放
　　送同時配信等を業として行う事業者をいう。

十　映画製作者　映画の著作物の製作に発意と責任を有する者をいう。

十の二　プログラム　電子計算機を機能させて一の結果を得ることができる
　　ようにこれに対する指令を組み合わせたものとして表現したものをいう。

十の三　データベース　論文、数値、図形その他の情報の集合物であつて、
　　それらの情報を電子計算機を用いて検索することができるように体系的に
　　構成したものをいう。

十一　二次的著作物　著作物を翻訳し、編曲し、若しくは変形し、又は脚色
　　し、映画化し、その他翻案することにより創作した著作物をいう。

十二　共同著作物　二人以上の者が共同して創作した著作物であつて、その
　　各人の寄与を分離して個別的に利用することができないものをいう。

十三　録音　音を物に固定し、又はその固定物を増製することをいう。

十四　録画　影像を連続して物に固定し、又はその固定物を増製することを
　　いう。

十五　複製　印刷、写真、複写、録音、録画その他の方法により有形的に再
　　製することをいい、次に掲げるものについては、それぞれ次に掲げる行為
　　を含むものとする。

　　イ　脚本その他これに類する演劇用の著作物　当該著作物の上演、放送又
　　　は有線放送を録音し、又は録画すること。

　　ロ　建築の著作物　建築に関する図面に従つて建築物を完成すること。

十六　上演　演奏（歌唱を含む。以下同じ。）以外の方法により著作物を演
　　ずることをいう。

十七　上映　著作物（公衆送信されるものを除く。）を映写幕その他の物に
　　映写することをいい、これに伴つて映画の著作物において固定されている

音を再生することを含むものとする。

十八　口述　朗読その他の方法により著作物を口頭で伝達すること（実演に該当するものを除く。）をいう。

十九　頒布　有償であるか又は無償であるかを問わず、複製物を公衆に譲渡し、又は貸与することをいい、映画の著作物又は映画の著作物において複製されている著作物にあつては、これらの著作物を公衆に提示することを目的として当該映画の著作物の複製物を譲渡し、又は貸与することを含むものとする。

二十　技術的保護手段　電子的方法、磁気的方法その他の人の知覚によつて認識することができない方法（次号及び第二十二号において「電磁的方法」という。）により、第十七条第一項に規定する著作者人格権若しくは著作権、出版権又は第八十九条第一項に規定する実演家人格権若しくは同条第六項に規定する著作隣接権（以下この号、第三十条第一項第二号、第百十三条第七項並びに第百二十条の二第一号及び第四号において「著作権等」という。）を侵害する行為の防止又は抑止（著作権等を侵害する行為の結果に著しい障害を生じさせることによる当該行為の抑止をいう。第三十条第一項第二号において同じ。）をする手段（著作権等を有する者の意思に基づくことなく用いられているものを除く。）であつて、著作物、実演、レコード、放送又は有線放送（以下「著作物等」という。）の利用（著作者又は実演家の同意を得ないで行つたとしたならば著作者人格権又は実演家人格権の侵害となるべき行為を含む。）に際し、これに用いられる機器が特定の反応をする信号を記録媒体に記録し、若しくは送信する方式又は当該機器が特定の変換を必要とするよう著作物、実演、レコード若しくは放送若しくは有線放送に係る音若しくは影像を変換して記録媒体に記録し、若しくは送信する方式によるものをいう。

二十一　技術的利用制限手段　電磁的方法により、著作物等の視聴（プログラムの著作物にあつては、当該著作物を電子計算機において実行する行為を含む。以下この号及び第百十三条第六項において同じ。）を制限する手段（著作権者等の意思に基づくことなく用いられているものを除く。）であつて、著作物等の視聴に際し、これに用いられる機器が特定の反応をする信号を記録媒体に記録し、若しくは送信する方式又は当該機器が特定の変換を必要とするよう著作物、実演、レコード若しくは放送若しくは有線放送に係る音若しくは影像を変換して記録媒体に記録し、若しくは送信する方式によるものをいう。

二十二　権利管理情報　第十七条第一項に規定する著作者人格権若しくは著

作権、出版権又は第八十九条第一項から第四項までの権利（以下この号において「著作権等」という。）に関する情報であつて、イからハまでのいずれかに該当するもののうち、電磁的方法により著作物、実演、レコード又は放送若しくは有線放送に係る音若しくは影像とともに記録媒体に記録され、又は送信されるもの（著作物等の利用状況の把握、著作物等の利用の許諾に係る事務処理その他の著作権等の管理（電子計算機によるものに限る。）に用いられていないものを除く。）をいう。

イ　著作物等、著作権等を有する者その他政令で定める事項を特定する情報

ロ　著作物等の利用を許諾する場合の利用方法及び条件に関する情報

ハ　他の情報と照合することによりイ又はロに掲げる事項を特定することができることとなる情報

二十三　著作権等管理事業者　著作権等管理事業法（平成十二年法律第百三十一号）第二条第三項に規定する著作権等管理事業者をいう。

二十四　国内　この法律の施行地をいう。

二十五　国外　この法律の施行地外の地域をいう。

2　この法律にいう「美術の著作物」には、美術工芸品を含むものとする。

3　この法律にいう「映画の著作物」には、映画の効果に類似する視覚的又は視聴覚的効果を生じさせる方法で表現され、かつ、物に固定されている著作物を含むものとする。

4　この法律にいう「写真の著作物」には、写真の製作方法に類似する方法を用いて表現される著作物を含むものとする。

5　この法律にいう「公衆」には、特定かつ多数の者を含むものとする。

6　この法律にいう「法人」には、法人格を有しない社団又は財団で代表者又は管理人の定めがあるものを含むものとする。

7　この法律において、「上演」、「演奏」又は「口述」には、著作物の上演、演奏又は口述で録音され、又は録画されたものを再生すること（公衆送信又は上映に該当するものを除く。）及び著作物の上演、演奏又は口述を電気通信設備を用いて伝達すること（公衆送信に該当するものを除く。）を含むものとする。

8　この法律にいう「貸与」には、いずれの名義又は方法をもつてするかを問わず、これと同様の使用の権原を取得させる行為を含むものとする。

9　この法律において、第一項第七号の二、第八号、第九号の二、第九号の四、第九号の五、第九号の七若しくは第十三号から第十九号まで又は前二項に掲げる用語については、それぞれこれらを動詞の語幹として用いる場合を含む

ものとする。

（昭五九法四六・8項追加9項一部改正、昭六〇法六二・1項十号の
二追加、昭六一法六四・1項九号の二、九号の三、十号の三追加1項
十五号十七号7項9項一部改正、平九法八六・1項七号の二、九号の
四、九号の五追加1項八号全改1項十七号削除1項九号の二7項9項
一部改正、平十一法七七・1項十七号一部改正1項二十号二十一号追
加7項一部改正、平十四法七二・1項二十号一部改正、平十六法九二・
1項二十三号追加、平十八法一二一・1項七の二号一部改正、平二一
法五三・1項九号の五イ一部改正、平二四法四三・1項四号五号九号
二十号一部改正、平二八法一〇八・1項二十号一部改正二十一号追加
旧二十一号以下繰下、平三〇法三〇・1項九号の五イ一部改正二十一
号一部改正、令二法四八・1項二十号二十一号二十二号一部改正、令
三法五二・1項九号の六、九号の七、九号の八追加二十一号一部改正
二十三号追加旧二十三号以下繰下9項一部改正）

（著作物の発行）

第三条 著作物は、その性質に応じ公衆の要求を満たすことができる相当程度
の部数の複製物が、第二十一条に規定する権利を有する者若しくはその許諾
（第六十三条第一項の規定による利用の許諾をいう。以下この項、次条第一
項、第四条の二及び第六十三条を除き、以下この章及び次章において同じ。）
を得た者又は第七十九条の出版権の設定を受けた者若しくはその複製許諾
（第八十条第三項の規定による複製の許諾をいう。以下同じ。）を得た者に
よつて作成され、頒布された場合（第二十六条、第二十六条の二第一項又は
第二十六条の三に規定する権利を有する者の権利を害しない場合に限る。）
において、発行されたものとする。

2 二次的著作物である翻訳物の前項に規定する部数の複製物が第二十八条の
規定により第二十一条に規定する権利と同一の権利を有する者又はその許諾
を得た者によつて作成され、頒布された場合（第二十八条の規定により第二
十六条、第二十六条の二第一項又は第二十六条の三に規定する権利と同一の
権利を有する者の権利を害しない場合に限る。）には、その原著作物は、発
行されたものとみなす。

3 著作物がこの法律による保護を受けるとしたならば前二項の権利を有すべ
き者又はその者からその著作物の利用の承諾を得た者は、それぞれ前二項の
権利を有する者又はその許諾を得た者とみなして、前二項の規定を適用する。

（昭五九法四六・1項2項一部改正、平十一法七七・1項2項一部改
正、平十四法七二・1項一部改正、平二六法三五・1項一部改正、令

（著作物の公表）

第四条　著作物は、発行され、又は第二十二条から第二十五条までに規定する権利を有する者若しくはその許諾（第六十三条第一項の規定による利用の許諾をいう。）を得た者若しくは第七十九条の出版権の設定を受けた者若しくはその公衆送信許諾（第八十条第三項の規定による公衆送信の許諾をいう。以下同じ。）を得た者によつて上演、演奏、上映、公衆送信、口述若しくは展示の方法で公衆に提示された場合（建築の著作物にあつては、第二十一条に規定する権利を有する者又はその許諾（第六十三条第一項の規定による利用の許諾をいう。）を得た者によつて建設された場合を含む。）において、公表されたものとする。

2　著作物は、第二十三条第一項に規定する権利を有する者又はその許諾を得た者若しくは第七十九条の出版権の設定を受けた者若しくはその公衆送信許諾を得た者によつて送信可能化された場合には、公表されたものとみなす。

3　二次的著作物である翻訳物が、第二十八条の規定により第二十二条から第二十四条までに規定する権利と同一の権利を有する者若しくはその許諾を得た者によつて上演、演奏、上映、公衆送信若しくは口述の方法で公衆に提示され、又は第二十八条の規定により第二十三条第一項に規定する権利と同一の権利を有する者若しくはその許諾を得た者によつて送信可能化された場合には、その原著作物は、公表されたものとみなす。

4　美術の著作物又は写真の著作物は、第四十五条第一項に規定する者によつて同項の展示が行われた場合には、公表されたものとみなす。

5　著作物がこの法律による保護を受けるとしたならば第一項から第三項までの権利を有すべき者又はその者からその著作物の利用の承諾を得た者は、それぞれ第一項から第三項までの権利を有する者又はその許諾を得た者とみなして、これらの規定を適用する。

　　　　　（昭六一法六四・１項２項５項一部改正４項追加、平九法八六・４項削除２項追加１項３項５項一部改正、平十一法七七・１項３項一部改正、平二六法三五・１項２項一部改正、令三法五二・１項一部改正）

（レコードの発行）

第四条の二　レコードは、その性質に応じ公衆の要求を満たすことができる相当程度の部数の複製物が、第九十六条に規定する権利を有する者又はその許諾（第百三条において準用する第六十三条第一項の規定による利用の許諾をいう。第四章第二節及び第三節において同じ。）を得た者によつて作成され、頒布された場合（第九十七条の二第一項又は第九十七条の三第一項に規定す

る権利を有する者の権利を害しない場合に限る。）において、発行されたものとする。

（平十四法七二・追加）

（条約の効力）

第五条　著作者の権利及びこれに隣接する権利に関し条約に別段の定めがあるときは、その規定による。

（平元法四三・一部改正）

第二節　適用範囲

（保護を受ける著作物）

第六条　著作物は、次の各号のいずれかに該当するものに限り、この法律による保護を受ける。

一　日本国民（わが国の法令に基づいて設立された法人及び国内に主たる事務所を有する法人を含む。以下同じ。）の著作物

二　最初に国内において発行された著作物（最初に国外において発行されたが、その発行の日から三十日以内に国内において発行されたものを含む。）

三　前二号に掲げるもののほか、条約によりわが国が保護の義務を負う著作物

（平十六法九二・二号一部改正）

（保護を受ける実演）

第七条　実演は、次の各号のいずれかに該当するものに限り、この法律による保護を受ける。

一　国内において行われる実演

二　次条第一号又は第二号に掲げるレコードに固定された実演

三　第九条第一号又は第二号に掲げる放送において送信される実演（実演家の承諾を得て送信前に録音され、又は録画されているものを除く。）

四　第九条の二各号に掲げる有線放送において送信される実演（実演家の承諾を得て送信前に録音され、又は録画されているものを除く。）

五　前各号に掲げるもののほか、次のいずれかに掲げる実演

イ　実演家、レコード製作者及び放送機関の保護に関する国際条約（以下「実演家等保護条約」という。）の締約国において行われる実演

ロ　次条第三号に掲げるレコードに固定された実演

ハ　第九条第三号に掲げる放送において送信される実演（実演家の承諾を得て送信前に録音され、又は録画されているものを除く。）

六　前各号に掲げるもののほか、次のいずれかに掲げる実演

イ　実演及びレコードに関する世界知的所有権機関条約（以下「実演・レ

コード条約」という。）の締約国において行われる実演

　　ロ　次条第四号に掲げるレコードに固定された実演

　七　前各号に掲げるもののほか、次のいずれかに掲げる実演

　　イ　世界貿易機関の加盟国において行われる実演

　　ロ　次条第五号に掲げるレコードに固定された実演

　　ハ　第九条第四号に掲げる放送において送信される実演（実演家の承諾を
　　　得て送信前に録音され、又は録画されているものを除く。）

　八　前各号に掲げるもののほか、視聴覚的実演に関する北京条約の締約国の
　　国民又は当該締約国に常居所を有する者である実演家に係る実演

　　　　　（昭五三法四九・二号一部改正、昭六一法六四・四号追加、平元法四
　　　　　三・三号一部改正五号追加、平六法一一二・六号追加、平十四法七二・
　　　　　六号追加七号一部改正、平二六法三五・一号一部改正八号追加）

（保護を受けるレコード）

第八条　レコードは、次の各号のいずれかに該当するものに限り、この法律に
よる保護を受ける。

　一　日本国民をレコード製作者とするレコード

　二　レコードでこれに固定されている音が最初に国内において固定されたも
　　の

　三　前二号に掲げるもののほか、次のいずれかに掲げるレコード

　　イ　実演家等保護条約の締約国の国民（当該締約国の法令に基づいて設立
　　　された法人及び当該締約国に主たる事務所を有する法人を含む。以下同
　　　じ。）をレコード製作者とするレコード

　　ロ　レコードでこれに固定されている音が最初に実演家等保護条約の締約
　　　国において固定されたもの

　四　前三号に掲げるもののほか、次のいずれかに掲げるレコード

　　イ　実演・レコード条約の締約国の国民（当該締約国の法令に基づいて設
　　　立された法人及び当該締約国に主たる事務所を有する法人を含む。以下
　　　同じ。）をレコード製作者とするレコード

　　ロ　レコードでこれに固定されている音が最初に実演・レコード条約の締
　　　約国において固定されたもの

　五　前各号に掲げるもののほか、次のいずれかに掲げるレコード

　　イ　世界貿易機関の加盟国の国民（当該加盟国の法令に基づいて設立され
　　　た法人及び当該加盟国に主たる事務所を有する法人を含む。以下同じ。）
　　　をレコード製作者とするレコード

　　ロ　レコードでこれに固定されている音が最初に世界貿易機関の加盟国に

　　　　おいて固定されたもの

　六　前各号に掲げるもののほか、許諾を得ないレコードの複製からのレコー
　　ド製作者の保護に関する条約（第百二十一条の二第二号において「レコー
　　ド保護条約」という。）により我が国が保護の義務を負うレコード
　　　　　（昭五三法四九・三号追加、平元法四三・四号一部改正三号追加、平
　　　　三法六三・四号追加、平六法一一二・四号追加五号一部改正、平十四
　　　　法七二・四号追加五号一部改正）

（保護を受ける放送）

第九条　放送は、次の各号のいずれかに該当するものに限り、この法律による
　保護を受ける。

　一　日本国民である放送事業者の放送

　二　国内にある放送設備から行なわれる放送

　三　前二号に掲げるもののほか、次のいずれかに掲げる放送

　　イ　実演家等保護条約の締約国の国民である放送事業者の放送

　　ロ　実演家等保護条約の締約国にある放送設備から行われる放送

　四　前三号に掲げるもののほか、次のいずれかに掲げる放送

　　イ　世界貿易機関の加盟国の国民である放送事業者の放送

　　ロ　世界貿易機関の加盟国にある放送設備から行われる放送
　　　　　（平元法四三・三号追加、平六法一一二・四号追加）

（保護を受ける有線放送）

第九条の二　有線放送は、次の各号のいずれかに該当するものに限り、この法
　律による保護を受ける。

　一　日本国民である有線放送事業者の有線放送（放送を受信して行うものを
　　除く。次号において同じ。）

　二　国内にある有線放送設備から行われる有線放送
　　　　　（昭六一法六四・追加）

　第二章　著作者の権利
　　第一節　著作物

（著作物の例示）

第十条　この法律にいう著作物を例示すると、おおむね次のとおりである。

　一　小説、脚本、論文、講演その他の言語の著作物

　二　音楽の著作物

　三　舞踊又は無言劇の著作物

　四　絵画、版画、彫刻その他の美術の著作物

　　五　建築の著作物

　　六　地図又は学術的な性質を有する図面、図表、模型その他の図形の著作物

　　七　映画の著作物

　　八　写真の著作物

　　九　プログラムの著作物

2　事実の伝達にすぎない雑報及び時事の報道は、前項第一号に掲げる著作物に該当しない。

3　第一項第九号に掲げる著作物に対するこの法律による保護は、その著作物を作成するために用いるプログラム言語、規約及び解法に及ばない。この場合において、これらの用語の意義は、次の各号に定めるところによる。

　　一　プログラム言語　プログラムを表現する手段としての文字その他の記号及びその体系をいう。

　　二　規約　特定のプログラムにおける前号のプログラム言語の用法についての特別の約束をいう。

　　三　解法　プログラムにおける電子計算機に対する指令の組合せの方法をいう。

　　　　　　（昭六〇法六二・1項九号3項追加）

　（二次的著作物）

第十一条　二次的著作物に対するこの法律による保護は、その原著作物の著作者の権利に影響を及ぼさない。

　（編集著作物）

第十二条　編集物（データベースに該当するものを除く。以下同じ。）でその素材の選択又は配列によつて創作性を有するものは、著作物として保護する。

2　前項の規定は、同項の編集物の部分を構成する著作物の著作者の権利に影響を及ぼさない。

　　　　　　（昭六一法六四・1項一部改正）

　（データベースの著作物）

第十二条の二　データベースでその情報の選択又は体系的な構成によつて創作性を有するものは、著作物として保護する。

2　前項の規定は、同項のデータベースの部分を構成する著作物の著作者の権利に影響を及ぼさない。

　　　　　　（昭六一法六四・追加）

　（権利の目的とならない著作物）

第十三条　次の各号のいずれかに該当する著作物は、この章の規定による権利の目的となることができない。

一　憲法その他の法令

二　国若しくは地方公共団体の機関、独立行政法人（独立行政法人通則法
（平成十一年法律第百三号）第二条第一項に規定する独立行政法人をい
う。以下同じ。）又は地方独立行政法人（地方独立行政法人法（平成十五
年法律第百十八号）第二条第一項に規定する地方独立行政法人をいう。以
下同じ。）が発する告示、訓令、通達その他これらに類するもの

三　裁判所の判決、決定、命令及び審判並びに行政庁の裁決及び決定で裁判
に準ずる手続により行われるもの

四　前三号に掲げるものの翻訳物及び編集物で、国若しくは地方公共団体の
機関、独立行政法人又は地方独立行政法人が作成するもの

　　　（平十一法二二〇・二号四号一部改正、平十五法一一九・二号四号一
　　　部改正）

第二節　著作者

（著作者の推定）

第十四条　著作物の原作品に、又は著作物の公衆への提供若しくは提示の際に、
その氏名若しくは名称（以下「実名」という。）又はその雅号、筆名、略称
その他実名に代えて用いられるもの（以下「変名」という。）として周知の
ものが著作者名として通常の方法により表示されている者は、その著作物の
著作者と推定する。

（職務上作成する著作物の著作者）

第十五条　法人その他使用者（以下この条において「法人等」という。）の発
意に基づきその法人等の業務に従事する者が職務上作成する著作物（プログ
ラムの著作物を除く。）で、その法人等が自己の著作の名義の下に公表する
ものの著作者は、その作成の時における契約、勤務規則その他に別段の定め
がない限り、その法人等とする。

2　法人等の発意に基づきその法人等の業務に従事する者が職務上作成するプ
ログラムの著作物の著作者は、その作成の時における契約、勤務規則その他
に別段の定めがない限り、その法人等とする。

　　　（昭六〇法六二・見出し1項一部改正2項追加）

（映画の著作物の著作者）

第十六条　映画の著作物の著作者は、その映画の著作物において翻案され、又
は複製された小説、脚本、音楽その他の著作物の著作者を除き、制作、監督、
演出、撮影、美術等を担当してその映画の著作物の全体的形成に創作的に寄
与した者とする。ただし、前条の規定の適用がある場合は、この限りでない。

第三節　権利の内容

第一款　総則

（著作者の権利）

第十七条　著作者は、次条第一項、第十九条第一項及び第二十条第一項に規定する権利（以下「著作者人格権」という。）並びに第二十一条から第二十八条までに規定する権利（以下「著作権」という。）を享有する。

2　著作者人格権及び著作権の享有には、いかなる方式の履行をも要しない。

第二款　著作者人格権

（公表権）

第十八条　著作者は、その著作物でまだ公表されていないもの（その同意を得ないで公表された著作物を含む。以下この条において同じ。）を公衆に提供し、又は提示する権利を有する。当該著作物を原著作物とする二次的著作物についても、同様とする。

2　著作者は、次の各号に掲げる場合には、当該各号に掲げる行為について同意したものと推定する。

一　その著作物でまだ公表されていないものの著作権を譲渡した場合　当該著作物をその著作権の行使により公衆に提供し、又は提示すること。

二　その美術の著作物又は写真の著作物でまだ公表されていないものの原作品を譲渡した場合　これらの著作物をその原作品による展示の方法で公衆に提示すること。

三　第二十九条の規定によりその映画の著作物の著作権が映画製作者に帰属した場合

当該著作物をその著作権の行使により公衆に提供し、又は提示すること。

3　著作者は、次の各号に掲げる場合には、当該各号に掲げる行為について同意したものとみなす。

一　その著作物でまだ公表されていないものを行政機関（行政機関の保有する情報の公開に関する法律（平成十一年法律第四十二号。以下「行政機関情報公開法」という。）第二条第一項に規定する行政機関をいう。以下同じ。）に提供した場合（行政機関情報公開法第九条第一項の規定による開示する旨の決定の時までに別段の意思表示をした場合を除く。）　行政機関情報公開法の規定により行政機関の長が当該著作物を公衆に提供し、又は提示すること（当該著作物に係る歴史公文書等（公文書等の管理に関する法律（平成二十一年法律第六十六号。以下「公文書管理法」という。）第二条第六項に規定する歴史公文書等をいう。以下同じ。）が行政機関の長から公文書管理法第八条第一項の規定により国立公文書館等（公文書管理

法第二条第三項に規定する国立公文書館等をいう。以下同じ。）に移管された場合（公文書管理法第十六条第一項の規定による利用をさせる旨の決定の時までに当該著作物の著作者が別段の意思表示をした場合を除く。）にあつては、公文書管理法第十六条第一項の規定により国立公文書館等の長（公文書管理法第十五条第一項に規定する国立公文書館等の長をいう。以下同じ。）が当該著作物を公衆に提供し、又は提示することを含む。）。

二　その著作物でまだ公表されていないものを独立行政法人等（独立行政法人等の保有する情報の公開に関する法律（平成十三年法律第百四十号。以下「独立行政法人等情報公開法」という。）第二条第一項に規定する独立行政法人等をいう。以下同じ。）に提供した場合（独立行政法人等情報公開法第九条第一項の規定による開示する旨の決定の時までに別段の意思表示をした場合を除く。）　独立行政法人等情報公開法の規定により当該独立行政法人等が当該著作物を公衆に提供し、又は提示すること（当該著作物に係る歴史公文書等が当該独立行政法人等から公文書管理法第十一条第四項の規定により国立公文書館等に移管された場合（公文書管理法第十六条第一項の規定による利用をさせる旨の決定の時までに当該著作物の著作者が別段の意思表示をした場合を除く。）にあつては、公文書管理法第十六条第一項の規定により国立公文書館等の長が当該著作物を公衆に提供し、又は提示することを含む。）。

三　その著作物でまだ公表されていないものを地方公共団体又は地方独立行政法人に提供した場合（開示する旨の決定の時までに別段の意思表示をした場合を除く。）
情報公開条例（地方公共団体又は地方独立行政法人の保有する情報の公開を請求する住民等の権利について定める当該地方公共団体の条例をいう。以下同じ。）の規定により当該地方公共団体の機関又は地方独立行政法人が当該著作物を公衆に提供し、又は提示すること（当該著作物に係る歴史公文書等が当該地方公共団体又は地方独立行政法人から公文書管理条例（地方公共団体又は地方独立行政法人の保有する歴史公文書等の適切な保存及び利用について定める当該地方公共団体の条例をいう。以下同じ。）に基づき地方公文書館等（歴史公文書等の適切な保存及び利用を図る施設として公文書管理条例が定める施設をいう。以下同じ。）に移管された場合（公文書管理条例の規定（公文書管理法第十六条第一項の規定に相当する規定に限る。以下この条において同じ。）による利用をさせる旨の決定の時までに当該著作物の著作者が別段の意思表示をした場合を除く。）にあつては、公文書管理条例の規定により地方公文書館等の長（地方公文書

館等が地方公共団体の施設である場合にあつてはその属する地方公共団体
の長をいい、地方公文書館等が地方独立行政法人の施設である場合にあつ
てはその施設を設置した地方独立行政法人をいう。以下同じ。）が当該著
作物を公衆に提供し、又は提示することを含む。）。

四　その著作物でまだ公表されていないものを国立公文書館等に提供した場
合（公文書管理法第十六条第一項の規定による利用をさせる旨の決定の時
までに別段の意思表示をした場合を除く。）　同項の規定により国立公文書
館等の長が当該著作物を公衆に提供し、又は提示すること。

五　その著作物でまだ公表されていないものを地方公文書館等に提供した場
合（公文書管理条例の規定による利用をさせる旨の決定の時までに別段の
意思表示をした場合を除く。）　公文書管理条例の規定により地方公文書館
等の長が当該著作物を公衆に提供し、又は提示すること。

4　第一項の規定は、次の各号のいずれかに該当するときは、適用しない。

一　行政機関情報公開法第五条の規定により行政機関の長が同条第一号ロ若
しくはハ若しくは同条第二号ただし書に規定する情報が記録されている著
作物でまだ公表されていないものを公衆に提供し、若しくは提示するとき、
又は行政機関情報公開法第七条の規定により行政機関の長が著作物でまだ
公表されていないものを公衆に提供し、若しくは提示するとき。

二　独立行政法人等情報公開法第五条の規定により独立行政法人等が同条第
一号ロ若しくはハ若しくは同条第二号ただし書に規定する情報が記録され
ている著作物でまだ公表されていないものを公衆に提供し、若しくは提示
するとき、又は独立行政法人等情報公開法第七条の規定により独立行政法
人等が著作物でまだ公表されていないものを公衆に提供し、若しくは提示
するとき。

三　情報公開条例（行政機関情報公開法第十三条第二項及び第三項の規定に
相当する規定を設けているものに限る。第五号において同じ。）の規定に
より地方公共団体の機関又は地方独立行政法人が著作物でまだ公表されて
いないもの（行政機関情報公開法第五条第一号ロ又は同条第二号ただし書
に規定する情報に相当する情報が記録されているものに限る。）を公衆に
提供し、又は提示するとき。

四　情報公開条例の規定により地方公共団体の機関又は地方独立行政法人が
著作物でまだ公表されていないもの（行政機関情報公開法第五条第一号ハ
に規定する情報に相当する情報が記録されているものに限る。）を公衆に
提供し、又は提示するとき。

五　情報公開条例の規定で行政機関情報公開法第七条の規定に相当するもの

により地方公共団体の機関又は地方独立行政法人が著作物でまだ公表されていないものを公衆に提供し、又は提示するとき。

六　公文書管理法第十六条第一項の規定により国立公文書館等の長が行政機関情報公開法第五条第一号ロ若しくはハ若しくは同条第二号ただし書に規定する情報又は独立行政法人等情報公開法第五条第一号ロ若しくはハ若しくは同条第二号ただし書に規定する情報が記録されている著作物でまだ公表されていないものを公衆に提供し、又は提示するとき。

七　公文書管理条例（公文書管理法第十八条第二項及び第四項の規定に相当する規定を設けているものに限る。）の規定により地方公文書館等の長が著作物でまだ公表されていないもの（行政機関情報公開法第五条第一号ロ又は同条第二号ただし書に規定する情報に相当する情報が記録されているものに限る。）を公衆に提供し、又は提示するとき。

八　公文書管理条例の規定により地方公文書館等の長が著作物でまだ公表されていないもの（行政機関情報公開法第五条第一号ハに規定する情報に相当する情報が記録されているものに限る。）を公衆に提供し、又は提示するとき。

　　　（平十一法四三・1項一部改正3項4項追加、平十三法一四〇・3項一号一部改正二号追加4項一号一部改正二号追加三号四号五号一部改正、平十五法一一九・3項三号4項三号四号五号一部改正、平二四法四三・3項一号二号三号4項三号一部改正3項四号五号4項六号七号八号追加）

（氏名表示権）

第十九条　著作者は、その著作物の原作品に、又はその著作物の公衆への提供若しくは提示に際し、その実名若しくは変名を著作者名として表示し、又は著作者名を表示しないこととする権利を有する。その著作物を原著作物とする二次的著作物の公衆への提供又は提示に際しての原著作物の著作者名の表示についても、同様とする。

2　著作物を利用する者は、その著作者の別段の意思表示がない限り、その著作物につきすでに著作者が表示しているところに従つて著作者名を表示することができる。

3　著作者名の表示は、著作物の利用の目的及び態様に照らし著作者が創作者であることを主張する利益を害するおそれがないと認められるときは、公正な慣行に反しない限り、省略することができる。

4　第一項の規定は、次の各号のいずれかに該当するときは、適用しない。

一　行政機関情報公開法、独立行政法人等情報公開法又は情報公開条例の規

定により行政機関の長、独立行政法人等又は地方公共団体の機関若しくは
地方独立行政法人が著作物を公衆に提供し、又は提示する場合において、
当該著作物につき既にその著作者が表示しているところに従つて著作者名
を表示するとき。

　二　行政機関情報公開法第六条第二項の規定、独立行政法人等情報公開法第
六条第二項の規定又は情報公開条例の規定で行政機関情報公開法第六条第
二項の規定に相当するものにより行政機関の長、独立行政法人等又は地方
公共団体の機関若しくは地方独立行政法人が著作物を公衆に提供し、又は
提示する場合において、当該著作物の著作者名の表示を省略することとな
るとき。

　三　公文書管理法第十六条第一項の規定又は公文書管理条例の規定（同項の
規定に相当する規定に限る。）により国立公文書館等の長又は地方公文書
館等の長が著作物を公衆に提供し、又は提示する場合において、当該著作
物につき既にその著作者が表示しているところに従つて著作者名を表示す
るとき。

　　　　　（平十一法四三・4項追加、平十三法一四〇・4項一号二号一部改正、
　　　　　平十五法一一九・4項一号二号一部改正、平二四法四三・4項三号追
　　　　　加）

（同一性保持権）

第二十条　著作者は、その著作物及びその題号の同一性を保持する権利を有し、
その意に反してこれらの変更、切除その他の改変を受けないものとする。

2　前項の規定は、次の各号のいずれかに該当する改変については、適用しな
い。

　一　第三十三条第一項（同条第四項において準用する場合を含む。）、第三十
三条の二第一項、第三十三条の三第一項又は第三十四条第一項の規定によ
り著作物を利用する場合における用字又は用語の変更その他の改変で、学
校教育の目的上やむを得ないと認められるもの

　二　建築物の増築、改築、修繕又は模様替えによる改変

　三　特定の電子計算機においては実行し得ないプログラムの著作物を当該電
子計算機において実行し得るようにするため、又はプログラムの著作物を
電子計算機においてより効果的に実行し得るようにするために必要な改変

　四　前三号に掲げるもののほか、著作物の性質並びにその利用の目的及び態
様に照らしやむを得ないと認められる改変

　　　　　（昭六〇法六二・2項三号追加四号一部改正、平十五法八五・2項一
　　　　　号一部改正、平三〇法三〇・2項三号一部改正、平三〇法三九・2項

一号一部改正）

（複製権）

第二十一条　著作者は、その著作物を複製する権利を専有する。

（上演権及び演奏権）

第二十二条　著作者は、その著作物を、公衆に直接見せ又は聞かせることを目的として（以下「公に」という。）上演し、又は演奏する権利を専有する。

（上映権）

第二十二条の二　著作者は、その著作物を公に上映する権利を専有する。

　　　　　（平十一法七七・追加）

（公衆送信権等）

第二十三条　著作者は、その著作物について、公衆送信（自動公衆送信の場合にあつては、送信可能化を含む。）を行う権利を専有する。

2　著作者は、公衆送信されるその著作物を受信装置を用いて公に伝達する権利を専有する。

　　　　　（昭六一法六四・見出し１項２項一部改正、平九法八六・見出し全改
　　　　　１項２項一部改正）

（口述権）

第二十四条　著作者は、その言語の著作物を公に口述する権利を専有する。

（展示権）

第二十五条　著作者は、その美術の著作物又はまだ発行されていない写真の著作物をこれらの原作品により公に展示する権利を専有する。

（頒布権）

第二十六条　著作者は、その映画の著作物をその複製物により頒布する権利を専有する。

2　著作者は、映画の著作物において複製されているその著作物を当該映画の著作物の複製物により頒布する権利を専有する。

　　　　　（平十一法七七・見出し１項２項一部改正）

（譲渡権）

第二十六条の二　著作者は、その著作物（映画の著作物を除く。以下この条において同じ。）をその原作品又は複製物（映画の著作物において複製されている著作物にあつては、当該映画の著作物の複製物を除く。以下この条において同じ。）の譲渡により公衆に提供する権利を専有する。

2　前項の規定は、著作物の原作品又は複製物で次の各号のいずれかに該当するものの譲渡による場合には、適用しない。

1
著作権法

　一　前項に規定する権利を有する者又はその許諾を得た者により公衆に譲渡された著作物の原作品又は複製物

　二　第六十七条第一項若しくは第六十九条の規定による裁定又は万国著作権条約の実施に伴う著作権法の特例に関する法律（昭和三十一年法律第八十六号）第五条第一項の規定による許可を受けて公衆に譲渡された著作物の複製物

　三　第六十七条の二第一項の規定の適用を受けて公衆に譲渡された著作物の複製物

　四　前項に規定する権利を有する者又はその承諾を得た者により特定かつ少数の者に譲渡された著作物の原作品又は複製物

　五　国外において、前項に規定する権利に相当する権利を害することなく、又は同項に規定する権利に相当する権利を有する者若しくはその承諾を得た者により譲渡された著作物の原作品又は複製物

第二十六条の二　（略）

2　前項の規定は、著作物の原作品又は複製物で次の各号のいずれかに該当するものの譲渡による場合には、適用しない。

　一　（略）

　二　第六十七条第一項、第六十七条の三第一項若しくは第六十九条第一項の規定による裁定又は万国著作権条約の実施に伴う著作権法の特例に関する法律（昭和三十一年法律第八十六号）第五条第一項の規定による許可を受けて公衆に譲渡された著作物の複製物

　三～五　（略）

　　　（令和五年五月二十六日から起算して三年を超えない範囲内において政令で定める日から施行）

　　　（平十一法七七・追加、平十六法九二・2項四号一部改正、平二一法五三・2項三号追加旧三号以下繰下）

（貸与権）

第二十六条の三　著作者は、その著作物（映画の著作物を除く。）をその複製物（映画の著作物において複製されている著作物にあつては、当該映画の著作物の複製物を除く。）の貸与により公衆に提供する権利を専有する。

　　　（昭五九法四六・追加、平十一法七七・旧第二十六条の二繰下）

（翻訳権、翻案権等）

第二十七条　著作者は、その著作物を翻訳し、編曲し、若しくは変形し、又は脚色し、映画化し、その他翻案する権利を専有する。

（二次的著作物の利用に関する原著作者の権利）

第二十八条 二次的著作物の原著作物の著作者は、当該二次的著作物の利用に関し、この款に規定する権利で当該二次的著作物の著作者が有するものと同一の種類の権利を専有する。

第四款　映画の著作物の著作権の帰属

第二十九条 映画の著作物（第十五条第一項、次項又は第三項の規定の適用を受けるものを除く。）の著作権は、その著作者が映画製作者に対し当該映画の著作物の製作に参加することを約束しているときは、当該映画製作者に帰属する。

2　専ら放送事業者が放送又は放送同時配信等のための技術的手段として製作する映画の著作物（第十五条第一項の規定の適用を受けるものを除く。）の著作権のうち次に掲げる権利は、映画製作者としての当該放送事業者に帰属する。

一　その著作物を放送する権利及び放送されるその著作物について、有線放送し、特定入力型自動公衆送信を行い、又は受信装置を用いて公に伝達する権利

二　その著作物を放送同時配信等する権利及び放送同時配信等されるその著作物を受信装置を用いて公に伝達する権利

三　その著作物を複製し、又はその複製物により放送事業者に頒布する権利

3　専ら有線放送事業者が有線放送又は放送同時配信等のための技術的手段として製作する映画の著作物（第十五条第一項の規定の適用を受けるものを除く。）の著作権のうち次に掲げる権利は、映画製作者としての当該有線放送事業者に帰属する。

一　その著作物を有線放送する権利及び有線放送されるその著作物を受信装置を用いて公に伝達する権利

二　その著作物を放送同時配信等する権利及び放送同時配信等されるその著作物を受信装置を用いて公に伝達する権利

三　その著作物を複製し、又はその複製物により有線放送事業者に頒布する権利

　　　（昭六〇法六二・各項一部改正、昭六一法六四・1項一部改正3項追加、平十八法一二一・見出し削除2項一部改正、令三法五二・2項柱書一号一部改正二号追加旧二号繰下3項柱書一部改正二号追加旧二号繰下）

第五款　著作権の制限

（私的使用のための複製）

第三十条 著作権の目的となつている著作物（以下この款において単に「著作

物」という。）は、個人的に又は家庭内その他これに準ずる限られた範囲内において使用すること（以下「私的使用」という。）を目的とするときは、次に掲げる場合を除き、その使用する者が複製することができる。

一　公衆の使用に供することを目的として設置されている自動複製機器（複製の機能を有し、これに関する装置の全部又は主要な部分が自動化されている機器をいう。）を用いて複製する場合

二　技術的保護手段の回避（第二条第一項第二十号に規定する信号の除去若しくは改変その他の当該信号の効果を妨げる行為（記録又は送信の方式の変換に伴う技術的な制約によるものを除く。）を行うこと又は同号に規定する特定の変換を必要とするよう変換された著作物、実演、レコード若しくは放送若しくは有線放送に係る音若しくは影像の復元を行うことにより、当該技術的保護手段によつて防止される行為を可能とし、又は当該技術的保護手段によつて抑止される行為の結果に障害を生じないようにすること（著作権等を有する者の意思に基づいて行われるものを除く。）をいう。第百十三条第七項並びに第百二十条の二第一号及び第二号において同じ。）により可能となり、又はその結果に障害が生じないようになつた複製を、その事実を知りながら行う場合

三　著作権を侵害する自動公衆送信（国外で行われる自動公衆送信であつて、国内で行われたとしたならば著作権の侵害となるべきものを含む。）を受信して行うデジタル方式の録音又は録画（以下この号及び次項において「特定侵害録音録画」という。）を、特定侵害録音録画であることを知りながら行う場合

四　著作権（第二十八条に規定する権利（翻訳以外の方法により創作された二次的著作物に係るものに限る。）を除く。以下この号において同じ。）を侵害する自動公衆送信（国外で行われる自動公衆送信であつて、国内で行われたとしたならば著作権の侵害となるべきものを含む。）を受信して行うデジタル方式の複製（録音及び録画を除く。以下この号において同じ。）（当該著作権に係る著作物のうち当該複製がされる部分の占める割合、当該部分が自動公衆送信される際の表示の精度その他の要素に照らし軽微なものを除く。以下この号及び次項において「特定侵害複製」という。）を、特定侵害複製であることを知りながら行う場合（当該著作物の種類及び用途並びに当該特定侵害複製の態様に照らし著作権者の利益を不当に害しないと認められる特別な事情がある場合を除く。）

2　前項第三号及び第四号の規定は、特定侵害録音録画又は特定侵害複製であることを重大な過失により知らないで行う場合を含むものと解釈してはなら

ない。

3　私的使用を目的として、デジタル方式の録音又は録画の機能を有する機器
　　（放送の業務のための特別の性能その他の私的使用に通常供されない特別の
　　性能を有するもの及び録音機能付きの電話機その他の本来の機能に附属する
　　機能として録音又は録画の機能を有するものを除く。）であつて政令で定め
　　るものにより、当該機器によるデジタル方式の録音又は録画の用に供される
　　記録媒体であつて政令で定めるものに録音又は録画を行う者は、相当な額の
　　補償金を著作権者に支払わなければならない。

　　　　　　　（昭五九法四六・一部改正、平四法一〇六・１項一部改正２項追加、
　　　　　　平十一法七七・１項柱書一部改正一号二号追加、平二一法五三・１項
　　　　　　三号追加、平二四法四三・１項二号一部改正、令二法四八・１項二号
　　　　　　三号一部改正四号２項追加旧２項繰下）

（付随対象著作物の利用）

第三十条の二　写真の撮影、録音、録画、放送その他これらと同様に事物の影
　　像又は音を複製し、又は複製を伴うことなく伝達する行為（以下この項にお
　　いて「複製伝達行為」という。）を行うに当たつて、その対象とする事物又
　　は音（以下この項において「複製伝達対象事物等」という。）に付随して対
　　象となる事物又は音（複製伝達対象事物等の一部を構成するものとして対象
　　となる事物又は音を含む。以下この項において「付随対象事物等」という。）
　　に係る著作物（当該複製伝達行為により作成され、又は伝達されるもの（以
　　下この条において「作成伝達物」という。）のうち当該著作物の占める割合、
　　当該作成伝達物における当該著作物の再製の精度その他の要素に照らし当該
　　作成伝達物において当該著作物が軽微な構成部分となる場合における当該著
　　作物に限る。以下この条において「付随対象著作物」という。）は、当該付
　　随対象著作物の利用により利益を得る目的の有無、当該付随対象事物等の当
　　該複製伝達対象事物等からの分離の困難性の程度、当該作成伝達物において
　　当該付随対象著作物が果たす役割その他の要素に照らし正当な範囲内におい
　　て、当該複製伝達行為に伴つて、いずれの方法によるかを問わず、利用する
　　ことができる。ただし、当該付随対象著作物の種類及び用途並びに当該利用
　　の態様に照らし著作権者の利益を不当に害することとなる場合は、この限り
　　でない。

2　前項の規定により利用された付随対象著作物は、当該付随対象著作物に係
　　る作成伝達物の利用に伴つて、いずれの方法によるかを問わず、利用するこ
　　とができる。ただし、当該付随対象著作物の種類及び用途並びに当該利用の
　　態様に照らし著作権者の利益を不当に害することとなる場合は、この限りで

ない。

　　　　　（平二四法四三・追加、平三〇法三〇・各項一部改正、令二法四八・
　　　　　各項一部改正）

（検討の過程における利用）

第三十条の三　著作権者の許諾を得て、又は第六十七条第一項、第六十八条第
　一項若しくは第六十九条の規定による裁定を受けて著作物を利用しようとす
　る者は、これらの利用についての検討の過程（当該許諾を得、又は当該裁定
　を受ける過程を含む。）における利用に供することを目的とする場合には、
　その必要と認められる限度において、いずれの方法によるかを問わず、当該
　著作物を利用することができる。ただし、当該著作物の種類及び用途並びに
　当該利用の態様に照らし著作権者の利益を不当に害することとなる場合は、
　この限りでない。

第三十条の三　著作権者の許諾を得て、又は第六十七条第一項、<u>第六十七条の
三第一項</u>、第六十八条第一項若しくは<u>第六十九条第一項</u>の規定による裁定を
受けて著作物を利用しようとする者は、これらの利用についての検討の過程
（当該許諾を得、又は当該裁定を受ける過程を含む。）における利用に供す
ることを目的とする場合には、その必要と認められる限度において、いずれ
の方法によるかを問わず、当該著作物を利用することができる。ただし、当
該著作物の種類及び用途並びに当該利用の態様に照らし著作権者の利益を不
当に害することとなる場合は、この限りでない。

　　　　　（令和五年五月二十六日から起算して三年を超えない範囲内において
　　　　　政令で定める日から施行）

　　　　　（平二四法四三・追加、平三〇法三〇・一部改正）

（著作物に表現された思想又は感情の享受を目的としない利用）

第三十条の四　著作物は、次に掲げる場合その他の当該著作物に表現された思
　想又は感情を自ら享受し又は他人に享受させることを目的としない場合に
　は、その必要と認められる限度において、いずれの方法によるかを問わず、
　利用することができる。ただし、当該著作物の種類及び用途並びに当該利用
　の態様に照らし著作権者の利益を不当に害することとなる場合は、この限り
　でない。

　一　著作物の録音、録画その他の利用に係る技術の開発又は実用化のための
　　試験の用に供する場合

　二　情報解析（多数の著作物その他の大量の情報から、当該情報を構成する
　　言語、音、影像その他の要素に係る情報を抽出し、比較、分類その他の解
　　析を行うことをいう。第四十七条の五第一項第二号において同じ。）の用

に供する場合

　三　前二号に掲げる場合のほか、著作物の表現についての人の知覚による認
　　識を伴うことなく当該著作物を電子計算機による情報処理の過程における
　　利用その他の利用（プログラムの著作物にあつては、当該著作物の電子計
　　算機における実行を除く。）に供する場合

　　　　　（平二四法四三・追加、平三〇法三〇・見出し柱書全改二号三号追加）

（図書館等における複製等）

第三十一条　国立国会図書館及び図書、記録その他の資料を公衆の利用に供す
　ることを目的とする図書館その他の施設で政令で定めるもの（以下この条及
　び第百四条の十の四第三項において「図書館等」という。）においては、次
　に掲げる場合には、その営利を目的としない事業として、図書館等の図書、
　記録その他の資料（次項及び第六項において「図書館資料」という。）を用
　いて著作物を複製することができる。

　一　図書館等の利用者の求めに応じ、その調査研究の用に供するために、公
　　表された著作物の一部分（国若しくは地方公共団体の機関、独立行政法人
　　又は地方独立行政法人が一般に周知させることを目的として作成し、その
　　著作の名義の下に公表する広報資料、調査統計資料、報告書その他これら
　　に類する著作物（次項及び次条第二項において「国等の周知目的資料」と
　　いう。）その他の著作物の全部の複製物の提供が著作権者の利益を不当に
　　害しないと認められる特別な事情があるものとして政令で定めるものにあ
　　つては、その全部）の複製物を一人につき一部提供する場合

　二　図書館資料の保存のため必要がある場合

　三　他の図書館等の求めに応じ、絶版その他これに準ずる理由により一般に
　　入手することが困難な図書館資料（以下この条において「絶版等資料」と
　　いう。）の複製物を提供する場合

２　特定図書館等においては、その営利を目的としない事業として、当該特定
　図書館等の利用者（あらかじめ当該特定図書館等にその氏名及び連絡先その
　他文部科学省令で定める情報（次項第三号及び第八項第一号において「利用
　者情報」という。）を登録している者に限る。第四項及び第百四条の十の四
　第四項において同じ。）の求めに応じ、その調査研究の用に供するために、
　公表された著作物の一部分（国等の周知目的資料その他の著作物の全部の公
　衆送信が著作権者の利益を不当に害しないと認められる特別な事情があるも
　のとして政令で定めるものにあつては、その全部）について、次に掲げる行
　為を行うことができる。ただし、当該著作物の種類（著作権者若しくはその
　許諾を得た者又は第七十九条の出版権の設定を受けた者若しくはその公衆送

信許諾を得た者による当該著作物の公衆送信（放送又は有線放送を除き、自動公衆の場合にあつては送信可能化を含む。以下この条において同じ。）の実施状況を含む。第百四条の十の四第四項において同じ。）及び用途並びに当該特定図書館等が行う公衆送信の態様に照らし著作権者の利益を不当に害することとなる場合は、この限りでない。

一　図書館資料を用いて次号の公衆送信のために必要な複製を行うこと。

二　図書館資料の原本又は複製物を用いて公衆送信を行うこと（当該公衆送信を受信して作成された電磁的記録（電子的方式、磁気的方式その他人の知覚によつては認識することができない方式で作られる記録であつて、電子計算機による情報処理の用に供されるものをいう。以下同じ。）による著作物の提供又は提示を防止し、又は抑止するための措置として文部科学省令で定める措置を講じて行うものに限る。）。

3　前項に規定する特定図書館等とは、図書館等であつて次に掲げる要件を備えるものをいう。

一　前項の規定による公衆送信に関する業務を適正に実施するための責任者が置かれていること。

二　前項の規定による公衆送信に関する業務に従事する職員に対し、当該業務を適正に実施するための研修を行つていること。

三　利用者情報を適切に管理するために必要な措置を講じていること。

四　前項の規定による公衆送信のために作成された電磁的記録に係る情報が同項に定める目的以外の目的のために利用されることを防止し、又は抑止するために必要な措置として文部科学省令で定める措置を講じていること。

五　前各号に掲げるもののほか、前項の規定による公衆送信に関する業務を適正に実施するために必要な措置として文部科学省令で定める措置を講じていること。

4　第二項の規定により公衆送信された著作物を受信した特定図書館等の利用者は、その調査研究の用に供するために必要と認められる限度において、当該著作物を複製することができる。

5　第二項の規定により著作物の公衆送信を行う場合には、第三項に規定する特定図書館等を設置する者は、相当な額の補償金を当該著作物の著作権者に支払わなければならない。

6　第1項各号に掲げる場合のほか、国立国会図書館においては、図書館資料の原本を公衆の利用に供することによるその滅失、損傷若しくは汚損を避けるために当該原本に代えて公衆の利用に供するため、又は絶版等資料に係る

著作物を次項若しくは第八項の規定により自動公衆送信（送信可能化を含む。以下この項において同じ。）に用いるため、電磁的記録を作成する場合には、必要と認められる限度において、当該図書館資料に係る著作物を記録媒体に記録することができる。

7　国立国会図書館は、絶版等資料に係る著作物について、図書館等又はこれに類する外国の施設で政令で定めるものにおいて公衆に提示することを目的とする場合には、前項の規定により記録媒体に記録された当該著作物の複製物を用いて自動公衆送信を行うことができる。この場合において、当該図書館等においては、その営利を目的としない事業として、次に掲げる行為を行うことができる。

一　当該図書館等の利用者の求めに応じ、当該利用者が自ら利用するために必要と認められる限度において、自動公衆送信された当該著作物の複製物を作成し、当該複製物を提供すること。

二　自動公衆送信された当該著作物を受信装置を用いて公に伝達すること（当該著作物の伝達を受ける者から料金（いずれの名義をもつてするかを問わず、著作物の提供又は提示につき受ける対価をいう。第九項第二号及び第三十八条において同じ。）を受けない場合に限る。）。

8　国立国会図書館は、次に掲げる要件を満たすときは、特定絶版等資料に係る著作物について、第六項の規定により記録媒体に記録された当該著作物の複製物を用いて、自動公衆送信（当該自動公衆送信を受信して行う当該著作物のデジタル方式の複製を防止し、又は抑止するための措置として文部科学省令で定める措置を講じて行うものに限る。以下この項及び次項において同じ。）を行うことができる。

一　当該自動公衆送信が、当該著作物をあらかじめ国立国会図書館に利用者情報を登録している者（次号において「事前登録者」という。）の用に供することを目的とするものであること。

二　当該自動公衆送信を受信しようとする者が当該自動公衆送信を受信する際に事前登録者であることを識別するための措置を講じていること。

9　前項の規定による自動公衆送信を受信した者は、次に掲げる行為を行うことができる。

一　自動公衆送信された当該著作物を自ら利用するために必要と認められる限度において複製すること。

二　次のイ又はロに掲げる場合の区分に応じ、当該イ又はロに定める要件に従つて、自動公衆送信された当該著作物を受信装置を用いて公に伝達すること。

　　イ　個人的に又は家庭内において当該著作物が閲覧される場合の表示の大
　　　きさと同等のものとして政令で定める大きさ以下の大きさで表示する場
　　　合　営利を目的とせず、かつ、当該著作物の伝達を受ける者から料金を
　　　受けずに行うこと。
　　ロ　イに掲げる場合以外の場合　公共の用に供される施設であつて、国、
　　　地方公共団体又は一般社団法人若しくは一般財団法人その他の営利を目
　　　的としない法人が設置するもののうち、自動公衆送信された著作物の公
　　　の伝達を適正に行うために必要な法に関する知識を有する職員が置かれ
　　　ているものにおいて、営利を目的とせず、かつ、当該著作物の伝達を受
　　　ける者から料金を受けずに行うこと。
10　第八項の特定絶版等資料とは、第六項の規定により記録媒体に記録された
　著作物に係る絶版等資料のうち、著作権者若しくはその許諾を得た者又は第
　七十九条の出版権の設定を受けた者若しくはその複製許諾若しくは公衆送信
　許諾を得た者の申出を受けて、国立国会図書館の館長が当該申出のあつた日
　から起算して三月以内に絶版等資料に該当しなくなる蓋然性が高いと認めた
　資料を除いたものをいう。
11　前項の申出は、国立国会図書館の館長に対し、当該申出に係る絶版等資料
　が当該申出のあつた日から起算して三月以内に絶版等資料に該当しなくなる
　蓋然性が高いことを疎明する資料を添えて行うものとする。
　　　　　（平二一法五三・1項一部改正2項追加、平二四法四三・見出し1
　　　項柱書一号2項一部改正3項追加、平二六法三五・2項一部改正、
　　　平三〇法三〇・3項一部改正、令三法五二・1項柱書1号一部改正
　　　2項3項4項5項追加旧2項3項繰下一部改正8項9項10項11項追
　　　加）
　（引用）
第三十二条　公表された著作物は、引用して利用することができる。この場合
　において、その引用は、公正な慣行に合致するものであり、かつ、報道、批
　評、研究その他の引用の目的上正当な範囲内で行なわれるものでなければな
　らない。
2　国等の周知目的資料は、説明の材料として新聞紙、雑誌その他の刊行物に
　転載することができる。ただし、これを禁止する旨の表示がある場合は、こ
　の限りでない。
　　　　　（平十一法二二〇・2項一部改正、平一五法一一九・2項一部改正、
　　　令三法五二・2項一部改正）
　（教科用図書等への掲載）

第三十三条 公表された著作物は、学校教育の目的上必要と認められる限度において、教科用図書（学校教育法（昭和二十二年法律第二十六号）第三十四条第一項（同法第四十九条、第四十九条の八、第六十二条、第七十条第一項及び第八十二条において準用する場合を含む。）に規定する教科用図書をいう。以下同じ。）に掲載することができる。

2 前項の規定により著作物を教科用図書に掲載する者は、その旨を著作者に通知するとともに、同項の規定の趣旨、著作物の種類及び用途、通常の使用料の額その他の事情を考慮して文化庁長官が定める算出方法により算出した額の補償金を著作権者に支払わなければならない。

3 文化庁長官は、前項の算出方法を定めたときは、これをインターネットの利用その他の適切な方法により公表するものとする。

4 前三項の規定は、高等学校（中等教育学校の後期課程を含む。）の通信教育用学習図書及び教科用図書に係る教師用指導書（当該教科用図書を発行する者の発行に係るものに限る。）への著作物の掲載について準用する。

　　　（平十法一〇一・1項4項一部改正、平十一法一六〇・1項一部改正、平十五法八五・1項一部改正、平二一法五三・1項4項一部改正、平二七法四六・1項一部改正、平三〇法三九・1項2項3項一部改正、令二法四八・3項一部改正）

（教科用図書代替教材への掲載等）

第三十三条の二 教科用図書に掲載された著作物は、学校教育の目的上必要と認められる限度において、教科用図書代替教材（学校教育法第三十四条第二項又は第三項（これらの規定を同法第四十九条、第四十九条の八、第六十二条、第七十条第一項及び第八十二条において準用する場合を含む。以下この項において同じ。）の規定により教科用図書に代えて使用することができる同法第三十四条第二項に規定する教材をいう。以下この項及び次項において同じ。）に掲載し、及び教科用図書代替教材の当該使用に伴っていずれの方法によるかを問わず利用することができる。

2 前項の規定により教科用図書に掲載された著作物を教科用図書代替教材に掲載しようとする者は、あらかじめ当該教科用図書を発行する者にその旨を通知するとともに、同項の規定の趣旨、同項の規定による著作物の利用の態様及び利用状況、前条第二項に規定する補償金の額その他の事情を考慮して文化庁長官が定める算出方法により算出した額の補償金を著作権者に支払わなければならない。

3 文化庁長官は、前項の算出方法を定めたときは、これをインターネットの利用その他の適切な方法により公表するものとする。

（平三〇法三九・追加、令二法四八・3項一部改正）

（教科用拡大図書等の作成のための複製等）

第三十三条の三　教科用図書に掲載された著作物は、視覚障害、発達障害その他の障害により教科用図書に掲載された著作物を使用することが困難な児童又は生徒の学習の用に供するため、当該教科用図書に用いられている文字、図形等の拡大その他の当該児童又は生徒が当該著作物を使用するために必要な方式により複製することができる。

2　前項の規定により複製する教科用の図書その他の複製物（点字により複製するものを除き、当該教科用図書に掲載された著作物の全部又は相当部分を複製するものに限る。以下この項において「教科用拡大図書等」という。）を作成しようとする者は、あらかじめ当該教科用図書を発行する者にその旨を通知するとともに、営利を目的として当該教科用拡大図書等を頒布する場合にあつては、第三十三条第二項に規定する補償金の額に準じて文化庁長官が定める算出方法により算出した額の補償金を当該著作物の著作権者に支払わなければならない。

3　文化庁長官は、前項の算出方法を定めたときは、これをインターネットの利用その他の適切な方法により公表するものとする。

4　障害のある児童及び生徒のための教科用特定図書等の普及の促進等に関する法律（平成二十年法律第八十一号）第五条第一項又は第二項の規定により教科用図書に掲載された著作物に係る電磁的記録の提供を行う者は、その提供のために必要と認められる限度において、当該著作物を利用することができる。

　　　　　（平十五法八五・追加、平二〇法八一・見出し1項2項一部改正4項追加、平二一法五三・4項一部改正、平三〇法三九・旧第三十三条の二繰下、令二法四八・3項一部改正）

（学校教育番組の放送等）

第三十四条　公表された著作物は、学校教育の目的上必要と認められる限度において、学校教育に関する法令の定める教育課程の基準に準拠した学校向けの放送番組又は有線放送番組において放送し、有線放送し、地域限定特定入力型自動公衆送信（特定入力型自動公衆送信のうち、専ら当該放送に係る放送対象地域（放送法（昭和二十五年法律第百三十二号）第九十一条第二項第二号に規定する放送対象地域をいい、これが定められていない放送にあつては、電波法（昭和二十五年法律第百三十一号）第十四条第三項第二号に規定する放送区域をいう。）において受信されることを目的として行われるものをいう。以下同じ。）を行い、又は放送同時配信等（放送事業者、有線放送

事業者又は放送同時配信等事業者が行うものに限る。第三十八条第三項、第三十九条並びに第四十条第二項及び第三項において同じ。）を行い、及び当該放送番組用又は有線放送番組用の教材に掲載することができる。

2　前項の規定により著作物を利用する者は、その旨を著作者に通知するとともに、相当な額の補償金を著作権者に支払わなければならない。

（昭六一法六四・見出し1項一部改正、平十八法一二一・1項一部改正、平二二法六五・1項一部改正、令三法五二・1項一部改正）

（学校その他の教育機関における複製等）

第三十五条　学校その他の教育機関（営利を目的として設置されているものを除く。）において教育を担任する者及び授業を受ける者は、その授業の過程における利用に供することを目的とする場合には、その必要と認められる限度において、公表された著作物を複製し、若しくは公衆送信（自動公衆送信の場合にあつては、送信可能化を含む。以下この条において同じ。）を行い、又は公表された著作物であつて公衆送信されるものを受信装置を用いて公に伝達することができる。ただし、当該著作物の種類及び用途並びに当該複製の部数及び当該複製、公衆送信又は伝達の態様に照らし著作権者の利益を不当に害することとなる場合は、この限りでない。

2　前項の規定により公衆送信を行う場合には、同項の教育機関を設置する者は、相当な額の補償金を著作権者に支払わなければならない。

3　前項の規定は、公表された著作物について、前項の教育機関における授業の過程において、当該授業を直接受ける者に対して当該著作物をその原作品若しくは複製物を提供し、若しくは提示して利用する場合又は当該著作物を第三十八条第一項の規定により上演し、演奏し、上映し、若しくは口述して利用する場合において、当該授業が行われる場所以外の場所において当該授業を同時に受ける者に対して公衆送信を行うときには、適用しない。

（平十五法八五・見出し1項一部改正2項追加、平三〇法三〇・1項一部改正旧2項繰下一部改正2項追加）

（試験問題としての複製等）

第三十六条　公表された著作物については、入学試験その他人の学識技能に関する試験又は検定の目的上必要と認められる限度において、当該試験又は検定の問題として複製し、又は公衆送信（放送又は有線放送を除き、自動公衆送信の場合にあつては送信可能化を含む。次項において同じ。）を行うことができる。ただし、当該著作物の種類及び用途並びに当該公衆送信の態様に照らし著作権者の利益を不当に害することとなる場合は、この限りでない。

2　営利を目的として前項の複製又は公衆送信を行う者は、通常の使用料の額

に相当する額の補償金を著作権者に支払わなければならない。

　　　　　（平十五法八五・見出し１項２項一部改正）

（視覚障害者等のための複製等）

第三十七条　公表された著作物は、点字により複製することができる。

２　公表された著作物については、電子計算機を用いて点字を処理する方式により、記録媒体に記録し、又は公衆送信（放送又は有線放送を除き、自動公衆送信の場合にあつては送信可能化を含む。次項において同じ。）を行うことができる。

３　視覚障害その他の障害により視覚による表現の認識が困難な者（以下この項及び第百二条第四項において「視覚障害者等」という。）の福祉に関する事業を行う者で政令で定めるものは、公表された著作物であつて、視覚によりその表現が認識される方式（視覚及び他の知覚により認識される方式を含む。）により公衆に提供され、又は提示されているもの（当該著作物以外の著作物で、当該著作物において複製されているものその他当該著作物と一体として公衆に提供され、又は提示されているものを含む。以下この項及び同条第四項において「視覚著作物」という。）について、専ら視覚障害者等で当該方式によつては当該視覚著作物を利用することが困難な者の用に供するために必要と認められる限度において、当該視覚著作物に係る文字を音声にすることその他当該視覚障害者等が利用するために必要な方式により、複製し、又は公衆送信を行うことができる。ただし、当該視覚著作物について、著作権者又はその許諾を得た者若しくは第七十九条の出版権の設定を受けた者若しくはその複製許諾若しくは公衆送信許諾を得た者により、当該方式による公衆への提供又は提示が行われている場合は、この限りでない。

　　　　　（平十二法五六・１項一部改正２項追加３項一部改正、平十八法一二一・３項一部改正、平二一法五三・見出し一部改正３項全改、平二六法三五・３項一部改正、平三〇法三〇・２項３項一部改正）

（聴覚障害者等のための複製等）

第三十七条の二　聴覚障害者その他聴覚による表現の認識に障害のある者（以下この条及び次条第五項において「聴覚障害者等」という。）の福祉に関する事業を行う者で次の各号に掲げる利用の区分に応じて政令で定めるものは、公表された著作物であつて、聴覚によりその表現が認識される方式（聴覚及び他の知覚により認識される方式を含む。）により公衆に提供され、又は提示されているもの（当該著作物以外の著作物で、当該著作物において複製されているものその他当該著作物と一体として公衆に提供され、又は提示されているものを含む。以下この条において「聴覚著作物」という。）につ

いて、専ら聴覚障害者等で当該方式によつては当該聴覚著作物を利用することが困難な者の用に供するために必要と認められる限度において、それぞれ当該各号に掲げる利用を行うことができる。ただし、当該聴覚著作物について、著作権者又はその許諾を得た者若しくは第七十九条の出版権の設定を受けた者若しくはその複製許諾若しくは公衆送信許諾を得た者により、当該聴覚障害者等が利用するために必要な方式による公衆への提供又は提示が行われている場合は、この限りでない。

一　当該聴覚著作物に係る音声について、これを文字にすることその他当該聴覚障害者等が利用するために必要な方式により、複製し、又は自動公衆送信（送信可能化を含む。）を行うこと。

二　専ら当該聴覚障害者等向けの貸出しの用に供するため、複製すること（当該聴覚著作物に係る音声を文字にすることその他当該聴覚障害者等が利用するために必要な方式による当該音声の複製と併せて行うものに限る。）。

　　　（平十二法五六・追加、平十八法一二一・柱書一部改正、平二十一法
　　　五三・全改、平二六法三五・柱書一部改正）

（営利を目的としない上演等）

第三十八条　公表された著作物は、営利を目的とせず、かつ、聴衆又は観衆から料金を受けない場合には、公に上演し、演奏し、上映し、又は口述することができる。ただし、当該上演、演奏、上映又は口述について実演家又は口述を行う者に対し報酬が支払われる場合は、この限りでない。

2　放送される著作物は、営利を目的とせず、かつ、聴衆又は観衆から料金を受けない場合には、有線放送し、又は地域限定特定入力型自動公衆送信を行うことができる。

3　放送され、有線放送され、特定入力型自動公衆送信が行われ、又は放送同時配信等（放送又は有線放送が終了した後に開始されるものを除く。）が行われる著作物は、営利を目的とせず、かつ、聴衆又は観衆から料金を受けない場合には、受信装置を用いて公に伝達することができる。通常の家庭用受信装置を用いてする場合も、同様とする。

4　公表された著作物（映画の著作物を除く。）は、営利を目的とせず、かつ、その複製物の貸与を受ける者から料金を受けない場合には、その複製物（映画の著作物において複製されている著作物にあつては、当該映画の著作物の複製物を除く。）の貸与により公衆に提供することができる。

5　映画フィルムその他の視聴覚資料を公衆の利用に供することを目的とする視聴覚教育施設その他の施設（営利を目的として設置されているものを除く。）で政令で定めるもの及び聴覚障害者等の福祉に関する事業を行う者で

前条の政令で定めるもの（同条第二号に係るものに限り、営利を目的として当該事業を行うものを除く。）は、公表された映画の著作物を、その複製物の貸与を受ける者から料金を受けない場合には、その複製物の貸与により頒布することができる。この場合において、当該頒布を行う者は、当該映画の著作物又は当該映画の著作物において複製されている著作物につき第二十六条に規定する権利を有する者（第二十八条の規定により第二十六条に規定する権利と同一の権利を有する者を含む。）に相当な額の補償金を支払わなければならない。

　　　　（昭五九法四六・1項一部改正4項5項追加、昭六一法六四・1項一部改正2項追加、平十一法七七・1項一部改正、平十八法一二一・2項3項一部改正、平二一法五三・5項一部改正、令三法五二・1項2項3項一部改正）

（時事問題に関する論説の転載等）

第三十九条　新聞紙又は雑誌に掲載して発行された政治上、経済上又は社会上の時事問題に関する論説（学術的な性質を有するものを除く。）は、他の新聞紙若しくは雑誌に転載し、又は放送し、有線放送し、地域限定特定入力型自動公衆送信を行い、若しくは放送同時配信等を行うことができる。ただし、これらの利用を禁止する旨の表示がある場合は、この限りでない。

2　前項の規定により放送され、有線放送され、地域限定特定入力型自動公衆送信が行われ、又は放送同時配信等が行われる論説は、受信装置を用いて公に伝達することができる。

　　　　（平十八法一二一・1項2項一部改正、令三法五二・1項2項一部改正）

（公開の演説等の利用）

第四十条　公開して行われた政治上の演説又は陳述並びに裁判手続及び行政審判手続（行政庁の行う審判その他裁判に準ずる手続をいう。第四十一条の二において同じ。）における公開の陳述は、同一の著作者のものを編集して利用する場合を除き、いずれの方法によるかを問わず、利用することができる。

2　国若しくは地方公共団体の機関、独立行政法人又は地方独立行政法人において行われた公開の演説又は陳述は、前項の規定によるものを除き、報道の目的上正当と認められる場合には、新聞紙若しくは雑誌に掲載し、又は放送し、有線放送し、地域限定特定入力型自動公衆送信を行い、若しくは放送同時配信等を行うことができる。

3　前項の規定により放送され、有線放送され、地域限定特定入力型自動公衆送信が行われ、又は放送同時配信等が行われる演説又は陳述は、受信装置を

用いて公に伝達することができる。

　　　　　（平十一法二二〇・2項一部改正、平十五法一一九・2項一部改正、
　　　　　平十八法一二一・各項一部改正、令三法五二・2項3項一部改正、令
　　　　　五法三三・見出1項一部改正）

（時事の事件の報道のための利用）

第四十一条　写真、映画、放送その他の方法によつて時事の事件を報道する場
　合には、当該事件を構成し、又は当該事件の過程において見られ、若しくは
　聞かれる著作物は、報道の目的上正当な範囲内において、複製し、及び当該
　事件の報道に伴つて利用することができる。

（裁判手続等における複製等）

第四十一条の二　著作物は、裁判手続及び行政審判手続のために必要と認めら
　れる場合には、その必要と認められる限度において、複製することができる。
　ただし、当該著作物の種類及び用途並びにその複製の部数及び態様に照らし
　著作権者の利益を不当に害することとなる場合は、この限りでない。

2　著作物は、特許法（昭和三十四年法律第百二十一号）その他政令で定める
　法律の規定による行政審判手続であつて、電磁的記録を用いて行い、又は映
　像若しくは音声の送受信を伴つて行うもののために必要と認められる限度に
　おいて、公衆送信（自動公衆送信の場合にあつては、送信可能化を含む。以
　下この項、次条及び第四十二条の二第二項において同じ。）を行い、又は受
　信装置を用いて公に伝達することができる。ただし、当該著作物の種類及び
　用途並びにその公衆送信又は伝達の態様に照らし著作権者の利益を不当に害
　することとなる場合は、この限りでない。

2　著作物は、民事訴訟法（平成八年法律第百九号）その他政令で定める法律
　の規定による裁判手続及び特許法（昭和三十四年法律第百二十一号）その他
　政令で定める法律の規定による行政審判手続であつて、電磁的記録を用いて
　行い、又は映像若しくは音声の送受信を伴つて行うもののために必要と認め
　られる限度において、公衆送信（自動公衆送信の場合にあつては、送信可能
　化を含む。以下この項、次条及び第四十二条の二第二項において同じ。）を
　行い、又は受信装置を用いて公に伝達することができる。ただし、当該著作
　物の種類及び用途並びにその公衆送信又は伝達の態様に照らし著作権者の利
　益を不当に害することとなる場合は、この限りでない。

　　　　　（令和五年六月十四日から起算して四年を超えない範囲内において政
　　　　　令で定める日から施行）

　　　　　（令五法三三・追加）

（立法又は行政の目的のための内部資料としての複製等）

第四十二条　著作物は、立法又は行政の目的のために内部資料として必要と認められる場合には、その必要と認められる限度において、複製し、又は当該内部資料を利用する者との間で公衆送信を行い、若しくは受信装置を用いて公に伝達することができる。ただし、当該著作物の種類及び用途並びにその複製の部数及びその複製、公衆送信又は伝達の態様に照らし著作権者の利益を不当に害することとなる場合は、この限りでない。

　　　　　（平十八法一二一・2項追加、平二五法八四・2項二号一部改正、令二法四八・2項二号三号五号追加旧二号繰下、令五法三三・1項一部改正2項削除）

（審査等の手続における複製等）

第四十二条の二　著作物は、次に掲げる手続のために必要と認められる場合には、その必要と認められる限度において、複製することができる。ただし、当該著作物の種類及び用途並びにその複製の部数及び態様に照らし著作権者の利益を不当に害することとなる場合は、この限りでない。

一　行政庁の行う特許、意匠若しくは商標に関する審査、実用新案に関する技術的な評価又は国際出願（特許協力条約に基づく国際出願等に関する法律（昭和五十三年法律第三十号）第二条に規定する国際出願をいう。）に関する国際調査若しくは国際予備審査に関する手続

二　行政庁の行う品種（種苗法（平成十年法律第八十三号）第二条第二項に規定する品種をいう。）に関する審査又は登録品種（同法第二十条第一項に規定する登録品種をいう。）に関する調査に関する手続

三　行政庁の行う特定農林水産物等（特定農林水産物等の名称の保護に関する法律（平成二十六年法律第八十四号）第二条第二項に規定する特定農林水産物等をいう。以下この号において同じ。）についての同法第六条の登録又は外国の特定農林水産物等についての同法第二十三条第一項の指定に関する手続

四　行政庁若しくは独立行政法人の行う薬事（医療機器（医薬品、医療機器等の品質、有効性及び安全性の確保等に関する法律（昭和三十五年法律第百四十五号）第二条第四項に規定する医療機器をいう。）及び再生医療等製品（同条第九項に規定する再生医療等製品をいう。）に関する事項を含む。以下この号において同じ。）に関する審査若しくは調査又は行政庁若しくは独立行政法人に対する薬事に関する報告に関する手続

五　前各号に掲げるもののほか、これらに類するものとして政令で定める手続

2　著作物は、電磁的記録を用いて行い、又は映像若しくは音声の送受信を伴

つて行う前項各号に掲げる手続のために必要と認められる場合には、その必要と認められる限度において、公衆送信を行い、又は受信装置を用いて公に伝達することができる。ただし、当該著作物の種類及び用途並びにその公衆送信又は伝達の態様に照らし著作権者の利益を不当に害することとなる場合は、この限りでない。

　　　　（令五法三三・追加）

（行政機関情報公開法等による開示のための利用）

第四十二条の三　行政機関の長、独立行政法人等又は地方公共団体の機関若しくは地方独立行政法人は、行政機関情報公開法、独立行政法人等情報公開法又は情報公開条例の規定により著作物を公衆に提供し、又は提示することを目的とする場合には、それぞれ行政機関情報公開法第十四条第一項（同項の規定に基づく政令の規定を含む。）に規定する方法、独立行政法人等情報公開法第十五条第一項に規定する方法（同項の規定に基づき当該独立行政法人等が定める方法（行政機関情報公開法第十四条第一項の規定に基づく政令で定める方法以外のものを除く。）を含む。）又は情報公開条例で定める方法（行政機関情報公開法第十四条第一項（同項の規定に基づく政令の規定を含む。）に規定する方法以外のものを除く。）により開示するために必要と認められる限度において、当該著作物を利用することができる。

　　　　（平十一法四三・追加、平十三法一四〇・見出し本文一部改正、平十五法一一九・一部改正、令五法三三・繰下）

（公文書管理法等による保存等のための利用）

第四十二条の四　国立公文書館等の長又は地方公文書館等の長は、公文書管理法第十五条第一項の規定又は公文書管理条例の規定（同項の規定に相当する規定に限る。）により歴史公文書等を保存することを目的とする場合には、必要と認められる限度において、当該歴史公文書等に係る著作物を複製することができる。

2　国立公文書館等の長又は地方公文書館等の長は、公文書管理法第十六条第一項の規定又は公文書管理条例の規定（同項の規定に相当する規定に限る。）により著作物を公衆に提供し、又は提示することを目的とする場合には、それぞれ公文書管理法第十九条（同条の規定に基づく政令の規定を含む。以下この項において同じ。）に規定する方法又は公文書管理条例で定める方法（同条に規定する方法以外のものを除く。）により利用をさせるために必要と認められる限度において、当該著作物を利用することができる。

　　　　（平二四法四三・追加、令五法三三・繰下）

（国立国会図書館法によるインターネット資料及びオンライン資料の収集の

ための複製）

第四十三条　国立国会図書館の館長は、国立国会図書館法（昭和二十三年法律第五号）第二十五条の三第一項の規定により同項に規定するインターネット資料（以下この条において「インターネット資料」という。）又は同法第二十五条の四第三項の規定により同項に規定するオンライン資料を収集するために必要と認められる限度において、当該インターネット資料又は当該オンライン資料に係る著作物を国立国会図書館の使用に係る記録媒体に記録することができる。

2　次の各号に掲げる者は、当該各号に掲げる資料を提供するために必要と認められる限度において、当該各号に掲げる資料に係る著作物を複製することができる。

一　国立国会図書館法第二十四条及び第二十四の二に規定する者　同法第二十五条の三第三項の求めに応じ提供するインターネット資料

二　国立国会図書館法第二十四条及び第二十四条の二に規定する者以外の者　同法第二十五条の四第一項の規定により提供する同項に規定するオンライン資料

（平二一法七三・追加、平二四法四三・旧四十二条の三繰下、平二四法三二・見出し１項一部改正２項全改、平三〇法三〇・条番号改正、旧四十三条削除）

（放送事業者等による一時的固定）

第四十四条　放送事業者は、第二十三条第一項に規定する権利を害することなく放送し、又は放送同時配信等することができる著作物を、自己の放送又は放送同時配信等（当該放送事業者と密接な関係を有する放送同時配信等事業者が放送番組の供給を受けて行うものを含む。）のために、自己の手段又は当該著作物を同じく放送し、若しくは放送同時配信等することができる他の放送事業者の手段により、一時的に録音し、又は録画することができる。

2　有線放送事業者は、第二十三条第一項に規定する権利を害することなく有線放送し、又は放送同時配信等することができる著作物を、自己の有線放送（放送を受信して行うものを除く。）又は放送同時配信等（当該有線放送事業者と密接な関係を有する放送同時配信等事業者が有線放送番組の供給を受けて行うものを含む。）のために、自己の手段により、一時的に録音し、又は録画することができる。

3　放送同時配信等事業者は、第二十三条第一項に規定する権利を害することなく放送同時配信等することができる著作物を、自己の放送同時配信等のために、自己の手段又は自己と密接な関係を有する放送事業者若しくは有線放

送事業者の手段により、一時的に録音し、又は録画することができる。

4　前三項の規定により作成された録音物又は録画物は、録音又は録画の後六月（その期間内に当該録音物又は録画物を用いてする放送、有線放送又は放送同時配信等があつたときは、その放送、有線放送又は放送同時配信等の後六月）を超えて保存することができない。ただし、政令で定めるところにより公的な記録保存所において保存する場合は、この限りでない。

　　　　　（昭六一法六四・見出し２項一部改正３項追加、令三法五二・１項２項一部改正３項追加旧３項繰下一部改正）

（美術の著作物等の原作品の所有者による展示）

第四十五条　美術の著作物若しくは写真の著作物の原作品の所有者又はその同意を得た者は、これらの著作物をその原作品により公に展示することができる。

2　前項の規定は、美術の著作物の原作品を街路、公園その他一般公衆に開放されている屋外の場所又は建造物の外壁その他一般公衆の見やすい屋外の場所に恒常的に設置する場合には、適用しない。

（公開の美術の著作物等の利用）

第四十六条　美術の著作物でその原作品が前条第二項に規定する屋外の場所に恒常的に設置されているもの又は建築の著作物は、次に掲げる場合を除き、いずれの方法によるかを問わず、利用することができる。

一　彫刻を増製し、又はその増製物の譲渡により公衆に提供する場合

二　建築の著作物を建築により複製し、又はその複製物の譲渡により公衆に提供する場合

三　前条第二項に規定する屋外の場所に恒常的に設置するために複製する場合

四　専ら美術の著作物の複製物の販売を目的として複製し、又はその複製物を販売する場合

　　　　　（平十一法七七・一号二号四号一部改正）

（美術の著作物等の展示に伴う複製等）

第四十七条　美術の著作物又は写真の著作物の原作品により、第二十五条に規定する権利を害することなく、これらの著作物を公に展示する者（以下この条において「原作品展示者」という。）は、観覧者のためにこれらの展示する著作物（以下この条及び第四十七条の六第二項第一号において「展示著作物」という。）の解説若しくは紹介をすることを目的とする小冊子に当該展示著作物を掲載し、又は次項の規定により当該展示著作物を上映し、若しくは当該展示著作物について自動公衆送信（送信可能化を含む。同項及び同号

において同じ。）を行うために必要と認められる限度において、当該展示著作物を複製することができる。ただし、当該展示著作物の種類及び用途並びに当該複製の部数及び態様に照らし著作権者の利益を不当に害することとなる場合は、この限りでない。

2　原作品展示者は、観覧者のために展示著作物の解説又は紹介をすることを目的とする場合には、その必要と認められる限度において、当該展示著作物を上映し、又は当該展示著作物について自動公衆送信を行うことができる。ただし、当該展示著作物の種類及び用途並びに当該上映又は自動公衆送信の態様に照らし著作権者の利益を不当に害することとなる場合は、この限りでない。

3　原作品展示者及びこれに準ずる者として政令で定めるものは、展示著作物の所在に関する情報を公衆に提供するために必要と認められる限度において、当該展示著作物について複製し、又は公衆送信（自動公衆送信の場合にあつては、送信可能化を含む。）を行うことができる。ただし、当該展示著作物の種類及び用途並びに当該複製又は公衆送信の態様に照らし著作権者の利益を不当に害することとなる場合は、この限りでない。

　　　（平三〇法三〇・1項一部改正2項3項追加）

（美術の著作物等の譲渡等の申出に伴う複製等）

第四十七条の二　美術の著作物又は写真の著作物の原作品又は複製物の所有者その他のこれらの譲渡又は貸与の権原を有する者が、第二十六条の二第一項又は第二十六条の三に規定する権利を害することなく、その原作品又は複製物を譲渡し、又は貸与しようとする場合には、当該権原を有する者又はその委託を受けた者は、その申出の用に供するため、これらの著作物について、複製又は公衆送信（自動公衆送信の場合にあつては、送信可能化を含む。）（当該複製により作成される複製物を用いて行うこれらの著作物の複製又は当該公衆送信を受信して行うこれらの著作物の複製を防止し、又は抑止するための措置その他の著作権者の利益を不当に害しないための措置として政令で定める措置を講じて行うものに限る。）を行うことができる。

　　　（平二一法五三・追加）

（プログラムの著作物の複製物の所有者による複製等）

第四十七条の三　プログラムの著作物の複製物の所有者は、自ら当該著作物を電子計算機において実行するために必要と認められる限度において、当該著作物を複製することができる。ただし、当該実行に係る複製物の使用につき、第百十三条第五項の規定が適用される場合は、この限りでない。

2　前項の複製物の所有者が当該複製物（同項の規定により作成された複製物

を含む。）のいずれかについて滅失以外の事由により所有権を有しなくなつた後には、その者は、当該著作権者の別段の意思表示がない限り、その他の複製物を保存してはならない。

　　　（昭六〇法六二・追加、平二一法五三・旧四十七条の二繰下、平三〇法三〇・１項一部改正、令二法四八・１項一部改正）

（電子計算機における著作物の利用に付随する利用等）

第四十七条の四　電子計算機における利用（情報通信の技術を利用する方法による利用を含む。以下この条において同じ。）に供される著作物は、次に掲げる場合その他これらと同様に当該著作物の電子計算機における利用を円滑又は効率的に行うために当該電子計算機における利用に付随する利用に供することを目的とする場合には、その必要と認められる限度において、いずれの方法によるかを問わず、利用することができる。ただし、当該著作物の種類及び用途並びに当該利用の態様に照らし著作権者の利益を不当に害することとなる場合は、この限りでない。

一　電子計算機において、著作物を当該著作物の複製物を用いて利用する場合又は無線通信若しくは有線電気通信の送信がされる著作物を当該送信を受信して利用する場合において、これらの利用のための当該電子計算機による情報処理の過程において、当該情報処理を円滑又は効率的に行うために当該著作物を当該電子計算機の記録媒体に記録するとき。

二　自動公衆送信装置を他人の自動公衆送信の用に供することを業として行う者が、当該他人の自動公衆送信の遅滞若しくは障害を防止し、又は送信可能化された著作物の自動公衆送信を中継するための送信を効率的に行うために、これらの自動公衆送信のために送信可能化された著作物を記録媒体に記録する場合

三　情報通信の技術を利用する方法により情報を提供する場合において、当該提供を円滑又は効率的に行うための準備に必要な電子計算機による情報処理を行うことを目的として記録媒体への記録又は翻案を行うとき。

２　電子計算機における利用に供される著作物は、次に掲げる場合その他これらと同様に当該著作物の電子計算機における利用を行うことができる状態を維持し、又は当該状態に回復することを目的とする場合には、その必要と認められる限度において、いずれの方法によるかを問わず、利用することができる。ただし、当該著作物の種類及び用途並びに当該利用の態様に照らし著作権者の利益を不当に害することとなる場合は、この限りでない。

一　記録媒体を内蔵する機器の保守又は修理を行うために当該機器に内蔵する記録媒体（以下この号及び次号において「内蔵記録媒体」という。）に

　　記録されている著作物を当該内蔵記録媒体以外の記録媒体に一時的に記録
　　し、及び当該保守又は修理の後に、当該内蔵記録媒体に記録する場合
二　記録媒体を内蔵する機器をこれと同様の機能を有する機器と交換するた
　　めにその内蔵記録媒体に記録されている著作物を当該内蔵記録媒体以外の
　　記録媒体に一時的に記録し、及び当該同様の機能を有する機器の内蔵記録
　　媒体に記録する場合
三　自動公衆送信装置を他人の自動公衆送信の用に供することを業として行
　　う者が、当該自動公衆送信装置により送信可能化された著作物の複製物が
　　滅失し、又は毀損した場合の復旧の用に供するために当該著作物を記録媒
　　体に記録するとき。
　　　　　（平十八法一二一・追加、平二一法五三・旧四十七条の三繰下、平三
　　　　　〇法三〇・全改）
（電子計算機による情報処理及びその結果の提供に付随する軽微利用等）
第四十七条の五　電子計算機を用いた情報処理により新たな知見又は情報を創
　出することによつて著作物の利用の促進に資する次の各号に掲げる行為を行
　う者（当該行為の一部を行う者を含み、当該行為を政令で定める基準に従つ
　て行う者に限る。）は、公衆への提供等（公衆への提供又は提示をいい、送
　信可能化を含む。以下同じ。）が行われた著作物（以下この条及び次条第二
　項第二号において「公衆提供等著作物」という。）（公表された著作物又は送
　信可能化された著作物に限る。）について、当該各号に掲げる行為の目的上
　必要と認められる限度において、当該行為に付随して、いずれの方法による
　かを問わず、利用（当該公衆提供等著作物のうちその利用に供される部分の
　占める割合、その利用に供される部分の量、その利用に供される際の表示の
　精度その他の要素に照らし軽微なものに限る。以下この条において「軽微利
　用」という。）を行うことができる。ただし、当該公衆提供等著作物に係る
　公衆への提供等が著作権を侵害するものであること（国外で行われた公衆へ
　の提供等にあつては、国内で行われたとしたならば著作権の侵害となるべき
　ものであること）を知りながら当該軽微利用を行う場合その他当該公衆提供
　等著作物の種類及び用途並びに当該軽微利用の態様に照らし著作権者の利益
　を不当に害することとなる場合は、この限りでない。
一　電子計算機を用いて、検索により求める情報（以下この号において「検
　　索情報」という。）が記録された著作物の題号又は著作者名、送信可能化
　　された検索情報に係る送信元識別符号（自動公衆送信の送信元を識別する
　　ための文字、番号、記号その他の符号をいう。第百十三条第二項及び第四
　　項において同じ。）その他の検索情報の特定又は所在に関する情報を検索

し、及びその結果を提供すること。

　二　電子計算機による情報解析を行い、及びその結果を提供すること。

　三　前二号に掲げるもののほか、電子計算機による情報処理により、新たな知見又は情報を創出し、及びその結果を提供する行為であつて、国民生活の利便性の向上に寄与するものとして政令で定めるもの

2　前項各号に掲げる行為の準備を行う者（当該行為の準備のための情報の収集、整理及び提供を政令で定める基準に従つて行う者に限る。）は、公衆提供等著作物について、同項の規定による軽微利用の準備のために必要と認められる限度において、複製若しくは公衆送信（自動公衆送信の場合にあつては、送信可能化を含む。以下この項及び次条第二項第二号において同じ。）を行い、又はその複製物による頒布を行うことができる。ただし、当該公衆提供等著作物の種類及び用途並びに当該複製又は頒布の部数及び当該複製、公衆送信又は頒布の態様に照らし著作権者の利益を不当に害することとなる場合は、この限りでない。

　　　　　（平二一法五三・追加、平三〇法三〇・全改、令二法四八・1項柱書一号2項一部改正）

（翻訳、翻案等による利用）

第四十七条の六　次の各号に掲げる規定により著作物を利用することができる場合には、当該著作物について、当該規定の例により当該各号に定める方法による利用を行うことができる。

　一　第三十条第一項、第三十三条第一項（同条第四項において準用する場合を含む。）、第三十四条第一項、第三十五条第一項又は前条第二項　翻訳、編曲、変形又は翻案

　二　第三十一条第一項（第一号に係る部分に限る。）、第二項、第四項、第七項（第一号に係る部分に限る。）若しくは第九項（第一号に係る部分に限る。）、第三十二条、第三十六条第一項、第三十七条第一項若しくは第二項、第三十九条第一項、第四十条第二項又は第四十一条から第四十二条の二まで　翻訳

　三　第三十三条の二第一項、第三十三条の三第一項又は第四十七条　変形又は翻案

　四　第三十七条第三項　翻訳、変形又は翻案

　五　第三十七条の二　翻訳又は翻案

　六　第四十七条の三第一項　翻案

2　前項の規定により創作された二次的著作物は、当該二次的著作物の原著作物を同項各号に掲げる規定（次の各号に掲げる二次的著作物にあつては、当

該各号に定める規定を含む。以下この項及び第四十八条第三項第二号におい
て同じ。）により利用することができる場合には、原著作物の著作者その他
の当該二次的著作物の利用に関して第二十八条に規定する権利を有する者と
の関係においては、当該二次的著作物を前項各号に掲げる規定に規定する著
作物に該当するものとみなして、当該各号に掲げる規定による利用を行うこ
とができる。

一　第四十七条第一項の規定により同条第二項の規定による展示著作物の上
　映又は自動公衆送信を行うために当該展示著作物を複製することができる
　場合に、前項の規定により創作された二次的著作物　同条第二項

二　前条第二項の規定により公衆提供等著作物について複製、公衆送信又は
　その複製物による頒布を行うことができる場合に、前項の規定により創作
　された二次的著作物　同条第一項

　　　　　（平二一法五三・追加、平三〇法三〇・全改、平三〇法三九・１項四
　　　　　号一部改正、令二法四八・１項二号削除旧三号以下繰上六号２項二号
　　　　　追加、令三法五二・１項二号一部改正、令五法三三・１項二号一部改
　　　　　正）

（複製権の制限により作成された複製物の譲渡）

第四十七条の七　第三十条の二第二項、第三十条の三、第三十条の四、第三十
一条第一項（第一号に係る部分に限る。以下この条において同じ。）若しく
は第七項（第一号に係る部分に限る。以下この条において同じ。）、第三十二
条、第三十三条第一項（同条第四項において準用する場合を含む。）、第三十
三条の二第一項、第三十三条の三第一項若しくは第四項、第三十四条第一項、
第三十五条第一項、第三十六条第一項、第三十七条、第三十七条の二（第二
号を除く。以下この条において同じ。）、第三十九条第一項、第四十条第一項
若しくは第二項、第四十一条、第四十一条の二第一項、第四十二条、第四十
二条の二第一項、第四十二条の三、第四十二条の四第二項、第四十六条、第
四十七条第一項若しくは第三項、第四十七条の二、第四十七条の四又は第四
十七条の五の規定により複製することができる著作物は、これらの規定の適
用を受けて作成された複製物（第三十一条第一項若しくは第七項、第三十六
条第一項、第四十一条の二第一項、第四十二条又は第四十二条の二第一項の
規定に係る場合にあつては、映画の著作物の複製物（映画の著作物において
複製されている著作物にあつては、当該映画の著作物の複製物を含む。以下
この条において同じ。）を除く。）の譲渡により公衆に提供することができ
る。ただし、第三十条の三、第三十一条第一項若しくは第七項、第三十三条
の二第一項、第三十三条の三第一項若しくは第四項、第三十五条第一項、第

三十七条第三項、第三十七条の二、第四十一条、第四十一条の二第一項、第四十二条、第四十二条の二第一項、第四十二条の三、第四十二条の四第二項、第四十七条第一項若しくは第三項、第四十七条の二、第四十七条の四若しくは第四十七条の五の規定の適用を受けて作成された著作物の複製物（第三十一条第一項若しくは第七項、第四十一条の二第一項、第四十二条又は第四十二条の二第一項の規定に係る場合にあつては、映画の著作物の複製物を除く。）を第三十条の三、第三十一条第一項若しくは第七項、第三十三条の二第一項、第三十三条の三第一項若しくは第四項、第三十五条第一項、第三十七条第三項、第三十七条の二、第四十一条、第四十一条の二第一項、第四十二条、第四十二条の二第一項、第四十二条の三、第四十二条の四第二項、第四十七条第一項若しくは第三項、第四十七条の二、第四十七条の四若しくは第四十七条の五に定める目的以外の目的のために公衆に譲渡する場合又は第三十条の四の規定の適用を受けて作成された著作物の複製物を当該著作物に表現された思想若しくは感情を自ら享受し若しくは他人に享受させる目的のために公衆に譲渡する場合は、この限りでない。

　　　（平十一法七七・追加、平十二法五六・一部改正、平十五法八五・一部改正、平十八法一二一・旧四十七条の三繰下、平二十法八一・一部改正、平二一法五三・旧四十七条の四繰下一部改正、平二四法四三・旧四十七条の九繰下一部改正、平三〇法三〇・旧四十七条の七から九削除旧四十七条の十繰上一部改正、平三〇法三九・一部改正、令三法五二・一部改正、令五法三三・一部改正）

（出所の明示）

第四十八条　次の各号に掲げる場合には、当該各号に規定する著作物の出所を、その複製又は利用の態様に応じ合理的と認められる方法及び程度により、明示しなければならない。

一　第三十二条、第三十三条第一項（同条第四項において準用する場合を含む。）、第三十三条の二第一項、第三十三条の三第一項、第三十七条第一項、第四十一条の二第一項、第四十二条、第四十二条の二第一項又は第四十七条第一項の規定により著作物を複製する場合

二　第三十四条第一項、第三十七条第三項、第三十七条の二、第三十九条第一項、第四十条第一項若しくは第二項、第四十七条第二項若しくは第三項又は第四十七条の二の規定により著作物を利用する場合

三　第三十二条若しくは第四十二条の規定により著作物を複製以外の方法により利用する場合又は第三十五条第一項、第三十六条第一項、第三十八条第一項、第四十一条、第四十一条の二第二項、第四十二条の二第二項、第

　　四十六条若しくは第四十七条の五第一項の規定により著作物を利用する場合において、その出所を明示する慣行があるとき。

2　前項の出所の明示に当たつては、これに伴い著作者名が明らかになる場合及び当該著作物が無名のものである場合を除き、当該著作物につき表示されている著作者名を示さなければならない。

3　次の号に掲げる場合には、前二項の規定の例により、当該各号に規定する二次的著作物の原著作物の出所を明示しなければならない。

　一　第四十条第一項、第四十六条又は第四十七条の五第一項の規定により創作された二次的著作物をこれらの規定により利用する場合

　二　第四十七条の六第一項の規定により創作された二次的著作物を同条第二項の規定の適用を受けて同条第一項各号に掲げる規定により利用する場合

　　　　（昭六〇法六二・1項一号一部改正、平十二法五六・1項一号二号一部改正、平十五法八五・1項一号一部改正、平十八法一二一・1項一号二号一部改正、平二一法五三・1項二号一部改正、平三〇法三〇・1項二号三号3項柱書一部改正3項一号二号追加、平三〇法三九・1項一号一部改正、平三〇法三〇・1項三号一部改正、令五法三三・1項1号3号一部改正）

（複製物の目的外使用等）

第四十九条　次に掲げる者は、第二十一条の複製を行つたものとみなす。

　一　第三十条第一項、第三十条の三、第三十一条第一項第一号、第二項第一号、第四項、第七項第一号若しくは第九項第一号、第三十三条の二第一項、第三十三条の三第一項若しくは第四項、第三十五条第一項、第三十七条第三項、第三十七条の二本文（同条第二号に係る場合にあつては、同号。次項第一号において同じ。）、第四十一条、第四十一条の二第一項、第四十二条、第四十二条の二第一項、第四十二条の三、第四十二条の四、第四十三条第二項、第四十四条第一項から第三項まで、第四十七条第一項若しくは第三項、第四十七条の二又は第四十七条の五第一項に定める目的以外の目的のために、これらの規定の適用を受けて作成された著作物の複製物（次項第一号又は第二号の複製物に該当するものを除く。）を頒布し、又は当該複製物によつて当該著作物の公衆への提示（送信可能化を含む。以下同じ。）を行つた者

　二　第三十条の四の規定の適用を受けて作成された著作物の複製物（次項第三号の複製物に該当するものを除く。）を用いて、当該著作物に表現された思想又は感情を自ら享受し又は他人に享受させる目的のために、いずれの方法によるかを問わず、当該著作物を利用した者

三　第四十四条第四項の規定に違反して同項の録音物又は録画物を保存した放送事業者、有線放送事業者又は放送同時配信等事業者

四　第四十七条の三第一項の規定の適用を受けて作成された著作物の複製物（次項第四号の複製物に該当するものを除く。）を頒布し、又は当該複製物によつて当該著作物の公衆への提示を行つた者

五　第四十七条の三第二項の規定に違反して同項の複製物（次項第四号の複製物に該当するものを除く。）を保存した者

六　第四十七条の四又は第四十七条の五第二項に定める目的以外の目的のために、これらの規定の適用を受けて作成された著作物の複製物（次項第六号又は第七号の複製物に該当するものを除く。）を用いて、いずれの方法によるかを問わず、当該著作物を利用した者

2　次に掲げる者は、当該二次的著作物の原著作物につき第二十七条の翻訳、編曲、変形又は翻案を、当該二次的著作物につき第二十一条の複製を、それぞれ行つたものとみなす。

一　第三十条第一項、第三十一条第一項第一号、第二項第一号、第四項、第七項第一号若しくは第九号第一号、第三十三条の二第一項、第三十三条の三第一項、第三十五条第一項、第三十七条第三項、第三十七条の二本文、第四十一条、第四十一条の二第一項、第四十二条、第四十二条の二第一項又は第四十七条第一項若しくは第三項に定める目的以外の目的のために、第四十七条の六第二項の規定の適用を受けて同条第一項各号に掲げるこれらの規定により作成された二次的著作物の複製物を頒布し、又は当該複製物によつて当該二次的著作物の公衆への提示を行つた者

二　第三十条の三又は第四十七条の五第一項に定める目的以外の目的のために、これらの規定の適用を受けて作成された二次的著作物の複製物を頒布し、又は当該複製物によつて当該二次的著作物の公衆への提示を行つた者

三　第三十条の四の規定の適用を受けて作成された二次的著作物の複製物を用いて、当該二次的著作物に表現された思想又は感情を自ら享受し又は他人に享受させる目的のために、いずれの方法によるかを問わず、当該二次的著作物を利用した者

四　第四十七条の六第二項の規定の適用を受けて第四十七条の三第一項の規定により作成された二次的著作物の複製物を頒布し、又は当該複製物によつて当該二次的著作物の公衆への提示を行つた者

五　第四十七条の三第二項の規定に違反して前号の複製物を保存した者

六　第四十七条の四に定める目的以外の目的のために、同条の規定の適用を受けて作成された二次的著作物の複製物を用いて、いずれの方法によるか

を問わず当該二次的著作物を利用した者

七　第四十七条の五第二項に定める目的以外の目的のために、第四十七条の六第二項の規定の適用を受けて第四十七条の五第二項の規定により作成された二次的著作物の複製物を用いて、いずれの方法によるかを問わず、当該二次的著作物を利用した者

（昭六〇法六二・1項柱書一部改正三号四号追加2項全改、昭六一法六四・1項一号二号一部改正、平四法一〇六・1項一号2項一号一部改正、平十一法四三・1項一号一部改正、平十二法五六・1項一号2項一号一部改正、平十五法八五・1項一号一部改正、平十八法一二一・1項三号四号一部改正、平二〇法八一・1項一号一部改正、平二一法五三・1項一号三号四号一部改正五号六号七号追加2項一号二号三号一部改正四号五号六号追加、平二一法七三・1項一号一部改正、平二四法四三・1項一号五号2項一号四号六号一部改正、平三〇法三〇・1項二号2項二号三号七号追加1項旧二号以下2項旧二号以下繰下1項旧六号七号2項旧四号五号削除2項柱書一号四号一部改正、平三〇法三九・1項一号2項一号一部改正、令三法五二・1項一号三号2項一号一部改正、令五法三三・1項一号2項一号一部改正）

（著作者人格権との関係）

第五十条　この款の規定は、著作者人格権に影響を及ぼすものと解釈してはならない。

第四節　保護期間

（保護期間の原則）

第五十一条　著作権の存続期間は、著作物の創作の時に始まる。

2　著作権は、この節に別段の定めがある場合を除き、著作者の死後（共同著作物にあつては、最終に死亡した著作者の死後。次条第一項において同じ。）七十年を経過するまでの間、存続する。

（平二八法一〇八・2項一部改正）

（無名又は変名の著作物の保護期間）

第五十二条　無名又は変名の著作物の著作権は、その著作物の公表後七十年を経過するまでの間、存続する。ただし、その存続期間の満了前にその著作者の死後七十年を経過していると認められる無名又は変名の著作物の著作権は、その著作者の死後七十年を経過したと認められる時において、消滅したものとする。

2　前項の規定は、次の各号のいずれかに該当するときは、適用しない。

一　変名の著作物における著作者の変名がその者のものとして周知のもので

あるとき。

二　前項の期間内に第七十五条第一項の実名の登録があつたとき。

三　著作者が前項の期間内にその実名又は周知の変名を著作者名として表示してその著作物を公表したとき。

　　　　（平二八法一〇八・1項一部改正）

（団体名義の著作物の保護期間）

第五十三条　法人その他の団体が著作の名義を有する著作物の著作権は、その著作物の公表後七十年（その著作物がその創作後七十年以内に公表されなかつたときは、その創作後七十年）を経過するまでの間、存続する。

2　前項の規定は、法人その他の団体が著作の名義を有する著作物の著作者である個人が同項の期間内にその実名又は周知の変名を著作者名として表示してその著作物を公表したときは、適用しない。

3　第十五条第二項の規定により法人その他の団体が著作者である著作物の著作権の存続期間に関しては、第一項の著作物に該当する著作物以外の著作物についても、当該団体が著作の名義を有するものとみなして同項の規定を適用する。

　　　　（昭六〇法六二・3項追加、平二八法一〇八・1項一部改正）

（映画の著作物の保護期間）

第五十四条　映画の著作物の著作権は、その著作物の公表後七十年（その著作物がその創作後七十年以内に公表されなかつたときは、その創作後七十年）を経過するまでの間、存続する。

2　映画の著作物の著作権がその存続期間の満了により消滅したときは、当該映画の著作物の利用に関するその原著作物の著作権は、当該映画の著作物の著作権とともに消滅したものとする。

3　前二条の規定は、映画の著作物の著作権については、適用しない。

　　　　（平十五法八五・1項一部改正）

第五十五条　削除

　　　　（平八法一一七・削除）

（継続的刊行物等の公表の時）

第五十六条　第五十二条第一項、第五十三条第一項及び第五十四条第一項の公表の時は、冊、号又は回を追つて公表する著作物については、毎冊、毎号又は毎回の公表の時によるものとし、一部分ずつを逐次公表して完成する著作物については、最終部分の公表の時によるものとする。

2　一部分ずつを逐次公表して完成する著作物については、継続すべき部分が直近の公表の時から三年を経過しても公表されないときは、すでに公表され

たもののうちの最終の部分をもつて前項の最終部分とみなす。

　　　　　（平八法一一七・1項一部改正）

　（保護期間の計算方法）

第五十七条　第五十一条第二項、第五十二条第一項、第五十三条第一項又は第
　五十四条第一項の場合において、著作者の死後七十年、著作物の公表後七十
　年若しくは創作後七十年又は著作物の公表後七十年若しくは創作後七十年の
　期間の終期を計算するときは、著作者が死亡した日又は著作物が公表され若
　しくは創作された日のそれぞれ属する年の翌年から起算する。

　　　　　（平八法一一七・一部改正、平十五法八五・一部改正、平二八法一〇
　　　　　八・一部改正）

　（保護期間の特例）

第五十八条　文学的及び美術的著作物の保護に関するベルヌ条約により創設さ
　れた国際同盟の加盟国、著作権に関する世界知的所有権機関条約の締約国又
　は世界貿易機関の加盟国である外国をそれぞれ文学的及び美術的著作物の保
　護に関するベルヌ条約、著作権に関する世界知的所有権機関条約又は世界貿
　易機関を設立するマラケシュ協定の規定に基づいて本国とする著作物（第六
　条第一号に該当するものを除く。）で、その本国において定められる著作権
　の存続期間が第五十一条から第五十四条までに定める著作権の存続期間より
　短いものについては、その本国において定められる著作権の存続期間による。

　　　　　（平六法一一二・一部改正、平八法一一七・一部改正、平十二法五六・
　　　　　一部改正）

　　　第五節　著作者人格権の一身専属性等

　（著作者人格権の一身専属性）

第五十九条　著作者人格権は、著作者の一身に専属し、譲渡することができな
　い。

　（著作者が存しなくなつた後における人格的利益の保護）

第六十条　著作物を公衆に提供し、又は提示する者は、その著作物の著作者が
　存しなくなつた後においても、著作者が存しているとしたならばその著作者
　人格権の侵害となるべき行為をしてはならない。ただし、その行為の性質及
　び程度、社会的事情の変動その他によりその行為が当該著作者の意を害しな
　いと認められる場合は、この限りでない。

　　　第六節　著作権の譲渡及び消滅

　（著作権の譲渡）

第六十一条　著作権は、その全部又は一部を譲渡することができる。

　2　著作権を譲渡する契約において、第二十七条又は第二十八条に規定する権

利が譲渡の目的として特掲されていないときは、これらの権利は、譲渡した者に留保されたものと推定する。

（相続人の不存在の場合等における著作権の消滅）

第六十二条　著作権は、次に掲げる場合には、消滅する。

一　著作権者が死亡した場合において、その著作権が民法（明治二十九年法律第八十九号）第九百五十九条（残余財産の国庫への帰属）の規定により国庫に帰属すべきこととなるとき。

二　著作権者である法人が解散した場合において、その著作権が一般社団法人及び一般財団法人に関する法律（平成十八年法律第四十八号）第二百三十九条第三項（残余財産の国庫への帰属）その他これに準ずる法律の規定により国庫に帰属すべきこととなるとき。

2　第五十四条第二項の規定は、映画の著作物の著作権が前項の規定により消滅した場合について準用する。

　　　　　（平十六法一四七・1項一号二号一部改正、平十八法五〇・1項二号一部改正）

　　第七節　権利の行使

（著作物の利用の許諾）

第六十三条　著作権者は、他人に対し、その著作物の利用を許諾することができる。

2　前項の許諾を得た者は、その許諾に係る利用方法及び条件の範囲内において、その許諾に係る著作物を利用することができる。

3　利用権（第一項の許諾に係る著作物を前項の規定により利用することができる権利をいう。次条において同じ。）は、著作権者の承諾を得ない限り、譲渡することができない。

4　著作物の放送又は有線放送についての第一項の許諾は、契約に別段の定めがない限り、当該著作物の録音又は録画の許諾を含まないものとする。

5　著作物の放送又は有線放送及び放送同時配信等について許諾（第一項の許諾をいう。以下この項において同じ。）を行うことができる者が、特定放送事業者等（放送事業者又は有線放送事業者のうち、放送同時配信等を業として行い、又はその者と密接な関係を有する放送同時配信等事業者が業として行う放送同時配信等のために放送番組若しくは有線放送番組を供給しており、かつ、その事実を周知するための措置として、文化庁長官が定める方法により、放送同時配信等が行われている放送番組又は有線放送番組の名称、その放送又は有線放送の時間帯その他の放送同時配信等の実施状況に関する情報として文化庁長官が定める情報を公表しているものをいう。以下この項

において同じ。）に対し、当該特定放送事業者等の放送番組又は有線放送番組における著作物の利用の許諾を行つた場合には、当該許諾に際して別段の意思表示をした場合を除き、当該許諾には当該著作物の放送同時配信等（当該特定放送事業者等と密接な関係を有する放送同時配信等事業者が当該放送番組又は有線放送番組の供給を受けて行うものを含む。）の許諾を含むものと推定する。

6　著作物の送信可能化について第一項の許諾を得た者が、その許諾に係る利用方法及び条件（送信可能化の回数又は送信可能化に用いる自動公衆送信装置に係るものを除く。）の範囲内において反復して又は他の自動公衆送信装置を用いて行う当該著作物の送信可能化については、第二十三条第一項の規定は、適用しない。

　　　　　（昭六一法六四・４項一部改正、平九法八六・５項追加、令二法四八・３項一部改正、令三法五二・５項追加旧５項繰下）

（利用権の対抗力）

第六十三条の二　利用権は、当該利用権に係る著作物の著作権を取得した者その他の第三者に対抗することができる。

　　　　　（令二法四八・追加）

（共同著作物の著作者人格権の行使）

第六十四条　共同著作物の著作者人格権は、著作者全員の合意によらなければ、行使することができない。

2　共同著作物の各著作者は、信義に反して前項の合意の成立を妨げることができない。

3　共同著作物の著作者は、そのうちからその著作者人格権を代表して行使する者を定めることができる。

4　前項の権利を代表して行使する者の代表権に加えられた制限は、善意の第三者に対抗することができない。

（共有著作権の行使）

第六十五条　共同著作物の著作権その他共有に係る著作権（以下この条において「共有著作権」という。）については、各共有者は、他の共有者の同意を得なければ、その持分を譲渡し、又は質権の目的とすることができない。

2　共有著作権は、その共有者全員の合意によらなければ、行使することができない。

3　前二項の場合において、各共有者は、正当な理由がない限り、第一項の同意を拒み、又は前項の合意の成立を妨げることができない。

4　前条第三項及び第四項の規定は、共有著作権の行使について準用する。

（質権の目的となつた著作権）

第六十六条 著作権は、これを目的として質権を設定した場合においても、設定行為に別段の定めがない限り、著作権者が行使するものとする。

2 著作権を目的とする質権は、当該著作権の譲渡又は当該著作権に係る著作物の利用につき著作権者が受けるべき金銭その他の物（出版権の設定の対価を含む。）に対しても、行なうことができる。ただし、これらの支払又は引渡し前に、これらを受ける権利を差し押えることを必要とする。

第八節　裁定による著作物の利用

（著作権者不明等の場合における著作物の利用）

第六十七条 公表された著作物又は相当期間にわたり公衆に提供され、若しくは提示されている事実が明らかである著作物は、著作権者の不明その他の理由により相当な努力を払つてもその著作権者と連絡することができない場合として政令で定める場合は、文化庁長官の裁定を受け、かつ、通常の使用料の額に相当するものとして文化庁長官が定める額の補償金を著作権者のために供託して、その裁定に係る利用方法により利用することができる。

2 国、地方公共団体その他これらに準ずるものとして政令で定める法人（以下この項及び次条において「国等」という。）が前項の規定により著作物を利用しようとするときは、同項の規定にかかわらず、同項の規定による供託を要しない。この場合において、国等が著作権者と連絡をすることができるに至つたときは、同項の規定により文化庁長官が定める額の補償金を著作権者に支払わなければならない。

3 第一項の裁定を受けようとする者は、著作物の利用方法その他政令で定める事項を記載した申請書に、著作権者と連絡することができないことを疎明する資料その他政令で定める資料を添えて、これを文化庁長官に提出しなければならない。

4 第一項の規定により作成した著作物の複製物には、同項の裁定に係る複製物である旨及びその裁定のあつた年月日を表示しなければならない。

第六十七条 公表された著作物又は相当期間にわたり公衆に提供され、若しくは提示されている事実が明らかである著作物（以下この条及び第六十七条の三第二項において「公表著作物等」という。）を利用しようとする者は、次の各号のいずれにも該当するときは、文化庁長官の裁定を受け、かつ、通常の使用料の額に相当するものとして文化庁長官が定める額の補償金を著作権者のために供託して、当該裁定の定めるところにより、当該公表著作物等を利用することができる。

一　権利者情報（著作権者の氏名又は名称及び住所又は居所その他著作権者

と連絡するために必要な情報をいう。以下この号において同じ。）を取得
するための措置として文化庁長官が定めるものをとり、かつ、当該措置に
より取得した権利者情報その他その保有する全ての権利者情報に基づき著
作権者と連絡するための措置をとつたにもかかわらず、著作権者と連絡す
ることができなかつたこと。

　二　著作者が当該公表著作物等の出版その他の利用を廃絶しようとしている
　　ことが明らかでないこと。

2　国、地方公共団体その他これらに準ずるものとして政令で定める法人（以
　下この節において「国等」という。）が前項の規定により公表著作物等を利
　用しようとするときは、同項の規定にかかわらず、同項の規定による供託を
　要しない。この場合において、国等が著作権者と連絡をすることができるに
　至つたときは、同項の規定により文化庁長官が定める額の補償金を著作権者
　に支払わなければならない。

3　第一項の裁定（以下この条及び次条において「裁定」という。）を受けよ
　うとする者は、裁定に係る著作物の題号、著作者名その他の当該著作物を特
　定するために必要な情報、当該著作物の利用方法、補償金の額の算定の基礎
　となるべき事項その他文部科学省令で定める事項を記載した申請書に、次に
　掲げる資料を添えて、これを文化庁長官に提出しなければならない。

　二　当該著作物が公表著作物等であることを疎明する資料
　二　第一項各号に該当することを疎明する資料
　三　前二号に掲げるもののほか、文部科学省令で定める資料

4　裁定を受けようとする者は、実費を勘案して政令で定める額の手数料を国
　に納付しなければならない。ただし、当該者が国であるときは、この限りで
　ない。

5　裁定においては、次に掲げる事項を定めるものとする。

　一　当該裁定に係る著作物の利用方法
　二　前号に掲げるもののほか、文部科学省令で定める事項

6　文化庁長官は、裁定をしない処分をするときは、あらかじめ、裁定の申請
　をした者（次項及び次条第一項において「申請者」という。）にその理由を
　通知し、弁明及び有利な証拠の提出の機会を与えなければならない。

7　文化庁長官は、次の各号に掲げるときは、当該各号に定める事項を申請者
　に通知しなければならない。

　一　裁定をしたとき　第五号各号に掲げる事項及び当該裁定に係る著作物の
　　利用につき定めた補償金の額
　二　裁定をしない処分をしたとき　その旨及びその理由

8　文化庁長官は、裁定をしたときは、その旨及び次に掲げる事項をインターネットの利用その他の適切な方法により公表しなければならない。

　二　当該裁定に係る著作物の題号、著作者名その他の当該著作物を特定するために必要な情報

　二　第五項第一号に掲げる事項

　三　前二号に掲げるもののほか、文部科学省令で定める事項

9　文化庁長官は、前項の規定による公表に必要と認められる限度において、裁定に係る著作物を利用することができる。

10　第一項の規定により作成した著作物の複製物には、裁定に係る複製物である旨及びその裁定のあつた年月日を表示しなければならない。

　　　（令和五年五月二十六日から起算して三年を超えない範囲内において政令で定める日から施行）

　　　　（平二一法五三・１項３項一部改正２項追加旧２項繰下、平三〇法三〇・２項追加旧２項以下繰下３項一部改正）

（裁定申請中の著作物の利用）

第六十七条の二　前条第一項の裁定（以下この条において単に「裁定」という。）の申請をした者は、当該申請に係る著作物の利用方法を勘案して文化庁長官が定める額の担保金を供託した場合には、裁定又は裁定をしない処分を受けるまでの間（裁定又は裁定をしない処分を受けるまでの間に著作権者と連絡をすることができるに至つたときは、当該連絡をすることができるに至つた時までの間）、当該申請に係る利用方法と同一の方法により、当該申請に係る著作物を利用することができる。ただし、当該著作物の著作者が当該著作物の出版その他の利用を廃絶しようとしていることが明らかであるときは、この限りでない。

2　国等が前項の規定により著作物を利用しようとするときは、同項の規定にかかわらず、同項の規定による供託を要しない。

3　第一項の規定により作成した著作物の複製物には、同項の規定の適用を受けて作成された複製物である旨及び裁定の申請をした年月日を表示しなければならない。

4　第一項の規定により著作物を利用する者（以下「申請中利用者」という。）（国等を除く。次項において同じ。）が裁定を受けたときは、前条第一項の規定にかかわらず、同項の補償金のうち第一項の規定により供託された担保金の額に相当する額（当該担保金の額が当該補償金の額を超えるときは、当該額）については、同条第一項の規定による供託を要しない。

5　申請中利用者は、裁定をしない処分を受けたとき（当該処分を受けるまで

の間に著作権者と連絡をすることができるに至つた場合を除く。）は、当該処分を受けた時までの間における第一項の規定による著作物の利用に係る使用料の額に相当するものとして文化庁長官が定める額の補償金を著作権者のために供託しなければならない。この場合において、同項の規定により供託された担保金の額のうち当該補償金の額に相当する額（当該補償金の額が当該担保金の額を超えるときは、当該額）については、当該補償金を供託したものとみなす。

6　申請中利用者（国等に限る。）は、裁定をしない処分を受けた後に著作権者と連絡をすることができるに至つたときは、当該処分を受けた時までの間における第一項の規定による著作物の利用に係る使用料の額に相当するものとして文化庁長官が定める額の補償金を著作権者に支払わなければならない。

7　申請中利用者は、裁定又は裁定をしない処分を受けるまでの間に著作権者と連絡をすることができるに至つたときは、当該連絡をすることができるに至つた時までの間における第一項の規定による著作物の利用に係る使用料の額に相当する額の補償金を著作権者に支払わなければならない。

8　第四項、第五項又は前項の場合において、著作権者は、前条第一項又はこの条第五項若しくは前項の補償金を受ける権利に関し、第一項の規定により供託された担保金から弁済を受けることができる。

9　第一項の規定により担保金を供託した者は、当該担保金の額が前項の規定により著作権者が弁済を受けることができる額を超えることとなつたときは、政令で定めるところにより、その全部又は一部を取り戻すことができる。

第六十七条の二　申請者は、当該申請に係る著作物の利用方法を勘案して文化庁長官が定める額の担保金を供託した場合には、裁定又は裁定をしない処分を受けるまでの間（裁定又は裁定をしない処分を受けるまでの間に著作権者と連絡をすることができるに至つたときは、当該連絡をすることができるに至つた時までの間）、当該申請に係る利用方法と同一の方法により、当該申請に係る著作物を利用することができる。ただし、当該著作物の著作者が当該著作物の出版その他の利用を廃絶しようとしていることが明らかであるときは、この限りでない。

2〜9　（略）

10　文化庁長官は、申請中利用者から裁定の申請を取り下げる旨の申出があつたときは、裁定をしない処分をするものとする。この場合において、前条第六項の規定は、適用しない。

　　　　（令和五年五月二十六日から起算して三年を超えない範囲内において

政令で定める日から施行）

（平二一法五三・追加、平三〇法三〇・２項６項追加旧２項以下繰下
３項４項８項一部改正）

（未管理公表著作物等の利用）

第六十七条の三　未管理公表著作物等を利用しようとする者は、次の各号のい
ずれにも該当するときは、文化庁長官の裁定を受け、かつ、通常の使用料の
額に相当する額を考慮して文化庁長官が定める額の補償金を著作権者のため
に供託して、当該裁定の定めるところにより、当該未管理公表著作物等を利
用することができる。

一　当該未管理公表著作物等の利用の可否に係る著作権者の意思を確認する
　ための措置として文化庁長官が定める措置をとつたにもかかわらず、その
　意思の確認ができなかつたこと。

二　著作者が当該未管理公表著作物等の出版その他の利用を廃絶しようとし
　ていることが明らかでないこと。

2　前項に規定する未管理公表著作物等とは、公表著作物等のうち、次の各号
のいずれにも該当しないものをいう。

一　当該公表著作物等に関する著作権について、著作権等管理事業者による
　管理が行われているもの

二　文化庁長官が定める方法により、当該公表著作物等の利用の可否に係る
　著作権者の意思を円滑に確認するために必要な情報であつて文化庁長官が
　定めるものの公表がされているもの

3　第一項の裁定（以下この条において「裁定」という。）を受けようとする
者は、裁定に係る著作物の題号、著作者名その他の当該著作物を特定するた
めに必要な情報、当該著作物の利用方法及び利用期間、補償金の額の算定の
基礎となるべき事項その他文部科学省令で定める事項を記載した申請書に、
次に掲げる資料を添えて、これを文化庁長官に提出しなければならない。

一　当該著作物が未管理公表著作物等であることを疎明する資料

二　第一項各号に該当することを疎明する資料

三　前二号に掲げるもののほか、文部科学省令で定める資料

4　裁定においては、次に掲げる事項を定めるものとする。

一　当該裁定に係る著作物の利用方法

二　当該裁定に係る著作物を利用することができる期間

三　前二号に掲げるもののほか、文部科学省令で定める事項

5　前項第二号の期間は、第三項の申請書に記載された利用期間の範囲内かつ
三年を限度としなければならない。

1　著作権法

- 213 -

6　第六十七条第四項及び第六項から第十項までの規定は、裁定について準用する。この場合において、同条第七項第一号中「第五項各号」とあるのは「第六十七条の三第四項各号」と、同条第八項第二号中「第五項第一号」とあるのは「第六十七条の三第四項第一号及び第二号」と読み替えるものとする。

7　裁定に係る著作物の著作権者が、当該著作物の著作権の管理を著作権等管理事業者に委託すること、当該著作物の利用に関する協議の求めを受け付けるための連絡先その他の情報を公表することその他の当該著作物の利用に関し当該裁定を受けた者からの協議の求めを受け付けるために必要な措置を講じた場合には、文化庁長官は、当該著作権者の請求により、当該裁定を取り消すことができる。この場合において、文化庁長官は、あらかじめ当該裁定を受けた者にその理由を通知し、弁明及び有利な証拠の提出の機会を与えなければならない。

8　文化庁長官は、前項の規定により裁定を取り消したときは、その旨及び次項に規定する取消時補償金相当額その他の文部科学省令で定める事項を当該裁定を受けた者及び前項の著作権者に通知しなければならない。

9　前項に規定する場合においては、著作権者は、第一項の補償金を受ける権利に関し同項の規定により供託された補償金の額のうち、当該裁定のあつた日からその取消しの処分のあつた日の前日までの期間に対応する額（以下この条において「取消時補償金相当額」という。）について弁済を受けることができる。

10　第八項に規定する場合においては、第一項の補償金を供託した者は、当該補償金の額のうち、取消時補償金相当額を超える額を取り戻すことができる。

11　国等が第一項の規定により未管理公表著作物等を利用しようとするときは、同項の規定にかかわらず、同項の規定による供託を要しない。この場合において、国等は、著作権者から請求があつたときは、同項の規定により文化庁長官が定める額（第八項に規定する場合にあつては、取消時補償金相当額）の補償金を著作権者に支払わなければならない。

　　　　　（令和五年五月二十六日から起算して三年を超えない範囲内において政令で定める日から施行）

（著作物の放送等）

第六十八条　公表された著作物を放送し、又は放送同時配信等しようとする放送事業者又は放送同時配信等事業者は、その著作権者に対し放送若しくは放送同時配信等の許諾につき協議を求めたがその協議が成立せず、又はその協議をすることができないときは、文化庁長官の裁定を受け、かつ、通常の使用料の額に相当するものとして文化庁長官が定める額の補償金を著作権者に

支払つて、その著作物を放送し、又は放送同時配信等することができる。

2　前項の規定により放送され、又は放送同時配信等される著作物は、有線放送し、地域限定特定入力型自動公衆送信を行い、又は受信装置を用いて公に伝達することができる。この場合において、当該有線放送、地域限定特定入力型自動公衆送信又は伝達を行う者は、第三十八条第二項及び第三項の規定の適用がある場合を除き、通常の使用料の額に相当する額の補償金を著作権者に支払わなければならない。

第六十八条　公表された著作物を放送し、又は放送同時配信等しようとする放送事業者又は放送同時配信等事業者は、次の各号のいずれにも該当するときは、文化庁長官の裁定を受け、かつ、通常の使用料の額に相当するものとして文化庁長官が定める額の補償金を著作権者に支払つて、その著作物を放送し、又は放送同時配信等することができる。

一　著作権者に対し放送又は放送同時配信等の許諾につき協議を求めたが、その協議が成立せず、又はその協議をすることができないこと。

二　著作者が当該著作物の放送、放送同時配信等その他の利用を廃絶しようとしていることが明らかでないこと。

三　著作権者がその著作物の放送又は放送同時配信等の許諾を与えないことについてやむを得ない事情があると認められないこと。

2　（略）

3　文化庁長官は、第一項の裁定の申請があつたときは、その旨を当該申請に係る著作権者に通知し、相当の期間を指定して、意見を述べる機会を与えなければならない。

4　第六十七条第四項、第六項及び第七項の規定は、第一項の裁定について準用する。この場合において、同条第七項中「申請者」とあるのは「申請者及び著作権者」と、同項第一号中「第五項各号に掲げる事項」とあるのは「その旨」と読み替えるものとする。

　　　（令和五年五月二十六日から起算して三年を超えない範囲内において政令で定める日から施行）

　　　　（昭五九法四六・2項一部改正、昭六一法六四・2項一部改正、平十八法一二一・2項一部改正、令三法五二・見出し1項2項一部改正）

（商業用レコードへの録音等）

第六十九条　商業用レコードが最初に国内において販売され、かつ、その最初の販売の日から三年を経過した場合において、当該商業用レコードに著作権者の許諾を得て録音されている音楽の著作物を録音して他の商業用レコードを製作しようとする者は、その著作権者に対し録音又は譲渡による公衆への

提供の許諾につき協議を求めたが、その協議が成立せず、又はその協議をすることができないときは、文化庁長官の裁定を受け、かつ、通常の使用料の額に相当するものとして文化庁長官が定める額の補償金を著作権者に支払つて、当該録音又は譲渡による公衆への提供をすることができる。

第六十九条　商業用レコードが最初に国内において販売され、かつ、その最初の販売の日から三年を経過した場合において、当該商業用レコードに著作権者の許諾を得て録音されている音楽の著作物を録音して他の商業用レコードを製作しようとする者は、次の各号のいずれにも該当するときは、文化庁長官の裁定を受け、かつ、通常の使用料の額に相当するものとして文化庁長官が定める額の補償金を著作権者に支払つて、当該録音又は譲渡による公衆への提供をすることができる。

一　著作権者に対し録音又は譲渡による公衆への提供の許諾につき協議を求めたが、その協議が成立せず、又はその協議をすることができないこと。

二　著作者が当該音楽の著作物の録音その他の利用を廃絶しようとしていることが明らかでないこと。

2　前条第三項及び第四項の規定は、前項の裁定について準用する。

（令和五年五月二十六日から起算して三年を超えない範囲内において政令で定める日から施行）

（平十一法七七・見出し本文一部改正）

（裁定に関する手続及び基準）

第七十条　第六十七条第一項、第六十八条第一項又は前条の裁定の申請をする者は、実費を勘案して政令で定める額の手数料を納付しなければならない。

2　前項の規定は、同項の規定により手数料を納付すべき者が国であるときは、適用しない。

3　文化庁長官は、第六十八条第一項又は前条の裁定の申請があつたときは、その旨を当該申請に係る著作権者に通知し、相当の期間を指定して、意見を述べる機会を与えなければならない。

4　文化庁長官は、第六十七条第一項、第六十八条第一項又は前条の裁定の申請があつた場合において、次の各号のいずれかに該当すると認めるときは、これらの裁定をしてはならない。

一　著作者がその著作物の出版その他の利用を廃絶しようとしていることが明らかであるとき。

二　第六十八条第一項の裁定の申請に係る著作権者がその著作物の放送又は放送同時配信等の許諾を与えないことについてやむを得ない事情があるとき。

5 文化庁長官は、前項の裁定をしない処分をしようとするとき（第七項の規定により裁定をしない処分をする場合を除く。）は、あらかじめ申請者にその理由を通知し、弁明及び有利な証拠の提出の機会を与えなければならないものとし、当該裁定をしない処分をしたときは、理由を付した書面をもつて申請者にその旨を通知しなければならない。

6 文化庁長官は、第六十七条第一項の裁定をしたときは、その旨を官報で告示するとともに申請者に通知し、第六十八条第一項又は前条の裁定をしたときは、その旨を当事者に通知しなければならない。

7 文化庁長官は、申請中利用者から第六十七条第一項の裁定の申請を取り下げる旨の申出があつたときは、当該裁定をしない処分をするものとする。

8 前各項に規定するもののほか、この節に定める裁定に関し必要な事項は、政令で定める。

（裁定に関する事項の政令への委任）

第七十条 第六十七条から前条までに規定するもののほか、この節に定める裁定に関し必要な事項は、政令で定める。

（令和五年五月二十六日から起算して三年を超えない範囲内において政令で定める日から施行）

（昭五六法四五・1項一部改正、昭五九法二三・1項一部改正、平十一法二二〇・2項追加5項一部改正、平二一法五三・5項一部改正7項追加旧7項繰下、令二法四八・2項一部改正、令三法五二・4項二号一部改正）

第九節 補償金等

（平二十一法五三・一部変更）

（文化審議会への諮問）

第七十一条 文化庁長官は、次に掲げる事項を定める場合には、文化審議会に諮問しなければならない。

一 第三十三条第二項（同条第四項において準用する場合を含む。）、第三十三条の二第二項又は第三十三条の三第二項の算出方法

二 第六十七条第一項、第六十七条の二第五項若しくは第六項、第六十八条第一項又は第六十九条の補償金の額

第七十一条 文化庁長官は、次に掲げる事項を定める場合には、文化審議会に諮問しなければならない。

一 （略）

二 第六十七条第一項、第六十七条の二第五項若しくは第六項、第六十七条の三第一項、第六十八条第一項又は第六十九条第一項の補償金の額

　　　　　　（令和五年五月二十六日から起算して三年を超えない範囲内において
　　　　　政令で定める日から施行）

　　　　　　（昭五八法七八・見出し本文一部改正、平十一法一六〇・見出し本文
　　　　　一部改正、平十五法八五・一部改正、平二一法五三・一部改正、平三
　　　　　〇法三〇・一部改正、平三〇法三九・全改）

（補償金の額についての訴え）

第七十二条　第六十七条第一項、第六十七条の二第五項若しくは第六項、第六
　十八条第一項又は第六十九条の規定に基づき定められた補償金の額について
　不服がある当事者は、これらの規定による裁定（第六十七条の二第五項又は
　第六項に係る場合にあつては、第六十七条第一項の裁定をしない処分）があ
　つたことを知つた日から六月以内に、訴えを提起してその額の増減を求める
　ことができる。

2　前項の訴えにおいては、訴えを提起する者が著作物を利用する者であると
　きは著作権者を、著作権者であるときは著作物を利用する者を、それぞれ被
　告としなければならない。

第七十二条　第六十七条第一項、第六十七条の二第五項若しくは第六項、第六
　十七条の三第一項、第六十八条第一項又は第六十九条第一項の規定に基づき
　定められた補償金の額について不服がある当事者は、これらの規定による裁
　定（第六十七条の二第五項又は第六項に係る場合にあつては、第六十七条第
　一項の裁定をしない処分）があつたことを知つた日から六月以内に、訴えを
　提起してその額の増減を求めることができる。

2　（略）

　　　　　　（令和五年五月二十六日から起算して三年を超えない範囲内において
　　　　　政令で定める日から施行）

　　　　　　（平十六法八四・1項一部改正、平二一法五三・1項一部改正、平三
　　　　　〇法三〇・1項一部改正）

（補償金の額についての審査請求の制限）

第七十三条　第六十七条第一項、第六十八条第一項又は第六十九条の裁定又は
　裁定をしない処分についての審査請求においては、その裁定又は裁定をしな
　い処分に係る補償金の額についての不服をその裁定又は裁定をしない処分に
　ついての不服の理由とすることができない。ただし、第六十七条第一項の裁
　定又は裁定をしない処分を受けた者が著作権者の不明その他これに準ずる理
　由により前条第一項の訴えを提起することができない場合は、この限りでな
　い。

第七十三条　第六十七条第一項、第六十七条の三第一項、第六十八条第一項又

は第六十九条第一項の裁定又は裁定をしない処分についての審査請求においては、その裁定又は裁定をしない処分に係る補償金の額についての不服をその裁定又は裁定をしない処分についての不服の理由とすることができない。ただし、第六十七条第一項又は第六十七条の三第一項の裁定又は裁定をしない処分を受けた者が著作権者の不明その他これに準ずる理由により前条第一項の訴えを提起することができない場合は、この限りでない。

　　　（令和五年五月二十六日から起算して三年を超えない範囲内において政令で定める日から施行）

　　　（平二一法五三・一部改正、平二六法六九・見出し本文一部改正）

（補償金等の供託）

第七十四条　第三十三条第二項（同条第四項において準用する場合を含む。）、第三十三条の二第二項、第三十三条の三第二項、第六十八条第一項又は第六十九条の補償金を支払うべき者は、次に掲げる場合には、その補償金の支払に代えてその補償金を供託しなければならない。

一　補償金の供託をした場合において、著作権者がその受領を拒んだとき。

二　著作権者が補償金を受領することができないとき。

三　その者が著作権者を確知することができないとき（その者に過失があるときを除く。）。

四　その者がその補償金の額について第七十二条第一項の訴えを提起したとき。

五　当該著作権を目的とする質権が設定されているとき（当該質権を有する者の承諾を得た場合を除く。）。

2　前項第四号の場合において、著作権者の請求があるときは、当該補償金を支払うべき者は、自己の見積金額を支払い、裁定に係る補償金の額との差額を供託しなければならない。

3　第六十七条第一項、第六十七条の二第五項若しくは前二項の規定による補償金の供託又は同条第一項の規定による担保金の供託は、著作権者が国内に住所又は居所で知れているものを有する場合にあつては当該住所又は居所の最寄りの供託所に、その他の場合にあつては供託をする者の住所又は居所の最寄りの供託所に、それぞれするものとする。

4　前項の供託をした者は、すみやかにその旨を著作権者に通知しなければならない。ただし、著作権者の不明その他の理由により著作権者に通知することができない場合は、この限りでない。

第七十四条　第三十三条第二項（同条第四項において準用する場合を含む。）、第三十三条の二第二項、第三十三条の三第二項、第六十八条第一項又は第六

十九条第一項の補償金を支払うべき者は、次に掲げる場合には、その補償金の支払に代えてその補償金を供託しなければならない。

一～五　（略）

2　（略）

3　第六十七条第一項、第六十七条の二第五項、第六十七条の三第一項若しくは前二項の規定による補償金の供託又は第六十七条の二第一項の規定による担保金の供託は、著作権者が国内に住所又は居所で知れているものを有する場合にあつては当該住所又は居所の最寄りの供託所に、その他の場合にあつては供託をする者の住所又は居所の最寄りの供託所に、それぞれするものとする。

4　（略）

（令和五年五月二十六日から起算して三年を超えない範囲内において政令で定める日から施行）

（平十五法八五・1項柱書一部改正、平二一法五三・見出し3項一部改正、平二九法四五・1項一号全改二号追加旧二号以下繰下三号全改四号五号2項一部改正、平三〇法三〇・3項一部改正、平三〇法三九・1項一部改正）

第十節　登録

（実名の登録）

第七十五条　無名又は変名で公表された著作物の著作者は、現にその著作権を有するかどうかにかかわらず、その著作物についてその実名の登録を受けることができる。

2　著作者は、その遺言で指定する者により、死後において前項の登録を受けることができる。

3　実名の登録がされている者は、当該登録に係る著作物の著作者と推定する。

（第一発行年月日等の登録）

第七十六条　著作権者又は無名若しくは変名の著作物の発行者は、その著作物について第一発行年月日の登録又は第一公表年月日の登録を受けることができる。

2　第一発行年月日の登録又は第一公表年月日の登録がされている著作物については、これらの登録に係る年月日において最初の発行又は最初の公表があつたものと推定する。

（創作年月日の登録）

第七十六条の二　プログラムの著作物の著作者は、その著作物について創作年月日の登録を受けることができる。ただし、その著作物の創作後六月を経過

した場合は、この限りでない。

2　前項の登録がされている著作物については、その登録に係る年月日におい
て創作があつたものと推定する。

（昭六〇法六二・追加）

（著作権の登録）

第七十七条　次に掲げる事項は、登録しなければ、第三者に対抗することがで
きない。

一　著作権の移転若しくは信託による変更又は処分の制限

二　著作権を目的とする質権の設定、移転、変更若しくは消滅（混同又は著
作権若しくは担保する債権の消滅によるものを除く。）又は処分の制限

（平二一法五三・一号一部改正、平三〇法七二・一号一部改正）

（登録手続等）

第七十八条　第七十五条第一項、第七十六条第一項、第七十六条の二第一項又
は前条の登録は、文化庁長官が著作権登録原簿に記載し、又は記録して行う。

2　著作権登録原簿は、政令で定めるところにより、その全部又は一部を磁気
ディスク（これに準ずる方法により一定の事項を確実に記録しておくことが
できる物を含む。第四項において同じ。）をもつて調製することができる。

3　文化庁長官は、第七十五条第一項の登録を行つたときは、その旨をインター
ネットの利用その他の適切な方法により公表するものとする。

4　何人も、文化庁長官に対し、著作権登録原簿の謄本若しくは抄本若しくは
その附属書類の写しの交付、著作権登録原簿若しくはその附属書類の閲覧又
は著作権登録原簿のうち磁気ディスクをもつて調製した部分に記録されてい
る事項を記載した書類の交付を請求することができる。

5　前項の請求をする者は、実費を勘案して政令で定める額の手数料を納付し
なければならない。

6　前項の規定は、同項の規定により手数料を納付すべき者が国であるときは、
適用しない。

7　第一項に規定する登録に関する処分については、行政手続法（平成五年法
律第八十八号）第二章及び第三章の規定は、適用しない。

8　著作権登録原簿及びその附属書類については、行政機関情報公開法の規定
は、適用しない。

9　著作権登録原簿及びその附属書類に記録されている保有個人情報（個人情
報の保護に関する法律（平成十五年法律第五十七号）第六十条第一項に規定
する保有個人情報をいう。）については、同法第五章第四節の規定は、適用
しない。

10　この節に規定するもののほか、第一項に規定する登録に関し必要な事項は、政令で定める。

（昭五九法二三・4項一部改正、昭六〇法六二・1項一部改正、平五法八九・5項追加、平十一法四三・3項一部改正6項追加、平十一法二二〇・5項追加、平十三法一四〇・7項一部改正、平十五法六一・8項追加旧8項繰下、平二一法五三・1項2項3項一部改正2項追加旧2項以下繰下、平二八法五一・9項一部改正、令二法四八・3項6項一部改正、令三法三七・9項一部改正）

（プログラムの著作物の登録に関する特例）

第七十八条の二　プログラムの著作物に係る登録については、この節の規定によるほか、別に法律で定めるところによる。

（昭六〇法六二・追加）

第三章　出版権

（出版権の設定）

第七十九条　第二十一条又は第二十三条第一項に規定する権利を有する者（以下この章において「複製権等保有者」という。）は、その著作物について、文書若しくは図画として出版すること（電子計算機を用いてその映像面に文書又は図画として表示されるようにする方式により記録媒体に記録し、当該記録媒体に記録された当該著作物の複製物により頒布することを含む。次条第二項及び第八十一条第一号において「出版行為」という。）又は当該方式により記録媒体に記録された当該著作物の複製物を用いて公衆送信（放送又は有線放送を除き、自動公衆送信の場合にあつては送信可能化を含む。以下この章において同じ。）を行うこと（次条第二項及び第八十一条第二号において「公衆送信行為」という。）を引き受ける者に対し、出版権を設定することができる。

2　複製権等保有者は、その複製権又は公衆送信権を目的とする質権が設定されているときは、当該質権を有する者の承諾を得た場合に限り、出版権を設定することができるものとする。

（平二六法三五・1項2項一部改正）

（出版権の内容）

第八十条　出版権者は、設定行為で定めるところにより、その出版権の目的である著作物について、次に掲げる権利の全部又は一部を専有する。

一　頒布の目的をもつて、原作のまま印刷その他の機械的又は化学的方法により文書又は図画として複製する権利（原作のまま前条第一項に規定する

方式により記録媒体に記録された電磁的記録として複製する権利を含む。)

二　原作のまま前条第一項に規定する方式により記録媒体に記録された当該
著作物の複製物を用いて公衆送信を行う権利

2　出版権の存続期間中に当該著作物の著作者が死亡したとき、又は、設定行
為に別段の定めがある場合を除き、出版権の設定後最初の出版行為又は公衆
送信行為（第八十三条第二項及び第八十四条第三項において「出版行為等」
という。）があつた日から三年を経過したときは、複製権等保有者は、前項
の規定にかかわらず、当該著作物について、全集その他の編集物（その著作
者の著作物のみを編集したものに限る。）に収録して複製し、又は公衆送信
を行うことができる。

3　出版権者は、複製権等保有者の承諾を得た場合に限り、他人に対し、その
出版権の目的である著作物の複製又は公衆送信を許諾することができる。

4　第六十三条第二項、第三項及び第六項並びに第六十三条の二の規定は、前
項の場合について準用する。この場合において、第六十三条第三項中「著作
権者」とあるのは「第七十九条第一項の複製権等保有者及び出版権者」と、
同条第六項中「第二十三条第一項」とあるのは「第八十条第一項（第二号に
係る部分に限る。）」と読み替えるものとする。

　　　　　（平二六法三五・1項柱書2項3項一部改正1項一号二号4項追加、
　　　　　令二法四八・4項一部改正、令三法五二・4項一部改正）

（出版の義務）

第八十一条　出版権者は、次の各号に掲げる区分に応じ、その出版権の目的で
ある著作物につき当該各号に定める義務を負う。ただし、設定行為に別段の
定めがある場合は、この限りでない。

一　前条第一項第一号に掲げる権利に係る出版権者（次条において「第一号
出版権者」という。）　次に掲げる義務

イ　複製権等保有者からその著作物を複製するために必要な原稿その他の
原品若しくはこれに相当する物の引渡し又はその著作物に係る電磁的記
録の提供を受けた日から六月以内に当該著作物について出版行為を行う
義務

ロ　当該著作物について慣行に従い継続して出版行為を行う義務

二　前条第一項第二号に掲げる権利に係る出版権者（次条第一項第二号及び
第百四条の十の三第二号ロにおいて「第二号出版権者」という。）　次に掲
げる義務

イ　複製権等保有者からその著作物について公衆送信を行うために必要な
原稿その他の原品若しくはこれに相当する物の引渡し又はその著作物に

係る電磁的記録の提供を受けた日から六月以内に当該著作物について公衆送信行為を行う義務

ロ　当該著作物について慣行に従い継続して公衆送信行為を行う義務

（平二六法三五・柱書一号二号一部改正、令三法五二・二号一部改正）

（著作物の修正増減）

第八十二条　著作者は、次に掲げる場合には、正当な範囲内において、その著作物に修正又は増減を加えることができる。

一　その著作物を第一号出版権者が改めて複製する場合

二　その著作物について第二号出版権者が公衆送信を行う場合

2　第一号出版権者は、その出版権の目的である著作物を改めて複製しようとするときは、その都度、あらかじめ著作者にその旨を通知しなければならない。

（平二六法三五・1項柱書2項一部改正1項一号二号追加）

（出版権の存続期間）

第八十三条　出版権の存続期間は、設定行為で定めるところによる。

2　出版権は、その存続期間につき設定行為に定めがないときは、その設定後最初の出版行為等があつた日から三年を経過した日において消滅する。

（平二六法三五・2項一部改正）

（出版権の消滅の請求）

第八十四条　出版権者が第八十一条第一号（イに係る部分に限る。）又は第二号（イに係る部分に限る。）の義務に違反したときは、複製権等保有者は、出版権者に通知してそれぞれ第八十条第一項第一号又は第二号に掲げる権利に係る出版権を消滅させることができる。

2　出版権者が第八十一条第一号（ロに係る部分に限る。）又は第二号（ロに係る部分に限る。）の義務に違反した場合において、複製権等保有者が三月以上の期間を定めてその履行を催告したにもかかわらず、その期間内にその履行がされないときは、複製権等保有者は、出版権者に通知してそれぞれ第八十条第一項第一号又は第二号に掲げる権利に係る出版権を消滅させることができる。

3　複製権等保有者である著作者は、その著作物の内容が自己の確信に適合しなくなつたときは、その著作物の出版行為等を廃絶するために、出版権者に通知してその出版権を消滅させることができる。ただし、当該廃絶により出版権者に通常生ずべき損害をあらかじめ賠償しない場合は、この限りでない。

（平二六法三五・1項2項3項一部改正）

第八十五条　削除

（平十一法七七・削除）

（出版権の制限）

第八十六条　第三十条の二から第三十条の四まで、第三十一条第一項及び第七項（第一号に係る部分に限る。）、第三十二条、第三十三条第一項（同条第四項において準用する場合を含む。）第三十三条の二第一項、第三十三条の三第一項及び第四項、第三十四条第一項、第三十五条第一項、第三十六条第一項、第三十七条、第三十七条の二、第三十九条第一項、第四十条第一項及び第二項、第四十一条、第四十一条の二第一項、第四十二条、第四十二条の二第一項、第四十二条の三、第四十二条の四第二項、第四十六条、第四十七条第一項及び第三項、第四十七条の二、第四十七条の四並びに第四十七条の五の規定は、出版権の目的となつている著作物の複製について準用する。この場合において、第三十条の二第一項ただし書及び第二項ただし書、第三十条の三、第三十条の四ただし書、第三十一条第一項第一号、第三十五条第一項ただし書、第四十一条の二第一項ただし書、第四十二条ただし書、第四十二条の二第一項ただし書、第四十七条第一項ただし書及び第三項ただし書、第四十七条の二、第四十七条の四第一項ただし書及び第二項ただし書並びに第四十七条の五第一項ただし書及び第二項ただし書中「著作権者」とあるのは「出版権者」と、同条第一項ただし書中「著作権を」とあるのは「出版権を」と、「著作権の」とあるのは「出版権の」と読み替えるものとする。

2　次に掲げる者は、第八十条第一項第一号の複製を行つたものとみなす。

一　第三十条第一項に定める私的使用の目的又は第三十一条第四項若しくは第九項第一号に定める目的以外の目的のために、これらの規定の適用を受けて原作のまま印刷その他の機械的若しくは化学的方法により文書若しくは図画として複製することにより作成された著作物の複製物（原作のまま第七十九条第一項に規定する方式により記録媒体に記録された電磁的記録として複製することにより作成されたものを含む。）を頒布し、又は当該複製物によつて当該著作物の公衆への提示を行つた者

二　前項において準用する第三十条の三、第三十一条第一項第一号若しくは第七項第一号、第三十三条の二第一項、第三十三条の三第一項若しくは第四項、第三十五条第一項、第三十七条第三項、第三十七条の二本文（同条第二号に係る場合にあつては、同号）、第四十一条、第四十一条の二第一項、第四十二条、第四十二条の二第一項、第四十二条の三、第四十二条の四第二項、第四十七条第一項若しくは第三項、第四十七条の二又は第四十七条の五第一項に定める目的以外の目的のために、これらの規定の適用を受けて作成された著作物の複製物を頒布し、又は当該複製物によつて当該著作

　物の公衆への提示を行つた者

　三　前項において準用する第三十条の四の規定の適用を受けて作成された著作物の複製物を用いて、当該著作物に表現された思想又は感情を自ら享受し又は他人に享受させる目的のために、いずれの方法によるかを問わず、当該著作物を利用した者

　四　前項において準用する第四十七条の四又は第四十七条の五第二項に定める目的以外の目的のために、これらの規定の適用を受けて作成された著作物の複製物を用いて、いずれの方法によるかを問わず、当該著作物を利用した者

3　第三十条の二から第三十条の四まで、第三十一条第二項（第二号に係る部分に限る。）、第五項、第七項前段及び第八項、第三十二条第一項、第三十三条の二第一項、第三十三条の三第四項、第三十五条第一項、第三十六条第一項、第三十七条第二項及び第三項、第三十七条の二（第二号を除く。）、第四十条第一項、第四十一条、第四十一条の二第二項、第四十二条、第四十二条の二第二項、第四十二条の三、第四十二条の四第二項、第四十六条、第四十七条第二項及び第三項、第四十七条の二、第四十七条の四並びに第四十七条の五の規定は、出版権の目的となつている著作物の公衆送信について準用する。この場合において、第三十条の二第一項ただし書及び第二項ただし書、第三十条の三、第三十条の四ただし書、第三十一条第五項、第三十五条第一項ただし書、第三十六条第一項ただし書、第四十一条の二第二項ただし書、第四十二条ただし書、第四十二条の二第二項ただし書、第四十七条第二項ただし書及び第三項ただし書、第四十七条の二、第四十七条の四第一項ただし書及び第二項ただし書並びに第四十七条の五第一項ただし書及び第二項ただし書中「著作権者」とあるのは「出版権者」と、第三十一条第二項中「著作権者の」とあるのは「出版権者の」と、「著作権者若しくはその許諾を得た者又は第七十九条の出版権の設定を受けた者若しくは」とあるのは「第七十九条の出版権の設定を受けた者又は」と、第四十七条の五第一項ただし書中「著作権を」とあるのは「出版権を」と、「著作権の」とあるのは「出版権の」と読み替えるものとする。

　　　（平四法一〇六・各項一部改正、平十一法四三・1項2項一部改正、平十五法八五・1項2項一部改正、平十八法一二一・1項一部改正、平二一法五三・1項2項一部改正、平二四法四三・1項2項一部改正、平二六法三五・1項2項一部改正3項追加、平三〇法三〇・1項3号一部改正2項全改、平三〇法三九・1項2項3項一部改正、令二法四八・1項一部改正2項一号追加旧一号以下繰下2項二号3項一部改

正、令三法五二・1項2項3項一部改正、令五法三三・1項2項二号
3項一部改正）

（出版権の譲渡等）

第八十七条 出版権は、複製権等保有者の承諾を得た場合に限り、その全部又
は一部を譲渡し、又は質権の目的とすることができる。

（平二六法三五・一部改正）

（出版権の登録）

第八十八条 次に掲げる事項は、登録しなければ、第三者に対抗することがで
きない。

　一　出版権の設定、移転、変更若しくは消滅（混同又は複製権若しくは公衆
　　送信権の消滅によるものを除く。）又は処分の制限

　二　出版権を目的とする質権の設定、移転、変更若しくは消滅（混同又は出
　　版権若しくは担保する債権の消滅によるものを除く。）又は処分の制限

2　第七十八条（第三項を除く。）の規定は、前項の登録について準用する。
　この場合において、同条第一項、第二項、第四項、第八項及び第九項中「著
　作権登録原簿」とあるのは、「出版権登録原簿」と読み替えるものとする。

（平十一法四三・2項一部改正、平十二法一三一・2項一部改正、平
十五法六一・2項一部改正、平二一法五三・2項一部改正、平二六法
三五・1項一号一部改正、平三〇法七二・一項一号一部改正）

第四章　著作隣接権
第一節　総則

（著作隣接権）

第八十九条 実演家は、第九十条の二第一項及び第九十条の三第一項に規定す
る権利（以下「実演家人格権」という。）並びに第九十一条第一項、第九十
二条第一項、第九十二条の二第一項、第九十五条の二第一項及び第九十五条
の三第一項に規定する権利並びに第九十四条の二及び第九十五条の三第三項
に規定する報酬並びに第九十五条第一項に規定する二次使用料を受ける権利
を享有する。

2　レコード製作者は、第九十六条、第九十六条の二、第九十七条の二第一項
　及び第九十七条の三第一項に規定する権利並びに第九十七条第一項に規定す
　る二次使用料及び第九十七条の三第三項に規定する報酬を受ける権利を享有
　する。

3　放送事業者は、第九十八条から第百条までに規定する権利を享有する。

4　有線放送事業者は、第百条の二から第百条の五までに規定する権利を享有

する。

5　前各項の権利の享有には、いかなる方式の履行をも要しない。

6　第一項から第四項までの権利（実演家人格権並びに第一項及び第二項の報酬及び二次使用料を受ける権利を除く。）は、著作隣接権という。

　　　　（昭五九法四六・1項2項6項一部改正、昭六一法六四・5項6項一部改正4項追加、平四法一〇六・2項一部改正、平九法八六・1項2項一部改正、平十一法七七・1項2項一部改正、平十四法七二・1項4項6項一部改正、平十八法一二一・1項6項一部改正）

（著作者の権利と著作隣接権との関係）

第九十条　この章の規定は、著作者の権利に影響を及ぼすものと解釈してはならない。

　　第二節　実演家の権利

（氏名表示権）

第九十条の二　実演家は、その実演の公衆への提供又は提示に際し、その氏名若しくはその芸名その他氏名に代えて用いられるものを実演家名として表示し、又は実演家名を表示しないこととする権利を有する。

2　実演を利用する者は、その実演家の別段の意思表示がない限り、その実演につき既に実演家が表示しているところに従つて実演家名を表示することができる。

3　実演家名の表示は、実演の利用の目的及び態様に照らし実演家がその実演の実演家であることを主張する利益を害するおそれがないと認められるとき又は公正な慣行に反しないと認められるときは、省略することができる。

4　第一項の規定は、次の各号のいずれかに該当するときは、適用しない。

　一　行政機関情報公開法、独立行政法人等情報公開法又は情報公開条例の規定により行政機関の長、独立行政法人等又は地方公共団体の機関若しくは地方独立行政法人が実演を公衆に提供し、又は提示する場合において、当該実演につき既にその実演家が表示しているところに従つて実演家名を表示するとき。

　二　行政機関情報公開法第六条第二項の規定、独立行政法人等情報公開法第六条第二項の規定又は情報公開条例の規定で行政機関情報公開法第六条第二項の規定に相当するものにより行政機関の長、独立行政法人等又は地方公共団体の機関若しくは地方独立行政法人が実演を公衆に提供し、又は提示する場合において、当該実演の実演家名の表示を省略することとなるとき。

　三　公文書管理法第十六条第一項の規定又は公文書管理条例の規定（同項の

規定に相当する規定に限る。）により国立公文書館等の長又は地方公文書館等の長が実演を公衆に提供し、又は提示する場合において、当該実演につき既にその実演家が表示しているところに従つて実演家名を表示するとき。

　　　　（平十四法七二・追加、平十五法一一九・4項一号二号一部改正、平二四法四三・4項三号追加）

（同一性保持権）

第九十条の三　実演家は、その実演の同一性を保持する権利を有し、自己の名誉又は声望を害するその実演の変更、切除その他の改変を受けないものとする。

2　前項の規定は、実演の性質並びにその利用の目的及び態様に照らしやむを得ないと認められる改変又は公正な慣行に反しないと認められる改変については、適用しない。

　　　　（平十四法七二・追加）

（録音権及び録画権）

第九十一条　実演家は、その実演を録音し、又は録画する権利を専有する。

2　前項の規定は、同項に規定する権利を有する者の許諾を得て映画の著作物において録音され、又は録画された実演については、これを録音物（音を専ら影像とともに再生することを目的とするものを除く。）に録音する場合を除き、適用しない。

　　　　（昭五九法四六・2項一部改正、平十四法七二・2項一部改正）

（放送権及び有線放送権）

第九十二条　実演家は、その実演を放送し、又は有線放送する権利を専有する。

2　前項の規定は、次に掲げる場合には、適用しない。

　一　放送される実演を有線放送する場合

　二　次に掲げる実演を放送し、又は有線放送する場合

　　イ　前条第一項に規定する権利を有する者の許諾を得て録音され、又は録画されている実演

　　ロ　前条第二項の実演で同項の録音物以外の物に録音され、又は録画されているもの

　　　　（昭六一法六四・1項2項二号一部改正、平九法八六・見出し1項2項二号柱書一部改正）

（送信可能化権）

第九十二条の二　実演家は、その実演を送信可能化する権利を専有する。

2　前項の規定は、次に掲げる実演については、適用しない。

　一　第九十一条第一項に規定する権利を有する者の許諾を得て録画されている実演

　二　第九十一条第二項の実演で同項の録音物以外の物に録音され、又は録画されているもの

　　　（平九法八六・追加）

（放送等のための固定）

第九十三条　実演の放送について第九十二条第一項に規定する権利を有する者の許諾を得た放送事業者は、その実演を放送及び放送同時配信等のために録音し、又は録画することができる。ただし、契約に別段の定めがある場合及び当該許諾に係る放送番組と異なる内容の放送番組に使用する目的で録音し、又は録画する場合は、この限りでない。

2　次に掲げる者は、第九十一条第一項の録音又は録画を行つたものとみなす。

　一　前項の規定により作成された録音物又は録画物を放送若しくは放送同時配信等の目的以外の目的又は同項ただし書に規定する目的のために使用し、又は提供した者

　二　前項の規定により作成された録音物又は録画物の提供を受けた放送事業者又は放送同時配信等事業者で、これらを更に他の放送事業者又は放送同時配信等事業者の放送又は放送同時配信等のために提供したもの

　　　（平九法八六・1項一部改正、令三法五二・見出し1項2項柱書一号二号一部改正）

（放送のための固定物等による放送）

第九十三条の二　第九十二条第一項に規定する権利を有する者がその実演の放送を許諾したときは、契約に別段の定めがない限り、当該実演は、当該許諾に係る放送のほか、次に掲げる放送において放送することができる。

　一　当該許諾を得た放送事業者が前条第一項の規定により作成した録音物又は録画物を用いてする放送

　二　当該許諾を得た放送事業者からその者が前条第一項の規定により作成した録音物又は録画物の提供を受けてする放送

　三　当該許諾を得た放送事業者から当該許諾に係る放送番組の供給を受けてする放送（前号の放送を除く。）

2　前項の場合において、同項各号に掲げる放送において実演が放送されたときは、当該各号に規定する放送事業者は、相当な額の報酬を当該実演に係る第九十二条第一項に規定する権利を有する者に支払わなければならない。

　　　（令三法五二・旧九四条繰上）

（放送等のための固定物等による放送同時配信等）

第九十三条の三　第九十二条の二第一項に規定する権利（放送同時配信等に係るものに限る。以下この項及び第九十四条の三第一項において同じ。）を有する者（以下「特定実演家」という。）が放送事業者に対し、その実演の放送同時配信等（当該放送事業者と密接な関係を有する放送同時配信等事業者が放送番組の供給を受けて行うものを含む。）の許諾を行つたときは、契約に別段の定めがない限り、当該許諾を得た実演（当該実演に係る第九十二条の二第一項に規定する権利について著作権等管理事業者による管理が行われているもの又は文化庁長官が定める方法により当該実演に係る特定実演家の氏名若しくは名称、放送同時配信等の許諾の申込みを受け付けるための連絡先その他の円滑な許諾のために必要な情報であつて文化庁長官が定めるものの公表がされているものを除く。）について、当該許諾に係る放送同時配信等のほか、次に掲げる放送同時配信等を行うことができる。

一　当該許諾を得た放送事業者が当該実演について第九十三条第一項の規定により作成した録音物又は録画物を用いてする放送同時配信等

二　当該許諾を得た放送事業者と密接な関係を有する放送同時配信等事業者が当該放送事業者から当該許諾に係る放送番組の供給を受けてする放送同時配信等

2　前項の場合において、同項各号に掲げる放送同時配信等が行われたときは、当該放送事業者又は放送同時配信等事業者は、通常の使用料の額に相当する額の報酬を当該実演に係る特定実演家に支払わなければならない。

3　前項の報酬を受ける権利は、著作権等管理事業者であつて全国を通じて一個に限りその同意を得て文化庁長官が指定するものがあるときは、当該指定を受けた著作権等管理事業者（以下この条において「指定報酬管理事業者」という。）によつてのみ行使することができる。

4　文化庁長官は、次に掲げる要件を備える著作権等管理事業者でなければ、前項の規定による指定をしてはならない。

一　営利を目的としないこと。

二　その構成員が任意に加入し、又は脱退することができること。

三　その構成員の議決権及び選挙権が平等であること。

四　第二項の報酬を受ける権利を有する者（次項及び第七項において「権利者」という。）のためにその権利を行使する義務を自ら的確に遂行するに足りる能力を有すること。

5　指定報酬管理事業者は、権利者のために自己の名をもつてその権利に関する裁判上又は裁判外の行為を行う権限を有する。

6　文化庁長官は、指定報酬管理事業者に対し、政令で定めるところにより、

第二項の報酬に係る業務に関して報告をさせ、若しくは帳簿、書類その他の資料の提出を求め、又はその義務の執行方法の改善のため必要な勧告をすることができる。

7　指定報酬管理事業者が第三項の規定により権利者のために請求することができる報酬の額は、毎年、指定報酬管理事業者と放送事業者若しくは放送同時配信等事業者又はその団体との間において協議して定めるものとする。

8　前項の協議が成立しないときは、その当事者は、政令で定めるところにより、同項の報酬の額について文化庁長官の裁定を求めることができる。

9　第七十条第三項、第六項及び第八項、第七十一条（第二号に係る部分に限る。）、第七十二条第一項、第七十三条本文並びに第七十四条第一項（第四号及び第五号に係る部分に限る。第十一項において同じ。）及び第二項の規定は、第二項の報酬及び前項の裁定について準用する。この場合において、第七十条第三項中「著作権者」とあり、及び同条第六項中「申請者に通知し、第六十八条第一項又は前条の裁定をしたときは、その旨を当事者」とあるのは「当事者」と、第七十四条第二項中「著作権者」とあるのは「第九十三条の三第三項に規定する指定報酬管理事業者」と読み替えるものとする。

10　前項において準用する第七十二条第一項の訴えにおいては、訴えを提起する者が放送事業者若しくは放送同時配信等事業者又はその団体であるときは指定報酬管理事業者を、指定報酬管理事業者であるときは放送事業者若しくは放送同時配信等事業者又はその団体を、それぞれ被告としなければならない。

11　第九項において準用する第七十四条第一項及び第二項の規定による報酬の供託は、指定報酬管理事業者の所在地の最寄りの供託所にするものとする。この場合において、供託をした者は、速やかにその旨を指定報酬管理事業者に通知しなければならない。

12　私的独占の禁止及び公正取引の確保に関する法律（昭和二十二年法律第五十四号）の規定は、第七項の協議による定め及びこれに基づいてする行為については、適用しない。ただし、不公正な取引方法を用いる場合及び関連事業者の利益を不当に害することとなる場合は、この限りでない。

13　第二項から前項までに定めるもののほか、第二項の報酬の支払及び指定報酬管理事業者に関し必要な事項は、政令で定める。

第九十三条の三　（略）

2〜8　（略）

9　第六十七条第七項（第一号に係る部分に限る。）及び第八項、第六十八条第三項、第七十条、第七十一条（第二号に係る部分に限る。）、第七十二条第

一項、第七十三条本文並びに第七十四条第一項（第四号及び第五号に係る部分に限る。第十一項において同じ。）及び第二項の規定は、第二項の報酬及び前項の裁定について準用する。この場合において、第六十七条第七項中「申請者」とあり、及び第六十八条第三項中「著作権者」とあるのは「当事者」と、第六十七条第七項第一号中「第五項各号に掲げる事項及び当該裁定に係る著作物の利用につき定めた補償金の額」とあり、及び同条第八項中「その旨及び次に掲げる事項」とあるのは「その旨」と、第七十四条第二項中「著作権者」とあるのは「第九十三条の三第三項に規定する指定報酬管理事業者」と読み替えるものとする。

10〜13　（略）

　　　　（令和五年五月二十六日から起算して三年を超えない範囲内において政令で定める日から施行）

　　　　　（令三法五二・追加）

（特定実演家と連絡することができない場合の放送同時配信等）

第九十四条　第九十三条の二第一項の規定により同項第一号に掲げる放送において実演が放送される場合において、当該放送を行う放送事業者又は当該放送事業者と密接な関係を有する放送同時配信等事業者は、次に掲げる措置の全てを講じてもなお当該実演に係る特定実演家と連絡することができないときは、契約に別段の定めがない限り、その事情につき、著作権等管理事業者であつて全国を通じて一個に限りその同意を得て文化庁長官が指定したもの（以下この条において「指定補償金管理事業者」という。）の確認を受け、かつ、通常の使用料の額に相当する額の補償金であつて特定実演家に支払うべきものを指定補償金管理事業者に支払うことにより、放送事業者にあつては当該放送に用いる録音物又は録画物を用いて、放送同時配信等事業者にあつては当該放送に係る放送番組の供給を受けて、当該実演の放送同時配信等を行うことができる。

一　当該特定実演家の連絡先を保有している場合には、当該連絡先に宛てて連絡を行うこと。

二　著作権等管理事業者であつて実演について管理を行つているものに対し照会すること。

三　前条第一項に規定する公表がされているかどうかを確認すること。

四　放送同時配信等することを予定している放送番組の名称、当該特定実演家の氏名その他の文化庁長官が定める情報を文化庁長官が定める方法により公表すること。

2　前項の確認を受けようとする放送事業者又は放送同時配信等事業者は、同

項各号に掲げる措置の全てを適切に講じてもなお放送同時配信等しようとする実演に係る特定実演家と連絡することができないことを疎明する資料を指定補償金管理事業者に提出しなければならない。

3　第一項の規定により補償金を受領した指定補償金管理事業者は、同項の規定により放送同時配信等された実演に係る特定実演家から請求があつた場合には、当該特定実演家に当該補償金を支払わなければならない。

4　前条第四項の規定は第一項の規定による指定について、同条第五項から第十三項までの規定は第一項の補償金及び指定補償金管理事業者について、それぞれ準用する。この場合において、同条第四項第四号中「第二項の報酬を受ける権利を有する者（次項及び第七項において「権利者」という。）のためにその権利を行使する」とあるのは「次条第一項の確認及び同項の補償金に係る」と、同条第五項中「権利者」とあるのは「特定実演家」と、同条第六項中「第二項の報酬」とあるのは「次条第一項の確認及び同項の補償金」と、同条第七項中「第三項の規定により権利者のために請求することができる報酬」とあるのは「次条第一項の規定により受領する補償金」と読み替えるものとする。

　　　　（令三法五二・追加）

（放送される実演の有線放送）

第九十四条の二　有線放送事業者は、放送される実演を有線放送した場合（営利を目的とせず、かつ、聴衆又は観衆から料金（いずれの名義をもつてするかを問わず、実演の提示につき受ける対価をいう。第九十五条第一項において同じ。）を受けない場合を除く。）には、当該実演（著作隣接権の存続期間内のものに限り、第九十二条第二項第二号に掲げるものを除く。）に係る実演家に相当な額の報酬を支払わなければならない。

　　　　（平十八法一二一・追加、令三法五二・一部改正）

（商業用レコードに録音されている実演の放送同時配信等）

第九十四条の三　放送事業者、有線放送事業者又は放送同時配信等事業者は、第九十一条第一項に規定する権利を有する者の許諾を得て商業用レコード（送信可能化されたレコードを含む。次項、次条第一項、第九十六条の三第一項及び第二項並びに第九十七条第一項及び第三項において同じ。）に録音されている実演（当該実演に係る第九十二条の二第一項に規定する権利について著作権等管理事業者による管理が行われているもの又は文化庁長官が定める方法により当該実演に係る特定実演家の氏名若しくは名称、放送同時配信等の許諾の申込みを受け付けるための連絡先その他の円滑な許諾のために必要な情報であつて文化庁長官が定めるものの公表がされているものを除

く。）について放送同時配信等を行うことができる。

2　前項の場合において、商業用レコードを用いて同項の実演の放送同時配信
等を行つたときは、放送事業者、有線放送事業者又は放送同時配信等事業者
は、通常の使用料の額に相当する額の補償金を当該実演に係る特定実演家に
支払わなければならない。

3　前項の補償金を受ける権利は、著作権等管理事業者であつて全国を通じて
一個に限りその同意を得て文化庁長官が指定するものがあるときは、当該著
作権等管理事業者によつてのみ行使することができる。

4　第九十三条の三第四項の規定は前項の規定による指定について、同条第五
項から第十三項までの規定は第二項の補償金及び前項の規定による指定を受
けた著作権等管理事業者について、それぞれ準用する。この場合において、
同条第四項第四号中「第二項の報酬」とあるのは「第九十四条の三第二項の
補償金」と、同条第七項及び第十項中「放送事業者」とあるのは「放送事業
者、有線放送事業者」と読み替えるものとする。

　　　（令三法五二・追加）

（商業用レコードの二次使用）

第九十五条　放送事業者及び有線放送事業者（以下この条及び第九十七条第一
項において「放送事業者等」という。）は、第九十一条第一項に規定する権
利を有する者の許諾を得て実演が録音されている商業用レコードを用いた放
送又は有線放送を行つた場合（営利を目的とせず、かつ、聴衆又は観衆から
料金を受けずに、当該放送を受信して同時に有線放送を行つた場合を除く。）
には、当該実演（第七条第一号から第六号までに掲げる実演で著作隣接権の
存続期間内のものに限る。次項から第四項までにおいて同じ。）に係る実演
家に二次使用料を支払わなければならない。

2　前項の規定は、実演家等保護条約の締約国については、当該締約国であつ
て、実演家等保護条約第十六条1(a)(i)の規定に基づき実演家等保護条約第
十二条の規定を適用しないこととしている国以外の国の国民をレコード製作
者とするレコードに固定されている実演に係る実演家について、適用する。

3　第八条第一号に掲げるレコードについて実演家等保護条約の締約国により
与えられる実演家等保護条約第十二条の規定による保護の期間が第一項の規
定により実演家が保護を受ける期間より短いときは、当該締約国の国民をレ
コード製作者とするレコードに固定されている実演に係る実演家が同項の規
定により保護を受ける期間は、第八条第一号に掲げるレコードについて当該
締約国により与えられる実演家等保護条約第十二条の規定による保護の期間
による。

4 第一項の規定は、実演・レコード条約の締約国（実演家等保護条約の締約国を除く。）であつて、実演・レコード条約第十五条(3)の規定により留保を付している国の国民をレコード製作者とするレコードに固定されている実演に係る実演家については、当該留保の範囲に制限して適用する。

5 第一項の二次使用料を受ける権利は、国内において実演を業とする者の相当数を構成員とする団体（その連合体を含む。）でその同意を得て文化庁長官が指定するものがあるときは、当該団体によつてのみ行使することができる。

6 文化庁長官は、次に掲げる要件を備える団体でなければ、前項の指定をしてはならない。

一 営利を目的としないこと。

二 その構成員が任意に加入し、又は脱退することができること。

三 その構成員の議決権及び選挙権が平等であること。

四 第一項の二次使用料を受ける権利を有する者（以下この条において「権利者」という。）のためにその権利を行使する業務をみずから的確に遂行するに足りる能力を有すること。

7 第五項の団体は、権利者から申込みがあつたときは、その者のためにその権利を行使することを拒んではならない。

8 第五項の団体は、前項の申込みがあつたときは、権利者のために自己の名をもつてその権利に関する裁判上又は裁判外の行為を行う権限を有する。

9 文化庁長官は、第五項の団体に対し、政令で定めるところにより、第一項の二次使用料に係る業務に関して報告をさせ、若しくは帳簿、書類その他の資料の提出を求め、又はその業務の執行方法の改善のため必要な勧告をすることができる。

10 第五項の団体が同項の規定により権利者のために請求することができる二次使用料の額は、毎年、当該団体と放送事業者等又はその団体との間において協議して定めるものとする。

11 前項の協議が成立しないときは、その当事者は、政令で定めるところにより、同項の二次使用料の額について文化庁長官の裁定を求めることができる。

12 第七十条第三項、第六項及び第八項、第七十一条（第二号に係る部分に限る。）並びに第七十二条から第七十四条までの規定は、前項の裁定及び二次使用料について準用する。この場合において、第七十条第三項中「著作権者」とあるのは「当事者」と、第七十二条第二項中「著作物を利用する者」とあるのは「第九十五条第一項の放送事業者等」と、「著作権者」とあるのは「同条第五項の団体」と、第七十四条中「著作権者」とあるのは「第九十五条第

五項の団体」と読み替えるものとする。

13　私的独占の禁止及び公正取引の確保に関する法律の規定は、第十項の協議による定め及びこれに基づいてする行為については、適用しない。ただし、不公正な取引方法を用いる場合及び関連事業者の利益を不当に害することとなる場合は、この限りでない。

14　第五項から前項までに定めるもののほか、第一項の二次使用料の支払及び第五項の団体に関し必要な事項は、政令で定める。

第九十五条　（略）

2〜11　（略）

12　第六十七条第七項（第一号に係る部分に限る。）及び第八項、第六十八条第三項、第七十条、第七十一条（第二号に係る部分に限る。）並びに第七十二条から第七十四条までの規定は、前項の裁定及び二次使用料について準用する。この場合において、第六十七条第七項中「申請者」とあり、及び第六十八条第三項中「著作権者」とあるのは「当事者」と、第六十七条第七項第一号中「第五項各号に掲げる事項及び当該裁定に係る著作物の利用につき定めた補償金の額」とあり、及び同条第八項中「その旨及び次に掲げる事項」とあるのは「その旨」と、第七十二条第二項中「著作物を利用する者」とあるのは「第九十五条第一項の放送事業者等」と、「著作権者」とあるのは「同条第五項の団体」と、第七十四条中「著作権者」とあるのは「第九十五条第五項の団体」と読み替えるものとする。

13・14　（略）

　　　（令和五年五月二十六日から起算して三年を超えない範囲内において政令で定める日から施行）

　　　（昭六一法六四・1項一部改正、平元法四三・2項3項追加4項6項7項8項9項11項12項13項一部改正、平六法一一二・1項一部改正、平十一法二二〇・11項一部改正、平十四法七二・1項2項一部改正4項追加7項8項9項10項12項13項14項一部改正、平十八法一二一・1項一部改正、平二一法五三・12項一部改正、平二八法一〇八・1項一部改正、平三〇法三九・12項一部改正、令三法五二・1項13項一部改正）

（譲渡権）

第九十五条の二　実演家は、その実演をその録音物又は録画物の譲渡により公衆に提供する権利を専有する。

2　前項の規定は、次に掲げる実演については、適用しない。

一　第九十一条第一項に規定する権利を有する者の許諾を得て録画されてい

る実演

二　第九十一条第二項の実演で同項の録音物以外の物に録音され、又は録画されているもの

3　第一項の規定は、実演（前項各号に掲げるものを除く。以下この条において同じ。）の録音物又は録画物で次の各号のいずれかに該当するものの譲渡による場合には、適用しない。

一　第一項に規定する権利を有する者又はその許諾を得た者により公衆に譲渡された実演の録音物又は録画物

二　第百三条において準用する第六十七条第一項の規定による裁定を受けて公衆に譲渡された実演の録音物又は録画物

三　第百三条において準用する第六十七条の二第一項の規定の適用を受けて公衆に譲渡された実演の録音物又は録画物

四　第一項に規定する権利を有する者又はその承諾を得た者により特定かつ少数の者に譲渡された実演の録音物又は録画物

五　国外において、第一項に規定する権利に相当する権利を害することなく、又は同項に規定する権利に相当する権利を有する者若しくはその承諾を得た者により譲渡された実演の録音物又は録画物

第九十五条の二　（略）

2　（略）

3　第一項の規定は、実演（前項各号に掲げるものを除く。以下この条において同じ。）の録音物又は録画物で次の各号のいずれかに該当するものの譲渡による場合には、適用しない。

一　（略）

二　第百三条において準用する第六十七条第一項又は第六十七条の三第一項の規定による裁定を受けて公衆に譲渡された実演の録音物又は録画物

三～五　（略）

（令和五年五月二十六日から起算して三年を超えない範囲内において政令で定める日から施行）

（平十一法七七・追加、平十六法九二・3項三号一部改正、平二一法五三・3項二号三号追加旧二号以下繰下）

（貸与権等）

第九十五条の三　実演家は、その実演をそれが録音されている商業用レコードの貸与により公衆に提供する権利を専有する。

2　前項の規定は、最初に販売された日から起算して一月以上十二月を超えない範囲内において政令で定める期間を経過した商業用レコード（複製されて

いるレコードのすべてが当該商業用レコードと同一であるものを含む。以下「期間経過商業用レコード」という。）の貸与による場合には、適用しない。

3　商業用レコードの公衆への貸与を営業として行う者（以下「貸レコード業者」という。）は、期間経過商業用レコードの貸与により実演を公衆に提供した場合には、当該実演（著作隣接権の存続期間内のものに限る。）に係る実演家に相当の額の報酬を支払わなければならない。

4　第九十五条第五項から第十四項までの規定は、前項の報酬を受ける権利について準用する。この場合において、同条第十項中「放送事業者等」とあり、及び同条第十二項中「第九十五条第一項の放送事業者等」とあるのは、「第九十五条の三第三項の貸レコード業者」と読み替えるものとする。

5　第一項に規定する権利を有する者の許諾に係る使用料を受ける権利は、前項において準用する第九十五条第五項の団体によつて行使することができる。

6　第九十五条第七項から第十四項までの規定は、前項の場合について準用する。この場合においては、第四項後段の規定を準用する。

　　　　　（昭五九法四六・追加、平元法四三・1項3項4項5項6項一部改正、
　　　　　平三法六三・1項2項3項一部削除、平十一法七七・旧第九十五条の
　　　　　二繰下4項5項6項一部改正、平十四法七二・4項5項6項一部改正）

第三節　レコード製作者の権利

（複製権）

第九十六条　レコード製作者は、そのレコードを複製する権利を専有する。

　　　　　（昭五三法四九・2項追加、平元法四三・2項一部改正、平四法一〇
　　　　　六・2項削除）

（送信可能化権）

第九十六条の二　レコード製作者は、そのレコードを送信可能化する権利を専有する。

　　　　　（平九法八六・追加）

（商業用レコードの放送同時配信等）

第九十六条の三　放送事業者、有線放送事業者又は放送同時配信等事業者は、商業用レコード（当該商業用レコードに係る前条に規定する権利（放送同時配信等に係るものに限る。以下この項及び次項において同じ。）について著作権等管理事業者による管理が行われているもの又は文化庁長官が定める方法により当該商業用レコードに係る同条に規定する権利を有する者の氏名若しくは名称、放送同時配信等の許諾の申込みを受け付けるための連絡先その他の円滑な許諾のために必要な情報であつて文化庁長官が定めるものの公表

がされているものを除く。次項において同じ。）を用いて放送同時配信等を行うことができる。

2　前項の場合において、商業用レコードを用いて放送同時配信等を行つたときは、放送事業者、有線放送事業者又は放送同時配信等事業者は、通常の使用料の額に相当する額の補償金を当該商業用レコードに係る前条に規定する権利を有する者に支払わなければならない。

3　前項の補償金を受ける権利は、著作権等管理事業者であつて全国を通じて一個に限りその同意を得て文化庁長官が指定するものがあるときは、当該著作権等管理事業者によつてのみ行使することができる。

4　第九十三条の三第四項の規定は前項の規定による指定について、同条第五項から第十三項までの規定は第二項の補償金及び前項の規定による指定を受けた著作権等管理事業者について、それぞれ準用する。この場合において、同条第四項第四号中「第二項の報酬」とあるのは「第九十六条の三第二項の補償金」と、同条第七項及び第十項中「放送事業者」とあるのは「放送事業者、有線放送事業者」と読み替えるものとする。

　　　　（令三法五二・追加）

　（商業用レコードの二次使用）

第九十七条　放送事業者等は、商業用レコードを用いた放送又は有線放送を行つた場合（営利を目的とせず、かつ、聴衆又は観衆から料金（いずれの名義をもつてするかを問わず、レコードに係る音の提示につき受ける対価をいう。）を受けずに、当該放送を受信して同時に有線放送を行つた場合を除く。）には、そのレコード（第八条第一号から第四号までに掲げるレコードで著作隣接権の存続期間内のものに限る。）に係るレコード製作者に二次使用料を支払わなければならない。

2　第九十五条第二項及び第四項の規定は、前項に規定するレコード製作者について準用し、同条第三項の規定は、前項の規定により保護を受ける期間について準用する。この場合において、同条第二項から第四項までの規定中「国民をレコード製作者とするレコードに固定されている実演に係る実演家」とあるのは「国民であるレコード製作者」と、同条第三項中「実演家が保護を受ける期間」とあるのは「レコード製作者が保護を受ける期間」と読み替えるものとする。

3　第一項の二次使用料を受ける権利は、国内において商業用レコードの製作を業とする者の相当数を構成員とする団体（その連合体を含む。）でその同意を得て文化庁長官が指定するものがあるときは、当該団体によつてのみ行使することができる。

4　第九十五条第六項から第十四項までの規定は、第一項の二次使用料及び前項の団体について準用する。

　　　　（昭五三法四九・1項一部改正、昭六一法六四・1項一部改正、平元法四三・1項3項4項一部改正2項追加、平十四法七二・1項2項4項一部改正、平十八法一二一・1項一部改正）

（譲渡権）

第九十七条の二　レコード製作者は、そのレコードをその複製物の譲渡により公衆に提供する権利を専有する。

2　前項の規定は、レコードの複製物で次の各号のいずれかに該当するものの譲渡による場合には、適用しない。

　一　前項に規定する権利を有する者又はその許諾を得た者により公衆に譲渡されたレコードの複製物

　二　第百三条において準用する第六十七条第一項の規定による裁定を受けて公衆に譲渡されたレコードの複製物

　三　第百三条において準用する第六十七条の二第一項の規定の適用を受けて公衆に譲渡されたレコードの複製物

　四　前項に規定する権利を有する者又はその承諾を得た者により特定かつ少数の者に譲渡されたレコードの複製物

　五　国外において、前項に規定する権利に相当する権利を害することなく、又は同項に規定する権利に相当する権利を有する者若しくはその承諾を得た者により譲渡されたレコードの複製物

第九十七条の二　（略）

2　前項の規定は、レコードの複製物で次の各号のいずれかに該当するものの譲渡による場合には、適用しない。

　一　（略）

　二　第百三条において準用する第六十七条第一項又は第六十七条の三第一項の規定による裁定を受けて公衆に譲渡されたレコードの複製物

　三〜五　（略）

　　　　（令和五年五月二十六日から起算して三年を超えない範囲内において政令で定める日から施行）

　　　　（平十一法七七・追加、平十六法九二・2項三号一部改正、平二一法五三・2項二号三号追加旧二号以下繰下）

（貸与権等）

第九十七条の三　レコード製作者は、そのレコードをそれが複製されている商業用レコードの貸与により公衆に提供する権利を専有する。

2　前項の規定は、期間経過商業用レコードの貸与による場合には、適用しない。

3　貸レコード業者は、期間経過商業用レコードの貸与によりレコードを公衆に提供した場合には、当該レコード（著作隣接権の存続期間内のものに限る。）に係るレコード製作者に相当な額の報酬を支払わなければならない。

4　第九十七条第三項の規定は、前項の報酬を受ける権利の行使について準用する。

5　第九十五条第六項から第十四項までの規定は、第三項の報酬及び前項において準用する第九十七条第三項に規定する団体について準用する。この場合においては、第九十五条の三第四項後段の規定を準用する。

6　第一項に規定する権利を有する者の許諾に係る使用料を受ける権利は、第四項において準用する第九十七条第三項の団体によつて行使することができる。

7　第五項の規定は、前項の場合について準用する。この場合において、第五項中「第九十五条第六項」とあるのは、「第九十五条第七項」と読み替えるものとする。

　　　　（昭五九法四六・追加、平元法四三・1項4項5項6項7項一部改正、
　　　　平三法六三・1項3項一部削除、平十一法七七・旧九十七条の二繰下
　　　　4項5項6項一部改正、平十四法七二・5項7項一部改正）

第四節　放送事業者の権利

（複製権）

第九十八条　放送事業者は、その放送又はこれを受信して行なう有線放送を受信して、その放送に係る音又は影像を録音し、録画し、又は写真その他これに類似する方法により複製する権利を専有する。

（再放送権及び有線放送権）

第九十九条　放送事業者は、その放送を受信してこれを再放送し、又は有線放送する権利を専有する。

2　前項の規定は、放送を受信して有線放送を行なう者が法令の規定により行なわなければならない有線放送については、適用しない。

（送信可能化権）

第九十九条の二　放送事業者は、その放送又はこれを受信して行う有線放送を受信して、その放送を送信可能化する権利を専有する。

2　前項の規定は、放送を受信して自動公衆送信を行う者が法令の規定により行わなければならない自動公衆送信に係る送信可能化については、適用しない。

（平十四法七二・追加、平二二法六五・2項追加）

（テレビジョン放送の伝達権）

第百条　放送事業者は、そのテレビジョン放送又はこれを受信して行なう有線放送を受信して、影像を拡大する特別の装置を用いてその放送を公に伝達する権利を専有する。

　　第五節　有線放送事業者の権利

　　　（昭六一法六四・追加）

（複製権）

第百条の二　有線放送事業者は、その有線放送を受信して、その有線放送に係る音又は影像を録音し、録画し、又は写真その他これに類似する方法により複製する権利を専有する。

　　　（昭六一法六四・追加）

（放送権及び再有線放送権）

第百条の三　有線放送事業者は、その有線放送を受信してこれを放送し、又は再有線放送する権利を専有する。

　　　（昭六一法六四・追加）

（送信可能化権）

第百条の四　有線放送事業者は、その有線放送を受信してこれを送信可能化する権利を専有する。

　　　（平十四法七二・追加）

（有線テレビジョン放送の伝達権）

第百条の五　有線放送事業者は、その有線テレビジョン放送を受信して、影像を拡大する特別の装置を用いてその有線放送を公に伝達する権利を専有する。

　　　（昭六一法六四・追加、平十四法七二・旧百条の四繰下）

　　第六節　保護期間

　　　（昭六一法六四・旧第五節繰下）

（実演、レコード、放送又は有線放送の保護期間）

第百一条　著作隣接権の存続期間は、次に掲げる時に始まる。

　一　実演に関しては、その実演を行つた時

　二　レコードに関しては、その音を最初に固定した時

　三　放送に関しては、その放送を行つた時

　四　有線放送に関しては、その有線放送を行つた時

2　著作隣接権の存続期間は、次に掲げる時をもつて満了する。

　一　実演に関しては、その実演が行われた日の属する年の翌年から起算して

七十年を経過した時

二　レコードに関しては、その発行が行われた日の属する年の翌年から起算して七十年（その音が最初に固定された日の属する年の翌年から起算して七十年を経過する時までの間に発行されなかつたときは、その音が最初に固定された日の属する年の翌年から起算して七十年）を経過した時

三　放送に関しては、その放送が行われた日の属する年の翌年から起算して五十年を経過した時

四　有線放送に関しては、その有線放送が行われた日の属する年の翌年から起算して五十年を経過した時

　　　　　（昭六一法六四・見出し柱書一部改正四号追加、昭六三法八七・一部改正、平三法六三・柱書一部改正、平十四法七二・1項一号三号一部改正2項追加、平二八法一〇八・2項一号二号一部改正）

　　第七節　実演家人格権の一身専属性等

　　　　　（平十四法七二・追加）

　（実演家人格権の一身専属性）

第百一条の二　実演家人格権は、実演家の一身に専属し、譲渡することができない。

　　　　　（平十四法七二・追加）

　（実演家の死後における人格的利益の保護）

第百一条の三　実演を公衆に提供し、又は提示する者は、その実演の実演家の死後においても、実演家が生存しているとしたならばその実演家人格権の侵害となるべき行為をしてはならない。ただし、その行為の性質及び程度、社会的事情の変動その他によりその行為が当該実演家の意を害しないと認められる場合は、この限りでない。

　　　　　（平十四法七二・追加）

　　第八節　権利の制限、譲渡及び行使等並びに登録

　　　　　（昭六一法六四・旧第六節繰下、平十四法七二・旧第七節繰下）

　（著作隣接権の制限）

第百二条　第三十条第一項（第四号を除く。第九項第一号において同じ。）、第三十条の二から第三十二条まで、第三十五条、第三十六条、第三十七条第三項、第三十七条の二（第一号を除く。次項において同じ。）、第三十八条第二項及び第四項、第四十一条から第四十三条まで、第四十四条（第二項を除く。）、第四十六条から第四十七条の二まで、第四十七条の四並びに第四十七条の五の規定は、著作隣接権の目的となつている実演、レコード、放送又は有線放送の利用について準用し、第三十条第三項及び第四十七条の七の規定

は、著作隣接権の目的となつている実演又はレコードの利用について準用し、第三十三条から第三十三条の三までの規定は、著作隣接権の目的となつている放送又は有線放送の利用について準用し、第四十四条第二項の規定は、著作隣接権の目的となつている実演、レコード又は有線放送の利用について準用する。この場合において、第三十条第一項第三号中「自動公衆送信（国外で行われる自動公衆送信」とあるのは「送信可能化（国外で行われる送信可能化」と、「含む。）」とあるのは「含む。）に係る自動公衆送信」と、第四十四条第一項中「第二十三条第一項」とあるのは「第九十二条第一項、第九十二条の二第一項、第九十六条の二、第九十九条第一項又は第百条の三」と、同条第二項中「第二十三条第一項」とあるのは「第九十二条第一項、第九十二条の二第一項、第九十六条の二又は第百条の三」と、同条第三項中「第二十三条第一項」とあるのは「第九十二条の二第一項又は第九十六条の二」と読み替えるものとする。

2　前項において準用する第三十二条、第三十三条第一項（同条第四項において準用する場合を含む。）、第三十三条の二第一項、第三十三条の三第一項、第三十七条第三項、第三十七条の二、第四十一条の二第一項、第四十二条、第四十二条の二第一項若しくは第四十七条の規定又は次項若しくは第四項の規定により実演若しくはレコード又は放送若しくは有線放送に係る音若しくは影像（以下「実演等」と総称する。）を複製する場合において、その出所を明示する慣行があるときは、これらの複製の態様に応じ合理的と認められる方法及び程度により、その出所を明示しなければならない。

3　第三十三条の三第一項の規定により教科用図書に掲載された著作物を複製することができる場合には、同項の規定の適用を受けて作成された録音物において録音されている実演又は当該録音物に係るレコードを複製し、又は同項に定める目的のためにその複製物の譲渡により公衆に提供することができる。

4　視覚障害者等の福祉に関する事業を行う者で第三十七条第三項の政令で定めるものは、同項の規定により視覚著作物を複製することができる場合には、同項の規定の適用を受けて作成された録音物において録音されている実演又は当該録音物に係るレコードについて、複製し、又は同項に定める目的のために、送信可能化を行い、若しくはその複製物の譲渡により公衆に提供することができる。

5　著作隣接権の目的となつている実演であつて放送されるものは、地域限定特定入力型自動公衆送信を行うことができる。ただし、当該放送に係る第九十九条の二第一項に規定する権利を有する者の権利を害することとなる場合

は、この限りでない。

6　前項の規定により実演の送信可能化を行う者は、第一項において準用する第三十八条第二項の規定の適用がある場合を除き、当該実演に係る第九十二条の二第一項に規定する権利を有する者に相当な額の補償金を支払わなければならない。

7　前二項の規定は、著作隣接権の目的となつているレコードの利用について準用する。この場合において、前項中「第九十二条の二第一項」とあるのは、「第九十六条の二」と読み替えるものとする。

8　第三十九条第一項又は第四十条第一項若しくは第二項の規定により著作物を放送し、又は有線放送することができる場合には、その著作物の放送若しくは有線放送について、これを受信して有線放送し、若しくは影像を拡大する特別の装置を用いて公に伝達し、又はその著作物の放送について、地域限定特定入力型自動公衆送信を行うことができる。

9　次に掲げる者は、第九十一条第一項、第九十六条、第九十八条又は第百条の二の録音、録画又は複製を行つたものとみなす。

一　第一項において準用する第三十条第一項、第三十条の三、第三十一条第一項第一号、第二項第一号、第四項、第七項第一号若しくは第九項第一号、第三十三条の二第一項、第三十三条の三第一項若しくは第四項、第三十五条第一項、第三十七条第三項、第三十七条の二第二号、第四十一条、第四十一条の二第一項、第四十二条、第四十二条の二第一項、第四十二条の三、第四十二条の四、第四十三条第二項、第四十四条第一項から第三項まで、第四十七条第一項若しくは第三項、第四十七条の二又は第四十七条の五第一項に定める目的以外の目的のために、これらの規定の適用を受けて作成された実演等の複製物を頒布し、又は当該複製物によつて当該実演、当該レコードに係る音若しくは当該放送若しくは有線放送に係る音若しくは影像の公衆への提示を行つた者

二　第一項において準用する第三十条の四の規定の適用を受けて作成された実演等の複製物を用いて、当該実演等を自ら享受し又は他人に享受させる目的のために、いずれの方法によるかを問わず、当該実演等を利用した者

三　第一項において準用する第四十四条第四項の規定に違反して同項の録音物又は録画物を保存した放送事業者、有線放送事業者又は放送同時配信等事業者

四　第一項において準用する第四十七条の四又は第四十七条の五第二項に定める目的以外の目的のために、これらの規定の適用を受けて作成された実演等の複製物を用いて、いずれの方法によるかを問わず、当該実演等を利

用した者

　　五　第三十三条の三第一項又は第三十七条第三項に定める目的以外の目的のために、第三項若しくは第四項の規定の適用を受けて作成された実演若しくはレコードの複製物を頒布し、又は当該複製物によつて当該実演若しくは当該レコードに係る音の公衆への提示を行つた者

　　　　　（昭五三法四九・4項柱書一部改正、昭五九法四六・各項一部改正、昭六一法六四・各項一部改正、平四法一〇六・1項4項柱書一号一部改正、平十一法四三・1項4項一号一部改正、平十一法七七・1項一部改正、平十二法五六・1項2項4項一号一部改正、平十五法八五・4項一号一部改正、平十八法一二一・3項4項5項追加旧3項旧4項繰下1項3項4項6項一部改正7項三号四号追加、平二一法五三・1項2項一部改正3項4項追加旧3項4項5項6項7項繰下旧7項一号三号四号一部改正五号六号七号八号追加、平二一法七三・1項9項一号一部改正、平二二法六五・5項一部改正、平二四法四三・1項9項一号五号一部改正、平三〇法三〇・1項2項一部改正9項二号追加旧二号以下繰下旧三号四号六号七号削除旧五号八号一部改正、平三〇法三九・1項2項3項9項一号五号一部改正、令二法四八・1項一部改正、令三法五二・1項5項8項9項一号三号一部改正、令五法三三・2項9項一号一部改正）

　（実演家人格権との関係）

第百二条の二　前条の著作隣接権の制限に関する規定（同条第七項及び第八項の規定を除く。）は、実演家人格権に影響を及ぼすものと解釈してはならない。

　　　　　（平十四法七二・追加、平十八法一二一・一部改正、平二一法五三・一部改正）

　（著作隣接権の譲渡、行使等）

第百三条　第六十一条第一項の規定は著作隣接権の譲渡について、第六十二条第一項の規定は著作隣接権の消滅について、第六十三条及び第六十三条の二の規定は実演、レコード、放送又は有線放送の利用の許諾について、第六十五条の規定は著作隣接権が共有に係る場合について、第六十六条の規定は著作隣接権を目的として質権が設定されている場合について、第六十七条（第一項第二号を除く。）、第六十七条の二（第一項ただし書を除く。）、第七十条、第七十一条（第二号に係る部分に限る。）、第七十二条、第七十三条並びに第七十四条第三項及び第四項の規定は著作隣接権者と連絡することができない場合における実演、レコード、放送又は有線放送の利用について、第六十七

条の三（第一項第二号を除く。）、第七十条、第七十一条（第二号に係る部分
に限る。）、第七十二条、第七十三条並びに第七十四条第三項及び第四項の規
定は実演、レコード、放送又は有線放送の利用の可否に係る著作隣接権者の
意思の確認ができない場合におけるこれらの利用について、第六十八条（第
一項第二号を除く。）、第七十条、第七十一条（第二号に係る部分に限る。）、
第七十二条、第七十三条本文及び第七十四条の規定は著作隣接権者に協議を
求めたがその協議が成立せず、又はその協議をすることができない場合にお
ける実演、レコード、放送又は有線放送の利用について、第七十一条（第一
号に係る部分に限る。）及び第七十四条の規定は第百二条第一項において準
用する第三十三条から第三十三条の三までの規定による放送又は有線放送の
利用について、それぞれ準用する。この場合において、第六十三条第六項中
「第二十三条第一項」とあるのは「第九十二条の二第一項、第九十六条の二、
第九十九条の二第一項又は第百条の四」と、第六十八条第二項中「第三十八
条第二項及び第三項」とあるのは「第百二条第一項において準用する第三十
八条第二項」と読み替えるものとする。

> （昭六一法六四・一部改正、平九法八六・一部改正、平十四法七二・
> 一部改正、平二一法五三・一部改正、平二二法六五・一部改正、平三
> ○法三九・一部改正、令二法四八・一部改正、令三法五二・一部改正、
> 令五法三三・一部改正）

（著作隣接権の登録）

第百四条　第七十七条及び第七十八条（第三項を除く。）の規定は、著作隣接
権に関する登録について準用する。この場合において、同条第一項、第二項、
第四項、第八項及び第九項中「著作権登録原簿」とあるのは、「著作隣接権
登録原簿」と読み替えるものとする。

> （平十一法四三・一部改正、平十二法一三一・一部改正、平十五法六
> 一・一部改正、平二一法五三・一部改正）

第五章　**著作権等の制限による利用に係る補償金**

> （平四法一○六・追加、平三○法三○・一部改正）

第一節　私的録音録画補償金

> （平三○法三○・追加）

（私的録音録画補償金を受ける権利の行使）

第百四条の二　第三十条第三項（第百二条第一項において準用する場合を含
む。）以下この節において同じ。）の補償金（以下この節において「私的録音
録画補償金」という。）を受ける権利は、私的録音録画補償金を受ける権利

を有する者（次項及び次条第四号において「権利者」という。）のためにその権利を行使することを目的とする団体であつて、次に掲げる私的録音録画補償金の区分ごとに全国を通じて一個に限りその同意を得て文化庁長官が指定するものがあるときは、それぞれ当該指定を受けた団体（以下この節において「指定管理団体」という。）によつてのみ行使することができる。

一　私的使用を目的として行われる録音（専ら録画とともに行われるものを除く。次条第二号イ及び第百四条の四において「私的録音」という。）に係る私的録音録画補償金

二　私的使用を目的として行われる録画（専ら録音とともに行われるものを含む。）次条第二号ロ及び第百四条の四において「私的録画」という。）に係る私的録音録画補償金

2　指定管理団体は、権利者のために自己の名をもつて私的録音録画補償金を受ける権利に関する裁判上又は裁判外の行為を行う権限を有する。

　　　　　　　（平四法一〇六・追加、平三〇法三〇・1項柱書一号二号一部改正、
　　　　　令二法四八・1項柱書一部改正、令三法五二・1項柱書2項一部改正）

（指定の基準）

第百四条の三　文化庁長官は、次に掲げる要件を備える団体でなければ前条第一項の規定による指定をしてはならない。

一　一般社団法人であること。

二　前条第一項第一号に掲げる私的録音録画補償金に係る場合についてはイ、ハ及びニに掲げる団体を、同項第二号に掲げる私的録音録画補償金に係る場合についてはロからニまでに掲げる団体を構成員とすること。

　イ　私的録音に係る著作物に関し第二十一条に規定する権利を有する者を構成員とする団体（その連合体を含む。）であつて、国内において私的録音に係る著作物に関し同条に規定する権利を有する者の利益を代表すると認められるもの

　ロ　私的録画に係る著作物に関し第二十一条に規定する権利を有する者を構成員とする団体（その連合体を含む。）であつて、国内において私的録画に係る著作物に関し同条に規定する権利を有する者の利益を代表すると認められるもの

　ハ　国内において実演を業とする者の相当数を構成員とする団体（その連合体を含む。）

　ニ　国内において商業用レコードの製作を業とする者の相当数を構成員とする団体（その連合体を含む。）

三　前号イからニまでに掲げる団体がそれぞれ次に掲げる要件を備えるもの

であること。

　イ　営利を目的としないこと。

　ロ　その構成員が任意に加入し、又は脱退することができること。

　ハ　その構成員の議決権及び選挙権が平等であること。

四　権利者のために私的録音録画補償金を受ける権利を行使する業務（第百四条の八第一項の事業に係る業務を含む。以下この節において「補償金関係業務」という。）を的確に遂行するに足りる能力を有すること。

　　　　　（平四法一〇六・追加、平十八法五〇・一号一部改正、平三〇法三〇・四号一部改正）

（私的録音録画補償金の支払の特例）

第百四条の四　第三十条第三項の政令で定める機器（以下この条及び次条において「特定機器」という。）又は記録媒体（以下この条及び次条において「特定記録媒体」という。）を購入する者（当該特定機器又は特定記録媒体が小売に供された後最初に購入するものに限る。）は、その購入に当たり、指定管理団体から、当該特定機器又は特定記録媒体を用いて行う私的録音又は私的録画に係る私的録音録画補償金の一括の支払として、第百四条の六第一項の規定により当該特定機器又は特定記録媒体について定められた額の私的録音録画補償金の支払の請求があつた場合には、当該私的録音録画補償金を支払わなければならない。

2　前項の規定により私的録音録画補償金を支払つた者は、指定管理団体に対し、その支払に係る特定機器又は特定記録媒体を専ら私的録音及び私的録画以外の用に供することを証明して、当該私的録音録画補償金の返還を請求することができる。

3　第一項の規定による支払の請求を受けて私的録音録画補償金が支払われた特定機器により同項の規定による支払の請求を受けて私的録音録画補償金が支払われた特定記録媒体に私的録音又は私的録画を行う者は、第三十条第三項の規定にかかわらず、当該私的録音又は私的録画を行うに当たり、私的録音録画補償金を支払うことを要しない。ただし、当該特定機器又は特定記録媒体が前項の規定により私的録音録画補償金の返還を受けたものであるときは、この限りでない。

　　　　　（平四法一〇六・追加、平三〇法三〇・1項一部改正、令二法四八・1項3項一部改正）

（製造業者等の協力義務）

第百四条の五　前条第一項の規定により指定管理団体が私的録音録画補償金の支払を請求する場合には、特定機器又は特定記録媒体の製造又は輸入を業と

する者（次条第三項において「製造業者等」という。）は、当該私的録音録画補償金の支払の請求及びその受領に関し協力しなければならない。

　　　　（平四法一〇六・追加）

（私的録音録画補償金の額）

第百四条の六　第百四条の二第一項の規定により指定管理団体が私的録音録画補償金を受ける権利を行使する場合には、指定管理団体は、私的録音録画補償金の額を定め、文化庁長官の認可を受けなければならない。これを変更しようとするときも、同様とする。

2　前項の認可があつたときは、私的録音録画補償金の額は、第三十条第三項の規定にかかわらず、その認可を受けた額とする。

3　指定管理団体は、第百四条の四第一項の規定により支払の請求をする私的録音録画補償金に係る第一項の認可の申請に際し、あらかじめ、製造業者等の団体で製造業者等の意見を代表すると認められるものの意見を聴かなければならない。

4　文化庁長官は、第一項の認可の申請に係る私的録音録画補償金の額が、第三十条第一項（第百二条第一項において準用する場合を含む。）及び第百四条の四第一項の規定の趣旨、録音又は録画に係る通常の使用料の額その他の事情を考慮した適正な額であると認めるときでなければ、その認可をしてはならない。

5　文化庁長官は、第一項の認可をしようとするときは、文化審議会に諮問しなければならない。

　　　　（平四法一〇六・追加、平十一法一六〇・5項一部改正、令二法四八・
　　　　2項一部改正）

（補償金関係業務の執行に関する規程）

第百四条の七　指定管理団体は、補償金関係業務を開始しようとするときは、補償金関係業務の執行に関する規程を定め、文化庁長官に届け出なければならない。これを変更しようとするときも、同様とする。

2　前項の規程には、私的録音録画補償金（第百四条の四第一項の規定に基づき支払を受けるものに限る。）の分配に関する事項を含むものとし、指定管理団体は、第三十条第三項の規定の趣旨を考慮して当該分配に関する事項を定めなければならない。

　　　　（平四法一〇六・追加、令二法四八・2項一部改正）

（著作権等の保護に関する事業等のための支出）

第百四条の八　指定管理団体は、私的録音録画補償金（第百四条の四第一項の規定に基づき支払を受けるものに限る。）の額の二割以内で政令で定める割

合に相当する額を、著作権及び著作隣接権の保護に関する事業並びに著作物の創作の振興及び普及に資する事業のために支出しなければならない。

2　文化庁長官は、前項の政令の制定又は改正の立案をしようとするときは、文化審議会に諮問しなければならない。

3　文化庁長官は、第一項の事業に係る業務の適正な運営を確保するため必要があると認めるときは、指定管理団体に対し、当該業務に関し監督上必要な命令をすることができる。

（平四法一〇六・追加、平十一法一六〇・2項一部改正）

（報告の徴収等）

第百四条の九　文化庁長官は、指定管理団体の補償金関係業務の適正な運営を確保するため必要があると認めるときは、指定管理団体に対し、補償金関係業務に関して報告をさせ、若しくは帳簿、書類その他の資料の提出を求め、又は補償金関係業務の執行方法の改善のため必要な勧告をすることができる。

（平四法一〇六・追加）

（政令への委任）

第百四条の十　この節に規定するもののほか、指定管理団体及び補償金関係業務に関し必要な事項は、政令で定める。

（平四法一〇六・追加、平三〇法三〇・一部改正）

第二節　図書館等公衆送信補償金

（令三法五二・追加）

（図書館等公衆送信補償金を受ける権利の行使）

第百四条の十の二　第三十一条第五項（第八十六条第三項及び第百二条第一項において準用する場合を含む。第百四条の十の四第二項及び第百四条の十の五第二項において同じ。）の補償金（以下この節において、「図書館等公衆送信補償金」という。）を受ける権利は、図書館等公衆送信補償金を受ける権利を有する者（次項及び次条第四号において「権利者」という。）のためにその権利を行使することを目的とする団体であつて、全国を通じて一個に限りその同意を得て文化庁長官が指定するものがあるときは、当該指定を受けた団体（以下この節において「指定管理団体」という。）によつてのみ行使することができる。

2　指定管理団体は、権利者のために自己の名をもつて図書館等公衆送信補償金を受ける権利に関する裁判上又は裁判外の行為を行う権限を有する。

（令三法五二・追加）

（指定の基準）

第百四条の十の三　文化庁長官は、次に掲げる要件を備える団体でなければ前

条第一項の規定による指定をしてはならない。

一　一般社団法人であること。

二　次に掲げる団体を構成員とすること。

　　イ　第三十一条第二項（第八十六条第三項及び第百二条第一項において準用する場合を含む。次条第四項において同じ。）の規定による公衆送信（以下この節において「図書館等公衆送信」という。）に係る著作物に関し第二十三条第一項に規定する権利を有する者を構成員とする団体（その連合体を含む。）であつて、国内において図書館等公衆送信に係る著作物に関し同項に規定する権利を有する者の利益を代表すると認められるもの

　　ロ　図書館等公衆送信に係る著作物に関する第二号出版権者を構成員とする団体（その連合体を含む。）であつて、国内において図書館等公衆送信に係る著作物に関する第二号出版権者の利益を代表すると認められるもの

三　前号イ及びロに掲げる団体がそれぞれ次に掲げる要件を備えるものであること。

　　イ　営利を目的としないこと。

　　ロ　その構成員が任意に加入し、又は脱退することができること。

　　ハ　その構成員の議決権及び選挙権が平等であること。

四　権利者のために図書館等公衆送信補償金を受ける権利を行使する業務（第百四条の十の六第一項の事業に係る業務を含む。以下この節において「補償金関係業務」という。）を的確に遂行するに足りる能力を有すること。

　　（令三法五二・追加）

（図書館等公衆送信補償金の額）

第百四条の十の四　第百四条の十の二第二項の規定により指定管理団体が図書館等公衆送信補償金を受ける権利を行使する場合には、指定管理団体は、図書館等公衆送信補償金の額を定め、文化庁長官の認可を受けなければならない。これを変更しようとするときも、同様とする。

2　前項の認可があつたときは、図書館等公衆送信補償金の額は、第三十一条第五項の規定にかかわらず、その認可を受けた額とする。

3　指定管理団体は、第一項の認可の申請に際し、あらかじめ、図書館等を設置する者の団体で図書館等を設置する者の意見を代表すると認められるものの意見を聴かなければならない。

4　文化庁長官は、第一項の認可の申請に係る図書館等公衆送信補償金の額が、第三十一条第二項の規定の趣旨、図書館等公衆送信に係る著作物の種類及び

用途並びに図書館等公衆送信の態様に照らした著作権者等の利益に与える影響、図書館等公衆送信により電磁的記録を容易に取得することができることにより特定図書館等の利用者が受ける便益その他の事情を考慮した適正な額であると認めるときでなければ、その認可をしてはならない。

5　文化庁長官は、第一項の認可をするときは、文化審議会に諮問しなければならない。

　　　　　（令三法五二・追加）

（補償金関係業務の執行に関する規程）

第百四条の十の五　指定管理団体は、補償金関係業務を開始しようとするときは、補償金関係業務の執行に関する規程を定め、文化庁長官に届け出なければならない。これを変更しようとするときも、同様とする。

2　前項の規程には、図書館等公衆送信補償金の分配に関する事項を含むものとし、指定管理団体は、第三十一条第五項の規定の趣旨を考慮して当該分配に関する事項を定めなければならない。

　　　　　（令三法五二・追加）

（著作権等の保護に関する事業等のための支出）

第百四条の十の六　指定管理団体は、図書館等公衆送信補償金の総額のうち、図書館等公衆送信による著作物の利用状況、図書館等公衆送信補償金の分配に係る業務に要する費用その他の事情を勘案して政令で定めるところにより算出した額に相当する額を、著作権、出版権及び著作隣接権の保護に関する事業並びに著作物の創作の振興及び普及に資する事業のために支出しなければならない。

2　文化庁長官は、前項の政令の制定又は改正の立案をするときは、文化審議会に諮問しなければならない。

3　文化庁長官は、第一項の事業に係る業務の適正な運営を確保するため必要があると認めるときは、指定管理団体に対し、当該業務に関し監督上必要な命令をすることができる。

　　　　　（令三法五二・追加）

（報告の徴収等）

第百四条の十の七　文化庁長官は、指定管理団体の補償金関係業務の適正な運営を確保するため必要があると認めるときは、指定管理団体に対し、補償金関係業務に関して報告をさせ、若しくは帳簿、書類その他の資料の提出を求め、又は補償金関係業務の執行方法の改善のため必要な勧告をすることができる。

　　　　　（令三法五二・追加）

（政令への委任）

第百四条の十の八　この節に規定するもののほか、指定管理団体及び補償金関係業務に関し必要な事項は、政令で定める。

（令三法五二・追加）

第三節　授業目的公衆送信補償金

（平三〇法三〇・追加、令三法五二・旧第二節繰下）

（授業目的公衆送信補償金を受ける権利の行使）

第百四条の十一　第三十五条第二項（第百二条第一項において準用する場合を含む。第百四条の十三第二項及び第百四条の十四第二項において同じ。）の補償金（以下この節において「授業目的公衆送信補償金」という。）を受ける権利は、授業目的公衆送信補償金を受ける権利を有する者（次項及び次条第四号において「権利者」という。）のためにその権利を行使することを目的とする団体であつて、全国を通じて一個に限りその同意を得て文化庁長官が指定するものがあるときは、当該指定を受けた団体（以下この節において「指定管理団体」という。）によつてのみ行使することができる。

2　指定管理団体は、権利者のために自己の名をもつて授業目的公衆送信補償金を受ける権利に関する裁判上又は裁判外の行為を行う権限を有する。

（平三〇法三〇・追加、令三法五二・1項2項一部改正）

（指定の基準）

第百四条の十二　文化庁長官は、次に掲げる要件を備える団体でなければ前条第一項の規定による指定をしてはならない。

一　一般社団法人であること。

二　次に掲げる団体を構成員とすること。

　　イ　第三十五条第一項（第百二条第一項において準用する場合を含む。次条第四項において同じ。）の公衆送信（第三十五条第三項の公衆送信に該当するものを除く。以下この節において「授業目的公衆送信」という。）に係る著作物に関し第二十三条第一項に規定する権利を有する者を構成員とする団体（その連合体を含む。）であつて、国内において授業目的公衆送信に係る著作物に関し同項に規定する権利を有する者の利益を代表すると認められるもの

　　ロ　授業目的公衆送信に係る実演に関し第九十二条第一項及び第九十二条の二第一項に規定する権利を有する者を構成員とする団体（その連合体を含む。）であつて、国内において授業目的公衆送信に係る実演に関しこれらの規定に規定する権利を有する者の利益を代表すると認められるもの

　　ハ　授業目的公衆送信に係るレコードに関し第九十六条の二に規定する権
　　　利を有する者を構成員とする団体（その連合体を含む。）であつて、国
　　　内において授業目的公衆送信に係るレコードに関し同条に規定する権利
　　　を有する者の利益を代表すると認められるもの
　　ニ　授業目的公衆送信に係る放送に関し第九十九条第一項及び第九十九条
　　　の二第一項に規定する権利を有する者を構成員とする団体（その連合体
　　　を含む。）であつて、国内において授業目的公衆送信に係る放送に関し
　　　これらの規定に規定する権利を有する者の利益を代表すると認められる
　　　もの
　　ホ　授業目的公衆送信に係る有線放送に関し第百条の三及び第百条の四に
　　　規定する権利を有する者を構成員とする団体（その連合体を含む。）で
　　　あつて、国内において授業目的公衆送信に係る有線放送に関しこれらの
　　　規定に規定する権利を有する者の利益を代表すると認められるもの
　三　前号イからホまでに掲げる団体がそれぞれ次に掲げる要件を備えるもの
　　であること。
　　イ　営利を目的としないこと。
　　ロ　その構成員が任意に加入し、又は脱退することができること。
　　ハ　その構成員の議決権及び選挙権が平等であること。
　四　権利者のために授業目的公衆送信補償金を受ける権利を行使する業務
　　（第百四条の十五第一項の事業に係る業務を含む。以下この節において「補
　　償金関係業務」という。）を的確に遂行するに足りる能力を有すること。
　　　　（平三〇法三〇・追加）
　　（授業目的公衆送信補償金の額）
第百四条の十三　第百四条の十一第一項の規定により指定管理団体が授業目的
　公衆送信補償金を受ける権利を行使する場合には、指定管理団体は、授業目
　的公衆送信補償金の額を定め、文化庁長官の認可を受けなければならない。
　これを変更しようとするときも、同様とする。
２　前項の認可があつたときは、授業目的公衆送信補償金の額は、第三十五条
　第二項の規定にかかわらず、その認可を受けた額とする。
３　指定管理団体は、第一項の認可の申請に際し、あらかじめ、授業目的公衆
　送信が行われる第三十五条第一項の教育機関を設置する者の団体で同項の教
　育機関を設置する者の意見を代表すると認められるものの意見を聴かなけれ
　ばならない。
４　文化庁長官は、第一項の認可の申請に係る授業目的公衆送信補償金の額が、
　第三十五条第一項の規定の趣旨、公衆送信（自動公衆送信の場合にあつては、

送信可能化を含む。）に係る通常の使用料の額その他の事情を考慮した適正な額であると認めるときでなければ、その認可をしてはならない。

5　文化庁長官は、第一項の認可をしようとするときは、文化審議会に諮問しなければならない。

　　　　　　（平三〇法三〇・追加）

（補償金関係業務の執行に関する規程）

第百四条の十四　指定管理団体は、補償金関係業務を開始しようとするときは、補償金関係業務の執行に関する規程を定め、文化庁長官に届け出なければならない。これを変更しようとするときも、同様とする。

2　前項の規程には、授業目的公衆送信補償金の分配に関する事項を含むものとし、指定管理団体は、第三十五条第二項の規定の趣旨を考慮して当該分配に関する事項を定めなければならない。

　　　　　　（平三〇法三〇・追加）

（著作権等の保護に関する事業等のための支出）

第百四条の十五　指定管理団体は、授業目的公衆送信補償金の総額のうち、授業目的公衆送信による著作物等の利用状況、授業目的公衆送信補償金の分配に係る事務に要する費用その他の事情を勘案して政令で定めるところにより算出した額に相当する額を、著作権及び著作隣接権の保護に関する事業並びに著作物の創作の振興及び普及に資する事業のために支出しなければならない。

2　文化庁長官は、前項の政令の制定又は改正の立案をしようとするときは、文化審議会に諮問しなければならない。

3　文化庁長官は、第一項の事業に係る業務の適正な運営を確保するため必要があると認めるときは、指定管理団体に対し、当該業務に関し監督上必要な命令をすることができる。

　　　　　　（平三〇法三〇・追加）

（報告の徴収等）

第百四条の十六　文化庁長官は、指定管理団体の補償金関係業務の適正な運営を確保するため必要があると認めるときは、指定管理団体に対し、補償金関係業務に関して報告をさせ、若しくは帳簿、書類その他の資料の提出を求め、又は補償金関係業務の執行方法の改善のため必要な勧告をすることができる。

　　　　　　（平三〇法三〇・追加）

（政令への委任）

第百四条の十七　この節に規定するもののほか、指定管理団体及び補償金関係

業務に関し必要な事項は、政令で定める。

　　　　　（平三〇法三〇・追加）

第六章　裁定による利用に係る指定補償金管理機関及び登録確認機関

第一節　指定補償金管理機関

（指定）

第百四条の十八　文化庁長官は、一般社団法人又は一般財団法人であつて、第百四条の二十に規定する業務（以下この節及び第百二十二条の二第三号において「補償金管理業務」という。）を適正かつ確実に行うことができると認められるものを、全国を通じて一個に限り、補償金管理業務を行う者として指定することができる。

（指定の手続等）

第百四条の十九　前条の規定による指定（以下この節において「指定」という。）は、補償金管理業務を行おうとする者の申請により行う。

2　指定を受けようとする者は、文部科学省令で定めるところにより、次に掲げる事項を記載した申請書を文化庁長官に提出しなければならない。

　一　指定を受けようとする者の名称、代表者の氏名及び主たる事務所の所在地

　二　その他文部科学省令で定める事項

3　次の各号のいずれかに該当する者は、指定を受けることができない。

　一　この法律の規定により罰金の刑に処せられ、その執行を終わり、又は執行を受けることがなくなつた日から起算して二年を経過しない者

　二　第百四条の三十一第一項又は第二項の規定により指定を取り消され、その取消しの日から起算して二年を経過しない者

　三　その役員のうちに、イからハまでのいずれかに該当する者があるもの

　　イ　拘禁刑以上の刑に処せられ、又はこの法律の規定により罰金の刑に処せられ、その執行を終わり、又はその執行を受けることがなくなつた日から起算して二年を経過しない者

　　ロ　第百四条の二十四第二項の規定による命令により解任され、その解任の日から起算して二年を経過しない者

　　ハ　第百四条の三十一第一項又は第二項の規定による取消しの処分に係る行政手続法第十五条の規定による通知があつた日前六十日以内に当該取消しを受けた法人の役員であつた者でその取消しの日から二年を経過しないもの

4　文化庁長官は、指定をしたときは、第二項第一号に規定する事項その他の

文部科学省令で定める事項を官報で告示するものとする。

5　指定を受けた者（以下この節において「指定補償金管理機関」という。）は、第二項各号に掲げる事項を変更するときは、文部科学省令で定めるところにより、その二週間前までに、その旨を文化庁長官に届け出なければならない。

6　文化庁長官は、第四項に規定する事項について前項の規定による届出があつたときは、その旨を官報で告示するものとする。

（指定補償金管理機関の業務）

第百四条の二十　指定補償金管理機関は、次に掲げる業務を行うものとする。

一　次条第一項及び第二項の規定により支払われる補償金の受領に関する業務

二　次条第三項の規定により読み替えて適用する第六十七条の二第一項及び第五項（これらの規定を第百三条において準用する場合を含む。）の規定により支払われる補償金及び担保金の受領に関する業務

三　前二号の規定により受領した補償金及び担保金の管理に関する業務

四　次条第三項の規定により読み替えて適用する第六十七条の二第八項（第百三条において準用する場合を含む。）及び次条第四項の規定による著作権者及び著作隣接権者に対する支払に関する業務

五　第百四条の二十二第一項に規定する著作物等保護利用円滑化事業に関する業務

（指定補償金管理機関が補償金管理業務を行う場合の補償金及び担保金の取扱い）

第百四条の二十一　第六十七条第二項及び第六十七条の三第十一項（これらの規定を第百三条において準用する場合を含む。）の規定は、指定補償金管理機関が補償金管理業務を行う場合には、適用しない。

2　指定補償金管理機関が補償金管理業務を行うときは、第六十七条第一項及び第六十七条の三第一項（これらの規定を第百三条において準用する場合を含む。以下この条において同じ。）の規定により補償金を供託することとされた者は、これらの規定にかかわらず、当該補償金を指定補償金管理機関に支払うものとする。この場合において、第六十七条第七項（第六十七条の三第六項において準用する場合を含む。以下この項において同じ。）並びに第六十七条の三第九項及び第十項の規定（これらの規定を第百三条において準用する場合を含む。以下この項において同じ。）の適用については、第六十七条第七項中「申請者」とあるのは「申請者及び第百四条の十九第五項に規定する指定補償金管理機関（第六十七条の三において「指定補償金管理機

関」という。）と、第六十七条の三第九項中「第一項の補償金を受ける権利
に関し同項の規定により供託された」とあるのは「第百四条の二十一第一項
及び第二項の規定により指定補償金管理機関に支払われた」と、同条第十項
中「供託した」とあるのは「指定補償金管理機関に支払つた」とする。

3　前二項の規定により第六十七条第一項の補償金を指定補償金管理機関に支
払う場合における第六十七条の二（第百三条において準用する場合を含む。
以下この項及び次条において同じ。）の規定の適用については、次の表の上
欄に掲げる規定中同表の中欄に掲げる字句は、それぞれ同表の下欄に掲げる
字句とする。

第六十七条の二第一項	供託した	第百四条の十九第五項に規定する指定補償金管理機関（以下この条において「指定補償金管理機関」という。）に支払つた
第六十七条の二第二項及び第四項	供託を	指定補償金管理機関への支払を
第六十七条の二第四項	前条第一項	第百四条の二十一第二項
	同条第一項	同条第二項
第六十七条の二第四項、第五項及び第八項	供託された	指定補償金管理機関に支払われた
第六十七条の二第五項	著作権者のために供託し	指定補償金管理機関に支払わ
第六十七条の二第五項及び第九項	供託した	指定補償金管理機関に支払つた

4　第一項及び第二項の規定により補償金の支払を受けた指定補償金管理機関
は、第六十七条第一項又は第六十七条の三第一項の裁定に係る著作物等の著
作権者又は著作隣接権者から請求があつたときは、当該著作物等の利用につ
き当該著作権者又は著作隣接権者が受けるべき補償金に相当する額を支払わ
なければならない。

（著作物等保護利用円滑化事業のための支出）

第百四条の二十二　指定補償金管理機関は、前条第一項及び第二項並びに同条
第三項の規定により読み替えて適用する第六十七条の二第一項及び第五項の
規定により支払われた補償金及び担保金の額から前条第三項の規定により読
み替えて適用する第六十七条の二第八項及び前条第四項の規定により著作権

者及び著作隣接権者に支払つた額を控除した額のうち、著作権者及び著作隣接権者への将来の支払に支障が生じないようにすることを旨として、その支払が見込まれる額、補償金管理業務の事務に要する費用その他の事情を勘案して政令で定めるところにより算出した額に相当する額を、著作権及び著作隣接権の保護に関する事業並びに著作物等の利用の円滑化及び創作の振興に資する事業（次項において「著作物等保護利用円滑化事業」という。）のために支出しなければならない。

2　指定補償金管理機関は、著作物等保護利用円滑化事業の内容を決定しようとするときは、当該著作物等保護利用円滑化事業が著作物等の適正な管理の促進に資するものとなるよう、その内容について学識経験者の意見を聴かなければならない。

3　文化庁長官は、第一項の政令の制定又は改正の立案をしようとするときは、文化審議会に諮問しなければならない。

（補償金管理業務規程）

第百四条の二十三　指定補償金管理機関は、補償金管理業務の執行に関する規程（以下この節において「補償金管理業務規程」という。）を定め、文化庁長官の認可を受けなければならない。これを変更しようとするときも、同様とする。

2　補償金管理業務規程には、補償金管理業務の実施の方法その他文部科学省令で定める事項を定めなければならない。

3　文化庁長官は、第一項前段の認可をしたときは、その旨を官報で告示するものとする。

4　指定補償金管理機構は、前項の規定による告示の日の翌日から補償金管理業務を開始するものとする。

5　文化庁長官は、第一項の認可をした補償金管理業務規程が補償金管理業務の適正かつ確実な実施上不適当となつたと認めるときは、指定補償金管理機関に対し、その補償金管理業務規程を変更すべきことを命ずることができる。

（役員の選任及び解任）

第百四条の二十四　指定補償金管理機関の役員の選任及び解任は、文化庁長官の認可を受けなければ、その効力を生じない。

2　文化庁長官は、指定補償金管理機関の役員が、この法律、この法律に基づく命令若しくは処分若しくは補償金管理業務規程に違反する行為をしたとき、又は補償金管理業務に関し著しく不適当な行為をしたときは、指定補償金管理機関に対し、当該役員の解任を命ずることができる。

（補償金管理業務の会計）

第百四条の二十五　指定補償金管理機関は、補償金管理業務に関する会計を他の業務に関する会計と区分し、特別の会計として経理しなければならない。

　（事業計画及び収支予算の認可等）

第百四条の二十六　指定補償金管理機関は、文部科学省令で定めるところにより、毎事業年度、事業計画書及び収支予算書を作成し、文化庁長官の認可を受けなければならない。これを変更しようとするときも、同様とする。

2　指定補償金管理機関は、前項の認可を受けたときは、遅滞なく、その事業計画書及び収支予算書を公表しなければならない。

3　指定補償金管理機関は、毎事業年度、文部科学省令で定めるところにより、事業報告書及び収支決算書を作成し、当該事業年度の終了後三月以内に、文化庁長官に提出するとともに、公表しなければならない。

　（帳簿の備付け等）

第百四条の二十七　指定補償金管理機関は、補償金管理業務について、文部科学省令で定めるところにより、帳簿を備え、これに文部科学省令で定める事項を記載し、これを保存しなければならない。

　（報告徴収及び立入検査）

第百四条の二十八　文化庁長官は、補償金管理業務の適正かつ確実な実施を確保するために必要な限度において、指定補償金管理機関に対し、補償金管理業務に関し必要な報告若しくは資料の提出を求め、又はその職員に、指定補償金管理機関の事務所その他必要な場所に立ち入り、補償金管理業務に関し質問させ、若しくは帳簿、書類その他の物件を検査させることができる。

2　前項の規定により立入検査をする職員は、その身分を示す証明書を携帯し、関係人の請求があつたときは、これを提示しなければならない。

3　第一項の規定による立入検査の権限は、犯罪捜査のために認められたものと解釈してはならない。

　（監督命令）

第百四条の二十九　文化庁長官は、補償金管理業務の適正かつ確実な実施を確保するため必要があると認めるときは、指定補償金管理機関に対し、補償金管理業務に関し監督上必要な命令をすることができる。

　（補償金管理業務の廃止）

第百四条の三十　指定補償金管理機関は、文化庁長官の許可を受けなければ、補償金管理業務を廃止してはならない。

2　文化庁長官は、前項の許可をしたときは、その旨を官報で告示するものとする。

3　指定は、前項の規定による告示があつた日の翌日以後は、その効力を失う。

（指定の取消し等）

第百四条の三十一　文化庁長官は、指定補償金管理機関が次の各号のいずれか
に該当するときは、その指定を取り消すものとする。

一　偽りその他不正の手段により指定を受けたとき。

二　第百四条の十九第三項第一号又は第三号のいずれかに該当するに至つた
とき。

2　文化庁長官は、指定補償金管理機関が次の各号のいずれかに該当するとき
は、その指定を取り消すことができる。

一　補償金管理業務を適正かつ確実に実施することができないと認められる
とき。

二　第百四条の十九第五項、第百四条の二十二第一項若しくは第二項、第百
四条の二十五から第百四条の二十七まで又は前条第一項の規定に違反した
とき。

三　第百四条の二十三第一項の認可を受けた補償金管理業務規程によらない
で補償金管理業務を行つたとき。

四　第百四条の二十三第五項、第百四条の二十四第二項又は第百四条の二十
九の規定による命令に違反したとき。

五　第百四条の二十八第一項の規定による報告若しくは資料の提出をせず、
若しくは虚偽の報告をし、若しくは虚偽の資料を提出し、又は同項の規定
による質問に対して答弁をせず、若しくは虚偽の答弁をし、若しくは同項
の規定による検査を拒み、妨げ、若しくは忌避したとき。

3　文化庁長官は、前二項の規定により指定を取り消したときは、その旨を官
報で告示するものとする。

4　指定は、前項の規定による取消しの告示があつた日の翌日以後は、その効
力を失う。

（廃止の許可又は指定の取消しの場合における経過措置）

第百四条の三十二　文化庁長官が第百四条の三十第一項の許可をした場合又は
前条第一項若しくは第二項の規定により指定を取り消した場合においてその
後に新たに指定補償金管理機関の指定をしたときは、当該許可又は取消しに
係る指定補償金管理機関は、その補償金管理業務を、新たに指定を受けた指
定補償金管理機関に引き継がなければならない。

2　前項に定めるもののほか、第百四条の三十第一項の許可をした場合又は前
条第一項若しくは第二項の規定により指定を取り消した場合における補償金
管理業務に関する所要の経過措置（罰則に関する経過措置を含む。）は、合
理的に必要と判断される範囲内において、政令で定める。

1 著作権法

― 263 ―

第二節　登録確認機関
（登録確認機関による確認等事務の実施等）

第百四条の三十三　文化庁長官は、その登録を受けた者（以下この節において「登録確認機関」という。）に、第六十七条の三第一項（第百三条において準用する場合を含む。以下この節において同じ。）の規定による裁定及び補償金の額の決定に係る事務のうち次に掲げるもの（以下この節、第百二十一条の三及び第百二十二条の二第三号において「確認等事務」という。）を行わせることができる。

　一　当該裁定の申請の受付（第百四条の三十五第二項において「申請受付」という。）に関する事務

　二　当該裁定の申請に係る著作物等が未管理公表著作物等に該当するか否か及び当該裁定の申請をした者が第六十七条の三第一項第一号に該当するか否かの確認（以下この条及び第百四条の三十五第二項において「要件確認」という。）に関する事務

　三　第六十七条の三第一項の通常の使用料の額に相当する額の算出（以下この節において「使用料相当額算出」という。）に関する事務

2　文化庁長官は、前項の規定により登録確認機関に確認等事務を行わせるときは、確認等事務を行わないものとする。この場合において、文化庁長官は、登録確認機関が次項の規定により送付する書面に記載した要件確認及び使用料相当額算出の結果を考慮して、第六十七条の三第一項の規定による裁定及び補償金の額の決定を行わなければならない。

3　登録確認機関は、第六十七条の三第一項の裁定の申請を受け付けたときは、要件確認及び使用料相当額算出を行い、文部科学省令で定めるところにより、当該裁定の申請書及び添付資料に当該要件確認及び使用料相当額算出の結果を記載した書面を添付して、文化庁長官に送付するものとする。

4　第七十一条（第二号中第六十七条の三第一項に係る部分に限り、第百三条において準用する場合を含む。）の規定は、文化庁長官が第二項後段の規定により補償金の額の決定を行う場合については、適用しない。

（登録の手続及び要件等）

第百四条の三十四　前条第一項の登録（以下この節において「登録」という。）は、確認等事務を行おうとする者の申請により行う。

2　登録を受けようとする者は、文部科学省令で定めるところにより、次に掲げる事項を記載した申請書を文化庁長官に提出しなければならない。

　一　登録を受けようとする者の氏名及び住所（法人にあつては、その名称、代表者の氏名及び主たる事務所の所在地）

二　その他文部科学省令で定める事項

3　文化庁長官は、登録の申請が次の各号のいずれにも適合していると認めるときは、登録をするものとする。

一　確認等事務に従事する者のうちに文部科学省令で定める著作権及び著作隣接権の管理に関する経験を有する者が一人以上含まれていること。

二　確認等事務に従事する者のうちに使用料相当額算出に必要な知識及び経験として文部科学省令で定めるものを有する者が一人以上含まれていること。

4　次の各号のいずれかに該当する者は、登録を受けることができない。

一　拘禁刑以上の刑に処せられ、又はこの法律の規定により罰金の刑に処せられ、その執行を終わり、又は執行を受けることがなくなつた日から起算して二年を経過しない者

二　第百四条の四十五第一項又は第二項の規定により登録を取り消され、その取消しの日から起算して二年を経過しない者（登録を取り消された者が法人である場合においては、当該取消しの処分に係る行政手続法第十五条の規定による通知があつた日前六十日以内に当該法人の役員であつた者でその取消しの日から二年を経過しないものを含む。）

三　法人であつて、その役員のうちに前二号のいずれかに該当する者があるもの

5　登録は、登録確認機関登録簿に、第二項第一号に掲げる事項その他の文部科学省令で定める事項を記載してするものとする。

6　文化庁長官は、登録をしたときは、前項に規定する事項（文部科学省令で定めるものを除く。）を官報で告示するものとする。

7　登録確認機関は、第二項各号に掲げる事項を変更するときは、その二週間前までに、その旨を文化庁長官に届け出なければならない。

8　文化庁長官は、第六項に規定する事項について前項の規定による届出があつたときは、その旨を官報で告示するものとする。

（確認等事務規程）

第百四条の三十五　登録確認機関は、確認等事務の実施に関する規程（以下この条及び次条において「確認等事務規程」という。）を定め、確認等事務の開始前に、文化庁長官の認可を受けなければならない。これを変更しようとするときも、同様とする。

2　確認等事務規程には、申請受付及び要件確認に関する事務の実施の方法、使用料相当額算出の方法その他文部科学省令で定める事項を定めなければならない。

3　登録確認機関は、確認等事務規程（使用料相当額算出の方法に係る部分に限る。次項及び第五項において「算出方法規程」という。）について第一項の認可を申請しようとするときは、次に掲げる者の意見を聴かなければならない。

一　著作権等管理事業者

二　著作権者又は著作隣接権者を構成員とする団体（その連合体を含む。）であつて、国内において著作権者又は著作隣接権者の利益を代表すると認められるもの

4　文化庁長官は、算出方法規程が第六十七条の三第一項の規定の趣旨を考慮した適正なものであると認めるときでなければ、当該算出方法規程を含む確認等事務規程について第一項の認可をしてはならない。

5　文化庁長官は、算出方法規程を含む確認等事務規程について第一項の認可をしようとするときは、文化審議会に諮問しなければならない。

6　文化庁長官は、第一項の認可をした確認等事務規程が確認等事務の適正かつ確実な実施上不適当となつたと認めるときは、登録確認機関に対し、その確認等事務規程を変更すべきことを命ずることができる。

　　（確認等事務の実施に係る義務）

第百四条の三十六　登録確認機関は、確認等事務を、公正に、かつ、文部科学省令で定める基準及び前条第一項の認可を受けた確認等事務規程に従つて実施しなければならない。

　　（役員の選任及び解任）

第百四条の三十七　登録確認機関が法人である場合において、その役員を選任し、又は解任したときは、遅滞なく、その旨を文化庁長官に届け出なければならない。

　　（定期報告）

第百四条の三十八　登録確認機関は、確認等事務の実施状況について、文部科学省令で定めるところにより、定期的に、文化庁長官に報告しなければならない。

　　（財務諸表等の作成、備置き及び閲覧等）

第百四条の三十九　登録確認機関は、毎事業年度、当該事業年度の終了後三月以内に、文部科学省令で定めるところにより、当該事業年度の財産目録、貸借対照表及び損益計算書又は収支計算書並びに事業報告書（これらの作成に代えて電磁的記録の作成がされている場合における当該電磁的記録を含む。次項及び第百二十五条において「財務諸表等」という。）を作成し、これに文部科学省令で定める事項を記載し、又は記録し、五年間事務所に備え置か

なければならない。

2　第六十七条の三第一項の裁定を受けようとする者その他の利害関係人は、登録確認機関の業務時間内は、いつでも、次に掲げる請求をすることができる。ただし、第二号又は第四号に掲げる請求をするには、当該登録確認機関の定めた費用を支払わなければならない。

一　財務諸表等が書面をもつて作成されているときは、当該書面又は当該書面の写しの閲覧の請求

二　前号の書面の謄本又は抄本の交付の請求

三　財務諸表等が電磁的記録をもつて作成されているときは、当該電磁的記録に記録された事項を文部科学省令で定める方法により表示したものの閲覧の請求

四　前項の電磁的記録に記録された事項を登録確認機関の使用に係る電子計算機（入出力装置を含む。以下この号において同じ。）と当該事項の提供を受けようとする者の使用に係る電子計算機とを電気通信回線で接続した電子情報処理組織を使用する方法その他の情報通信の技術を利用する方法であつて文部科学省令で定めるものにより提供することの請求又は当該事項を記載した書面の交付の請求

（帳簿の備付け等）

第百四条の四十　登録確認機関は、確認等事務について、文部科学省令で定めるところにより、帳簿を備え、これに文部科学省令で定める事項を記載し、これを保存しなければならない。

（報告徴収及び立入検査）

第百四条の四十一　文化庁長官は、確認等事務の適正かつ確実な実施を確保するために必要な限度において、登録確認機関に対し、確認等事務に関し必要な報告若しくは資料の提出を求め、又はその職員に、登録確認機関の事務所その他必要な場所に立ち入り、確認等事務に関し質問させ、若しくは帳簿、書類その他の物件を検査させることができる。

2　第百四条の二十八第二項及び第三項の規定は、前項の規定による立入検査について準用する。

（適合命令）

第百四条の四十二　文化庁長官は、登録確認機関が第百四条の三十四第三項各号のいずれかに適合しなくなつたと認めるときは、当該登録確認機関に対し、これらの規定に適合するため必要な措置を講ずべきことを命ずることができる。

（改善命令）

第百四条の四十三　文化庁長官は、登録確認機関が実施する確認等事務が第百四条の三十六の規定に違反していると認めるときは、当該登録確認機関に対し、その確認等事務の実施の方法を改善するため必要な措置をとるべきことを命ずることができる。

（確認等事務の休廃止）

第百四条の四十四　登録確認機関は、文化庁長官の許可を受けなければ、確認等事務を休止し、又は廃止してはならない。

２　文化庁長官は、前項の許可をしたときは、その旨を官報で告示するものとする。

３　文化庁長官が第一項の規定により確認等事務の廃止を許可したときは、当該登録確認機関の登録は、その効力を失う。

（登録の取消し等）

第百四条の四十五　文化庁長官は、登録確認機関が次の各号のいずれかに該当するときは、その登録を取り消すものとする。

一　偽りその他不正の手段により登録を受けたとき。

二　第百四条の三十四第四項第一号又は第三号のいずれかに該当するに至つたとき。

２　文化庁長官は、登録確認機関が次の各号のいずれかに該当するときは、その登録を取り消し、又は期間を定めて確認等事務の停止を命ずることができる。

一　第百四条の三十四第七項、第百四条の三十七、第百四条の三十八、第百四条の三十九第一項、第百四条の四十又は前条第一項の規定に違反したとき。

二　第百四条の三十五第六項、第百四条の四十二又は第百四条の四十三の規定による命令に違反したとき。

三　正当な理由がないのに第百四条の三十九第二項の規定による請求を拒んだとき。

四　第百四条の四十一第一項の規定による報告若しくは資料の提出をせず、若しくは虚偽の報告をし、若しくは虚偽の資料を提出し、又は同項の規定による質問に対して答弁をせず、若しくは虚偽の答弁をし、若しくは同項の規定による検査を拒み、妨げ、若しくは忌避したとき。

３　文化庁長官は、前二項の規定により登録を取り消し、又は確認等事務の停止を命じたときは、その旨を官報で告示するものとする。

（文化庁長官による確認等事務の実施）

第百四条の四十六　文化庁長官は、登録確認機関が第百四条の四十四第一項の

許可を受けて確認等事務を休止し、若しくは廃止したとき、前条第一項若しくは第二項の規定により登録を取り消し、若しくは登録確認機関に対し確認等事務の停止を命じたとき、又は登録確認機関が天災その他の事由により確認等事務を実施することが困難となつた場合において必要があると認めるときは、確認等事務を自ら行うことができる。

2　文化庁長官は、前項の規定により確認等事務を自ら行うこととするとき、又は自ら行つていた確認等事務を行わないこととするときは、その旨を官報で告示するものとする。

3　文化庁長官が第一項の規定により確認等事務を行うこととした場合における確認等事務の引継ぎその他の必要な事項は、文部科学省令で定める。

（手数料）

第百四条の四十七　登録確認機関が確認等事務を行う場合においては、第六十七条の三第一項の裁定を受けようとする者は、同条第六項において準用する第六十七条第四項（これらの規定を第百三条において準用する場合を含む。）の規定にかかわらず、同項の政令で定める額の手数料を当該登録確認機関に納付しなければならない。この場合において、納付された手数料は、当該登録確認機関の収入とする。

　　　（令和五年五月二十六日から起算して三年を超えない範囲内において政令で定める日から施行）

第六章　紛争処理

第七章　紛争処理

　　　（令和五年五月二十六日から起算して三年を超えない範囲内において政令で定める日から施行）

　　　（平四法一〇六・旧第五章繰下）

（著作権紛争解決あつせん委員）

第百五条　この法律に規定する権利に関する紛争につきあつせんによりその解決を図るため、文化庁に著作権紛争解決あつせん委員（以下この章において「委員」という。）を置く。

2　委員は、文化庁長官が、著作権又は著作隣接権に係る事項に関し学識経験を有する者のうちから、事件ごとに三人以内を委嘱する。

（あつせんの申請）

第百六条　この法律に規定する権利に関し紛争が生じたときは、当事者は、文化庁長官に対し、あつせんの申請をすることができる。

（手数料）

第百七条　あつせんの申請をする者は、実費を勘案して政令で定める額の手数料を納付しなければならない。

２　前項の規定は、同項の規定により手数料を納付すべき者が国であるときは、適用しない。

　　　　（昭五六法四五・２項一部改正、昭五九法二三・１項一部改正２項削除、平十一法二二〇・２項追加、令二法四八・２項一部改正）

　（あつせんへの付託）

第百八条　文化庁長官は、第百六条の規定に基づき当事者の双方からあつせんの申請があつたとき、又は当事者の一方からあつせんの申請があつた場合において他の当事者がこれに同意したときは、委員によるあつせんに付するものとする。

２　文化庁長官は、前項の申請があつた場合において、事件がその性質上あつせんをするのに適当でないと認めるとき、又は当事者が不当な目的でみだりにあつせんの申請をしたと認めるときは、あつせんに付さないことができる。

　（あつせん）

第百九条　委員は、当事者間をあつせんし、双方の主張の要点を確かめ、実情に即して事件が解決されるように努めなければならない。

２　委員は、事件が解決される見込みがないと認めるときは、あつせんを打ち切ることができる。

　（報告等）

第百十条　委員は、あつせんが終わつたときは、その旨を文化庁長官に報告しなければならない。

２　委員は、前条の規定によりあつせんを打ち切つたときは、その旨及びあつせんを打ち切ることとした理由を、当事者に通知するとともに文化庁長官に報告しなければならない。

　（政令への委任）

第百十一条　この章に規定するもののほか、あつせんの手続及び委員に関し必要な事項は、政令で定める。

　　第七章　権利侵害

　　第八章　権利侵害
　　　　（令和五年五月二十六日から起算して三年を超えない範囲内において政令で定める日から施行）

　　　　（平四法一〇六・旧第六章繰下）

　（差止請求権）

第百十二条　著作者、著作権者、出版権者、実演家又は著作隣接権者は、その
　著作者人格権、著作権、出版権、実演家人格権又は著作隣接権を侵害する者
　又は侵害するおそれがある者に対し、その侵害の停止又は予防を請求するこ
　とができる。
2　著作者、著作権者、出版権者、実演家又は著作隣接権者は、前項の規定に
　よる請求をするに際し、侵害の行為を組成した物、侵害の行為によつて作成
　された物又は専ら侵害の行為に供された機械若しくは器具の廃棄その他の侵
　害の停止又は予防に必要な措置を請求することができる。
　　　（平十四法七二・1項2項一部改正）

　（侵害とみなす行為）
第百十三条　次に掲げる行為は、当該著作者人格権、著作権、出版権、実演家
　人格権又は著作隣接権を侵害する行為とみなす。
　一　国内において頒布する目的をもつて、輸入の時において国内で作成した
　　としたならば著作者人格権、著作権、出版権、実演家人格権又は著作隣接
　　権の侵害となるべき行為によつて作成された物を輸入する行為
　二　著作者人格権、著作権、出版権、実演家人格権又は著作隣接権を侵害す
　　る行為によつて作成された物（前号の輸入に係る物を含む。）を、情を知
　　つて、頒布し、頒布の目的をもつて所持し、若しくは頒布する旨の申出を
　　し、又は業として輸出し、若しくは業としての輸出の目的をもつて所持す
　　る行為
2　送信元識別符号又は送信元識別符号以外の符号その他の情報であつてその
　提供が送信元識別符号の提供と同一若しくは類似の効果を有するもの（以下
　この項及び次項において「送信元識別符号等」という。）の提供により侵害
　著作物等（著作権（第二十八条に規定する権利（翻訳以外の方法により創作
　された二次的著作物に係るものに限る。）を除く。以下この項及び次項にお
　いて同じ。）、出版権又は著作隣接権を侵害して送信可能化が行われた著作物
　等をいい、国外で行われる送信可能化であつて国内で行われたとしたならば
　これらの権利の侵害となるべきものが行われた著作物等を含む。以下この項
　及び次項において同じ。）の他人による利用を容易にする行為（同項におい
　て「侵害著作物等利用容易化」という。）であつて、第一号に掲げるウェブ
　サイト等（同項及び第百十九条第二項第四号において「侵害著作物等利用容
　易化ウェブサイト等」という。）において又は第二号に掲げるプログラム
　（次項及び同条第二項第五号において「侵害著作物等利用容易化プログラ
　ム」という。）を用いて行うものは、当該行為に係る著作物等が侵害著作物
　等であることを知つていた場合又は知ることができたと認めるに足りる相当

の理由がある場合には、当該侵害著作物等に係る著作権、出版権又は著作隣接権を侵害する行為とみなす。

一　次に掲げるウェブサイト等

　イ　当該ウェブサイト等において、侵害著作物等に係る送信元識別符号等（以下この条及び第百十九条第二項において「侵害送信元識別符号等」という。）の利用を促す文言が表示されていること、侵害送信元識別符号等が強調されていることその他の当該ウェブサイト等における侵害送信元識別符号等の提供の態様に照らし、公衆を侵害著作物等に殊更に誘導するものであると認められるウェブサイト等

　ロ　イに掲げるもののほか、当該ウェブサイト等において提供されている侵害送信元識別符号等の数、当該数が当該ウェブサイト等において提供されている送信元識別符号等の総数に占める割合、当該侵害送信元識別符号等の利用に資する分類又は整理の状況その他の当該ウェブサイト等における侵害送信元識別符号等の提供の状況に照らし、主として公衆による侵害著作物等の利用のために用いられるものであると認められるウェブサイト等

二　次に掲げるプログラム

　イ　当該プログラムによる送信元識別符号等の提供に際し、侵害送信元識別符号等の利用を促す文言が表示されていること、侵害送信元識別符号等が強調されていることその他の当該プログラムによる侵害送信元識別符号等の提供の態様に照らし、公衆を侵害著作物等に殊更に誘導するものであると認められるプログラム

　ロ　イに掲げるもののほか、当該プログラムにより提供されている侵害送信元識別符号等の数、当該数が当該プログラムにより提供されている送信元識別符号等の総数に占める割合、当該侵害送信元識別符号等の利用に資する分類又は整理の状況その他の当該プログラムによる侵害送信元識別符号等の提供の状況に照らし、主として公衆による侵害著作物等の利用のために用いられるものであると認められるプログラム

3　侵害著作物等利用容易化ウェブサイト等の公衆への提示を行つている者（当該侵害著作物等利用容易化ウェブサイト等と侵害著作物等利用容易化ウェブサイト等以外の相当数のウェブサイト等とを包括しているウェブサイト等において、単に当該公衆への提示の機会を提供しているに過ぎない者（著作権者等からの当該侵害著作物等利用容易化ウェブサイト等において提供されている侵害送信元識別符号等の削除に関する請求に正当な理由なく応じない状態が相当期間にわたり継続していることその他の著作権者等の利益

を不当に害すると認められる特別な事情がある場合を除く。）を除く。）又は侵害著作物等利用容易化プログラムの公衆への提供等を行つている者（当該公衆への提供等のために用いられているウェブサイト等とそれ以外の相当数のウェブサイト等とを包括しているウェブサイト等又は当該侵害著作物等利用容易化プログラム及び侵害著作物等利用容易化プログラム以外の相当数のプログラムの公衆への提供等のために用いられているウェブサイト等において、単に当該侵害著作物等利用容易化プログラムの公衆への提供等の機会を提供しているに過ぎない者（著作権者等からの当該侵害著作物等利用容易化プログラムにより提供されている侵害送信元識別符号等の削除に関する請求に正当な理由なく応じない状態が相当期間にわたり継続していることその他の著作権者等の利益を不当に害すると認められる特別な事情がある場合を除く。）を除く。）が、当該侵害著作物等利用容易化ウェブサイト等において又は当該侵害著作物等利用容易化プログラムを用いて他人による侵害著作物等利用容易化に係る送信元識別符号等の提供が行われている場合であつて、かつ、当該送信元識別符号等に係る著作物等が侵害著作物等であることを知つている場合又は知ることができたと認めるに足りる相当の理由がある場合において、当該侵害著作物等利用容易化を防止する措置を講ずることが技術的に可能であるにもかかわらず当該措置を講じない行為は、当該侵害著作物等に係る著作権、出版権又は著作隣接権を侵害する行為とみなす。

4　前二項に規定するウェブサイト等とは、送信元識別符号のうちインターネットにおいて個々の電子計算機を識別するために用いられる部分が共通するウェブページ（インターネットを利用した情報の閲覧の用に供される電磁的記録で文部科学省令で定めるものをいう。以下この項において同じ。）の集合物（当該集合物の一部を構成する複数のウェブページであつて、ウェブページ相互の関係その他の事情に照らし公衆への提示が一体的に行われていると認められるものとして政令で定める要件に該当するものを含む。）をいう。

5　プログラムの著作物の著作権を侵害する行為によつて作成された複製物（当該複製物の所有者によつて第四十七条の三第一項の規定により作成された複製物並びに第一項第一号の輸入に係るプログラムの著作物の複製物及び当該複製物の所有者によつて同条第一項の規定により作成された複製物を含む。）を業務上電子計算機において使用する行為は、これらの複製物を使用する権原を取得した時に情を知つていた場合に限り、当該著作権を侵害する行為とみなす。

6　技術的利用制限手段の回避（技術的利用制限手段により制限されている著

作物等の視聴を当該技術的利用制限手段の効果を妨げることにより可能とすること（著作権者等の意思に基づいて行われる場合を除く。）をいう。次項並びに第百二十条の二第一号及び第二号において同じ。）を行う行為は、技術的利用制限手段に係る研究又は技術の開発の目的上正当な範囲内で行われる場合その他著作権者等の利益を不当に害しない場合を除き、当該技術的利用制限手段に係る著作権、出版権又は著作隣接権を侵害する行為とみなす。

7　技術的保護手段の回避又は技術的利用制限手段の回避を行うことをその機能とする指令符号（電子計算機に対する指令であつて、当該指令のみによつて一の結果を得ることができるものをいう。）を公衆に譲渡し、若しくは貸与し、公衆への譲渡若しくは貸与の目的をもつて製造し、輸入し、若しくは所持し、若しくは公衆の使用に供し、又は公衆送信し、若しくは送信可能化する行為は、当該技術の保護手段に係る著作権等又は当該技術的利用制限手段に係る著作権、出版権若しくは著作隣接権を侵害する行為とみなす。

8　次に掲げる行為は、当該権利管理情報に係る著作者人格権、著作権、出版権、実演家人格権又は著作隣接権を侵害する行為とみなす。

一　権利管理情報として虚偽の情報を故意に付加する行為

二　権利管理情報を故意に除去し、又は改変する行為（記録又は送信の方式の変換に伴う技術的な制約による場合その他の著作物又は実演等の利用の目的及び態様に照らしやむを得ないと認められる場合を除く。）

三　前二号の行為が行われた著作物若しくは実演等の複製物を、情を知つて、頒布し、若しくは頒布の目的をもつて輸入し、若しくは所持し、又は当該著作物若しくは実演等を情を知つて公衆送信し、若しくは送信可能化する行為

9　第九十四条の二、第九十五条の三第三項若しくは第九十七条の三第三項に規定する報酬又は第九十五条第一項若しくは第九十七条第一項に規定する二次使用料を受ける権利は、前項の規定の適用については、著作隣接権とみなす。この場合において、前条中「著作隣接権者」とあるのは「著作隣接権者（次条第九項の規定により著作隣接権とみなされる権利を有する者を含む。）」と、同条第一項中「著作隣接権を」とあるのは「著作隣接権（同項の規定により著作隣接権とみなされる権利を含む。）を」とする。

10　国内において頒布することを目的とする商業用レコード（以下この項において「国内頒布目的商業用レコード」という。）を自ら発行し、又は他の者に発行させている著作権者又は著作隣接権者が、当該国内頒布目的商業用レコードと同一の商業用レコードであつて、専ら国外において頒布することを目的とするもの（以下この項において「国外頒布目的商業用レコード」とい

う。）を国外において自ら発行し、又は他の者に発行させている場合において、情を知つて、当該国外頒布目的商業用レコードを国内において頒布する目的をもつて輸入する行為又は当該国外頒布目的商業用レコードを国内において頒布し、若しくは国内において頒布する目的をもつて所持する行為は、当該国外頒布目的商業用レコードが国内で頒布されることにより当該国内頒布目的商業用レコードの発行により当該著作権者又は著作隣接権者の得ることが見込まれる利益が不当に害されることとなる場合に限り、それらの著作権又は著作隣接権を侵害する行為とみなす。ただし、国内において最初に発行された日から起算して七年を超えない範囲内において政令で定める期間を経過した国内頒布目的商業用レコードと同一の国外頒布目的商業用レコードを輸入する行為又は当該国外頒布目的商業用レコードを国内において頒布し、若しくは国内において頒布する目的をもつて所持する行為については、この限りでない。

11　著作者の名誉又は声望を害する方法によりその著作物を利用する行為は、その著作者人格権を侵害する行為とみなす。

　　　　　（昭六〇法六二・2項追加、昭六三法八七・1項二号一部改正、平十一法七七・3項4項追加5項一部改正、平十四法七二・1項柱書一号二号3項一部改正、平十六法九二・5項追加旧5項繰下、平十八法一二一・1項二号4項一部改正、平二一法五三・1項二号2項一部改正、平二八法一〇八・3項追加旧3項以下繰下5項一部改正、平三〇法三〇・5項一部改正、令二法四八・2項3項4項7項追加旧2項以下繰下5項6項8項9項一部改正）

（善意者に係る譲渡権の特例）

第百十三条の二　著作物の原作品若しくは複製物（映画の著作物の複製物（映画の著作物において複製されている著作物にあつては、当該映画の著作物の複製物を含む。）を除く。以下この条において同じ。）、実演の録音物若しくは録画物又はレコードの複製物の譲渡を受けた時において、当該著作物の原作品若しくは複製物、実演の録音物若しくは録画物又はレコードの複製物がそれぞれ第二十六条の二第二項各号、第九十五条の二第三項各号又は第九十七条の二第二項各号のいずれにも該当しないものであることを知らず、かつ、知らないことにつき過失がない者が当該著作物の原作品若しくは複製物、実演の録音物若しくは録画物又はレコードの複製物を公衆に譲渡する行為は、第二十六条の二第一項、第九十五条の二第一項又は第九十七条の二第一項に規定する権利を侵害する行為でないものとみなす。

　　　　　（平十一法七七・追加）

（損害の額の推定等）

第百十四条　著作権者等が故意又は過失により自己の著作権、出版権又は著作
隣接権を侵害した者（以下この項において「侵害者」という。）に対しその
侵害により自己が受けた損害の賠償を請求する場合において、侵害者がその
侵害の行為によつて作成された物（第一号において「侵害作成物」とい
う。）を譲渡し、又はその侵害の行為を組成する公衆送信（自動公衆送信の
場合にあつては、送信可能化を含む。同号において「侵害組成公衆送信」と
いう。）を行つたときは、次の各号に掲げる額の合計額を、著作権者等が受
けた損害の額とすることができる。

一　譲渡等数量（侵害者が譲渡した侵害作成物及び侵害者が行つた侵害組成
公衆送信を公衆が受信して作成した著作物又は実演等の複製物（以下この
号において「侵害受信複製物」という。）の数量をいう。次号において同
じ。）のうち販売等相応数量（当該著作権者等が当該侵害作成物又は当該
侵害受信複製物を販売するとした場合にその販売のために必要な行為を行
う能力に応じた数量をいう。同号において同じ。）を越えない部分（その
全部又は一部に相当する数量を当該著作権者等が販売することができない
とする事情があるときは、当該事情に相当する数量（同号において「特定
数量」という。）を控除した数量）に、著作権者等がその侵害の行為がな
ければ販売することができた物の単位数量当たりの利益の額を乗じて得た
額

二　譲渡等数量のうち販売等相応数量を超える数量又は特定数量がある場合
（著作権者等が、その著作権、出版権又は著作隣接権の行使をし得たと認
められない場合を除く。）におけるこれらの数量に応じた当該著作権、出
版権又は著作隣接権の行使につき受けるべき金銭の額に相当する額

2　著作権者、出版権者又は著作隣接権者が故意又は過失によりその著作権、
出版権又は著作隣接権を侵害した者に対しその侵害により自己が受けた損害
の賠償を請求する場合において、その者がその侵害の行為により利益を受け
ているときは、その利益の額は、当該著作権者、出版権者又は著作隣接権者
が受けた損害の額と推定する。

3　著作権者、出版権者又は著作隣接権者は、故意又は過失によりその著作権、
出版権又は著作隣接権を侵害した者に対し、その著作権、出版権又は著作隣
接権の行使につき受けるべき金銭の額に相当する額を自己が受けた損害の額
として、その賠償を請求することができる。

4　著作権者又は著作隣接権者は、前項の規定によりその著作権又は著作隣接
権を侵害した者に対し損害の賠償を請求する場合において、その著作権又は

著作隣接権が著作権等管理事業法第二条第一項に規定する管理委託契約に基づき著作権等管理事業者が管理するものであるときは、当該著作権等管理事業者が定める同法第十三条第一項に規定する使用料規程のうちその侵害の行為に係る著作物等の利用の態様について適用されるべき規定により算出したその著作権又は著作隣接権に係る著作物等の使用料の額（当該額の算出方法が複数あるときは、当該複数の算出方法によりそれぞれ算出した額のうち最も高い額）をもつて、前項に規定する金銭の額とすることができる。

5　裁判所は、第一項第二号及び第三項に規定する著作権、出版権又は著作隣接権の行使につき受けるべき金銭の額に相当する額を認定するに当たつては、著作権者等が、自己の著作権、出版権又は著作隣接権の侵害があつたことを前提として当該著作権、出版権又は著作隣接権を侵害した者との間でこれらの権利の行使の対価について合意をするとしたならば、当該著作権者等が得ることとなるその対価を考慮することができる。

6　第三項の規定は、同項に規定する金額を超える損害の賠償の請求を妨げない。この場合において、著作権、出版権又は著作隣接権を侵害した者に故意又は重大な過失がなかつたときは、裁判所は、損害の賠償の額を定めるについて、これを参酌することができる。

　　　　　（平十二法五六・2項一部改正、平十五法八五・一部改正、平二六法三五・3項4項一部改正、平二八法一〇八・4項追加旧4項繰下1項5項一部改正、令三法五二・4項一部改正、令五法三三・1項柱書一部改正一号二号5項追加旧5項繰下）

（具体的態様の明示義務）

第百十四条の二　著作者人格権、著作権、出版権、実演家人格権又は著作隣接権の侵害に係る訴訟において、著作者、著作権者、出版権者、実演家又は著作隣接権者が侵害の行為を組成したもの又は侵害の行為によつて作成されたものとして主張する物の具体的態様を否認するときは、相手方は、自己の行為の具体的態様を明らかにしなければならない。ただし、相手方において明らかにすることができない相当の理由があるときは、この限りでない。

　　　　　（平十五法八五・追加）

（書類の提出等）

第百十四条の三　裁判所は、著作者人格権、著作権、出版権、実演家人格権又は著作隣接権の侵害に係る訴訟においては、当事者の申立てにより、当事者に対し、当該侵害の行為について立証するため、又は当該侵害の行為による損害の計算をするため必要な書類の提出を命ずることができる。ただし、その書類の所持者においてその提出を拒むことについて正当な理由があるとき

は、この限りでない。

2　裁判所は、前項本文の申立てに係る書類が同項本文の書類に該当するかどうか又は同項ただし書に規定する正当な理由があるかどうかの判断をするため必要があると認めるときは、書類の所持者にその提示をさせることができる。この場合においては、何人も、その提示された書類の開示を求めることができない。

3　裁判所は、前項の場合において、第一項本文の申立てに係る書類が同項本文の書類に該当するかどうか又は同項ただし書に規定する正当な理由があるかどうかについて前項後段の書類を開示してその意見を聴くことが必要であると認めるときは、当事者等（当事者（法人である場合にあつては、その代表者）又は当事者の代理人（訴訟代理人及び補佐人を除く。）、使用人その他の従業者をいう。第百十四条の六第一項において同じ。）、訴訟代理人又は補佐人に対し、当該書類を開示することができる。

4　裁判所は、第二項の場合において、同項後段の書類を開示して専門的な知見に基づく説明を聴くことが必要であると認めるときは、当事者の同意を得て、民事訴訟法（平成八年法律第百九号）第一編第五章第二節第一款に規定する専門委員に対し、当該書類を開示することができる。

5　前各項の規定は、著作者人格権、著作権、出版権、実演家人格権又は著作隣接権の侵害に係る訴訟における当該侵害の行為について立証するため必要な検証の目的の提示について準用する。

第百十四条の三　裁判所は、著作者人格権、著作権、出版権、実演家人格権又は著作隣接権の侵害に係る訴訟においては、当事者の申立てにより、当事者に対し、当該侵害の行為について立証するため、又は当該侵害の行為による損害の計算をするため必要な書類又は電磁的記録の提出を命ずることができる。ただし、その書類の所持者又はその電磁的記録を利用する権限を有する者においてその提出を拒むことについて正当な理由があるときは、この限りでない。

2　裁判所は、前項本文の申立てに係る書類若しくは電磁的記録が同項本文の書類若しくは電磁的記録に該当するかどうか又は同項ただし書に規定する正当な理由があるかどうかの判断をするため必要があると認めるときは、書類の所持者又は電磁的記録を利用する権限を有する者にその提示をさせることができる。この場合においては、何人も、その提示された書類又は電磁的記録の開示を求めることができない。

3　裁判所は、前項の場合において、第一項本文の申立てに係る書類若しくは電磁的記録が同項本文の書類若しくは電磁的記録に該当するかどうか又は同

項ただし書に規定する正当な理由があるかどうかについて前項後段の書類又は電磁的記録を開示してその意見を聴くことが必要であると認めるときは、当事者等（当事者（法人である場合にあつては、その代表者）又は当事者の代理人（訴訟代理人及び補佐人を除く。）、使用人その他の従業者をいう。第百十四条の六第一項において同じ。）、訴訟代理人又は補佐人に対し、当該書類又は当該電磁的記録を開示することができる。

4　裁判所は、第二項の場合において、同項後段の書類又は電磁的記録を開示して専門的な知見に基づく説明を聴くことが必要であると認めるときは、当事者の同意を得て、民事訴訟法第一編第五章第二節第一款に規定する専門委員に対し、当該書類又は当該電磁的記録を開示することができる。

5　（略）

　　　　（令和五年六月十四日から起算して四年を超えない範囲内において政令で定める日から施行）

　　　　（平八法一一七・追加、平十二法五六・見出し1項一部改正2項3項追加、平十五法八五・旧第百十四条の二繰下、平十六法一二〇・1項一部改正3項追加旧3項繰下一部改正、令二法四八・2項3項一部改正4項追加旧4項繰下一部改正）

（鑑定人に対する当事者の説明義務）

第百十四条の四　著作権、出版権又は著作隣接権の侵害に係る訴訟において、当事者の申立てにより、裁判所が当該侵害の行為による損害の計算をするため必要な事項について鑑定を命じたときは、当事者は、鑑定人に対し、当該鑑定をするため必要な事項について説明しなければならない。

　　　　（平十二法五六・追加、平十五法八五・旧第百十四条の三繰下）

（相当な損害額の認定）

第百十四条の五　著作権、出版権又は著作隣接権の侵害に係る訴訟において、損害が生じたことが認められる場合において、損害額を立証するために必要な事実を立証することが当該事実の性質上極めて困難であるときは、裁判所は、口頭弁論の全趣旨及び証拠調べの結果に基づき、相当な損害額を認定することができる。

　　　　（平十二法五六・追加、平十五法八五・旧第百十四条の四繰下）

（秘密保持命令）

第百十四条の六　裁判所は、著作者人格権、著作権、出版権、実演家人格権又は著作隣接権の侵害に係る訴訟において、その当事者が保有する営業秘密（不正競争防止法（平成五年法律第四十七号）第二条第六項に規定する営業秘密をいう。以下同じ。）について、次に掲げる事由のいずれにも該当する

ことにつき疎明があつた場合には、当事者の申立てにより、決定で、当事者
等、訴訟代理人又は補佐人に対し、当該営業秘密を当該訴訟の追行の目的以
外の目的で使用し、又は当該営業秘密に係るこの項の規定による命令を受け
た者以外の者に開示してはならない旨を命ずることができる。ただし、その
申立ての時までに当事者等、訴訟代理人又は補佐人が第一号に規定する準備
書面の閲読又は同号に規定する証拠の取調べ若しくは開示以外の方法により
当該営業秘密を取得し、又は保有していた場合は、この限りでない。

一　既に提出され若しくは提出されるべき準備書面に当事者の保有する営業
　秘密が記載され、又は既に取り調べられ若しくは取り調べられるべき証拠
　（第百十四条の三第三項の規定により開示された書類を含む。）の内容に
　当事者の保有する営業秘密が含まれること。

二　前号の営業秘密が当該訴訟の追行の目的以外の目的で使用され、又は当
　該営業秘密が開示されることにより、当該営業秘密に基づく当事者の事業
　活動に支障を生ずるおそれがあり、これを防止するため当該営業秘密の使
　用又は開示を制限する必要があること。

2　前項の規定による命令（以下「秘密保持命令」という。）の申立ては、次
　に掲げる事項を記載した書面でしなければならない。

一　秘密保持命令を受けるべき者

二　秘密保持命令の対象となるべき営業秘密を特定するに足りる事実

三　前項各号に掲げる事由に該当する事実

3　秘密保持命令が発せられた場合には、その決定書を秘密保持命令を受けた
　者に送達しなければならない。

4　秘密保持命令は、秘密保持命令を受けた者に対する決定書の送達がされた
　時から、効力を生ずる。

5　秘密保持命令の申立てを却下した裁判に対しては、即時抗告をすることが
　できる。

第百十四条の六　（略）

一　既に提出され若しくは提出されるべき準備書面に当事者の保有する営業
　秘密が記載され、又は既に取り調べられ若しくは取り調べられるべき証拠
　（第百十四条の三第三項の規定により開示された書類又は電磁的記録を含
　む。）の内容に当事者の保有する営業秘密が含まれること。

二　（略）

2　（略）

3　秘密保持命令が発せられた場合には、その電子決定書（民事訴訟法第百二
　十二条において準用する同法第二百五十二条第一項の規定により作成された

電磁的記録（同法第百二十二条において準用する同法第二百五十三条第二項の規定により裁判所の使用に係る電子計算機（入出力装置を含む。）に備えられたファイルに記録されたものに限る。）をいう。次項及び次条第二項において同じ。）を秘密保持命令を受けた者に送達しなければならない。

4　秘密保持命令は、秘密保持命令を受けた者に対する<u>電子決定書</u>の送達がされた時から、効力を生ずる。

5　（略）

　　　　　（令和四年五月二十五日から起算して四年を超えない範囲内において政令で定める日から施行）

　　　　（平十六法一二〇・追加、平十七法七五・1項一部改正）

（秘密保持命令の取消し）

第百十四条の七　秘密保持命令の申立てをした者又は秘密保持命令を受けた者は、訴訟記録の存する裁判所（訴訟記録の存する裁判所がない場合にあつては、秘密保持命令を発した裁判所）に対し、前条第一項に規定する要件を欠くこと又はこれを欠くに至つたことを理由として、秘密保持命令の取消しの申立てをすることができる。

2　秘密保持命令の取消しの申立てについての裁判があつた場合には、その決定書をその申立てをした者及び相手方に送達しなければならない。

2　秘密保持命令の取消しの申立てについての裁判があつた場合には、その<u>電子決定書</u>をその申立てをした者及び相手方に送達しなければならない。

　　　　　（令和四年五月二十五日から起算して四年を超えない範囲内において政令で定める日から施行）

3　秘密保持命令の取消しの申立てについての裁判に対しては、即時抗告をすることができる。

4　秘密保持命令を取り消す裁判は、確定しなければその効力を生じない。

5　裁判所は、秘密保持命令を取り消す裁判をした場合において、秘密保持命令の取消しの申立てをした者又は相手方以外に当該秘密保持命令が発せられた訴訟において当該営業秘密に係る秘密保持命令を受けている者があるときは、その者に対し、直ちに、秘密保持命令を取り消す裁判をした旨を通知しなければならない。

　　　　（平十六法一二〇・追加）

（訴訟記録の閲覧等の請求の通知等）

第百十四条の八　秘密保持命令が発せられた訴訟（全ての秘密保持命令が取り消された訴訟を除く。）に係る訴訟記録につき、民事訴訟法第九十二条第一項の決定があつた場合において、当事者から同項に規定する秘密記載部分の

閲覧等の請求があり、かつ、その請求の手続を行つた者が当該訴訟において秘密保持命令を受けていない者であるときは、裁判所書記官は、同項の申立てをした当事者（その請求をした者を除く。第三項において同じ。）に対し、その請求後直ちに、その請求があつた旨を通知しなければならない。

2　前項の場合において、裁判所書記官は、同項の請求があつた日から二週間を経過する日までの間（その請求の手続を行つた者に対する秘密保持命令の申立てがその日までにされた場合にあつては、その申立てについての裁判が確定するまでの間）、その請求の手続を行つた者に同項の秘密記載部分の閲覧等をさせてはならない。

3　前二項の規定は、第一項の請求をした者に同項の秘密記載部分の閲覧等をさせることについて民事訴訟法第九十二条第一項の申立てをした当事者のすべての同意があるときは、適用しない。

　　　（平十六法一二〇・追加、令二法四八・1項一部改正）

（名誉回復等の措置）

第百十五条　著作者又は実演家は、故意又は過失によりその著作者人格権又は実演家人格権を侵害した者に対し、損害の賠償に代えて、又は損害の賠償とともに、著作者又は実演家であることを確保し、又は訂正その他著作者若しくは実演家の名誉若しくは声望を回復するために適当な措置を請求することができる。

　　　（平十四法七二・一部改正）

（著作者又は実演家の死後における人格的利益の保護のための措置）

第百十六条　著作者又は実演家の死後においては、その遺族（死亡した著作者又は実演家の配偶者、子、父母、孫、祖父母又は兄弟姉妹をいう。以下この条において同じ。）は、当該著作者又は実演家について第六十条又は第百一条の三の規定に違反する行為をする者又はするおそれがある者に対し第百十二条の請求を、故意又は過失により著作者人格権又は実演家人格権を侵害する行為又は第六十条若しくは第百一条の三の規定に違反する行為をした者に対し前条の請求をすることができる。

2　前項の請求をすることができる遺族の順位は、同項に規定する順序とする。ただし、著作者又は実演家が遺言によりその順位を別に定めた場合は、その順序とする。

3　著作者又は実演家は、遺言により、遺族に代えて第一項の請求をすることができる者を指定することができる。この場合において、その指定を受けた者は、当該著作者又は実演家の死亡の日の属する年の翌年から起算して七十年を経過した後（その経過する時に遺族が存する場合にあつては、その存し

なくなつた後）においては、その請求をすることができない。

（平十四法七二・見出し１項２項３項一部改正、平二八法一〇八・３
項一部改正）

（共同著作物等の権利侵害）

第百十七条　共同著作物の各著作者又は各著作権者は、他の著作者又は他の著
作権者の同意を得ないで、第百十二条の規定による請求又はその著作権の侵
害に係る自己の持分に対する損害の賠償の請求若しくは自己の持分に応じた
不当利得の返還の請求をすることができる。

２　前項の規定は、共有に係る著作権又は著作隣接権の侵害について準用する。

（無名又は変名の著作物に係る権利の保全）

第百十八条　無名又は変名の著作物の発行者は、その著作物の著作者又は著作
権者のために、自己の名をもつて、第百十二条、第百十五条若しくは第百十
六条第一項の請求又はその著作物の著作者人格権若しくは著作権の侵害に係
る損害の賠償の請求若しくは不当利得の返還の請求を行なうことができる。
ただし、著作者の変名がその者のものとして周知のものである場合及び第七
十五条第一項の実名の登録があつた場合は、この限りでない。

２　無名又は変名の著作物の複製物にその実名又は周知の変名が発行者名とし
て通常の方法により表示されている者は、その著作物の発行者と推定する。

第八章　罰則

> **第九章　罰則**
> （令和五年五月二十六日から起算して三年を超えない範囲内において
> 政令で定める日から施行）

（平四法一〇六・旧第七章繰下）

第百十九条　著作権、出版権又は著作隣接権を侵害した者（第三十条第一項
（第百二条第一項において準用する場合を含む。第三項において同じ。）に
定める私的使用の目的をもつて自ら著作物若しくは実演等の複製を行つた
者、第百十三条第二項、第三項若しくは第六項から第八項までの規定により
著作権、出版権若しくは著作隣接権（同項の規定による場合にあつては、同
条第九項の規定により著作隣接権とみなされる権利を含む。第百二十条の二
第五号において同じ。）を侵害する行為とみなされる行為を行つた者、第百
十三条第十項の規定により著作権若しくは著作隣接権を侵害する行為とみな
される行為を行つた者又は次項第三号若しくは第六号に掲げる者を除く。）
は、十年以下の懲役若しくは千万円以下の罰金に処し、又はこれを併科する。

２　次の各号のいずれかに該当する者は、五年以下の懲役若しくは五百万円以

下の罰金に処し、又はこれを併科する。

一　著作者人格権又は実演家人格権を侵害した者（第百十三条第八項の規定
により著作者人格権又は実演家人格権を侵害する行為とみなされる行為を
行つた者を除く。）

二　営利を目的として、第三十条第一項第一号に規定する自動複製機器を著
作権、出版権又は著作隣接権の侵害となる著作物又は実演等の複製に使用
させた者

三　第百十三条第一項の規定により著作権、出版権又は著作隣接権を侵害す
る行為とみなされる行為を行つた者

四　侵害著作物等利用容易化ウェブサイト等の公衆への提示を行つた者（当
該侵害著作物等利用容易化ウェブサイト等と侵害著作物等利用容易化ウェ
ブサイト等以外の相当数のウェブサイト等（第百十三条第四項に規定する
ウェブサイト等をいう。以下この号及び次号において同じ。）とを包括し
ているウェブサイト等において、単に当該公衆への提示の機会を提供した
に過ぎない者（著作権者等からの当該侵害著作物等利用容易化ウェブサイ
ト等において提供されている侵害送信元識別符号等の削除に関する請求に
正当な理由なく応じない状態が相当期間にわたり継続していたことその他
の著作権者等の利益を不当に害すると認められる特別な事情がある場合を
除く。）を除く。）

五　侵害著作物等利用容易化プログラムの公衆への提供等を行つた者（当該
公衆への提供等のために用いられているウェブサイト等とそれ以外の相当
数のウェブサイト等とを包括しているウェブサイト等又は当該侵害著作物
等利用容易化プログラム及び侵害著作物等利用容易化プログラム以外の相
当数のプログラムの公衆への提供等のために用いられているウェブサイト
等において、単に当該侵害著作物等利用容易化プログラムの公衆への提供
等の機会を提供したに過ぎない者（著作権者等からの当該侵害著作物等利
用容易化プログラムにより提供されている侵害送信元識別符号等の削除に
関する請求に正当な理由なく応じない状態が相当期間にわたり継続してい
たことその他の著作権者等の利益を不当に害すると認められる特別な事情
がある場合を除く。）を除く。）

六　第百十三条第五項の規定により著作権を侵害する行為とみなされる行為
を行つた者

3　次の各号のいずれかに該当する者は、二年以下の懲役若しくは二百万円以
下の罰金に処し、又はこれを併科する。

一　第三十条第一項に定める私的使用の目的をもつて、録音録画有償著作物

等（録音され、又は録画された著作物又は実演等（著作権又は著作隣接権の目的となつているものに限る。）であつて、有償で公衆に提供され、又は提示されているもの（その提供又は提示が著作権又は著作隣接権を侵害しないものに限る。）をいう。）の著作権を侵害する自動公衆送信（国外で行われる自動公衆送信であつて、国内で行われたとしたならば著作権の侵害となるべきものを含む。）又は著作隣接権を侵害する送信可能化（国外で行われる送信可能化であつて、国内で行われたとしたならば著作隣接権の侵害となるべきものを含む。）に係る自動公衆送信を受信して行うデジタル方式の録音又は録画（以下この号及び次項において「有償著作物等特定侵害録音録画」という。）を、自ら有償著作物等特定侵害録音録画であることを知りながら行つて著作権又は著作隣接権を侵害した者

二　第三十条第一項に定める私的使用の目的をもつて、著作物（著作権の目的となつているものに限る。以下この号において同じ。）であつて有償で公衆に提供され、又は提示されているもの（その提供又は提示が著作権を侵害しないものに限る。）の著作権（第二十八条に規定する権利（翻訳以外の方法により創作された二次的著作物に係るものに限る。）を除く。以下この号及び第五項において同じ。）を侵害する自動公衆送信（国外で行われる自動公衆送信であつて、国内で行われたとしたならば著作権の侵害となるべきものを含む。）を受信して行うデジタル方式の複製（録音及び録画を除く。以下この号において同じ。）（当該著作物のうち当該複製がされる部分の占める割合、当該部分が自動公衆送信される際の表示の精度その他の要素に照らし軽微なものを除く。以下この号及び第五項において「有償著作物特定侵害複製」という。）を、自ら有償著作物特定侵害複製であることを知りながら行つて著作権を侵害する行為（当該著作物の種類及び用途並びに当該有償著作物特定侵害複製の態様に照らし著作権者の利益を不当に害しないと認められる特別な事情がある場合を除く。）を継続的に又は反復して行つた者

4　前項第一号に掲げる者には、有償著作物等特定侵害録音録画を、自ら有償著作物等特定侵害録音録画であることを重大な過失により知らないで行つて著作権又は著作隣接権を侵害した者を含むものと解釈してはならない。

5　第三項第二号に掲げる者には、有償著作物特定侵害複製を、自ら有償著作物特定侵害複製であることを重大な過失により知らないで行つて著作権を侵害する行為を継続的に又は反復して行つた者を含むものと解釈してはならない。

第百十九条　著作権、出版権又は著作隣接権を侵害した者（第三十条第一項

（第百二条第一項において準用する場合を含む。第三項において同じ。）に定める私的使用の目的をもつて自ら著作物若しくは実演等の複製を行つた者、第百十三条第二項、第三項若しくは第六項から第八項までの規定により著作権、出版権若しくは著作隣接権（同項の規定による場合にあつては、同条第九項の規定により著作隣接権とみなされる権利を含む。第百二十条の二第五号において同じ。）を侵害する行為とみなされる行為を行つた者、第百十三条第十項の規定により著作権若しくは著作隣接権を侵害する行為とみなされる行為を行つた者又は次項第三号若しくは第六号に掲げる者を除く。）は、十年以下の拘禁刑若しくは千万円以下の罰金に処し、又はこれを併科する。

2　次の各号のいずれかに該当する者は、五年以下の拘禁刑若しくは五百万円以下の罰金に処し、又はこれを併科する。

一～六　（略）

3　次の各号のいずれかに該当する者は、二年以下の拘禁刑若しくは二百万円以下の罰金に処し、又はこれを併科する。

一・二　（略）

4・5　（略）

　　　（令和四年六月十七日から起算して三年を越えない範囲内において政令で定める日から施行）

　　　（昭五九法四六・全改、平四法一〇六・各号一部改正、平八法一一七・柱書一部改正、平十一法七七・一号二号一部改正、平十四法七二・一号一部改正、平十六法九二・柱書一号一部改正、平十八法一二一・全改、平二四法四三・1項一部改正3項追加、平二八法一〇八・1項2項一号3項一部改正、令二法四八・1項2項一号3項一部改正2項四号五号追加旧四号繰下一部改正4項5項追加）

第百二十条　第六十条又は第百一条の三の規定に違反した者は、五百万円以下の罰金に処する。

　　　（昭五九法四六・一部改正、平八法一一七・一部改正、平十四法七二・一部改正、平十六法九二・一部改正）

第百二十条の二　次の各号のいずれかに該当する者は、三年以下の懲役若しくは三百万円以下の罰金に処し、又はこれを併科する。

一　技術的保護手段の回避若しくは技術的利用制限手段の回避を行うことをその機能とする装置（当該装置の部品一式であつて容易に組み立てることができるものを含む。）若しくは技術的保護手段の回避若しくは技術的利用制限手段の回避を行うことをその機能とするプログラムの複製物を公衆

に譲渡し、若しくは貸与し、公衆への譲渡若しくは貸与の目的をもつて製造し、輸入し、若しくは所持し、若しくは公衆の使用に供し、又は当該プログラムを公衆送信し、若しくは送信可能化する行為（当該装置又は当該プログラムが当該機能以外の機能を併せて有する場合にあつては、著作権等を侵害する行為を技術的保護手段の回避により可能とし、又は第百十三条第六項の規定により著作権、出版権若しくは著作隣接権を侵害する行為とみなされる行為を技術的利用制限手段の回避により可能とする用途に供するために行うものに限る。）をした者

二　業として公衆からの求めに応じて技術的保護手段の回避又は技術的利用制限手段の回避を行つた者

三　第百十三条第二項の規定により著作権、出版権又は著作隣接権を侵害する行為とみなされる行為を行つた者

四　第百十三条第七項の規定により技術的保護手段に係る著作権等又は技術的利用制限手段に係る著作権、出版権若しくは著作隣接権を侵害する行為とみなされる行為を行つた者

五　営利を目的として、第百十三条第八項の規定により著作者人格権、著作権、出版権、実演家人格権又は著作隣接権を侵害する行為とみなされる行為を行つた者

六　営利を目的として、第百十三条第十項の規定により著作権又は著作隣接権を侵害する行為とみなされる行為を行つた者

第百二十条の二　次の各号のいずれかに該当する者は、三年以下の拘禁刑若しくは三百万円以下の罰金に処し、又はこれを併科する。

一～六（略）

（令和四年六月十七日から起算して三年を越えない範囲内において政令で定める日から施行）

（平十一法七七・追加、平十四法七二・三号一部改正、平十六法九二・柱書一部改正四号追加、平二四法四三・一号一部改正、平二八法一〇八・各号一部改正、令二法四八・一号一部改正三号四号追加旧三号以下繰下五号六号一部改正）

第百二十一条　著作者でない者の実名又は周知の変名を著作者名として表示した著作物の複製物（原著作物の著作者でない者の実名又は周知の変名を原著作物の著作者名として表示した二次的著作物の複製物を含む。）を頒布した者は、一年以下の懲役若しくは百万円以下の罰金に処し、又はこれを併科する。

第百二十一条　著作者でない者の実名又は周知の変名を著作者名として表示し

た著作物の複製物（原著作物の著作者でない者の実名又は周知の変名を原著作物の著作者名として表示した二次的著作物の複製物を含む。）を頒布した者は、一年以下の<u>拘禁刑</u>若しくは百万円以下の罰金に処し、又はこれを併科する。

（令和四年六月十七日から起算して三年を越えない範囲内において政令で定める日から施行）

（昭五九法四六・柱書一部改正、昭六三法八七・二号一部改正、平三法六三・全改、平八法一一七・一部改正、平十六法九二・一部改正）

第百二十一条の二　次の各号に掲げる商業用レコード（当該商業用レコードの複製物（二以上の段階にわたる複製に係る複製物を含む。）を含む。）を商業用レコードとして複製し、その複製物を頒布し、その複製物を頒布の目的をもつて所持し、又はその複製物を頒布する旨の申出をした者（当該各号の原盤に音を最初に固定した日の属する年の翌年から起算して七十年を経過した後において当該複製、頒布、所持又は申出を行つた者を除く。）は、一年以下の懲役若しくは百万円以下の罰金に処し、又はこれを併科する。

一　国内において商業用レコードの製作を業とする者が、レコード製作者からそのレコード（第八条各号のいずれかに該当するものを除く。）の原盤の提供を受けて製作した商業用レコード

二　国外において商業用レコードの製作を業とする者が、実演家等保護条約の締約国の国民、世界貿易機関の加盟国の国民又はレコード保護条約の締約国の国民（当該締約国の法令に基づいて設立された法人及び当該締約国に主たる事務所を有する法人を含む。）であるレコード製作者からそのレコード（第八条各号のいずれかに該当するものを除く。）の原盤の提供を受けて製作した商業用レコード

第百二十一条の二　次の各号に掲げる商業用レコード（当該商業用レコードの複製物（二以上の段階にわたる複製に係る複製物を含む。）を含む。）を商業用レコードとして複製し、その複製物を頒布し、その複製物を頒布の目的をもつて所持し、又はその複製物を頒布する旨の申出をした者（当該各号の原盤に音を最初に固定した日の属する年の翌年から起算して七十年を経過した後において当該複製、頒布、所持又は申出を行つた者を除く。）は、一年以下の<u>拘禁刑</u>若しくは百万円以下の罰金に処し、又はこれを併科する。

一・二（略）

（令和四年六月十七日から起算して三年を越えない範囲内において政令で定める日から施行）

（平三法六三・追加、平六法一一二・二号一部改正、平八法一一七・

柱書一部改正、平十六法九二・柱書二号一部改正、平二一法五三・柱書一部改正、平二八法一〇八・柱書一部改正）

第百二十一条の三 第百四条の四十五第二項の規定による確認等事務の停止の命令に違反したときは、当該違反行為をした者は、一年以下の拘禁刑又は五十万円以下の罰金に処する。

（令和五年五月二十六日から起算して三年を超えない範囲内において政令で定める日から施行）

第百二十二条 第四十八条又は第百二条第二項の規定に違反した者は、五十万円以下の罰金に処する。

（昭五九法四六・一部改正、平八法一一七・一部改正、平十六法九二・一部改正）

第百二十二条の二 次の各号のいずれかに該当する場合には、当該違反行為をした者は、三十万円以下の罰金に処する。

一　第百四条の二十七又は第百四条の四十の規定に違反して帳簿を備えず、簿に記載せず、若しくは虚偽の記載をし、又は帳簿を保存しなかつたとき。

二　第百四条の二十八第一項又は第百四条の四十一第一章の規定による報告若しくは資料の提出をせず、若しくは虚偽の報告をし、若しくは虚偽の資料を提出し、又はこれらの規定による質問に対して答弁をぜず、若しくは虚偽の答弁をし、若しくはこれらの規定による検査を拒み、妨げ、若しくは忌避したとき。

三　第百四条の三十第一項又は第百四条の四十四第一項の許可を受けないで、補償金管理業務又は確認等事務を廃止したとき。

（令和五年五月二十六日から起算して三年を超えない範囲内において政令で定める日から施行）

第百二十二条の二 秘密保持命令に違反した者は、五年以下の懲役若しくは五百万円以下の罰金に処し、又はこれを併科する。

2　前項の罪は、国外において同項の罪を犯した者にも適用する。

第百二十二条の三 秘密保持命令に違反した者は、五年以下の拘禁刑若しくは五百万円以下の罰金に処し、又はこれを併科する。

2　（略）

（令和四年六月十七日から起算して三年を越えない範囲内において政令で定める日から施行）

（平十六法一二〇・追加、平十七法七五・1項一部改正2項追加）

第百二十三条 第百十九条第一項から第三項まで、第百二十条の二第三号から第六号まで、第百二十一条の二及び前条第一項の罪は、告訴がなければ公訴

を提起することができない。

2　前項の規定は、次に掲げる行為の対価として財産上の利益を受ける目的又は有償著作物等の提供若しくは提示により著作権者等の得ることが見込まれる利益を害する目的で、次の各号のいずれかに掲げる行為を行うことにより犯した第百十九条第一項の罪については、適用しない。

一　有償著作物等について、原作のまま複製された複製物を公衆に譲渡し、又は原作のまま公衆送信（自動公衆送信の場合にあつては、送信可能化を含む。次号において同じ。）を行うこと（当該有償著作物等の種類及び用途、当該譲渡の部数、当該譲渡又は公衆送信の態様その他の事情に照らして、当該有償著作物等の提供又は提示により著作権者等の得ることが見込まれる利益が不当に害されることとなる場合に限る。）。

二　有償著作物等について、原作のまま複製された複製物を公衆に譲渡し、又は原作のまま公衆送信を行うために、当該有償著作物等を複製すること（当該有償著作物等の種類及び用途、当該複製の部数及び態様その他の事情に照らして、当該有償著作物等の提供又は提示により著作権者等の得ることが見込まれる利益が不当に害されることとなる場合に限る。）。

3　前項に規定する有償著作物等とは、著作物又は実演等（著作権、出版権又は著作隣接権の目的となつているものに限る。）であつて、有償で公衆に提供され、又は提示されているもの（その提供又は提示が著作権、出版権又は著作隣接権を侵害するもの（国外で行われた提供又は提示にあつては、国内で行われたとしたならばこれらの権利の侵害となるべきもの）を除く。）をいう。

4　無名又は変名の著作物の発行者は、その著作物に係る第一項に規定する罪について告訴をすることができる。ただし、第百十八条第一項ただし書に規定する場合及び当該告訴が著作者の明示した意思に反する場合は、この限りでない。

　　　　　（平三法六三・1項一部改正、平七法九一・1項一部改正、平十一法七七・1項一部改正、平十六法九二・1項一部改正、平十六法一二〇・1項一部改正、平十七法七五・1項一部改正、平二八法一〇八・2項3項追加旧2項繰下、令二法四八・1項一部改正）

第百二十四条　法人の代表者（法人格を有しない社団又は財団の管理人を含む。）又は法人若しくは人の代理人、使用人その他の従業者が、その法人又は人の業務に関し、次の各号に掲げる規定の違反行為をしたときは、行為者を罰するほか、その法人に対して当該各号に定める罰金刑を、その人に対して各本条の罰金刑を科する。

一　第百十九条第一項若しくは第二項第三号から第六号まで又は第百二十二条の二第一項　三億円以下の罰金刑

二　第百十九条第二項第一号若しくは第二号又は第百二十条から第百二十二条まで　各本条の罰金刑

2　法人格を有しない社団又は財団について前項の規定の適用がある場合には、その代表者又は管理人がその訴訟行為につきその社団又は財団を代表するほか、法人を被告人又は被疑者とする場合の刑事訴訟に関する法律の規定を準用する。

3　第一項の場合において、当該行為者に対してした告訴又は告訴の取消しは、その法人又は人に対しても効力を生じ、その法人又は人に対してした告訴又は告訴の取消しは、当該行為者に対しても効力を生ずるものとする。

4　第一項の規定により第百十九条第一項若しくは第二項又は第百二十二条の二第一項の違反行為につき法人又は人に罰金刑を科する場合における時効の期間は、これらの規定の罪についての時効の期間による。

第百二十四条　法人の代表者（法人格を有しない社団又は財団の管理人を含む。）又は法人若しくは人の代理人、使用人その他の従業者が、その法人又は人の業務に関し、次の各号に掲げる規定の違反行為をしたときは、行為者を罰するほか、その法人に対して当該各号に定める罰金刑を、その人に対して各本条の罰金刑を科する。

一　第百十九条第一項若しくは第二項第三号から第六号まで又は第百二十二条の三第一項　三億円以下の罰金刑

二　第百十九条第二項第一号若しくは第二号、第百二十条から第百二十一条の二まで又は第百二十二条　各本条の罰金刑

2・3　（略）

4　第一項の規定により第百十九条第一項若しくは第二項又は第百二十二条の三第一項の違反行為につき法人又は人に罰金刑を科する場合における時効の期間は、これらの規定の罪についての時効の期間による。

　　　　（令和五年五月二十六日から起算して三年を超えない範囲内において政令で定める日から施行）

　　　（平十二法五六・1項一部改正1項一号二号追加、平十四法七二・1項一号二号一部改正、平十六法九二・1項一号一部改正、平十六法一二〇・1項二号追加旧二号繰下、平十七法七五・1項一号一部改正二号削除旧三号繰上、平十八法一二一・1項一号二号一部改正4項追加、令二法四八・1項一号一部改正）

第百二十五条　第百四条の三十九第一項の規定に違反して財務諸表等を作成せ

ず、財務諸表等に記載すべき事項を記載せず、若しくは記録せず、若しくは
虚偽の記載若しくは記録をし、若しくは財務諸表等を備え置かず、又は正当
な理由がないのに同条第二項の規定による請求を拒んだときは、当該違反行
為をした者は、二十万円以下の過料に処する。

（令和五年五月二十六日から起算して三年を超えない範囲内において
政令で定める日から施行）

附　則（抄）

（施行期日）

第一条　この法律は、昭和四十六年一月一日から施行する。

（適用範囲についての経過措置）

第二条　改正後の著作権法（以下「新法」という。）中著作権に関する規定は、
この法律の施行の際現に改正前の著作権法（以下「旧法」という。）による
著作権の全部が消滅している著作物については、適用しない。

2　この法律の施行の際現に旧法による著作権の一部が消滅している著作物に
ついては、新法中これに相当する著作権に関する規定は、適用しない。

3　この法律の施行前に行われた実演（新法第七条各号のいずれかに該当する
ものを除く。）又はこの法律の施行前にその音が最初に固定されたレコード
（新法第八条各号のいずれかに該当するものを除く。）でこの法律の施行の
際現に旧法による著作権が存するものについては、新法第七条及び第八条の
規定にかかわらず、著作権法中著作隣接権に関する規定（第九十四条の二、
第九十五条、第九十五条の三第三項及び第四項、第九十七条並びに第九十七
条の三第三項から第五項までの規定を含む。）を適用する。

（昭五九法四六・3項5項一部改正、平元法四三・5項削除、平八法
一一七・3項削除旧4項繰上一部改正、平十一法七七・3項一部改正、
平十八法一二一・3項一部改正）

（国等が作成した翻訳物等についての経過措置）

第三条　新法第十三条第四号に該当する著作物でこの法律の施行の際現に旧法
による出版権が設定されているものについては、当該出版権の存続期間内に
限り、同号の規定は、適用しない。

（法人名義の著作物等の著作者についての経過措置）

第四条　新法第十五条及び第十六条の規定は、この法律の施行前に創作された
著作物については、適用しない。

第四条の二　削除

（昭五九法四六・追加、平十一法七七・一部改正、平十六法九二・削

除）

（映画の著作物等の著作権の帰属についての経過措置）

第五条 この法律の施行前に創作された新法第二十九条に規定する映画の著作物の著作権の帰属については、なお従前の例による。

2 新法の規定は、この法律の施行前に著作物中に挿入された写真の著作物又はこの法律の施行前に嘱託によつて創作された肖像写真の著作物の著作権の帰属について旧法第二十四条又は第二十五条の規定により生じた効力を妨げない。

（自動複製機器についての経過措置）

第五条の二 著作権法第三十条第一項第一号及び第百十九条第二項第二号の規定の適用については、当分の間、これらの規定に規定する自動複製機器には、専ら文書又は図画の複製に供するものを含まないものとする。

　　　　（昭五九法四六・追加、平四法一〇六・一部改正、平十一法七七・一部改正、平十八法一二一・一部改正）

（公開の美術の著作物についての経過措置）

第六条 この法律の施行の際現にその原作品が新法第四十五条第二項に規定する屋外の場所に恒常的に設置されている美術の著作物の著作権者は、その設置による当該著作物の展示を許諾したものとみなす。

（著作物の保護期間についての経過措置）

第七条 この法律の施行前に公表された著作物の著作権の存続期間については、当該著作物の旧法による著作権の存続期間が新法第二章第四節の規定による期間より長いときは、なお従前の例による。

（翻訳権の存続期間についての経過措置）

第八条 この法律の施行前に発行された著作物については、旧法第七条及び第九条の規定は、なおその効力を有する。

（著作権の処分についての経過措置）

第九条 この法律の施行前にした旧法の著作権の譲渡その他の処分は、附則第十五条第一項の規定に該当する場合を除き、これに相当する新法の著作権の譲渡その他の処分とみなす。

（合著作物についての経過措置）

第十条 この法律の施行前に二人以上の者が共同して創作した著作物でその各人の寄与を分離して個別的に利用することができるものについては、旧法第十三条第一項及び第三項の規定は、なおその効力を有する。

2 前項の著作物は、新法第五十一条第二項又は第五十二条第一項の規定の適用については、共同著作物とみなす。

（裁定による著作物の利用についての経過措置）

第十一条　新法第六十九条の規定は、この法律の施行前に国内において販売された商業用レコードに録音されている音楽の著作物の他の商業用レコードの製作のための録音については、適用しない。

2　旧法第二十二条ノ五第二項又は第二十七条第一項若しくは第二項の規定により著作物を利用することができることとされた者は、なお従前の例により当該著作物を利用することができる。

3　旧法第二十二条ノ五第二項又は第二十七条第二項の規定に基づき文化庁長官が定めた償金の額は、新法第六十八条第一項又は第六十七条第一項の規定に基づき文化庁長官が定めた補償金の額とみなして、新法第七十二条及び第七十三条の規定を適用する。

4　前項の場合において、当該償金の額について不服のある当事者が裁定のあつたことをこの法律の施行前に知つているときは、新法第七十二条第一項に規定する期間は、この法律の施行の日から起算する。

（登録についての経過措置）

第十二条　この法律の施行前にした旧法第十五条の著作権の登録、実名の登録及び第一発行年月日の登録に関する処分又は手続は、附則第十五条第三項の規定に該当する場合を除き、これらに相当する新法第七十五条から第七十七条までの登録に関する処分又は手続とみなす。

2　この法律の施行の際現に旧法第十五条第三項の著作年月日の登録がされている著作物については、旧法第三十五条第五項の規定は、なおその効力を有する。

（出版権についての経過措置）

第十三条　この法律の施行前に設定された旧法による出版権でこの法律の施行の際現に存するものは、新法による出版権とみなす。

2　この法律の施行前にした旧法第二十八条ノ十の出版権の登録に関する処分又は手続は、これに相当する新法第八十八条の登録に関する処分又は手続とみなす。

3　第一項の出版権については、新法第八十条から第八十五条までの規定にかかわらず、旧法第二十八条ノ三から第二十八条ノ八までの規定は、なおその効力を有する。

第十四条　削除

　　　　　（昭六一法六四・一部改正、平九法八六・一部改正、平十一法七七・削除）

（著作隣接権についての経過措置）

第十五条 この法律の施行前にした旧法の著作権の譲渡その他の処分で、この法律の施行前に行われた実演又はこの法律の施行前にその音が最初に固定されたレコードでこの法律の施行の日から新法中著作隣接権に関する規定が適用されることとなるものに係るものは、新法のこれに相当する著作隣接権の譲渡その他の処分とみなす。

2　前項に規定する実演又はレコードでこの法律の施行の際現に旧法による著作権が存するものに係る著作隣接権の存続期間は、旧法によるこれらの著作権の存続期間の満了する日が新法第百一条の規定による期間の満了する日後の日であるときは、同条の規定にかかわらず、旧法による著作権の存続期間の満了する日（その日がこの法律の施行の日から起算して七十年を経過する日後の日であるときは、その七十年を経過する日）までの間とする。

3　この法律の施行前に第一項に規定する実演又はレコードについてした旧法第十五条第一項の著作権の登録に関する処分又は手続は、これに相当する新法第百四条の著作隣接権の登録に関する処分又は手続とみなす。

4　附則第十条第一項及び第十二条第二項の規定は、第一項に規定する実演又はレコードについて準用する。

　　　　　（昭六三法八七・2項一部改正、平三法六三・2項一部改正、平八法一一七・1項一部改正2項全改、平二八法一〇八・2項一部改正）

（複製物の頒布等についての経過措置）

第十六条 この法律の施行前に作成した著作物、実演又はレコードの複製物であつて、新法第二章第三節第五款（新法第百二条第一項において準用する場合を含む。）の規定を適用するとしたならば適法なものとなるべきものは、これらの規定に定める複製の目的の範囲内において、使用し、又は頒布することができる。この場合においては、新法第百十三条第一項第二号の規定は、適用しない。

（権利侵害についての経過措置）

第十七条 この法律の施行前にした旧法第十八条第一項若しくは第二項の規定に違反する行為又は旧法第三章に規定する偽作に該当する行為（出版権を侵害する行為を含む。）については、新法第十四条及び第七章の規定にかかわらず、なお旧法第十二条、第二十八条ノ十一、第二十九条、第三十三条、第三十四条、第三十五条第一項から第四項まで、第三十六条及び第三十六条ノ二の規定の例による。

（権利侵害についての経過措置）

第十七条 この法律の施行前にした旧法第十八条第一項若しくは第二項の規定に違反する行為又は旧法第三章に規定する偽作に該当する行為（出版権を侵

害する行為を含む。）については、第十四条及び第八章の規定にかかわらず、なお旧法第十二条、第二十八条ノ十一、第二十九条、第三十三条、第三十四条、第三十五条第一項から第四項まで、第三十六条及び第三十六条ノ二の規定の例による。

（令和五年五月二十六日から起算して三年を超えない範囲内において政令で定める日から施行）

（平四法一〇六・一部改正）

（罰則についての経過措置）

第十八条 この法律の施行前にした行為に対する罰則の適用については、なお従前の例による。

附　則（昭和五十三年法律第四十九号）

（施行期日）

1　この法律は、許諾を得ないレコードの複製からのレコード製作者の保護に関する条約が日本国について効力を生ずる日から施行する。〔昭和五十三年十月十四日から施行〕

（経過措置）

2　改正後の著作権法中著作隣接権に関する規定は、この法律の施行前にその音が最初に固定された著作権法第八条第六号に掲げるレコードについては、適用しない。

（平十八法一二一・2項一部改正）

附　則（昭和五十六年法律第四十五号）（抄）

（施行期日）

1　この法律は、公布の日から施行する。〔昭和五十六年五月十九日から施行〕

附　則（昭和五十八年法律第七十八号）（抄）

1　この法律（第一条を除く。）は、昭和五十九年七月一日から施行する。

附　則（昭和五十九年法律第二十三号）（抄）

（施行期日）

1　この法律は、公布の日から起算して二十日を経過した日から施行する。〔昭和五十九年五月二十一日から施行〕

附　則（昭和五十九年法律第四十六号）

（施行期日）

1　この法律は、昭和六十年一月一日から施行する。

（暫定措置法の廃止）

2　商業用レコードの公衆への貸与に関する著作者等の権利に関する暫定措置法（昭和五十八年法律第七十六号。以下「暫定措置法」という。）は、廃止

する。

（暫定措置法の廃止に伴う経過措置）

3　この法律の施行前に暫定措置法の規定により商業用レコードの公衆への貸
　与について許諾を得た者は、改正後の著作権法第二十六条の二、第九十五条
　の二及び第九十七条の二の規定にかかわらず、その許諾に係る条件の範囲内
　において当該商業用レコードに複製されている著作物、実演及びレコードを
　当該商業用レコードの貸与により公衆に提供することができる。

4　この法律の施行前にした暫定措置法第四条第一項の規定に違反する行為に
　ついては、暫定措置法（これに基づく政令を含む。）の規定は、なおその効
　力を有する。

　　　附　則（昭和六十年法律第六十二号）（抄）

（施行期日）

1　この法律は、昭和六十一年一月一日から施行する。ただし、第七十六条の
　次に一条を加える改正規定及び第七十八条第一項の改正規定並びに附則第六
　項の規定は、改正後の著作権法第七十八条の二に規定する法律の施行の日か
　ら施行する。〔昭和六十二年四月一日から施行〕

　　　　（昭六一法六五・一部改正）

（職務上作成する著作物についての経過措置）

2　改正後の著作権法第十五条の規定は、この法律の施行後に創作された著作
　物について適用し、この法律の施行前に創作された著作物については、なお
　従前の例による。

（創作年月日登録についての経過措置）

3　改正後の著作権法第七十八条の二に規定する法律の施行の日前六月以内に
　創作されたプログラムの著作物に係る著作権法第七十六条の二第一項の登録
　については、その施行の日から三月を経過する日までの間は、同項ただし書
　の規定は、適用しない。

　　　　（昭六一法六五・追加）

（プログラムの著作物の複製物の使用についての経過措置）

4　改正後の著作権法第百十三条第二項の規定は、この法律の施行前に作成さ
　れたプログラムの著作物の複製物であつて、改正後の著作権法第四十七条の
　二の規定を適用するとしたならば適法であり、かつ、保存し得るべきものと
　なるものについては、適用しない。

　　　　（昭六一法六五・旧三項繰下）

（罰則についての経過措置）

5　この法律の施行前にした行為に対する罰則の適用については、なお従前の

例による。

　　　　　　　（昭六一法六五・旧四項繰下）
　　　　　　附　則（昭和六十一年法律第六十四号）
（施行期日）
1　この法律は、昭和六十二年一月一日から施行する。
（有線放送のための映画の著作物の著作権の帰属についての経過措置）
2　この法律の施行前に創作された改正後の著作権法第二十九条第三項に規定する映画の著作物の著作権の帰属については、なお従前の例による。
（有線放送事業者又は実演家に係る著作隣接権についての経過措置）
3　著作権法中有線放送事業者又は実演家に係る著作隣接権に関する規定（第九十五条並びに第九十五条の三第三項及び第四項の規定を含む。）は、この法律の施行前に行われた有線放送又はその有線放送において送信された実演（同法第七条第一号から第三号までに規定する実演に該当するものを除く。）については、適用しない。
（罰則についての経過措置）
4　この法律の施行前にした行為に対する罰則の適用については、なお従前の例による。

　　　　　　　（平十一法七七・3項一部改正、平十八法一二一・3項一部改正）
　　　　　　附　則（昭和六十一年法律第六十五号）（抄）
（施行期日）
1　この法律は、昭和六十二年四月一日から施行する。
　　　　　　附　則（昭和六十三年法律第八十七号）
（施行期日）
1　この法律は、公布の日から起算して二十日を経過した日から施行する。〔昭和六十三年十一月二十一日から施行〕
（経過措置）
2　改正後の著作権法第百二十一条第二号の規定は、この法律の施行後に行われる次に掲げる行為については、適用しない。
　一　国内において商業用レコードの製作を業とする者がレコード製作者からそのレコード（第八条各号のいずれかに該当するものを除く。）の原盤の提供を受けて製作した商業用レコード（次号において「特定外国原盤商業用レコード」という。）で、当該原盤に音を最初に固定した日の属する年の翌年から起算して二十年を経過する日（次号において「改正前の禁止期間経過日」という。）がこの法律の施行前であるものを商業用レコードとして複製し、又はその複製物を頒布する行為

二　改正前の禁止期間経過日以前に特定外国原盤商業用レコードを複製した
　　商業用レコードで、改正前の禁止期間経過日がこの法律の施行前であるも
　　のを頒布する行為
　　　　附　則（平成元年法律第四十三号）
　（施行期日）
1　この法律は、実演家、レコード製作者及び放送機関の保護に関する国際条
　約が日本国について効力を生ずる日から施行する。〔平成元年十月二十六日
　から施行〕
　（条約により保護の義務を負う実演等についての経過措置）
2　改正後の著作権法（以下「新法」という。）中著作隣接権に関する規定
　（第九十五条及び第九十七条の規定を含む。）は、次に掲げるものについて
　は、適用しない。
　一　この法律の施行前に行われた新法第七条第五号に掲げる実演
　二　この法律の施行前にその音が最初に固定された新法第八条第三号に掲げ
　　るレコードで次項に規定するもの以外のもの
　三　この法律の施行前に行われた新法第九条第三号に掲げる放送
3　この法律の施行前にその音が最初に固定された新法第八条第三号に掲げる
　レコードで許諾を得ないレコードの複製からのレコード製作者の保護に関す
　る条約により我が国が保護の義務を負うものについては、なお従前の例によ
　る。
　（国内に常居所を有しない外国人であった実演家についての経過措置）
4　著作権法中著作隣接権に関する規定（第九十五条並びに第九十五条の三第
　三項及び第四項の規定を含む。）は、この法律の施行前に行われた実演に係
　る実演家で当該実演が行われた際国内に常居所を有しない外国人であったも
　のについては、適用しない。ただし、著作権法の施行前に行われた実演で同
　法の施行の際現に旧著作権法（明治三十二年法律第三十九号）による著作権
　が存するものに係る実演家については、この限りでない。
　　　　（平八法一一七・一部改正、平十一法七七・4項一部改正、平十八法
　　　　一二一・4項一部改正）
　　　　　附　則（平成三年法律第六十三号）
　（施行期日）
1　この法律は、平成四年一月一日から施行する。
　（経過措置）
2　著作権法第九十五条の三の規定は、著作権法の一部を改正する法律（平成
　元年法律第四十三号。次項第二号において「平成元年改正法」という。）の

施行前に行われた著作権法第七条第五号に掲げる実演については、適用しない。

3　著作権法第九十七条の三の規定は、次に掲げるものについては、適用しない。

一　許諾を得ないレコードの複製からのレコード製作者の保護に関する条約（次号及び附則第五項第三号において「レコード保護条約」という。）により我が国が保護の義務を負うレコード（著作権法第八条第一号又は第二号に掲げるものを除く。）であって著作権法の一部を改正する法律（昭和五十三年法律第四十九号）の施行前にその音が最初に固定されたもの

二　著作権法第八条第三号に掲げるレコード（レコード保護条約により我が国が保護の義務を負うものを除く。）であって平成元年改正法の施行前にその音が最初に固定されたもの

4　最初に販売された日がこの法律の施行前である商業用レコード（第七条第一号から第四号までに掲げる実演が録音されているもの及び第八条第一号又は第二号に掲げるレコードが複製されているものに限る。）を実演家又はレコード製作者が貸与により公衆に提供する権利に関する第九十五条の三第二項に規定する期間経過商業用レコードに係る期間の起算日については、なお従前の例による。

5　改正後の第百二十一条の二の規定は、この法律の施行後に行われる次に掲げる行為については、適用しない。

一　国内において商業用レコードの製作を業とする者がレコード製作者からそのレコード（第八条各号のいずれかに該当するものを除く。）の原盤の提供を受けて製作した商業用レコード（次号において「特定外国原盤商業用レコード」という。）で、当該原盤に音を最初に固定した日の属する年の翌年から起算して二十年を経過する日（次号において「二十年の禁止期間経過日」という。）が著作権法の一部を改正する法律（昭和六十三年法律第八十七号。次号及び第三号において「昭和六十三年改正法」という。）の施行前であるもの（当該商業用レコードの複製物（二以上の段階にわたる複製に係る複製物を含む。）を含む。）を商業用レコードとして複製し、その複製物を頒布し、又はその複製物を頒布の目的をもって所持する行為

二　二十年の禁止期間経過日以前に特定外国原盤商業用レコードを複製した商業用レコードで、二十年の禁止期間経過日が昭和六十三年改正法の施行前であるものを頒布し、又は頒布の目的をもって所持する行為

三　著作権法の施行地外において商業用レコードの製作を業とする者が実演家、レコード製作者及び放送機関の保護に関する国際条約又はレコード保

護条約の締約国の国民（これらの条約の締約国の法令に基づいて設立された法人及び当該締約国に主たる事務所を有する法人を含む。）であるレコード製作者からそのレコード（第八条各号のいずれかに該当するものを除く。）の原盤の提供を受けて製作した商業用レコードで、当該原盤に音を最初に固定した日の属する年の翌年から起算して二十年を経過する日が昭和六十三年改正法の施行前であるもの（当該商業用レコードの複製物（二以上の段階にわたる複製に係る複製物を含む。）を含む。）を商業用レコードとして複製し、その複製物を頒布し、又はその複製物を頒布の目的をもって所持する行為

6　この法律の施行前にした行為に対する罰則の適用については、なお従前の例による。

　　　　　（平十一法七七・2項3項柱書4項一部改正、平十八法一二一・2項3項一部改正）

　　　附　則（平成四年法律第百六号）

（施行期日）

1　この法律は、公布の日から起算して六月を超えない範囲内において政令で定める日から施行する。ただし、目次の改正規定、第七章を第八章とし、第六章を第七章とし、第五章を第六章とし、第四章の次に一章を加える改正規定（第百四条の四、第百四条の五並びに第百四条の八第一項及び第三項に係る部分を除く。）及び附則第十七条の改正規定は、公布の日から施行する。〔平成五年六月一日から施行〕

（経過措置）

2　改正後の著作権法（以下「新法」という。）の規定は、この法律の施行の日（以下「施行日」という。）前の購入（小売に供された後の最初の購入に限る。以下同じ。）に係る新法第百四条の四第一項の特定機器により施行日前の購入に係る同項の特定記録媒体に行われる新法第百四条の二第一項第一号の私的録音又は同項第二号の私的録画については、適用しない。

3　施行日前の購入に係る新法第百四条の四第一項の特定機器により施行日以後の購入に係る同項の特定記録媒体に新法第百四条の二第一項第一号の私的録音又は同項第二号の私的録画を行う場合には、当該特定機器は、新法第百四条の四第一項の規定により私的録音録画補償金が支払われたものとみなす。施行日以後の購入に係る同項の特定機器により施行日前の購入に係る同項の特定記録媒体に新法第百四条の二第一項第一号の私的録音又は同項第二号の私的録画を行う場合の当該特定記録媒体についても、同様とする。

　　　附　則（平成五年法律第八十九号）（抄）

（施行期日）

第一条　この法律は、行政手続法（平成五年法律第八十八号）の施行の日から施行する。〔平成六年十月一日から施行〕

　　　　　　附　則（平成六年法律第百十二号）

（施行期日）

1　この法律は、世界貿易機関を設立するマラケシュ協定が日本国について効力を生ずる日の翌日から起算して一年を超えない範囲内において政令で定める日から施行する。〔平成八年一月一日から施行〕

（著作隣接権に関する規定の適用）

2　第一条の規定による改正後の著作権法（以下「新法」という。）第七条第四号に掲げる実演（同条第一号から第三号までに掲げる実演に該当するものを除く。）で次に掲げるもの又は同条第五号に掲げる実演で次に掲げるものに対する著作権法中著作隣接権に関する規定（第九十五条の三第三項及び第四項の規定を含む。）の適用については、著作権法の一部を改正する法律（昭和六十一年法律第六十四号）附則第三項、著作権法の一部を改正する法律（平成元年法律第四十三号。以下「平成元年改正法」という。）附則第二項及び著作権法の一部を改正する法律（平成三年法律第六十三号。附則第四項において「平成三年改正法」という。）附則第二項の規定は、適用しない。

一　世界貿易機関の加盟国において行われた実演

二　次に掲げるレコードに固定された実演

　イ　世界貿易機関の加盟国の国民（当該加盟国の法令に基づいて設立された法人及び当該加盟国に主たる事務所を有する法人を含む。以下同じ。）をレコード製作者とするレコード

　ロ　レコードでこれに固定されている音が最初に世界貿易機関の加盟国において固定されたもの

三　次に掲げる放送において送信された実演（実演家の承諾を得て送信前に録音され、又は録画されたものを除く。）

　イ　世界貿易機関の加盟国の国民である放送事業者の放送

　ロ　世界貿易機関の加盟国にある放送設備から行われた放送

3　前項各号に掲げる実演に係る実演家で当該実演が行われた際国内に常居所を有しない外国人であったものに対する著作権法中著作隣接権に関する規定（第九十五条の三第三項及び第四項の規定を含む。）の適用については、平成元年改正法附則第四項の規定は、適用しない。

4　次に掲げるレコードに対する著作権法中著作隣接権に関する規定（第九十七条の三第三項から第五項までの規定を含む。）の適用については、平成元

年改正法附則第二項及び第三項並びに平成三年改正法附則第三項の規定は、適用しない。

一　新法第八条第三号に掲げるレコードで次に掲げるもの

　イ　世界貿易機関の加盟国の国民をレコード製作者とするレコード

　ロ　レコードでこれに固定されている音が最初に世界貿易機関の加盟国において固定されたもの

二　著作権法第八条第五号に掲げるレコードで許諾を得ないレコードの複製からのレコード製作者の保護に関する条約（附則第六項において「レコード保護条約」という。）により我が国が保護の義務を負うもの

5　新法第九条第三号に掲げる放送で次に掲げるものに対する新法中著作隣接権に関する規定の適用については、平成元年改正法附則第二項の規定は、適用しない。

一　世界貿易機関の加盟国の国民である放送事業者の放送

二　世界貿易機関の加盟国にある放送設備から行われた放送

（外国原盤商業用レコードの複製等についての経過措置）

6　新法第百二十一条の二の規定は、著作権法の施行地外において商業用レコードの製作を業とする者が世界貿易機関の加盟国の国民（実演家、レコード製作者及び放送機関の保護に関する国際条約又はレコード保護条約の締約国の国民（これらの条約の締約国の法令に基づいて設立された法人及び当該締約国に主たる事務所を有する法人を含む。）である場合を除く。）であるレコード製作者からそのレコード（新法第八条各号のいずれかに該当するものを除く。）の原盤の提供を受けて製作した商業用レコードで、当該原盤に音を最初に固定した日の属する年の翌年から起算して二十年を経過する日が著作権法の一部を改正する法律（昭和六十三年法律第八十七号）の施行前であるもの（当該商業用レコードの複製物（二以上の段階にわたる複製に係る複製物を含む。）を含む。）を商業用レコードとして複製し、その複製物を頒布し、又はその複製物を頒布の目的をもって所持する行為であって、この法律の施行後に行われるものについては、適用しない。

　　　（平十一法七七・2項柱書3項4項一部改正、平十八法一二一・2項3項4項柱書二号一部改正）

　　　附　則（平成七年法律第九十一号）（抄）

（施行期日）

第一条　この法律は、公布の日から起算して二十日を経過した日から施行する。

〔平成七年六月一日から施行〕

　　　附　則（平成八年法律第百十七号）（抄）

（施行期日）

1　この法律は、公布の日から起算して三月を超えない範囲内において政令で定める日から施行する。〔平成九年三月二十五日から施行〕

（写真の著作物の保護期間についての経過措置）

2　改正後の著作権法中著作物の保護期間に関する規定（次項において「新法」という。）は、写真の著作物については、この法律の施行の際現に改正前の著作権法による著作権が存するものについて適用し、この法律の施行の際現に改正前の著作権法による著作権が消滅している写真の著作物については、なお従前の例による。

3　この法律の施行前に創作された写真の著作物の著作権の存続期間は、当該写真の著作物の改正前の著作権法中著作物の保護期間に関する規定（以下「旧法」という。）による期間の満了する日が新法による期間の満了する日後の日であるときは、新法にかかわらず、旧法による期間の満了する日までの間とする。

　　　附　則（平成九年法律第八十六号）

（施行期日）

1　この法律は、平成十年一月一日から施行する。

（自動公衆送信される状態に置かれている著作物等についての経過措置）

2　改正後の著作権法（以下「新法」という。）第二十三条第一項、第九十二条の二第一項又は第九十六条の二の規定は、この法律の施行の際現に自動公衆送信される状態に置かれている著作物、実演（改正前の著作権法（以下「旧法」という。）第九十二条第二項第二号に掲げるものに限る。以下この項において同じ。）又はレコードを、当該自動公衆送信に係る送信可能化を行った者（当該送信可能化を行った者とこの法律の施行の際現に当該著作物、実演又はレコードを当該送信可能化に係る新法第二条第一項第九号の五の自動公衆送信装置を用いて自動公衆送信される状態に置いている者が異なる場合には、当該自動公衆送信される状態に置いている者）が当該自動公衆送信装置を用いて送信可能化する場合には、適用しない。

3　この法律の施行の際現に自動公衆送信される状態に置かれている実演（旧法第九十二条第二項第二号に掲げるものを除く。）については、同条第一項の規定は、この法律の施行後も、なおその効力を有する。

（罰則についての経過措置）

4　この法律の施行前にした行為に対する罰則の適用については、なお従前の例による。

　　　附　則（平成十年法律第百一号）（抄）

（施行期日）

第一条 この法律は、平成十一年四月一日から施行する。

　　　附　則（平成十一年法律第四十三号）（抄）

（施行期日）

第一条 この法律は、行政機関の保有する情報の公開に関する法律（平成十一年法律第四十二号。以下「情報公開法」という。）の施行の日から施行する。（以下略）〔平成十三年四月一日から施行〕

（著作権法の一部改正に伴う経過措置）

第二条 第十一条の規定による改正後の著作権法第十八条第三項の規定は、この法律の施行前に著作者が情報公開法第二条第一項に規定する行政機関又は地方公共団体に提供した著作物でまだ公表されていないもの（その著作者の同意を得ないで公表された著作物を含む。）については、適用しない。

　　　附　則（平成十一年法律第七十七号）（抄）

（施行期日）

1　この法律は、平成十二年一月一日から施行する。ただし、第二条第一項第十九号の次に二号を加える改正規定、第三十条第一項の改正規定、第百十三条の改正規定、第百十九条の改正規定、第百二十条の次に一条を加える改正規定、第百二十三条第一項の改正規定及び附則第五条の二の改正規定並びに附則第五項の規定は、平成十一年十月一日から施行する。

（経過措置）

2　改正後の著作権法第二十六条の二第一項、第九十五条の二第一項及び第九十七条の二第一項の規定は、この法律の施行の際現に存する著作物の原作品若しくは複製物、実演の録音物若しくは録画物又はレコードの複製物（著作権法第二十一条、第九十一条第一項又は第九十六条に規定する権利を有する者の権利を害さずに作成されたものに限り、出版権者が作成した著作物の複製物を除く。）の譲渡による場合には、適用しない。

3　改正後の著作権法第二十六条の二第一項の規定は、この法律の施行前に設定された出版権でこの法律の施行の際現に存するものを有する者が当該出版権の存続期間中に行う当該出版権の目的となっている著作物の複製物の頒布については、適用しない。

4　出版権（この法律の施行前に設定されたものに限る。）が消滅した後において当該出版権を有していた者が行う当該出版権の存続期間中に作成した著作物の複製物の頒布については、なお従前の例による。

5　平成十一年十月一日からこの法律の施行の日の前日までの間は、改正後の著作権法第百十三条第四項中「第九十五条の三第三項」とあるのは「第九十

五条の二第三項」と、「第九十七条の三第三項」とあるのは「第九十七条の二第三項」とする。

6　行政機関の保有する情報の公開に関する法律の施行に伴う関係法律の整備等に関する法律（平成十一年法律第四十三号。以下「整備法」という。）の施行の日がこの法律の施行の日後となる場合には、整備法の施行の日の前日までの間は、改正後の著作権法第四十七条の三中「第四十二条、第四十二条の二」とあるのは「第四十二条」と「、第四十二条又は第四十二条の二」とあるのは「又は第四十二条」とする。

7　この法律の施行前にした行為及び附則第四項の規定によりなお従前の例によることとされる場合におけるこの法律の施行後にした行為に対する罰則の適用については、なお従前の例による。

　　　　　附　則（平成十一年法律第百六十号）（抄）

（施行期日）

第一条　この法律（第二条及び第三条を除く。）は、平成十三年一月六日から施行する。ただし、次の各号に掲げる規定は、当該各号に定める日から施行する。

一・二　（略）

　　　　　附　則（平成十一年法律第二百二十号）（抄）

（施行期日）

第一条　この法律（第一条を除く。）は、平成十三年一月六日から施行する。ただし、次の各号に掲げる規定は、当該各号に定める日から施行する。

一～三　（略）

　　　　　附　則（平成十二年法律第五十六号）（抄）

（施行期日）

1　この法律は、平成十三年一月一日から施行する。ただし、第一条中著作権法第五十八条の改正規定及び第二条の規定は、著作権に関する世界知的所有権機関条約が日本国について効力を生ずる日から施行する。〔平成十四年三月六日から施行〕

（損害額の認定についての経過措置）

2　第一条の規定による改正後の著作権法第百十四条の四の規定は、この法律の施行前に、第二審である高等裁判所又は地方裁判所における口頭弁論が終結した事件及び簡易裁判所の判決又は地方裁判所が第一審としてした判決に対して上告をする権利を留保して控訴をしない旨の合意をした事件については、適用しない。

（罰則についての経過措置）

3　この法律の施行前にした行為に対する罰則の適用については、なお従前の
　例による。
　　　　　　附　則（平成十二年法律第百三十一号）（抄）
　（施行期日）
第一条　この法律は、平成十三年十月一日から施行する。ただし、附則第九条
　の規定は、公布の日から施行する。
　　　　　　附　則（平成十三年法律第百四十号）（抄）
　（施行期日）
第一条　この法律は、公布の日から起算して一年を超えない範囲内において政
　令で定める日から施行する。（以下略）〔平成十四年十月一日から施行〕
　　　　　　附　則（平成十四年法律第七十二号）（抄）
　（施行期日）
1　この法律の規定は、次の各号に掲げる区分に従い、当該各号に定める日か
　ら施行する。
　一　第七条の改正規定、第八条の改正規定、第九十五条の改正規定、第九十
　　五条の三の改正規定、第九十七条の改正規定、第九十七条の三の改正規定
　　並びに附則第二項から第四項まで、第六項、第七項及び第九項の規定　実
　　演及びレコードに関する世界知的所有権機関条約（以下「実演・レコード
　　条約」という。）が日本国について効力を生ずる日〔平成十四年十月九日
　　から施行〕
　二　目次の改正規定（「第百条の四」を「第百条の五」に改める部分に限
　　る。）、第八十九条第四項の改正規定、第九十九条の次に一条を加える改正
　　規定、第四章第五節中第百条の四を第百条の五とし、第百条の三の次に一
　　条を加える改正規定及び第百三条の改正規定　平成十五年一月一日
　三　前二号に掲げる規定以外の規定　実演・レコード条約が日本国について
　　効力を生ずる日又は平成十五年一月一日のうちいずれか早い日〔平成十四
　　年十月九日から施行〕
　（著作隣接権に関する規定の適用）
2　改正後の著作権法（以下「新法」という。）第七条第四号に掲げる実演
　（同条第一号から第三号までに掲げる実演に該当するものを除く。）で次に
　掲げるもの又は同条第五号に掲げる実演で次に揚げるものに対する新法中著
　作隣接権に関する規定（第九十五条並びに第九十五条の三第三項及び第四項
　の規定を含む。）の適用については、著作権法の一部を改正する法律（昭和
　六十一年法律第六十四号）附則第三項、著作権法の一部を改正する法律（平
　成元年法律第四十三号。以下「平成元年改正法」という。）附則第二項及び

著作権法の一部を改正する法律（平成三年法律第六十三号。以下「平成三年改正法」という。）附則第二項の規定は、適用しない。

一　実演・レコード条約の締約国において行われた実演

二　次に掲げるレコードに固定された実演

　　イ　実演・レコード条約の締約国の国民（当該締約国の法令に基づいて設立された法人及び当該締約国に主たる事務所を有する法人を含む。以下同じ。）をレコード製作者とするレコード

　　ロ　レコードでこれに固定されている音が最初に実演・レコード条約の締約国において固定されたもの

3　前項各号に掲げる実演に係る実演家で当該実演が行われた際国内に常居所を有しない外国人であったものに対する新法中著作隣接権に関する規定（第九十五条並びに第九十五条の三第三項及び第四項の規定を含む。）の適用については、平成元年改正法附則第四項の規定は、適用しない。

4　次に掲げるレコードに対する新法中著作隣接権に関する規定（第九十七条及び第九十七条の三第三項から第五項までの規定を含む。）の適用については、平成元年改正法附則第二項及び第三項並びに平成三年改正法附則第三項の規定は、適用しない。

一　新法第八条第三号に掲げるレコードで次に揚げるもの

　　イ　実演・レコード条約の締約国の国民をレコード製作者とするレコード

　　ロ　レコードでこれに固定されている音が最初に実演・レコード条約の締約国において固定されたもの

二　新法第八条第四号に掲げるレコードで許諾を得ないレコードの複製からのレコード製作者の保護に関する条約により我が国が保護の義務を負うもの

　（実演家人格権についての経過措置）

5　この法律の施行前にその実演家の許諾を得て作成された録音物又は録画物に固定されている実演については、新法第九十条の二第一項の規定及び第九十条の三第一項の規定は、適用しない。ただし、この法律の施行後、当該実演に表示されていた当該実演に係る実演家名の表示を削除し、若しくは改変した場合若しくは当該実演に新たに実演家名を表示した場合又は当該実演を改変した場合には、この限りでない。

　（商業用レコードの二次使用についての経過措置）

6　実演家、レコード製作者及び放送機関の保護に関する国際条約（以下この項及び次項において「実演家等保護条約」という。）の締約国であり、かつ実演・レコード条約の締約国である国の国民をレコード製作者とするレコー

ドに固定されている実演であって、実演家等保護条約が日本国について効力を生じた日より前に当該固定がされた実演に係る実演家についての新法第九十五条第一項の規定の適用については、同条第二項の規定にかかわらず、同条第四項の規定の例による。

7 　実演家等保護条約の締約国であり、かつ実演・レコード条約の締約国である国の国民をレコード製作者とするレコードであって、実演家等保護条約が日本国について効力を生じた日より前にその音が最初に固定されたレコードに係るレコード製作者についての新法第九十七条第一項の規定の適用については、同条第二項の規定において準用する新法第九十五条第二項の規定にかかわらず、新法第九十七条第二項の規定において準用する新法第九十五条第四項の規定の例による。

（レコードの保護期間についての経過措置）

8 　新法第百一条第二項第二号の規定は、この法律の施行の際現に改正前の著作権法による著作隣接権が存するレコードについて適用し、この法律の施行の際現に改正前の著作権法による著作隣接権が消滅しているレコードについては、なお従前の例による。

　　　　附　則（平成十五年法律第六十一号）（抄）

（施行期日）

第一条　この法律は、行政機関の保有する個人情報の保護に関する法律の施行の日から施行する。〔平成十七年四月一日から施行〕

　　　　附　則（平成十五年法律第八十五号）

（施行期日）

第一条　この法律は、平成十六年一月一日から施行する。

（映画の著作物の保護期間についての経過措置）

第二条　改正後の著作権法（次条において「新法」という。）第五十四条第一項の規定は、この法律の施行の際現に改正前の著作権法による著作権が存する映画の著作物について適用し、この法律の施行の際現に改正前の著作権法による著作権が消滅している映画の著作物については、なお従前の例による。

第三条　著作権法の施行前に創作された映画の著作物であって、同法附則第七条の規定によりなお従前の例によることとされるものの著作権の存続期間は、旧著作権法（明治三十二年法律第三十九号）による著作権の存続期間の満了する日が新法第五十四条第一項の規定による期間の満了する日後の日であるときは、同項の規定にかかわらず、旧著作権法による著作権の存続期間の満了する日までの間とする。

（罰則についての経過措置）

第四条 この法律の施行前にした行為に対する罰則の適用については、なお従前の例による。

　　　　附　則（平成十五年法律第百十九号）（抄）

（施行期日）

第一条 この法律は、地方独立行政法人法（平成十五年法律第百十八号）の施行の日から施行する。〔平成十六年四月一日から施行〕

　　　　附　則（平成十六年法律第八十四号）（抄）

（施行期日）

第一条 この法律は、公布の日から起算して一年を超えない範囲内において政令で定める日から施行する。〔平成十七年四月一日から施行〕

　　　　附　則（平成十六年法律第九十二号）（抄）

（施行期日）

第一条 この法律は、平成十七年一月一日から施行する。

（商業用レコードの輸入等についての経過措置）

第二条 改正後の著作権法第百十三条第五項の規定は、この法律の施行前に輸入され、この法律の施行の際現に頒布の目的をもって所持されている同項に規定する国外頒布目的商業用レコードについては、適用しない。

第三条 改正後の著作権法第百十三条第五項に規定する国内頒布目的商業用レコードであってこの法律の施行の際現に発行されているものに対する同項の規定の適用については、同項ただし書中「国内において最初に発行された日」とあるのは「当該国内頒布目的商業用レコードが著作権法の一部を改正する法律（平成十六年法律第九十二号）の施行の際現に発行されているものである場合において、当該施行の日」と、「経過した」とあるのは「経過した後、当該」とする。

（書籍等の貸与についての経過措置）

第四条 この法律の公布の日の属する月の翌々月の初日において現に公衆への貸与の目的をもって所持されている書籍又は雑誌（主として楽譜により構成されているものを除く。）の貸与については、改正前の著作権法附則第四条の二の規定は、この法律の施行後も、なおその効力を有する。

　　　　附　則（平成十六年法律第百二十号）（抄）

（施行期日）

第一条 この法律は、平成十七年四月一日から施行する。

（経過措置の原則）

第二条 この法律による改正後の裁判所法、民事訴訟法、民事訴訟費用等に関する法律、特許法、実用新案法、意匠法、商標法、不正競争防止法及び著作

権法の規定（罰則を除く。）は、この附則に特別の定めがある場合を除き、この法律の施行前に生じた事項にも適用する。ただし、この法律による改正前のこれらの法律の規定により生じた効力を妨げない。

（特許法等の一部改正に伴う経過措置）

第三条　次に掲げる規定は、この法律の施行前に、訴訟の完結した事件、第二審である高等裁判所又は地方裁判所における口頭弁論が終結した事件及び簡易裁判所の判決又は地方裁判所が第一審としてした判決に対して上告をする権利を留保して控訴をしない旨の合意をした事件については、適用しない。

一　第四条の規定による改正後の特許法（以下この条及び附則第五条第二項において「新特許法」という。）第百四条の三及び第百五条の四から第百五条の六までの規定（新特許法、第五条の規定による改正後の実用新案法（第三号において「新実用新案法」という。）、第六条の規定による改正後の意匠法（次号において「新意匠法」という。）及び第七条の規定による改正後の商標法（同号において「新商標法」という。）において準用する場合を含む。）

二　新特許法第百六十八条第五項及び第六項の規定（新特許法、新意匠法及び新商標法において準用する場合を含む。）

三　新実用新案法第四十条第五項及び第六項の規定（新実用新案法第四十五条第一項において読み替えて準用する新特許法第百七十四条第二項において準用する場合を含む。）

四　第八条の規定による改正後の不正競争防止法第六条の四から第六条の六までの規定

五　第九条の規定による改正後の著作権法第百十四条の六から第百十四条の八までの規定

　　　附　則（平成十六年法律第百四十七号）（抄）

（施行期日）

第一条　この法律は、公布の日から起算して六月を超えない範囲内において政令で定める日から施行する。〔平成十七年四月一日から施行〕

　　　附　則（平成十七年法律第七十五号）（抄）

（施行期日）

第一条　この法律は、公布の日から起算して一年を超えない範囲内において政令で定める日から施行する。〔平成十七年十一月一日から施行〕ただし、附則第三条、第十三条及び第十四条の規定は、犯罪の国際化及び組織化並びに情報処理の高度化に対処するための刑法等の一部を改正する法律（平成十七年法律第六十六号）の施行の日又はこの法律の施行の日のいずれか遅い日か

ら施行する。

　　　　附　則（平成十八年法律第五十号）（抄）

（施行期日）

1　この法律は、一般社団・財団法人法の施行の日から施行する。〔平成二十年十二月一日から施行〕

　　　　附　則（平成十八年法律第百二十一号）（抄）

（施行期日）

第一条　この法律は、平成十九年七月一日から施行する。ただし、第一条及び附則第四条の規定は、公布の日から起算して二十日を経過した日から施行する。

（放送のための映画の著作物の著作権の帰属についての経過措置）

第二条　この法律の施行前に創作されたこの法律による改正後の著作権法（次条において「新法」という。）第二十九条第二項に規定する映画の著作物の著作権の帰属については、なお従前の例による。

（放送される実演の有線放送についての経過措置）

第三条　新法第九十四条の二の規定は、著作権法の一部を改正する法律（昭和六十一年法律第六十四号）附則第三項若しくは著作権法の一部を改正する法律（平成元年法律第四十三号。以下この条において「平成元年改正法」という。）附則第二項の規定の適用により新法中著作隣接権に関する規定の適用を受けない実演又は平成元年改正法附則第四項の規定の適用により新法中著作隣接権に関する規定の適用を受けない実演家に係る実演については、適用しない。

（罰則についての経過措置）

第四条　この法律（附則第一条ただし書に規定する規定については、当該規定）の施行前にした行為に対する罰則の適用については、なお従前の例による。

　　　　附　則（平成二十年法律第八十一号）（抄）

（施行期日）

第一条　この法律は、公布の日から起算して三月を超えない範囲内において政令で定める日から施行し、平成二十一年度において使用される検定教科用図書等及び教科用特定図書等から適用する。〔平成二十年九月十七日から施行〕

（罰則についての経過措置）

第五条　前条の規定の施行前にした行為に対する罰則の適用については、なお従前の例による。

　　　　附　則（平成二十一年法律第五十三号）（抄）

（施行期日）

第一条　この法律は、平成二十二年一月一日から施行する。ただし、第七十条第二項、第七十八条、第八十八条第二項及び第百四条の改正規定並びに附則第六条の規定は、公布の日から起算して二年を超えない範囲内において政令で定める日から施行する。〔平成二十三年六月一日から施行〕

（視覚障害者のための録音物の使用についての経過措置）

第二条　この法律の施行前にこの法律による改正前の著作権法（以下「旧法」という。）第三十七条第三項（旧法第百二条第一項において準用する場合を含む。）の規定の適用を受けて作成された録音物（この法律による改正後の著作権法（以下「新法」という。）第三十七条第三項（新法第百二条第一項において準用する場合を含む。）の規定により複製し、又は自動公衆送信（送信可能化を含む。）を行うことができる著作物、実演、レコード、放送又は有線放送に係るものを除く。）の使用については、新法第三十七条第三項及び第四十七条の九（これらの規定を新法第百二条第一項において準用する場合を含む。）の規定にかかわらず、なお従前の例による。

（裁定による著作物の利用等についての経過措置）

第三条　新法第六十七条及び第六十七条の二（これらの規定を新法第百三条において準用する場合を含む。）の規定は、この法律の施行の日以後に新法第六十七条第一項（新法第百三条において準用する場合を含む。）の裁定の申請をした者について適用し、この法律の施行の日前に旧法第六十七条第一項の裁定の申請をした者については、なお従前の例による。

（商業用レコードの複製物の頒布の申出についての経過措置）

第四条　新法第百二十一条の二の規定は、著作権法の一部を改正する法律（平成三年法律第六十三号）附則第五項又は著作権法及び万国著作権条約の実施に伴う著作権法の特例に関する法律の一部を改正する法律（平成六年法律第百十二号）附則第六項の規定によりその頒布又は頒布の目的をもってする所持について同条の規定を適用しないこととされる商業用レコードを頒布する旨の申出をする行為であって、この法律の施行後に行われるものについては、適用しない。

（罰則についての経過措置）

第五条　この法律の施行前にした行為に対する罰則の適用については、なお従前の例による。

　　　　附　則（平成二十一年法律第七十三号）（抄）

（施行期日）

第一条　この法律は、平成二十二年四月一日から施行する。

　　　　　附　則（平成二十二年法律第六十五号）（抄）

（施行期日）

第一条　この法律は、公布の日から起算して九月を超えない範囲内において政令で定める日（以下「施行日」という。）から施行する。〔平成二十三年六月三十日から施行〕

　　　　　附　則（平成二十四年法律第四十三号）

（施行期日）

第一条　この法律は、平成二十五年一月一日から施行する。ただし、次の各号に掲げる規定は、当該各号に定める日から施行する。

一　附則第七条、第八条及び第十条の規定　公布の日

二　第二条第一項第二十号並びに第十八条第三項及び第四項の改正規定、第十九条第四項に一号を加える改正規定、第三十条第一項第二号の改正規定、第四十二条の三を第四十二条の四とし、第四十二条の二の次に一条を加える改正規定、第四十七条の九の改正規定（「又は第四十六条」を「、第四十二条の三第二項又は第四十六条」に改める部分に限る。）、同条ただし書の改正規定（「第四十二条の二まで」の下に「、第四十二条の三第二項」を加える部分に限る。）、第四十九条第一項第一号の改正規定（「第四十二条の二」を「第四十二条の三」に、「第四十二条の三第二項」を「第四十二条の四第二項」に改める部分に限る。）、第八十六条第一項及び第二項の改正規定（「第四十二条の二まで」の下に「、第四十二条の三第二項」を加える部分に限る。）、第九十条の二第四項に一号を加える改正規定、第百二条第一項の改正規定（「第四十二条の三」を「第四十二条の四」に改める部分に限る。）、同条第九項第一号の改正規定（「第四十二条の二」を「第四十二条の三」に、「第四十二条の三第二項」を「第四十二条の四第二項」に改める部分に限る。）、第百十九条第一項の改正規定、同条に一項を加える改正規定並びに第百二十条の二第一号の改正規定並びに次条並びに附則第四条から第六条まで及び第九条の規定　平成二十四年十月一日

（経過措置）

第二条　この法律による改正後の著作権法（以下「新法」という。）第十八条第三項第一号から第三号までの規定は、前条第二号に掲げる規定の施行前に著作者が行政機関（行政機関の保有する情報の公開に関する法律（平成十一年法律第四十二号）第二条第一項に規定する行政機関をいう。）、独立行政法人等（独立行政法人等の保有する情報の公開に関する法律（平成十三年法律第百四十号）第二条第一項に規定する独立行政法人等をいう。）又は地方公共団体若しくは地方独立行政法人（地方独立行政法人法（平成十五年法律第

百十八号）第二条第一項に規定する地方独立行政法人をいう。以下この項において同じ。）に提供した著作物でまだ公表されていないもの（その著作者の同意を得ないで公表された著作物を含む。）であって、公文書等の管理に関する法律（平成二十一年法律第六十六号。以下この項において「公文書管理法」という。）第八条第一項若しくは第十一条第四項の規定により国立公文書館等（公文書管理法第二条第三項に規定する国立公文書館等をいう。次項において同じ。）に移管されたもの又は公文書管理条例（地方公共団体又は地方独立行政法人の保有する歴史公文書等（公文書管理法第二条第六項に規定する歴史公文書等をいう。以下この項において同じ。）の適切な保存及び利用について定める当該地方公共団体の条例をいう。以下この項において同じ。）に基づき地方公文書館等（歴史公文書等の適切な保存及び利用を図る施設として公文書管理条例が定める施設をいう。次項において同じ。）に移管されたものについては、適用しない。

2　新法第十八条第三項第四号及び第五号の規定は、前条第二号に掲げる規定の施行前に著作者が国立公文書館等又は地方公文書館等に提供した著作物でまだ公表されていないもの（その著作者の同意を得ないで公表された著作物を含む。）については、適用しない。

第三条　この法律の施行の際現にこの法律による改正前の著作権法第三十一条第二項の規定により記録媒体に記録されている著作物であって、絶版等資料（新法第三十一条第一項第三号に規定する「絶版等資料」をいう。）に係るものについては、新法第三十一条第三項の規定により当該著作物の複製物を用いて自動公衆送信（送信可能化を含む。）を行うことができる。

（罰則の適用に関する経過措置）

第四条　この法律（附則第一条第二号に掲げる規定については、当該規定）の施行前にした行為に対する罰則の適用については、なお従前の例による。

（政令への委任）

第五条　前三条に規定するもののほか、この法律の施行に関し必要な経過措置は、政令で定める。

（組織的な犯罪の処罰及び犯罪収益の規制等に関する法律の一部改正）

第六条　組織的な犯罪の処罰及び犯罪収益の規制等に関する法律（平成十一年法律第百三十六号）の一部を次のように改正する。

　　別表第四十八号中「第百十九条」を「第百十九条第一項又は第二項」に改める。

（国民に対する啓発等）

第七条　国及び地方公共団体は、国民が、著作権法第三十条第一項（同法第百

二条第一項において準用する場合を含む。）に定める私的使用の目的をもっ
て、有償著作物等特定侵害録音録画（同法第百十九条第三項第一号に規定す
る有償著作物等特定侵害録音録画をいう。以下この項において同じ。）を、
自ら有償著作物等特定侵害録音録画であることを知りながら行って著作権又
は著作隣接権を侵害する行為（以下「特定侵害行為」という。）の防止の重
要性に対する理解を深めることができるよう、特定侵害行為の防止に関する
啓発その他の必要な措置を講じなければならない。

2　国及び地方公共団体は、未成年者があらゆる機会を通じて特定侵害行為の
防止の重要性に対する理解を深めることができるよう、学校その他の様々な
場を通じて特定侵害行為の防止に関する教育の充実を図らなければならな
い。

　　　　　（平二八法一〇八・一部改正、令二法四八・1項一部改正3項削除）

（関係事業者の措置）

第八条　著作権法第百十九条第三項第一号に規定する録音録画有償著作物等を
公衆に提供し、又は提示する事業者は、特定侵害行為を防止するための措置
を講ずるよう努めなければならない。

　　　　　（平二八法一〇八・一部改正、令二法四八・一部改正）

（運用上の配慮）

第九条　著作権法第百十九条第三項（第一号に係る部分に限る。）の規定の運
用に当たっては、インターネットによる情報の収集その他のインターネット
を利用して行う行為が不当に制限されることのないよう配慮しなければなら
ない。

　　　　　（令二法四八・一部改正）

（検討）

第十条　削除

　　　　　（令二法四八・削除）

　　　　　　　附　則（平成二十四年法律第三十二号）（抄）

（施行期日）

第一条　この法律は、平成二十五年七月一日から施行する。ただし、別表第一
の改正規定は、公布の日から施行する。

　　　　　　　附　則（平成二十五年法律第八十四号）（抄）

（施行期日）

第一条　この法律は、公布の日から起算して一年を超えない範囲内において政
令で定める日から施行する。〔平成二十六年十一月二十五日から施行〕ただ
し、附則第六十四条、第六十六条及び第百一条の規定は、公布の日から施行

する。

　　　　附　則（平成二十六年法律第三十五号）

（施行期日）

第一条　この法律は、平成二十七年一月一日から施行する。ただし、第七条の
　改正規定及び次条の規定は、視聴覚的実演に関する北京条約（同条において
　「視聴覚的実演条約」という。）が日本国について効力を生ずる日から施行
　する。

（著作隣接権に関する規定の適用）

第二条　この法律による改正後の著作権法（以下この条において「新法」とい
　う。）第七条第四号に掲げる実演（同条第一号から第三号までに掲げる実演
　に該当するものを除く。）又は同条第五号に掲げる実演であって、視聴覚的
　実演条約の締約国の国民又は当該締約国に常居所を有する者である実演家に
　係るものに対する新法中著作隣接権に関する規定（第九十五条の三第三項及
　び第四項の規定を含む。）の適用については、著作権法の一部を改正する法
　律（昭和六十一年法律第六十四号）附則第三項、著作権法の一部を改正する
　法律（平成元年法律第四十三号。次項において「平成元年改正法」という。）
　附則第二項及び著作権法の一部を改正する法律（平成三年法律第六十三号）
　附則第二項の規定は、適用しない。

2　視聴覚的実演条約の締約国の国民又は当該締約国に常居所を有する者であ
　る実演家（当該実演家に係る実演が行われた際国内に常居所を有しない外国
　人であった者に限る。）に対する新法中著作隣接権に関する規定（第九十五
　条の三第三項及び第四項の規定を含む。）の適用については、平成元年改正
　法附則第四項の規定は、適用しない。

（出版権についての経過措置）

第三条　この法律の施行前に設定されたこの法律による改正前の著作権法によ
　る出版権でこの法律の施行の際現に存するものについては、なお従前の例に
　よる。

（政令への委任）

第四条　前二条に規定するもののほか、この法律の施行に関し必要な経過措置
　は、政令で定める。

　　　　附　則（平成二十六年法律第六十九号）（抄）

（施行期日）

第一条　この法律は、行政不服審査法（平成二十六年法律第六十八号）の施行
　の日から施行する。〔平成二十八年四月一日から施行〕

　　　　附　則（平成二十七年法律第四十六号）（抄）

（施行期日）

第一条 この法律は、平成二十八年四月一日から施行する。ただし、次条並びに附則第三条及び第二十条の規定は、公布の日から施行する。

　　　　　附　則（平成二十八年法律第五十一号）（抄）

（施行期日）

第一条 この法律は、公布の日から起算して一年六月を超えない範囲内において政令で定める日から施行する。〔平成二十九年五月三十日から施行〕

　　　　　附　則（平成二十八年法律第百八号）（抄）

（施行期日）

第一条 この法律は、環太平洋パートナーシップ協定が日本国について効力を生ずる日（第三号において「発効日」という。）から施行する。〔平成三十年十二月三十日から施行〕

（著作権法の一部改正に伴う経過措置）

第七条 第八条の規定による改正後の著作権法（次項及び第三項において「新著作権法」という。）第五十一条第二項、第五十二条第一項、第五十三条第一項、第五十七条並びに第百一条第二項第一号及び第二号の規定は、施行日の前日において現に第八条の規定による改正前の著作権法（以下この項において「旧著作権法」という。）による著作権又は著作隣接権が存する著作物、実演及びレコードについて適用し、同日において旧著作権法による著作権又は著作隣接権が消滅している著作物、実演及びレコードについては、なお従前の例による。

2　新著作権法第百十六条第三項の規定は、著作者又は実演家の死亡の日の属する年の翌年から起算して五十年を経過した日が施行日以後である場合について適用し、その経過した日が施行日前である場合については、なお従前の例による。

3　新著作権法第百二十一条の二の規定は、同条各号に掲げる商業用レコード（当該商業用レコードの複製物（二以上の段階にわたる複製に係る複製物を含む。）を含む。）で、当該各号の原盤に音を最初に固定した日の属する年の翌年から起算して五十年を経過した日が施行日前であるもの（当該固定した日が昭和四十二年十二月三十一日以前であるものを含む。）については、適用しない。

（罰則に関する経過措置）

第八条 施行日前にした行為及び附則第五条の規定によりなお従前の例によることとされる場合における施行日以後にした行為に対する罰則の適用については、なお従前の例による。

（政令への委任）

第九条 この附則に規定するもののほか、この法律の施行に伴い必要な経過措置（罰則に関する経過措置を含む。）は、政令で定める。

　　　　附　則（平成二十九年法律第四十五号）

この法律は、民法改正法の施行の日から施行する。（以下略）〔令和二年四月一日から施行〕

　　　　附　則（平成三十年法律第三十号）

（施行期日）

第一条 この法律は、平成三十一年一月一日から施行する。ただし、次の各号に掲げる規定は、当該各号に定める日から施行する。

一　第百十三条第五項の改正規定並びに附則第四条及び第七条から第十条までの規定　公布の日〔平成三十年五月二十五日〕

二　目次の改正規定、第三十五条の改正規定、第四十八条第一項第三号の改正規定（「第三十五条」を「第三十五条第一項」に改める部分に限る。）、第八十六条第三項前段の改正規定（「第三十五条第二項」を「第三十五条第一項」に改める部分に限る。）、同項後段の改正規定（「第三十五条第二項」を「第三十五条第一項ただし書」に改める部分に限る。）及び第五章の改正規定　公布の日から起算して三年を超えない範囲内において政令で定める日〔令和二年四月二十八日から施行〕

（複製物の使用についての経過措置）

第二条 この法律の施行の日（以下「施行日」という。）前にこの法律による改正前の著作権法（以下「旧法」という。）第三十条の四若しくは第四十七条の四から第四十七条の九までの規定の適用を受けて作成された著作物の複製物、旧法第四十三条の規定の適用を受けて旧法第三十条第一項、第三十一条第一項第一号若しくは第三項後段、第三十三条の二第一項、第三十五条第一項、第三十七条第三項、第三十七条の二本文、第四十一条若しくは第四十二条の規定に従い作成された二次的著作物の複製物又は旧法第三十条の三若しくは第四十七条の三第一項の規定の適用を受けて作成された二次的著作物の複製物の使用については、この法律による改正後の著作権法（以下「新法」という。）第四十九条の規定にかかわらず、なお従前の例による。この場合において、旧法第四十九条第一項第一号中「を公衆に提示した」とあるのは「の公衆への提示（送信可能化を含む。以下この条において同じ。）を行つた」と、同項第三号並びに同条第二項第一号及び第二号中「を公衆に提示した」とあるのは「の公衆への提示を行つた」とする。

2　施行日前に旧法第百二条第一項において準用する旧法第三十条の四又は第

四十七条の四から第四十七条の九までの規定の適用を受けて作成された実演若しくはレコード又は放送若しくは有線放送に係る音若しくは影像の複製物の使用については、新法第百二条第九項の規定にかかわらず、なお従前の例による。この場合において、旧法第百二条第九項第一号中「を公衆に提示した」とあるのは「の公衆への提示（送信可能化を含む。第八号において同じ。）を行つた」と、同項第八号中「を公衆に提示した」とあるのは「の公衆への提示を行つた」とする。

（裁定による著作物の利用等についての経過措置）

第三条 新法第六十七条及び第六十七条の二（これらの規定を著作権法第百三条において準用する場合を含む。）の規定は、施行日以後に新法第六十七条第一項（著作権法第百三条において準用する場合を含む。）の裁定の申請をした者について適用し、施行日前に旧法第六十七条第一項（著作権法第百三条において準用する場合を含む。）の裁定の申請をした者については、なお従前の例による。

（準備行為）

第四条 新法第百四条の十一第一項の規定による指定、新法第百四条の十三第一項の規定による認可、同条第五項の規定による諮問、新法第百四条の十四第一項の規定による届出及び新法第百四条の十五第二項の規定による諮問並びにこれらに関し必要な手続その他の行為は、新法第五章第二節の規定の例により、附則第一条第二号に掲げる規定の施行の日（以下「第二号施行日」という。）前においても行うことができる。

（第二号施行日の前日までの間の読替え）

第五条 施行日から第二号施行日の前日までの間における新法第四十七条の六第一項第一号及び第四十七条の七の規定の適用については、同号中「第三十五条第一項」とあるのは「第三十五条」と、同条中「（第三十一条第一項若しくは第三項後段」とあるのは「（第三十一条第一項若しくは第三項後段、第三十五条第一項」とする。

（罰則についての経過措置）

第六条 この法律（附則第一条第二号に掲げる規定については、当該規定）の施行前にした行為に対する罰則の適用については、なお従前の例による。

（政令への委任）

第七条 附則第二条から前条までに規定するもののほか、この法律の施行に関し必要な経過措置は、政令で定める。

（調整規定）

第八条 附則第一条第一号に掲げる規定の施行の日が環太平洋パートナーシッ

プ協定の締結及び環太平洋パートナーシップに関する包括的及び先進的な協定の締結に伴う関係法律の整備に関する法律（平成二十八年法律第百八号。以下「整備法」という。）の施行の日前である場合には、第百十三条第五項の改正規定及び附則第一条第一号中「第百十三条第五項」とあるのは、「第百十三条第四項」とする。

　　　　（平三十法三九・一部改正）

第九条　施行日が整備法の施行の日前である場合には、第二条第一項の改正規定中「削り、同項第二十一号中「利用する」を「実行する」に改める」とあるのは、「削る」とする。

2　前項の場合において、整備法第八条のうち著作権法第二条第一項中第二十三号を第二十四号とし、第二十二号を第二十三号とし、第二十一号を第二十二号とし、第二十号の次に一号を加える改正規定中「利用する」とあるのは、「実行する」とする。

第十条　第二号施行日が整備法の施行の日前である場合には、第二号施行日から整備法の施行の日の前日までの間における著作権法第二条第一項第二十号の規定の適用については、同号中「有線放送（次号」とあるのは、「有線放送（次号及び第百四条の十五第一項」とする。

　　　　附　則（平成三十年法律第三十九号）（抄）

（施行期日）

第一条　この法律は、平成三十一年四月一日から施行する。

　　　　附　則（平成三十年法律第七十号）（抄）

（施行期日）

第一条　この法律は、公布の日から施行する。〔平成三十年七月六日から施行〕

　　　　附　則（平成三十年法律第七十二号）（抄）

（施行期日）

第一条　この法律は、公布の日から起算して一年を超えない範囲内において政令で定める日から施行する。〔令和元年七月一日から施行〕ただし、次の各号に掲げる規定は、当該各号に定める日から施行する。

一～五　（略）

（民法の一部改正に伴う経過措置の原則）

第二条　この法律の施行の日（以下「施行日」という。）前に開始した相続については、この附則に特別の定めがある場合を除き、なお従前の例による。

（著作権法の一部改正に伴う経過措置）

第二十条　前条の規定による改正後の著作権法第七十七条（同法第百四条において準用する場合を含む。）及び第八十八条第一項の規定は、施行後以後の

著作権、出版権若しくは著作隣接権又はこれらの権利を目的とする質権（以下この条において「著作権等」という。）の移転について適用し、施行日前の著作権等の移転については、なお従前の例による。

（政令への委任）

第三十一条 この附則に規定するもののほか、この法律の施行に関し必要な経過措置は、政令で定める。

　　　　　附　則（令和二年法律第四十八号）（抄）

（施行期日）

第一条 この法律は、令和三年一月一日から施行する。ただし、次の各号に掲げる規定は、当該各号に定める日から施行する。

　一　第三条（プログラムの著作物に係る登録の特例に関する法律（以下「プログラム登録特例法」という。）第二十条第一号の改正規定に限る。）並びに次条並びに附則第三条、第六条、第七条、第十二条及び第十三条（映画の盗撮の防止に関する法律（平成十九年法律第六十五号）第四条第一項の改正規定中「含む」の下に「。第三項において同じ」を加える部分に限る。）の規定　公布の日〔令和二年六月十二日〕

　二　第一条並びに附則第四条、第八条、第十一条及び第十三条（前号に掲げる改正規定を除く。）の規定〔令和二年十月一日〕

（国民に対する啓発等）

第二条 国及び地方公共団体は、国民が、私的使用（第二条の規定による改正後の著作権法（以下「第二条改正後著作権法」という。）第三十条第一項に規定する私的使用をいう。）の目的をもって、特定侵害複製（同項第四号に規定する特定侵害複製をいう。以下この項において同じ。）を、特定侵害複製であることを知りながら行って著作権を侵害する行為（以下「特定侵害行為」という。）の防止の重要性に対する理解を深めることができるよう、特定侵害行為の防止に関する啓発その他の必要な措置を講じなければならない。

2　国及び地方公共団体は、未成年者があらゆる機会を通じて特定侵害行為の防止の重要性に対する理解を深めることができるよう、学校その他の様々な場を通じて特定侵害行為の防止に関する教育の充実を図らなければならない。

（関係事業者の措置）

第三条 著作物（著作権の目的となっているものに限る。）を公衆に提供し、又は提示する事業者は、特定侵害行為を防止するための措置を講ずるよう努めなければならない。

（罰則についての運用上の配慮）

第四条　第一条の規定による改正後の著作権法（附則第八条において「第一条改正後著作権法」という。）第百十九条第二項（第四号及び第五号に係る部分に限る。）及び第百二十条の二（第三号に係る部分に限る。）の規定の運用に当たっては、インターネットによる情報の提供その他のインターネットを利用して行う行為が不当に制限されることのないよう配慮しなければならない。

第五条　第二条改正後著作権法第百十九条第三項（第二号に係る部分に限る。）の規定の運用に当たっては、インターネットによる情報の収集その他のインターネットを利用して行う行為が不当に制限されることのないよう配慮しなければならない。

（検討）

第六条　政府は、この法律の施行後一年を目途として、第二条改正後著作権法第三十条第一項（第四号に係る部分に限る。）及び第百十九条第三項（第二号に係る部分に限る。）の規定の施行の状況を勘案し、これらの規定について検討を加え、その結果に基づいて必要な措置を講ずるものとする。

第七条　政府は、著作権、出版権又は著作隣接権を侵害する送信可能化への対処に関し、その施策の充実を図る観点から検討を加え、その結果に基づいて必要な措置を講ずるものとする。

（利用権の対抗力についての経過措置）

第八条　第一条改正後著作権法第六十三条の二（第一条改正後著作権法第八十条第四項及び第百三条において準用する場合を含む。）の規定は、附則第一条第二号に掲げる規定の施行の日（以下「第二号施行日」という。）の前日において現に存する第一条の規定による改正前の著作権法（以下この条において「第一条改正前著作権法」という。）第六十三条第一項（第一条改正前著作権法第百三条において準用する場合を含む。）及び第八十条第三項の許諾に係る著作物等（著作物、実演、レコード、放送又は有線放送をいう。以下この条において同じ。）を第一条改正前著作権法第六十三条第二項（第一条改正前著作権法第八十条第四項及び第百三条において準用する場合を含む。）の規定により利用することができる権利にも適用する。ただし、当該権利は、第二号施行日以後に当該権利に係る著作物等の著作権、出版権又は著作隣接権を取得した者その他の第三者に対してのみ対抗することができる。

（手数料の納付についての経過措置）

第九条　この法律の施行の日（以下「施行日」という。）前に独立行政法人

（独立行政法人通則法（平成十一年法律第百三号）第二条第一項に規定する独立行政法人をいう。以下この条において同じ。）（第二条の規定による改正前の著作権法（以下この条において「第二条改正前著作権法」という。）第七十条第二項の政令で定める独立行政法人に限る。）が行った第二条改正前著作権法第六十七条第一項（第二条改正前著作権法第百三条において準用する場合を含む。）の裁定の申請及び第二条改正前著作権法第百六条のあっせんの申請に係る手数料の納付については、第二条改正後著作権法第七十条第二項及び第百七条第二項の規定にかかわらず、なお従前の例による。

2　施行日前に国又は独立行政法人（第三条の規定による改正前のプログラム登録特例法第二十六条の政令で定める独立行政法人に限る。）が行った第二条改正前著作権法第七十五条第一項、第七十六条第一項、第七十六条の二第一項及び第七十七条の登録の申請並びに第二条改正前著作権法第七十八条第四項（第二条改正前著作権法第百四条において準用する場合を含む。）の請求に係る手数料の納付については、第二条改正後著作権法第七十八条第六項及び第三条の規定による改正後のプログラム登録特例法（次条において「新プログラム登録特例法」という。）第二十六条の規定にかかわらず、なお従前の例による。

（罰則についての経過措置）

第十一条　第二号施行日前にした行為に対する罰則の適用については、なお従前の例による。

（政令への委任）

第十二条　附則第八条から前条までに規定するもののほか、この法律の施行に関し必要な経過措置（罰則に関する経過措置を含む。）は、政令で定める。

　　　　附　則（令和三年法律第三十七号）（抄）

（施行期日）

第一条　この法律は、令和三年九月一日から施行する。ただし、次の各号に掲げる規定は、当該各号に定める日から施行する。

一～三　（略）

四　第十七条、第三十五条、第四十四条、第五十条及び第五十八条並びに次条、附則第三条、第五条、第六条、第七条（第三項を除く。）、第十三条、第十四条、第十八条（戸籍法第百二十九条の改正規定（「戸籍の」の下に「正本及び」を加える部分を除く。）に限る。）、第十九条から第二十一条まで、第二十三条、第二十四条、第二十七条、第二十九条（住民基本台帳法第三十条の十五第三項の改正規定を除く。）、第三十条、第三十一条、第三十三条から第三十五条まで、第四十条、第四十二条、第四十四条から第

四十六条まで、第四十八条、第五十条から第五十二条まで、第五十三条（行政手続における特定の個人を識別するための番号の利用等に関する法律第四十五条の二第一項、第五項、第六項及び第九項の改正規定並びに同法第五十二条の三の改正規定を除く。）、第五十五条（がん登録等の推進に関する法律（平成二十五年法律第百十一号）第三十五条の改正規定（「（条例を含む。）」を削る部分に限る。）を除く。）、第五十六条、第五十八条、第六十四条、第六十五条、第六十八条及び第六十九条の規定　公布の日から起算して一年を超えない範囲内において、各規定につき、政令で定める日〔令和四年四月一日から施行〕

五～十　（略）

（漁業法等の一部改正）

第二十一条　次に掲げる法律の規定中「行政機関の保有する個人情報の保護に関する法律（平成十五年法律第五十八号）第二条第五項」を「個人情報の保護に関する法律（平成十五年法律第五十七号）第六十条第一項」に、「第四章」を「第五章第四節」に改める。

一～九　（略）

十　著作権法（昭和四十五年法律第四十八号）第七十八条第九項

十一～十七　（略）

（罰則に関する経過措置）

第七十一条　この法律（附則第一条各号に掲げる規定にあっては、当該規定。以下この条において同じ。）の施行前にした行為及びこの附則の規定によりなお従前の例によることとされる場合におけるこの法律の施行後にした行為に対する罰則の適用については、なお従前の例による。

（政令への委任）

第七十二条　この附則に定めるもののほか、この法律の施行に関し必要な経過措置（罰則に関する経過措置を含む。）は、政令で定める。

　　　　　附　則（令和三年法律第五十二号）

（施行期日）

第一条　この法律は、令和四年一月一日から施行する。ただし、次の各号に掲げる規定は、当該各号に定める日から施行する。

一　附則第七条の規定　公布の日〔令和三年六月二日〕

二　附則第三条及び第四条の規定　令和三年十月一日

三　第一条中著作権法第三条第一項の改正規定、同法第四条第一項の改正規定、同法第三十一条の改正規定、同法第三十八条第一項の改正規定、同法第四十七条の六第一項第二号の改正規定、同法第四十七条の七の改正規定、

同法第四十九条第一項第一号の改正規定（「若しくは第三項後段」を「、第三項第一号若しくは第五項第一号」に改める部分に限る。）、同条第二項第一号の改正規定、同法第八十六条の改正規定及び同法第百二条第九項第一号の改正規定（「若しくは第三項後段」を「、第三項第一号若しくは第五項第一号」に改める部分に限る。）並びに附則第五条の規定　公布の日から起算して一年を超えない範囲内において政令で定める日〔令和四年五月一日から施行〕

　四　第二条の規定　公布の日から起算して二年を超えない範囲内において政令で定める日〔施行日未定〕

　（経過措置）

第二条　第一条の規定（前条第三号に掲げる改正規定を除く。）による改正後の著作権法（以下「第一条改正後著作権法」という。）第二十九条第二項及び第三項の規定は、この法律の施行の日（以下「施行日」という。）以後に創作される映画の著作物の著作権の帰属について適用し、施行日前に創作された映画の著作物の著作権の帰属については、なお従前の例による。

　（放送同時配信等の対象としない自動公衆送信を定めるための準備行為）

第三条　文化庁長官は、第一条改正後著作権法第二条第一項第九号の七に規定する著作権者、出版権者若しくは著作隣接権者の利益を不当に害するおそれがある自動公衆送信又は広く国民が容易に視聴することが困難な自動公衆送信を定めるために、施行日前においても、総務大臣に協議することができる。

　（著作権等管理事業者の指定等に関する準備行為）

第四条　文化庁長官は、施行日前においても、第一条改正後著作権法第九十三条の三第三項、第九十四条第一項、第九十四条の三第三項又は第九十六条の三第三項の規定及び第一条改正後著作権法第九十三条の三第四項（第一条改正後著作権法第九十四条第四項、第九十四条の三第四項及び第九十六条の三第四項において準用する場合を含む。）の規定の例により、著作権等管理事業者（第一条改正後著作権法第二条第一項第二十三号に規定する著作権等管理事業者をいう。以下この条において同じ。）の指定をすることができる。この場合において、それらの指定は、施行日以後は、それぞれ第一条改正後著作権法第九十三条の三第三項、第九十四条第一項、第九十四条の三第三項又は第九十六条の三第三項の規定による指定とみなす。

2　前項の規定による指定を受けた著作権等管理事業者は、施行日前においても、第一条改正後著作権法第九十三条の三第七項及び第十二項（これらの規定を第一条改正後著作権法第九十四条第四項、第九十四条の三第四項及び第九十六条の三第四項において準用する場合を含む。以下この項において同

じ。）の規定の例により、令和四年の第一条改正後著作権法第九十三条の三第七項に規定する報酬又は補償金の額について、放送事業者、有線放送事業者若しくは放送同時配信等事業者（第一条改正後著作権法第二条第一項第九号の八に規定する放送同時配信等事業者をいう。附則第八条第一項において同じ。）又はその団体と協議して定めることができる。

（団体の指定等に関する準備行為）

第五条 文化庁長官は、附則第一条第四号に掲げる規定の施行の日（以下この条において「第四号施行日」という。）前においても、第二条の規定による改正後の著作権法（以下この条及び附則第八条第二項において「第二条改正後著作権法」という。）第百四条の十の二第一項及び第百四条の十の三の規定の例により、団体の指定をすることができる。この場合において、当該指定は、第四号施行日以後は、第二条改正後著作権法第百四条の十の二第一項の規定による指定とみなす。

2 前項の規定による指定を受けた団体は、第四号施行日前においても、第二条改正後著作権法第百四条の十の四第一項及び第三項の規定の例により、同項の意見を聴き、及び同条第一項の認可の申請をすることができる。

3 文化庁長官は、前項の規定による認可の申請があった場合には、第四号施行日前においても、第二条改正後著作権法第百四条の十の四第四項及び第五項の規定の例により、文化審議会に諮問し、及びその認可をすることができる。この場合において、当該認可は、第四号施行日以後は、同条第一項の規定による認可とみなす。

4 第一項の規定による指定を受けた団体は、第四号施行日前においても、第二条改正後著作権法第百四条の十の五の規定の例により、同条第一項の補償金関係業務の執行に関する規程を定め、文化庁長官に届け出ることができる。この場合において、当該届出は、第四号施行日以後は、同項の規定による届出とみなす。

5 文化庁長官は、第二条改正後著作権法第百四条の十の六第一項の政令の制定の立案のために、第四号施行日前においても、文化審議会に諮問することができる。

（罰則についての経過措置）

第六条 この法律（附則第一条第三号及び第四号に掲げる規定にあっては、当該各規定）の施行前にした行為に対する罰則の適用については、なお従前の例による。

（政令への委任）

第七条 附則第二条から前条までに規定するもののほか、この法律の施行に関

し必要な経過措置（罰則に係る経過措置を含む。）は、政令で定める。

（検討等）

第八条　政府は、この法律の施行後三年を目途として、放送事業者、有線放送事業者又は放送同時配信等事業者が業として行う放送同時配信等（第一条改正後著作権法第二条第一項第九号の七に規定する放送同時配信等をいう。以下この項において同じ。）の実施状況、これらの者による著作隣接権者への報酬及び補償金の支払の状況その他の第一条改正後著作権法の施行の状況を勘案し、放送同時配信等における著作物、実演及びレコードの公正な利用並びに著作権者及び著作隣接権者の適正な利益の確保に資する施策の在り方について検討を加え、その結果に基づいて必要な措置を講ずるものとする。

2　政府は、第二条改正後著作権法第三十一条第三項に規定する特定図書館等の設置者による図書館等公衆送信補償金（第二条改正後著作権法第百四条の十の二第一項に規定する図書館等公衆送信補償金をいう。以下この項において同じ。）の支払に要する費用を第二条改正後著作権法第三十一条第二項に規定する特定図書館等の利用者の負担に適切に反映させることが重要であることに鑑み、その費用の円滑かつ適正な転嫁に寄与するため、図書館等公衆送信補償金の趣旨及び制度の内容について、広報活動等を通じて国民に周知を図り、その理解と協力を得るよう努めなければならない。

　　　　附　則（令和四年法律第四十八号）（抄）

（施行期日）

第一条　この法律は、公布の日から起算して四年を超えない範囲内において政令で定める日から施行する。ただし、次の各号に掲げる規定は、当該各号に定める日から施行する。〔施行日未定〕

一～五　（略）

（著作権法の一部改正に伴う経過措置）

第六十二条　前条の規定による改正後の著作権法第百十四条の六第三項及び第四項並びに第百十四条の七第二項の規定は、施行日以後に提起される著作者人格権、著作権、出版権、実演家人格権又は著作隣接権の侵害に係る訴えにおける秘密保持命令の送達及び効力の発生時期について適用し、施行日前に提起された著作者人格権、著作権、出版権、実演家人格権又は著作隣接権の侵害に係る訴えにおける秘密保持命令の送達及び効力の発生時期については、なお従前の例による。

（政令への委任）

第百二十五条　この附則に定めるもののほか、この法律の施行に関し必要な経過措置は、政令で定める。

　　　　附　則（令和四年法律第六十八号）（抄）

（施行期日）

1　この法律は、刑法等一部改正法施行日から施行する。〔令和四年七月七日から施行〕ただし、次の各号に掲げる規定は、当該各号に定める日から施行する。

一　第五百九条の規定　公布の日〔令和四年六月十七日〕

　　　　附　則（令和五年法律第三十三号）（抄）

（施行期日）

第一条　この法律は、公布の日から起算して三年を超えない範囲内において政令で定める日から施行する。ただし、次の各号に掲げる規定は、当該各号に定める日から施行する。

一　附則第六条の規定　公布の日

二　第四十条の改正規定、第四十一条の次に一条を加える改正規定、第四十二条の改正規定、第四十二条の三を第四十二条の四とし、第四十二条の二を第四十二条の三とし、第四十二条の次に一条を加える改正規定、第四十七条の六第一項第二号の改正規定、第四十七条の七の改正規定、第四十八条第一項の改正規定、第四十九条の改正規定、第八十六条の改正規定、第百二条の改正規定及び第百十四条の改正規定並びに附則第五条及び第九条の規定　令和六年一月一日

三　附則第三条及び第四条の規定　公布の日から起算して二年六月を越えない範囲内において政令で定める日

（第六十七条第一項の裁定の手続についての経過措置）

第二条　この法律による改正後の著作権法（以下「新法」という。）第六十七条（新法第百三条において準用する場合を含む。以下この条において同じ。）並びに第百四条の二十一第一項及び第二項（新法第六十七条に係る部分に限る。）の規定は、この法律の施行の日（以下「施行日」という。）以後にされる新法第六十七条第一項の裁定の申請に係る手続について適用し、施行日前にされたこの法律による改正前の著作権法（以下この条において「旧法」という。）第六十七条第一項（旧法第百三条において準用する場合を含む。）の裁定の申請に係る手続については、なお従前の例による。

（指定補償金管理機関の指定等に関する準備行為）

第三条　新法第百四条の十八の規定による指定を受けようとする者は、施行日前においても、新法第百四条の十九第一項及び第二項の規定の例により、その申請を行うことができる。

2　文化庁長官は、前項の規定により指定の申請があった場合には、施行日前

においても、新法第百四条の十八並びに第百四条の十九第三項及び第四項の
規定の例により、その指定及び告示をすることができる。この場合において、
当該指定及び告示は、施行日以後は、それぞれ新法第百四条の十八の規定に
よる指定及び新法第百四条の十九第四項の規定による告示とみなす。

3　前項の規定により指定を受けた者は、施行日前においても、新法第百四条
の二十三第一項及び第二項の規定の例により、同条第一項に規定する補償金
管理業務規程の認可の申請を行うことができる。

4　文化庁長官は、前項の規定により認可の申請があった場合には、施行日前
においても、新法第百四条の二十三第一項及び第三項の規定の例により、そ
の認可及び告示をすることができる。この場合において、当該認可及び告示
は、施行日以後は、それぞれ同条第一項の認可及び同条第三項の規定による
告示とみなす。

5　前項の規定により文化庁長官が告示をした場合における新法第百四条の二
十三第四項の規定の適用については、同項中「前項の規定による告示の日の
翌日」とあるのは、「著作権法の一部を改正する法律（令和五年法律第三十
三号）の施行の日」とする。

6　文化庁長官は、新法第百四条の二十二第一項の政令の制定の立案のために、
施行日前においても、同条第三項の規定の例により、文化審議会に諮問する
ことができる。

　（登録確認機関の登録等に関する準備行為）

第四条　新法第百四条の三十三第一項の登録を受けようとする者は、施行日前
においても、新法第百四条の三十四第一項及び第二項の規定の例により、そ
の申請を行うことができる。

2　文化庁長官は、前項の規定により登録の申請があった場合には、施行日前
においても、新法第百四条の三十三第一項及び第百四条の三十四第三項から
第六項までの規定の例により、その登録及び告示をすることができる。この
場合において、当該登録及び告示は、施行日以後は、それぞれ新法第百四条
の三十三第一項の登録及び新法第百四条の三十四第六項の規定による告示と
みなす。

3　前項の規定により登録を受けた者は、施行日前においても、新法第百四条
の三十五第一項から第三項までの規定の例により、同項の意見を聴き、同条
第一項に規定する確認等事務規程の認可の申請を行うことができる。

4　文化庁長官は、前項の規定により認可の申請があった場合には、施行日前
においても、新法第百四条の三十五第一項、第四項及び第五項の規定の例に
より、文化審議会に諮問し、その認可をすることができる。この場合におい

て、当該認可は、施行日以後は、同条第一項の認可とみなす。

（罰則についての経過措置）

第五条 この法律（附則第一条第二号に掲げる規定については、当該規定）の施行前にした行為に対する罰則の適用については、なお従前の例による。

（政令への委任）

第六条 附則第二条から前条までに定めるもののほか、この法律の施行に関し必要な経過措置（罰則に係る経過措置を含む。）は、政令で定める。

　　　附　則（令和五年法律第五三号）

　この法律は、公布の日から起算して五年を超えない範囲内において政令で定める日から施行する。ただし、次の各号に掲げる規定は、当該各号に定める日から施行する。

一　第三十二章の規定及び第三百八十八条の規定　公布の日

二　第一条中民事執行法第二十二条第五号の改正規定、同法第二十五条の改正規定、同法第二十六条の改正規定、同法第二十九条の改正規定（「の謄本」の下に「又は電磁的記録に記録されている事項の全部を記録した電磁的記録」を加える部分を除く。）、同法第九十一条第一項第三号の改正規定、同法第百四十一条第一項第三号の改正規定、同法第百八十一条第一項の改正規定、同条第四項の改正規定、同法第百八十三条の改正規定、同法第百八十九条の改正規定及び同法第百九十三条第一項の改正規定、第十二条、第三十三条、第三十四条、第三十六条及び第三十七条の規定、第四十二条中組織的な犯罪の処罰及び犯罪収益の規制等に関する法律第三十九条第二項の改正規定、第四十五条の規定（民法第九十八条第二項及び第百五十一条第四項の改正規定を除く。）、第四十七条中鉄道抵当法第四十一条の改正規定及び同法第四十三条第三項の改正規定、第四十八条及び第四章の規定、第八十八条中民事訴訟費用等に関する法律第二条の改正規定、第九十一条の規定、第百八十五条中配偶者からの暴力の防止及び被害者の保護等に関する法律第十二条第三項の改正規定、第百九十八条の規定並びに第三百八十七条の規定　公布の日から起算して二年六月を超えない範囲内において政令で定める日

三　第一条中民事執行法第十八条の次に一条を加える改正規定、同法第二十七条の改正規定、同法第二十九条の改正規定（「の謄本」の下に「又は電磁的記録に記録されている事項の全部を記録した電磁的記録」を加える部分に限る。）、同法第三十三条第一項の改正規定、同法中第八十六条を第八十六条の二とし、第八十五条の次に三条を加える改正規定（同法第八十五条の二及び第八十五条の三を加える部分を除く。）、同法第九十二条に五項

を加える改正規定、同法第百十一条の改正規定（「第八十五条並びに」を「第八十五条から第八十六条まで及び」に改める部分に限る。）、同法第百四十二条第二項の改正規定、同法第百六十六条第二項の改正規定、同法第百六十七条の十一第七項の改正規定（「第九十二条第一項」の下に「及び第三項から第七項まで」を加える部分に限る。）、同法第百九十九条の次に二条を加える改正規定、同法第二百条第一項の改正規定及び同法附則に六条を加える改正規定、第三十五条及び第四十条の規定、第四十七条中鉄道抵当法第五十九条に二項を加える改正規定、第六十三条中民事調停法の目次の改正規定、同法第二十七条に一項を加える改正規定及び同法第二章に一節を加える改正規定、第六十七条中企業担保法第十七条第二項の改正規定（「第十八条」の下に「、第十八条の二」を加える部分に限る。）及び同法第五十五条の改正規定、第八十八条中民事訴訟費用等に関する法律附則を同法附則第一条とし、同条に見出しを付し、同法附則に十二条を加える改正規定、第九十四条中船舶の所有者等の責任の制限に関する法律第五十九条の次に一条を加える改正規定、第百十条中民事保全法第四十六条の改正規定（「第十八条」の下に「、第十八条の二」を加える部分に限る。）、第百三十条中金融機関等の更生手続の特例等に関する法律第六十六条の改正規定及び同法第二百三十二条の改正規定、第百四十五条中民事再生法第百十五条の次に一条を加える改正規定及び同法第百五十三条第三項の改正規定（「民事執行法（昭和五十四年法律第四号）第八十五条」を「民事執行法第八十五条から第八十六条まで」に改める部分に限る。）、第百六十一条第一項の規定、第二百二条中会社更生法第百十条第三項の改正規定（「民事執行法（昭和五十四年法律第四号）第八十五条」を「民事執行法第八十五条から第八十六条まで」に改める部分に限る。）及び同法第百十五条の次に一条を加える改正規定、第二百十六条第一項の規定、第二百十九条中人事訴訟法第九条に一項を加える改正規定及び同法第三十三条に二項を加える改正規定、第二百四十九条中破産法第百二十一条の次に一条を加える改正規定、同法第百二十二条第二項の改正規定、同法第百三十六条の次に一条を加える改正規定及び同法第百九十一条第三項の改正規定（「第八十五条」の下に「から第八十六条まで」を加える部分に限る。）、第二百六十五条第一項の規定、第三百四条中非訟事件手続法第三十三条第四項の改正規定、同法第四十三条の改正規定及び同法第四十七条第一項の改正規定、第三百二十六条中家事事件手続法第四十条の改正規定、同法第四十九条の改正規定、同法第五十四条第一項の改正規定、同法第五十九条の改正規定、同法第六十条第二項の改正規定（「及び第二項」を「から第三項まで」に

改める部分に限る。）、同法第八十四条第一項の改正規定（「第三項まで、」を「第四項まで、」に改める部分及び「高等裁判所に」と」の下に「、第五十九条第三項中「家庭裁判所及び」とあるのは「高等裁判所及び」と」を加える部分に限る。）、同法第二百六十条第一項第六号の改正規定及び同法第二百六十一条第五項の改正規定、第三百四十一条中国際的な子の奪取の民事上の側面に関する条約の実施に関する法律第七十条の改正規定、同法第七十五条第一項の改正規定、同法第八十条に一項を加える改正規定及び同法第百三条第六項の改正規定並びに第三百五十六条中消費者の財産的被害等の集団的な回復のための民事の裁判手続の特例に関する法律第五十三条の改正規定（「、第八十七条の二」を削る部分に限る。） 民事訴訟法等の一部を改正する法律の施行の日

2 著作権法施行令 (昭和四十五年十二月十日 政令第三百三十五号)

改正 昭和五十六年 五月二十六日 政令第百八十四号

同 五十九年 五月 十五日 同 第百四十一号

同 五十九年 六月二十八日 同 第二百二十九号

〔保健体育審議会令等の一部を改正する政令第二十四条による改正〕

同 五十九年 九月二十六日 同 第二百八十八号

〔身体障害者福祉法の一部を改正する法律の施行に伴う関係政令の整備に関する政令第七条による改正〕

同 五十九年十一月 十三日 同 第三百二十三号

同 六十一年 八月二十九日 同 第二百八十六号

同 六十二年 三月 二十日 同 第四十六号

平成 元年 十月 三日 同 第二百九十三号

同 二年 九月二十七日 同 第二百八十五号

〔民事保全法の施行に伴う関係政令の整備に関する政令第二十四条による改正〕

同 二年十二月 七日 同 第三百四十七号

〔老人福祉法等の一部を改正する法律の一部の施行に伴う関係政令の整備に関する政令第十七条による改正〕

同 三年 三月二十五日 同 第四十七号

同 四年 四月 三十日 同 第百六十三号

〔行政事務に関する国と地方の関係等の整理及び合理化に関する法律第九条の規定の施行に伴う関係政令の整理に関する政令による改正〕

同 四年十二月 十六日 同 第三百八十二号

同 五年 三月二十六日 同 第六十九号

同 五年 四月 九日 同 第百四十七号

同 十年 十月 十六日 同 第三百二十四号

同 十年十一月二十六日 同 第三百七十二号

〔精神薄弱の用語の整理のための関係政令の一部を改正する政令第二十二条第二号による改正〕

同 十一年 六月二十五日 同 第二百十号

同 十一年十二月 十七日 同 第四百五号

同 十二年 二月 十六日 同 第三十七号

〔民法の一部を改正する法律及び民法の一部を改正する法律の施
　行に伴う関係法律の整備等に関する法律の施行に伴う関係政令
　による改正〕

同　　十二年　二月　十六日　同　第四十二号

〔地方分権の推進を図るための関係法律の整備等に関する法律の
　施行に伴う文部省関係政令の整備等に関する政令による改正〕

同　　十二年　三月二十九日　同　第百三十号

同　　十二年　六月　　七日同　第三百八号

〔中央省庁等改革のための文部科学省関係政令の整備等に関する
　政令による改正〕

同　　十二年　六月　　七日　同　第三百二十六号

〔独立行政法人通則法等の施行に伴う関係政令の整備及び経過措
　置に関する政令による改正〕

同　　十二年　六月　　七日　同　第三百三十三号

〔独立行政法人国立公文書館等の設立に伴う関係政令の整備等に
　関する政令による改正〕

同　　十二年　七月　十四日　同　第三百八十二号

同　　十二年十二月　　八日　同　第五百四号

同　　十二年十二月　　八日　同　第五百七号

〔独立行政法人教員研修センター法の施行に伴う関係政令の整備
　及び経過措置に関する政令第七条による改正〕

同　　十三年　三月三十一日　同　第百五十七号

同　　十五年　六月　　四日　同　第二百四十四号

〔独立行政法人原子力安全基盤機構法の施行に伴う関係政令の整
　備及び経過措置に関する政令第七条による改正〕

同　　十五年十二月　　三日　同　第四百八十三号

〔国立大学法人法等の施行に伴う関係政令の整備等に関する政令
　第三十四条による改正〕

同　　十六年　一月　三十日　同　第十四号

〔独立行政法人通信総合研究所法の一部を改正する法律の施行に
　伴う関係政令の整備及び経過措置に関する政令第十一条による
　改正〕

同　　十六年　六月二十三日　同　第二百十一号

〔特許審査の迅速化等のための特許法等の一部を改正する法律の
　一部の施行に伴う関係政令の整備及び経過措置に関する政令第

三条による改正〕

同　　十六年　十月　二十日　同　　第三百十八号

〔破産法の施行に伴う関係政令の整備等に関する政令第十八条による改正〕

同　　十六年十一月　　四日　同　　第三百三十八号

同　　十七年　二月　十八日　同　　第二十四号

〔不動産登記法及び不動産登記法の施行に伴う関係法律の整備等に関する法律の施行に伴う関係政令の整備等に関する政令第六十一条による改正〕

同　　十八年　三月三十一日　同　　第百五十九号

〔独立行政法人消防研究所の解散に関する法律の施行に伴う関係政令の整備及び経過措置に関する政令第五条による改正〕

同　　十八年　九月二十六日　同　　第三百二十号

〔障害者自立支援法の一部の施行に伴う関係政令の整備に関する政令第二十七条による改正〕

同　　十九年　三月　　二日　同　　第三十九号

〔一般社団法人及び一般財団法人に関する法律等の施行に伴う関係法令の整備等に関する政令第三十四条による改正〕

同　　十九年　三月二十二日　同　　第五十五号

〔学校教育法等の一部を改正する法律の施行に伴う関係政令の整備等に関する政令第二十六条による改正〕

同　　十九年　三月　三十日　同　　第百十号

〔独立行政法人国立博物館法の一部を改正する法律の施行に伴う関係政令の整備及び経過措置に関する政令による改正〕

同　　十九年　三月　三十日　同　　第百十一号

〔独立行政法人に係る改革を推進するための独立行政法人農林水産消費技術センター法及び独立行政法人森林総合研究所法の一部を改正する法律の施行に伴う関係政令の整備及び経過措置に関する政令による改正〕

同　　十九年　七月　十三日　同　　第二百七号

〔信託法及び信託法の施行に伴う関係法律の整備等に関する法律の施行に伴う法務省関係政令等の整備等に関する政令第二十三条による改正〕

同　　二十一年　三月三十一日　同　　第百十一号

〔独立行政法人に係る改革を推進するための文部科学省関係法律

の整備等に関する法律の施行に伴う関係政令の整備及び経過措
置に関する政令第四条による改正〕

同　二十一年　五月　十五日　同　第百三十七号

同　二十一年　九月　十一日　同　第二百四十号

〔独立行政法人に係る改革を推進するための文部科学省関係法律
の整備等に関する法律の一部の施行に伴う関係政令の整備及び
経過措置に関する政令第三条による改正〕

同　二十一年十二月二十八日　同　第二百九十九号

同　二十三年　五月二十七日　同　第百五十四号

同　二十三年　九月二十二日　同　第二百九十六号

〔障がい者制度改革推進本部等における検討を踏まえて障害保健
福祉施策を見直すまでの間において障害者等の地域生活を支援
するための関係法律の整備に関する法律の一部の施行に伴う関
係政令の整備に関する政令第十三条による改正〕

同　二十四年　二月　　三日　同　第二十六号

〔障がい者制度改革推進本部等における検討を踏まえて障害保健
福祉施策を見直すまでの間において障害者等の地域生活を支援
するための関係法律の整備に関する法律の施行に伴う関係政令
の整備等及び経過措置に関する政令第二十一条による改正〕

同　二十五年　一月　十八日　同　第五号

〔地域社会における共生の実現に向けて新たな障害保健福祉施策
を講ずるための関係法律の整備に関する法律の施行に伴う関係
政令の整備等に関する政令第四条第十六号による改正〕

同　二十五年十一月二十七日　同　第三百十九号

〔地域社会における共生の実現に向けて新たな障害保健福祉施策
を講ずるための関係法律の整備に関する法律の一部の施行に伴
う関係政令の整備に関する政令第十三条第三号による改正〕

同　二十六年　二月　十九日　同　第三十九号

〔独立行政法人原子力安全基盤機構の解散に関する法律の施行に
伴う関係政令の整備等及び経過措置に関する政令第六条による
改正〕

同　二十六年　八月　二十日　同　第二百八十五号

同　二十七年　三月　十八日　同　第七十四号

〔独立行政法人通則法の一部を改正する法律及び独立行政法人通
則法の一部を改正する法律の施行に伴う関係法律の整備に関す

る法律の施行に伴う関係政令の整備等及び経過措置に関する政令第五十三条による改正〕

　　同　二十八年　一月二十二日　同　第十一号

〔独立行政法人大学評価・学位授与機構法の一部を改正する法律の施行に伴う関係政令の整備及び経過措置に関する政令第七条による改正〕

　　同　二十九年　二月　十七日　同　第二十二号

〔教育公務員特例法等の一部を改正する法律の施行に伴う関係政令の整備に関する政令第二条による改正〕

　　同　二十九年十一月　十五日　同　第二百八十三号

　　同　　三十年　六月　　六日　同　第百八十三号

〔民法の一部を改正する法律及び民法の一部を改正する法律の施行に伴う関係法律の整備等に関する法律の施行に伴う関係政令の整備に関する政令第二十一条による改正〕

　　同　　三十年十二月二十八日　同　第三百六十号

　　令和　　元年　六月二十八日　同　第四十二号

〔不正競争防止法等の一部を改正する法律の施行に伴う関係政令の整理に関する政令による改正〕

　　同　　　元年　六月二十八日　同　第四十四号

　　同　　　二年　九月　十六日　同　第二百八十四号

　　同　　　二年十二月二十三日　同　第三百六十四号

　　同　　　三年　九月二十七日　同　第二百六十六号

　　同　　　四年　四月二十七日　同　第百八十五号

　　同　　　四年　十月二十六日　同　第三百三十三号

　　同　　　四年十二月二十八日　同　第四百五号

目次

第一章　私的録音録画補償金に係る特定機器及び特定記録媒体（第一条・第一条の二）

第二章　著作物等の複製等が認められる施設等（第一条の三 – 第二条の三）

第三章　記録保存所（第三条 – 第七条）

第四章　原作品展示者に準ずる者及び美術の著作物等の譲渡等の申出に伴う複製等について講ずべき措置（第七条の二・第七条の三）

第五章　電子計算機による情報処理及びその結果の提供等の基準（第七条の四）

第六章　著作物等の利用の裁定に関する手続（第七条の五－第十二条の二）

第七章　登録

　第一節　著作権登録原簿等（第十三条・第十四条）

　第二節　登録手続等

　　第一款　通則（第十五条－第二十六条）

　　第二款　実名及び第一発行年月日等の登録（第二十七条・第二十八条）

　　第三款　著作権等の登録（第二十九条－第三十四条の六）

　　第四款　信託に関する登録（第三十五条－第四十五条）

第八章　放送同時配信等に係る報酬又は補償金に関する指定報酬管理事業者
　　　　等（第四十五条の二－第四十五条の十）

第九章　二次使用料に関する指定団体等

　第一節　指定団体（第四十六条－第五十二条）

　第二節　二次使用料の額の裁定に関する手続等（第五十三条－第五十七条）

第十章　貸与権の適用に係る期間及び貸与に係る報酬に関する指定団体等
　　　　（第五十七条の二－第五十七条の四）

第十一章　私的録音録画補償金に関する指定管理団体等（第五十七条の五－
　　　　　第五十七条の九）

第十二章　図書館等公衆送信補償金に関する指定管理団体等（第五十八条－
　　　　　第六十四条）

第十三章　授業目的公衆送信補償金に関する指定管理団体等（第六十五条－
　　　　　第七十条）

第十四章　あつせんの手続等（第七十一条－第七十七条）

第十五章　著作権等の侵害とみなす行為（第七十八条・第七十九条）

附則

第一章　私的録音録画補償金に係る特定機器及び特定記録媒体
　　（平五政一四七・追加）

（特定機器）

第一条　著作権法（以下「法」という。）第三十条第三項（法第百二条第一項
において準用する場合を含む。以下この条及び次条において同じ。）の政令
で定める機器のうち録音の機能を有するものは、次に掲げる機器（他の機器
との間の音の信号に係る接続の方法で法第三十条第三項の特別の性能を有す
る機器に用いるものとして文部科学省令で定めるものを用いる機器を除
く。）であつて主として録音の用に供するもの（次項に規定するものを除く。）
とする。

　　一　回転ヘッド技術を用いた磁気的方法により、三十二キロヘルツ、四十四・一キロヘルツ又は四十八キロヘルツの標本化周波数（アナログ信号をデジタル信号に変換する一秒当たりの回数をいう。以下この条において同じ。）でアナログデジタル変換（アナログ信号をデジタル信号に変換することをいう。以下この条において同じ。）が行われた音を幅が三・八一ミリメートルの磁気テープに固定する機能を有する機器

　　二　固定ヘッド技術を用いた磁気的方法により、三十二キロヘルツ、四十四・一キロヘルツ又は四十八キロヘルツの標本化周波数でアナログデジタル変換が行われた音を幅が三・七八ミリメートルの磁気テープに固定する機能を有する機器

　　三　磁気的かつ光学的方法により、四十四・一キロヘルツの標本化周波数でアナログデジタル変換が行われた音を直径が六十四ミリメートルの光磁気ディスクに固定する機能を有する機器

　　四　光学的方法により、四十四・一キロヘルツの標本化周波数でアナログデジタル変換が行われた音を直径が八十ミリメートル又は百二十ミリメートルの光ディスク（一枚の基板からなるものに限る。）に固定する機能を有する機器

　2　法第三十条第三項の政令で定める機器のうち録画の機能を有するものは、次に掲げる機器（ビデオカメラとしての機能を併せ有するものを除く。）であつて主として録画の用に供するもの（デジタル方式の録音の機能を併せ有するものを含む。）とする。

　　一　回転ヘッド技術を用いた磁気的方法により、その輝度については十三・五メガヘルツの標本化周波数で、その色相及び彩度については三・三七五メガヘルツの標本化周波数でアナログデジタル変換が行われた影像を、幅が六・三五ミリメートルの磁気テープ（幅、奥行及び高さが百二十五ミリメートル、七十八ミリメートル及び十四・六ミリメートルのカセットに収容されているものに限る。）に連続して固定する機能を有する機器

　　二　回転ヘッド技術を用いた磁気的方法により、いずれの標本化周波数によるものであるかを問わずアナログデジタル変換が行われた影像を、幅が十二・六五ミリメートルの磁気テープに連続して固定する機能を有する機器

　　三　光学的方法により、特定の標本化周波数でアナログデジタル変換が行われた影像又はいずれの標本化周波数によるものであるかを問わずアナログデジタル変換が行われた影像を、直径が百二十ミリメートルの光ディスク（レーザー光が照射される面から記録層までの距離が〇・六ミリメートルのものに限る。）であつて次のいずれか一に該当するものに連続して固定

する機能を有する機器

イ　記録層の渦巻状の溝がうねつておらず、かつ、連続していないもの

ロ　記録層の渦巻状の溝がうねつており、かつ、連続しているもの

ハ　記録層の渦巻状の溝がうねつており、かつ、連続していないもの

四　光学的方法（波長が四百五ナノメートルのレーザー光を用いることその他の文部科学省令で定める基準に従うものに限る。次号において同じ。）により、特定の標本化周波数でアナログデジタル変換が行われた影像又はいずれの標本化周波数によるものであるかを問わずアナログデジタル変換が行われた影像を、直径が百二十ミリメートルの光ディスク（レーザー光が照射される面から記録層までの距離が〇・一ミリメートルのものに限る。同号において同じ。）であつて前号ロに該当するものに連続して固定する機能を有する機器

五　光学的方法により、影像を直径が百二十ミリメートルの光ディスクであつて第三号ロに該当するものに連続して固定する機能を有する機器（前号に掲げるものを除く。）

（平五政一四七・追加、平十政三二四・柱書一部改正四号追加、平十一政二一〇・柱書一部改正2項追加、平十二政三〇八・1項柱書一部改正、平十二政三八二・2項三号追加、平二一政一三七・2項四号追加、令二政三六四・1項柱書2項柱書一部改正、令四政三三三・2項四号一部改正五号追加）

（特定記録媒体）

第一条の二　法第三十条第三項の政令で定める記録媒体のうち録音の用に供されるものは、前条第一項に規定する機器によるデジタル方式の録音の用に供される同項各号に規定する磁気テープ、光磁気ディスク又は光ディスク（小売に供された後最初に購入する時に録音されていないものに限る。）とする。

2　法第三十条第三項の政令で定める記録媒体のうち録画の用に供されるものは、前条第二項に規定する機器によるデジタル方式の録画（デジタル方式の録音及び録画を含む。）の用に供される同項各号に規定する磁気テープ又は光ディスク（小売に供された後最初に購入する時に録画されていないものに限る。）とする。

（平五政一四七・追加、平十政三二四・一部改正、平十一政二一〇・柱書一部改正2項追加、平十二政三八二・2項一部改正）

第二章　著作物等の複製等が認められる施設等

（昭五九政三二三・改称、平五政一四七・旧第一章繰下、平十二政五

○四・一部改正、平三○政三六○・旧第一章の二繰下）

（図書館資料の複製が認められる図書館等）

第一条の三 法第三十一条第一項（法第八十六条第一項及び第百二条第一項において準用する場合を含む。）の政令で定める図書館その他の施設は、次に掲げる施設で図書館法（昭和二十五年法律第百十八号）第四条第一項の司書又はこれに相当する職員として文部科学省令で定める職員（以下「司書等」という。）が置かれているものとする。

一　図書館法第二条第一項の図書館

二　学校教育法（昭和二十二年法律第二十六号）第一条の大学又は高等専門学校（以下「大学等」という。）に設置された図書館及びこれに類する施設

三　大学等における教育に類する教育を行う教育機関で当該教育を行うにつき学校教育法以外の法律に特別の規定があるものに設置された図書館

四　図書、記録その他著作物の原作品又は複製物を収集し、整理し、保存して一般公衆の利用に供する業務を主として行う施設で法令の規定によつて設置されたもの

五　学術の研究を目的とする研究所、試験所その他の施設で法令の規定によつて設置されたもののうち、その保存する図書、記録その他の資料を一般公衆の利用に供する業務を行うもの

六　前各号に掲げるもののほか、国、地方公共団体又は一般社団法人若しくは一般財団法人その他の営利を目的としない法人（第二条から第三条までにおいて「一般社団法人等」という。）が設置する施設で前二号に掲げる施設と同種のもののうち、文化庁長官が指定するもの

2　文化庁長官は、前項第六号の規定による指定をしたときは、その旨をインターネットの利用その他の適切な方法により公表するものとする。

　　　　　（昭五九政三二三・一部改正、平五政一四七・1項一部改正旧第一条繰下、平十二政三○八・1項一部改正、平十九政三九・1項六号一部改正、平二一政二九九・1項柱書二号一部改正、平三○政三六○・1項六号2項一部改正）

（著作物の全部の複製物の提供が著作権者の利益を不当に害しないと認められる特別な事情がある著作物）

第一条の四 法第三十一条第一項第一号の政令で定める著作物は、次に掲げるものとする。

一　国等の周知目的資料

二　発行後相当期間を経過した定期刊行物に掲載された個々の著作物

三　美術の著作物等（美術の著作物、図形の著作物又は写真の著作物をいう。以下この号及び次条第三号において同じ。）であつて、法第三十一条第一項第一号の規定によりこの号の規定の適用がないものとした場合に提供されることとなる著作物の一部分（以下この号において「著作物の一部分」という。）の複製を行うに当たつて、当該著作物の一部分と一体のものとして図書館資料に掲載されていることにより、当該著作物の一部分に付随して複製されることとなるもの（当該美術の著作物等及び当該著作物の一部分から成る資料に占める当該美術の著作物等の割合、当該資料を用いて作成された複製物における当該美術の著作物等の表示の精度その他の要素に照らし、当該複製物において当該美術の著作物等が軽微な構成部分となる場合における当該美術の著作物等に限る。）

　　　　（令四政四〇五・追加）

（著作物の全部の公衆送信が著作権者の利益を不当に害しないと認められる特別な事情がある著作物）

第一条の五　法第三十一条第二項の政令で定める著作物は、次に掲げるものとする。

一　国等の周知目的資料

二　発行後相当期間を経過した定期刊行物に掲載された個々の著作物

三　美術の著作物等であって、法第三十一条第二項の規定によりこの号の規定の適用がないものとした場合に公衆送信されることとなる著作物の一部分（以下この号において「著作物の一部分」という。）の複製又は公衆送信を行うに当たつて、当該著作物の一部分と一体のものとして図書館資料に掲載されていることにより、当該著作物の一部分に付随して複製され又は公衆送信されることとなるもの（当該美術の著作物等及び当該著作物の一部分から成る資料に占める当該美術の著作物等の割合、当該資料又はその複製物を用いた公衆送信を受信して表示されるものにおける当該美術の著作物等の表示の精度その他の要素に照らし、当該公衆送信により受信されるものにおいて当該美術の著作物等が軽微な構成部分となる場合における当該美術の著作物等に限る。）

　　　　（令四政四〇五・追加）

（図書館等に類する外国の施設）

第一条の六　法第三十一条第七項前段（法第八十六条第三項及び第百二条第一項において準用する場合を含む。）の政令で定める外国の施設は、外国の政府、地方公共団体又は営利を目的としない法人が設置する施設で図書、記録その他の資料を公衆の利用に供する業務を行うもののうち、次に掲げる要件を満

たすものとする。

一　文学的及び美術的著作物の保護に関するベルヌ条約により創設された国際同盟の加盟国に所在するものであること。

二　司書等に相当する職員が置かれていること。

三　国立国会図書館との間で、絶版等資料に係る著作物の利用を適切に行うために必要な体制の整備に関する事項その他の文部科学省令で定める事項について協定を締結していること。

　　　　　（平三〇政三六〇・追加、令四政四〇五 ・ 旧一条の四繰下柱書一部改正）

（自動公衆送信された著作物等を公に伝達する場合の表示の大きさ）

第一条の七　法第三十一条第九項第二号イ（法第百二条第一項において準用する場合を含む。）の政令で定める表示の大きさは、自動公衆送信された著作物等（法第二条第一項第二十号に規定する著作物等をいう。以下同じ。）を受信装置を用いて当該受信装置の映像面に表示する場合における当該映像面（受信装置に接続した投影機により投影用スクリーンその他の平面に投影して表示する場合にあつては、当該平面上の投影面）の対角線のうちいずれか長い方の長さが二百五十四センチメートルであるものとする。

　　　　　（令四政八五・追加、令四政四〇五 ・ 旧一条の五繰下一部改正）

（視覚障害者等のための複製等が認められる者）

第二条　法第三十七条第三項（法第八十六条第一項及び第三項並びに第百二条第一項において準用する場合を含む。）の政令で定める者は、次に掲げる者とする。

一　次に掲げる施設を設置して視覚障害者等のために情報を提供する事業を行う者（イ、ニ又はチに掲げる施設を設置する者にあつては国、地方公共団体又は一般社団法人等、ホに掲げる施設を設置する者にあつては地方公共団体、公益社団法人又は公益財団法人に限る。）

　イ　児童福祉法（昭和二十二年法律第百六十四号）第七条第一項の障害児入所施設及び児童発達支援センター

　ロ　大学等の図書館及びこれに類する施設

　ハ　国立国会図書館

　ニ　身体障害者福祉法（昭和二十四年法律第二百八十三号）第五条第一項の視聴覚障害者情報提供施設

　ホ　図書館法第二条第一項の図書館(司書等が置かれているものに限る。)

　ヘ　学校図書館法（昭和二十八年法律第百八十五号）第二条の学校図書館

　ト　老人福祉法（昭和三十八年法律第百三十三号）第五条の三の養護老人

ホーム及び特別養護老人ホーム

チ　障害者の日常生活及び社会生活を総合的に支援するための法律（平成
十七年法律第百二十三号）第五条第十一項に規定する障害者支援施設及
び同条第一項に規定する障害福祉サービス事業（同条第七項に規定する
生活介護、同条第十二項に規定する自立訓練、同条第十三項に規定する
就労移行支援又は同条第十四項に規定する就労継続支援を行う事業に限
る。）を行う施設

二　前号に掲げる者のほか、視覚障害者等のための情報を提供する事業を行
う法人（法第二条第六項に規定する法人をいう。以下同じ。）で次に掲げ
る要件を満たすもの

イ　視覚障害者等のための複製又は公衆送信（放送又は有線放送を除き、
自動公衆送信の場合にあつては送信可能化を含む。ロにおいて同じ。）
を的確かつ円滑に行うことができる技術的能力及び経理的基礎を有して
いること。

ロ　視覚障害者等のための複製又は公衆送信を適正に行うために必要な法
に関する知識を有する職員が置かれていること。

ハ　情報を提供する視覚障害者等の名簿を作成していること（当該名簿を
作成している第三者を通じて情報を提供する場合にあつては、当該名簿
を確認していること）。

ニ　法人の名称並びに代表者（法人格を有しない社団又は財団の管理人を
含む。以下同じ。）の氏名及び連絡先その他文部科学省令で定める事項
について、文部科学省令で定めるところにより、公表していること。

三　視覚障害者等のための情報を提供する事業を行う法人のうち、当該事業
の実施体制が前号イからハまでに掲げるものに準ずるものとして文化庁長
官が指定するもの

2　文化庁長官は、前項第三号の規定による指定をしたときは、その旨をイン
ターネットの利用その他の適切な方法により公表するものとする。

（昭五九政二八八・一部改正、平二政三四七・一部改正、平五政六九・
1項五号2項追加、平十政三七二・1項一号一部改正、平十二政五〇
四・1項柱書一号二号四号五号一部改正、平十八政三二〇・1項一号
二号一部改正五号追加旧五号繰下2項一部改正、平十九政三九・1項
一号二号五号一部改正、平十九政五五・1項三号一部改正、平二一政
二九九・見出し一部改正1項全改2項一部改正、平二三政二九六・1
項一号一部改正、平二四政二六・1項一号一部改正、平二五政五・1
項一号一部改正、平二五政三一九・1項一号一部改正、平二六政二八

五・1項柱書一部改正、平三〇政三六〇・1項二号一部改正三号追加
2項一部改正）

（聴覚障害者等のための複製等が認められる者）

第二条の二　法第三十七条の二（法第八十六条第一項及び第三項並びに第百二
条第一項において準用する場合を含む。）の政令で定める者は、次の各号に
掲げる利用の区分に応じて当該各号に定める者とする。

一　法第三十七条の二第一号（法第八十六条第一項及び第三項において準用
する場合を含む。）に掲げる利用　次に掲げる者

イ　身体障害者福祉法第五条第一項の視聴覚障害者情報提供施設を設置し
て聴覚障害者等のために情報を提供する事業を行う者（国、地方公共団
体又は一般社団法人等に限る。）

ロ　イに掲げる者のほか、聴覚障害者等のために情報を提供する事業を行
う法人のうち、聴覚障害者等のための複製又は自動公衆送信（送信可能
化を含む。）を的確かつ円滑に行うことができる技術的能力、経理的基
礎その他の体制を有するものとして文化庁長官が指定するもの

二　法第三十七条の二第二号（法第八十六条第一項及び第百二条第一項にお
いて準用する場合を含む。以下この号において同じ。）に掲げる利用　次
に掲げる者（法第三十七条の二第二号の規定の適用を受けて作成された複
製物の貸出しを文部科学省令で定める基準に従つて行う者に限る。）

イ　次に掲げる施設を設置して聴覚障害者等のために情報を提供する事業
を行う者（（2）に掲げる施設を設置する者にあつては国、地方公共団体
又は一般社団法人等、（3）に掲げる施設を設置する者にあつては地方公
共団体、公益社団法人又は公益財団法人に限る。）

（1）　大学等の図書館及びこれに類する施設

（2）　身体障害者福祉法第五条第一項の視聴覚障害者情報提供施設

（3）　図書館法第二条第一項の図書館（司書等が置かれているものに限
る。）

（4）　学校図書館法第二条の学校図書館

ロ　イに掲げる者のほか、聴覚障害者等のために情報を提供する事業を行
う法人のうち、聴覚障害者等のための複製を的確かつ円滑に行うことが
できる技術的能力、経理的基礎その他の体制を有するものとして文化庁
長官が指定するもの

2　文化庁長官は、前項第一号ロ又は第二号ロの規定による指定をしたときは、
その旨をインターネットの利用その他の適切な方法により公表するものとす
る。

（平十二政五〇四・追加、平十九政三九・１項一号一部改正、平二一政二九九・見出し一部改正１項全改２項一部改正、平二六政二八五・１項柱書一号一部改正、平三〇政三六〇・１項二号２項一部改正）

（映画の著作物の複製物の貸与が認められる施設）

第二条の三　法第三十八条第五項の政令で定める施設は、次に掲げるものとする。

一　国又は地方公共団体が設置する視聴覚教育施設

二　図書館法第二条第一項の図書館

三　前二号に掲げるもののほか、国、地方公共団体又は一般社団法人等が設置する施設で、映画フィルムその他の視聴覚資料を収集し、整理し、保存して公衆の利用に供する業務を行うもののうち、文化庁長官が指定するもの

2　文化庁長官は、前項第三号の規定による指定をしたときは、その旨をインターネットの利用その他の適切な方法により公表するものとする。

（昭五九政三二三・追加、昭六一政二八六・一部改正、平十二政五〇四・旧第二条の二繰下、平十九政三九・１項三号一部改正、平三〇政三六〇・２項一部改正）

第三章　記録保存所

（平三〇政三六〇・旧第二章繰下）

（記録保存所）

第三条　法第四十四条第一項から第三項まで（これらの規定を法第百二条第一項において準用する場合を含む。）の規定により作成された録音物又は録画物（以下この章において「一時的固定物」という。）を法第四十四条第四項ただし書（法第百二条第一項において準用する場合を含む。次条第一項において同じ。）の規定により保存することができる公的な記録保存所（以下この章において「記録保存所」という。）は、次に掲げる施設で、当該施設を設置する者の同意を得て文化庁長官が指定するものとする。

一　独立行政法人国立美術館が設置する施設で、映画に関する作品その他の資料を収集し、及び保管することを目的とするもの

二　放送、有線放送又は放送同時配信等の用に供した録音物又は録画物を記録として収集し、及び保存することを目的とする施設（一般社団法人等が設置するものに限る。）

2　文化庁長官は、前項の規定による指定をしたときは、その旨を官報で告示する。

　　　　　（昭六一政二八六・一部改正、平十二政三三三・１項柱書一号二号２
　　　　　項一部改正、平十九政三九・１項二号一部改正、平三〇政三六〇・２
　　　　　項一部改正、令三政二六六・１項柱書二号一部改正）
　　（一時的固定物の保存）
第四条　法第四十四条第四項ただし書の規定により記録保存所において保存す
　　ることができる一時的固定物は、記録として特に保存する必要があると認め
　　られるものでなければならない。
２　記録保存所においては、その保存する一時的固定物を良好な状態で保存す
　　るため、適当な措置を講じなければならない。
３　記録保存所においては、記録として保存するため必要があると認められる
　　場合には、その保存する一時的固定物に録音され、又は録画されている音又
　　は影像を録音し、又は録画して、その録音物又は録画物を当該一時的固定物
　　に代えて保存することができる。
４　前項の録音物又は録画物は、一時的固定物とみなす。
　　　　　（昭六一政二八六・一部改正、令三政二六六・１項一部改正）
　　（報告等）
第五条　記録保存所を設置する者（以下この章において「記録保存所の設置者」
　　という。）は、文部科学省令で定めるところにより、その記録保存所におい
　　て保存する一時的固定物の保存の状況を文化庁長官に報告しなければならな
　　い。
２　記録保存所の設置者は、その記録保存所において保存する一時的固定物を、
　　文化庁長官の定める方法に従い、保存しなければならない。
３　記録保存所の設置者は、その記録保存所において保存する一時的固定物の
　　目録を作成し、かつ、公開しなければならない。
　　　　　（平十二政三〇八・１項一部改正、平十二政三三三・１項一部改正）
　　（業務の廃止）
第六条　文化庁長官は、記録保存所の設置者がその記録保存所における一時的
　　固定物の保存に係る業務を廃止しようとする場合において文部科学省令で定
　　める事項を記載した書面をもつて届け出たときは、その旨を官報で告示する。
２　第三条第一項の規定による指定は、前項の官報の告示があつた日から起算
　　して一月を経過した日に、その効力を失う。
　　　　　（平十二政三〇八・１項一部改正、平十二政三三三・２項一部改正、
　　　　　平三〇政三六〇・２項一部改正）
　　（指定の取消し）
第七条　文化庁長官は、記録保存所の設置者が次の各号のいずれかに該当する

ときは、第三条第一項の規定による指定を取り消すことができる。

一　その記録保存所において保存する一時的固定物を利用して、不当な収益
を図り、又は当該一時的固定物に係る権利者の権利を害したとき。

二　第五条の規定に違反したとき。

2　文化庁長官は、前項の規定による指定の取消しをするときは、あらかじめ
その旨を官報で告示する。

　　　　　　（平十二政三三三・1項柱書一部改正、平三〇政三六〇・1項柱書2
項一部改正）

第四章　原作品展示者に準ずる者及び美術の著作物等の譲渡等の申出に伴う複製等について講ずべき措置

　　　（平二一政二九九・追加、平三〇政三六〇・旧第三章繰下改称）

（原作品展示者に準ずる者）

第七条の二　法第四十七条第三項（法第八十六条第一項及び第三項並びに第百
二条第一項において準用する場合を含む。）の政令で定める者は、国若しく
は地方公共団体の機関又は営利を目的としない法人で、原作品展示者の同意
を得て展示著作物の所在に関する情報を集約して公衆に提供する事業を行う
もののうち、文化庁長官が指定するものとする。

2　文化庁長官は、前項の規定による指定をしたときは、その旨をインターネッ
トの利用その他の適切な方法により公表するものとする。

　　　　　　（平三〇政三六〇・追加）

（美術の著作物等の譲渡等の申出に伴う複製等について講ずべき措置）

第七条の三　法第四十七条の二（法第八十六条第一項及び第三項並びに第百二
条第一項において準用する場合を含む。）の政令で定める措置は、次の各号
に掲げる区分に応じ、当該各号に定める措置とする。

一　法第四十七条の二（法第八十六条第一項及び第百二条第一項において準
用する場合を含む。）に規定する複製　当該複製により作成される複製物
に係る著作物の表示の大きさ又は精度が文部科学省令で定める基準に適合
するものとなるようにすること。

二　法第四十七条の二（法第八十六条第三項及び第百二条第一項において準
用する場合を含む。）に規定する公衆送信　次のいずれかの措置

イ　当該公衆送信を受信して行われる著作物の表示の精度が文部科学省令
で定める基準に適合するものとなるようにすること。

ロ　当該公衆送信を受信して行う著作物の複製（法第四十七条の四第一項
の規定により行うことができるものを除く。）を電磁的方法（法第二条

第一項第二十号に規定する電磁的方法をいう。）により防止する手段で
あつて、著作物の複製に際しこれに用いられる機器が特定の反応をする
信号を著作物とともに送信する方式によるものを用い、かつ、当該公衆
送信を受信して行われる著作物の表示の精度が文部科学省令で定めるイ
に規定する基準より緩やかな基準に適合するものとなるようにするこ
と。

　　　（平二一政二九九・追加、平二六政二八五・１項柱書一号二号一部改
　　　正２項削除、平三〇政三六〇・旧第七条の二繰下柱書一号二号柱書二
　　　号ロ一部改正）

第五章　電子計算機による情報処理及びその結果の提供等の基準

　　　（平三〇政三六〇・全改）

第七条の四　法第四十七条の五第一項（法第八十六条第一項及び第三項並びに
第百二条第一項において準用する場合を含む。第三号において同じ。）の政
令で定める基準は、次のとおりとする。

　一　送信可能化された検索情報に係る送信元識別符号を検索し、及びその結
　　　果を提供する行為（ロ及び次項第一号において「送信元識別符号検索結果
　　　提供」という。）を行う場合にあつては、次に掲げる要件に適合すること。

　　　イ　送信可能化された著作物等に係る自動公衆送信について受信者を識別
　　　　するための情報の入力を求めることその他の受信を制限するための手段
　　　　が講じられている場合にあつては、当該自動公衆送信の受信について当
　　　　該手段を講じた者の承諾を得たものに限つて利用を行うこと。

　　　ロ　イに掲げるもののほか、送信元識別符号検索結果提供を適正に行うた
　　　　めに必要な措置として文部科学省令で定める措置を講ずること。

　二　法第四十七条の五第二項（法第八十六条第一項及び第三項並びに第百二
　　　条第一項において準用する場合を含む。次項において同じ。）の規定の適
　　　用を受けて作成された著作物等の複製物を使用する場合にあつては、当該
　　　複製物に係る情報の漏えいの防止のために必要な措置を講ずること。

　三　前二号に掲げるもののほか、法第四十七条の五第一項各号に掲げる行為
　　　に係る著作物等の利用を適正に行うために必要な措置として文部科学省令
　　　で定める措置を講ずること。

　2　法第四十七条の五第二項の政令で定める基準は、次のとおりとする。

　一　送信元識別符号検索結果提供の準備を行う場合にあつては、当該送信元
　　　識別符号検索結果提供を前項第一号に掲げる要件に適合させるために必要

な措置を講ずること。

二　法第四十七条の五第二項の規定の適用を受けて作成された著作物等の複製物に係る情報の漏えいの防止のために必要な措置を講ずること。

　　　（平三〇政三六〇・全改）

第六章　著作物等の利用の裁定に関する手続

　　　（昭五九政二二九・改称、平二一政二九九・旧第三章繰下改称、平三〇政三六〇・旧第七章繰上）

（著作権者と連絡することができない場合）

第七条の五　法第六十七条第一項の政令で定める場合は、著作権者の氏名又は名称及び住所又は居所その他著作権者と連絡するために必要な情報（以下この条において「権利者情報」という。）を取得するために次に掲げる全ての措置をとり、かつ、当該措置により取得した権利者情報その他その保有する全ての権利者情報に基づき著作権者と連絡するための措置をとつたにもかかわらず、著作権者と連絡することができなかつた場合とする。

一　広く権利者情報を掲載していると認められるものとして文化庁長官が定める刊行物その他の資料を閲覧すること。

二　著作権等管理事業者その他の広く権利者情報を保有していると認められる者として文化庁長官が定める者に対し照会すること。

三　時事に関する事項を掲載する日刊新聞紙への掲載その他これに準ずるものとして文化庁長官が定める方法により、公衆に対し広く権利者情報の提供を求めること。

2　文化庁長官は、前項各号の規定による定めをしたときは、その旨を官報で告示する。

　　　　（平二一政二九九・追加、平三〇政三六〇・旧第七条の七繰上2項一部改正、令三政二六六・1項2号一部改正）

（補償金の供託を要しない法人）

第七条の六　法第六十七条第二項の政令で定める法人は、次に掲げる法人とする。

一　独立行政法人通則法（平成十一年法律第百三号）第二条第一項に規定する独立行政法人

二　国立大学法人法（平成十五年法律第百十二号）第二条第一項に規定する国立大学法人及び同条第三項に規定する大学共同利用機関法人

三　地方独立行政法人法（平成十五年法律第百十八号）第二条第一項に規定する地方独立行政法人

　四　日本放送協会

　　　　（平三〇政三六〇・追加）

（著作権者不明等の場合における著作物の利用に関する裁定の申請）

第八条　法第六十七条第三項の政令で定める事項は、次に掲げる事項とする。

　一　申請者の氏名又は名称及び住所又は居所並びに法人にあつては代表者の氏名

　二　著作物の題号（題号がないとき、又は不明であるときは、その旨）及び著作者名（著作者名の表示がないとき、又は著作者名が不明であるときは、その旨）

　三　著作物の種類及び内容又は体様

　四　補償金の額の算定の基礎となるべき事項

　五　著作権者と連絡することができない理由

　六　法第六十七条の二第一項の規定により著作物を利用するときは、その旨

2　法第六十七条第三項の政令で定める資料は、次に掲げる資料とする。

　一　申請に係る著作物の体様を明らかにするため必要があるときは、その図面、写真その他当該著作物の体様を明らかにする資料

　二　申請に係る著作物が公表され、又は相当期間にわたり公衆に提供され、若しくは提示されている事実が明らかであることを疎明する資料

　　　　（平二一政二九九・1項柱書一号2項柱書一部改正1項四号削除旧五号六号繰上新六号追加2項二号削除旧三号繰上、平三〇政三六〇・1項柱書一号二号2項柱書一部改正）

（担保金の取戻し）

第八条の二　法第六十七条の二第一項の規定により担保金を供託した者は、当該担保金の額が同条第八項の規定により著作権者が弁済を受けることができる額を超えることとなつたときは、その超過額を取り戻すことができる。

　　　　（平二一政二九九・追加、平三〇政三六〇・一部改正）

（著作物の放送等に関する裁定の申請）

第九条　法第六十八条第一項の裁定を受けようとする者は、次に掲げる事項を記載した申請書を文化庁長官に提出しなければならない。

　一　第八条第一項第一号から第四号までに掲げる事項

　二　著作権者の氏名又は名称及び住所又は居所並びに法人にあつては代表者の氏名

　三　著作権者との協議が成立せず、又は協議をすることができない理由

2　前項の申請書には、次に掲げる資料を添付しなければならない。

　一　第八条第二項第一号に掲げる資料

二　著作権者との協議が成立せず、又は協議をすることができないことを疎明する資料

三　申請に係る著作物が公表されていることを疎明する資料

　　　　（平二一政二九九・１項一号２項一号一部改正、平三〇政三六〇・２項柱書一部改正、令三政二六六・見出し一部改正）

（商業用レコードへの録音に関する裁定の申請）

第十条　法第六十九条の裁定を受けようとする者は、次に掲げる事項を記載した申請書を文化庁長官に提出しなければならない。

一　第八条第一項第一号から第四号まで並びに前条第一項第二号及び第三号に掲げる事項

二　申請に係る音楽の著作物が録音されている商業用レコードの名称（名称がないとき、又は不明であるときは、その旨）

２　前項の申請書は、次に掲げる資料を添付しなければならない。

一　前条第二項第二号に掲げる資料

二　前項第二号の商業用レコードが最初に国内において販売されたことを疎明する資料

三　前項第二号の商業用レコードが販売された日から三年を経過していることを疎明する資料

四　申請に係る音楽の著作物の前項第二号の商業用レコードへの録音が著作権者の許諾を得て行われたことを疎明する資料

　　　　（平二一政二九九・１項一号一部改正、平三〇政三六〇・１項二号２項柱書四号一部改正）

（手数料）

第十一条　法第七十条第一項の政令で定める手数料の額は、一件につき六千九百円とする。

　　　　（昭五六政一八四・一部改正、昭五九政一四一・一部改正、昭六二政四六・一部改正、平三政四七・一部改正、平二九政二八三・一部改正）

（補償金の額の通知）

第十二条　文化庁長官は、法第六十七条の二第一項の規定により著作物を利用する者に対して法第七十条第五項の裁定をしない処分をした旨の通知をするとき（その者が当該処分を受けるまでの間に著作権者と連絡をすることができるに至った場合を除く。）は、併せて法第六十七条の二第五項又は第六項の補償金の額を通知する。

２　文化庁長官は、法第七十条第六項の裁定をした旨の通知をするときは、併せて当該裁定に係る著作物の利用につき定めた補償金の額を通知する。

（平十二政三二六・一部改正、平二一政二九九・１項追加旧１項繰下、平三〇政三六〇・１項一部改正）

（著作隣接権への準用）

第十二条の二　第七条の五から第九条まで及び前二条の規定は、法第百三条において法第六十七条第一項から第三項まで、第六十七条の二第九項並びに第七十条第一項及び第八項の規定を準用する場合について準用する。この場合において、第八条第一項第六号中「法」とあるのは「法第百三条において準用する法」と、第八条の二中「法」とあるのは「法第百三条において準用する法」と、「同条第八項」とあるのは「法第百三条において準用する法第六十七条の二第八項」と、第九条第一項及び前条中「法」とあるのは「法第百三条において準用する法」と読み替えるものとする。

（平二一政二九九・追加、平三〇政三六〇・一部改正、令三政二六六・一部改正）

第七章　登録

（平二一政二九九・旧第四章繰下、平三〇政三六〇・旧第八章繰上）

第一節　著作権登録原簿等

（著作権登録原簿の調製等）

第十三条　法第七十八条第一項の著作権登録原簿、法第八十八条第二項の出版権登録原簿及び法第百四条の著作隣接権登録原簿（以下「著作権登録原簿等」と総称する。）は、その全部を磁気ディスク（これに準ずる方法により一定の事項を確実に記録しておくことができる物を含む。）をもつて調製し、その調製の方法は、文部科学省令で定める。

2　著作権登録原簿等の附属書類については、文部科学省令で定める。

（昭六一政二八六・一部改正、平十二政三〇八・１項２項一部改正、平十三政一五七・１項一部改正、平二三政一五四・１項一部改正）

（手数料）

第十四条　法第七十八条第五項（法第八十八条第二項及び第百四条において準用する場合を含む。）の政令で定める手数料の額は、次の各号に掲げる区分に応じ、それぞれ当該各号に定める額とする。

一　著作権登録原簿等に記録されている事項を記載した書類の交付　次のイ又はロに掲げる著作権登録原簿等の区分に応じ、それぞれイ又はロに定める額

イ　ロに掲げる著作権登録原簿以外の著作権登録原簿等　一通につき千六百円

ロ　プログラムの著作物に係る著作権登録原簿　一通につき二千四百円

二　著作権登録原簿等の附属書類の写しの交付　一通につき千百円

三　著作権登録原簿等の附属書類の閲覧　一件につき千五十円

　　　　（昭五九政一四一・一部改正、昭六二政四六・一部改正、平三政四七・
　　　　一部改正、平十二政一三〇・一部改正、平十三政一五七・一部改正一
　　　　号二号三号追加、平二三政一五四・一部改正）

第二節　登録手続等
第一款　通則
（登録をする場合）

第十五条　法の規定に基づく登録は、法令に別段の定めがある場合を除き、申請又は嘱託がなければしてはならない。

2　申請による登録に関する規定は、嘱託による登録の手続について準用する。

（登録の申請）

第十六条　登録は、法令に別段の定めがある場合を除き、登録権利者及び登録義務者が申請しなければならない。

第十七条　登録は、申請書に登録義務者の承諾書を添付したときは、登録権利者だけで申請することができる。

　　　　（昭六一政二八六・一部改正）

第十八条　判決による登録又は相続若しくは法人の合併による権利の移転の登録は、登録権利者だけで申請することができる。

　　　　（令元政四二・一部改正）

第十九条　登録名義人の表示の変更又は更正の登録は、登録名義人だけで申請することができる。

（申請書）

第二十条　登録の申請をしようとする者は、次に掲げる事項を記載した申請書を文化庁長官に提出しなければならない。

一　申請者の氏名又は名称及び住所又は居所並びに法人にあつては代表者の氏名

二　代理人により登録を申請するときは、その氏名又は名称及び住所又は居所並びに法人にあつては代表者の氏名

三　著作物の題号（題号がないとき、又は不明であるときは、その旨）又は実演、レコード、放送番組若しくは有線放送番組の名称（名称がないとき、又は不明であるときは、その旨）

四　登録の目的が著作権、出版権若しくは著作隣接権又はこれらの権利を目的とする質権（以下この章において「著作権等」という。）に関するときは、

その権利の表示（これらの権利の一部に関するときは、その部分の表示を含む。）

　　五　登録の原因及びその発生年月日

　　六　登録の目的

　　七　登録の申請に係る著作物、実演、レコード、放送又は有線放送に関する登録がされているときは、その登録番号（登録番号が不明であるときは、その旨）

　　　　　（昭六一政二八六・一部改正、平三〇政三六〇・三号一部改正、令元政四二・七号一部改正）

（併合申請）

第二十条の二　二以上の登録は、登録の目的が同一である場合に限り、同一の申請書で申請することができる。

　　　　　（令元政四二・追加）

（添付資料）

第二十一条　第二十条の申請書には、次に掲げる資料を添付しなければならない。

　　一　申請者が登録権利者若しくは登録義務者の相続人その他の一般承継人であるとき、又は登録名義人の表示の変更若しくは更正の登録を申請するときは、戸籍の謄本又は抄本、登記事項証明書、住民票の写しその他当該事実を証明することができる書面

　　二　代理人により登録を申請するときは、その権限を証明する書面

　　三　登録の目的が著作権等に関するときは、その登録の原因を証明する書面（登録の原因が相続その他の一般承継であるときは、戸籍の謄本又は抄本、登記事項証明書、住民票の写しその他当該事実を証明することができる書面を含む。第二十三条第一項第五号において同じ。）

　　四　登録の原因について第三者の許可、認可、同意又は承諾を要するときは、これを証明する資料

　　五　登録の変更、更正若しくは抹消又は抹消した登録の回復を申請する場合において、登録上の利害関係を有する第三者があるときは、その者の承諾書又はその者に対抗することができる裁判の謄本若しくは抄本

　2　次の各号に掲げる登録を申請しようとするときは、第二十条の申請書に、当該各号に掲げる書面を添付しなければならない。ただし、申請に係る著作物、実演、レコード、放送または有線放送に関する登録がされている場合において、当該申請書にその登録番号を記載したときは、この限りでない。

　　一　法第七十五条第一項、第七十六条第一項、第七十六条の二第一項、第七

十七条又は第八十八条第一項の登録　次に掲げる事項（当該事項のうち不明なものについては、その旨。以下この項において同じ。）を記載した書面

イ　著作者の氏名又は名称及び著作者が日本国民以外の者（以下この項において「外国人」という。）であるときはその国籍（その者が法人であるときは、その設立に当たつて準拠した法令を制定した国及び当該法人の主たる事務所が所在する国の国名。第三号ロ、第四号ロ及び第五号ロにおいて同じ。）

ロ　公表された著作物に関し登録を申請するときは、著作物の最初の公表の際に表示された著作者名（無名で公表された著作物であるときは、その旨）

ハ　著作物が最初に公表された年月日（未公表の著作物であるときは、その旨）

ニ　発行された外国人の著作物に関し登録を申請するときは、著作物が最初に発行された国の国名

ホ　著作物の種類及び内容又は体様

二　実演家の権利に関する法第百四条の登録　次に掲げる事項を記載した書面

イ　実演家の氏名及び実演家がその氏名に代えて通常用いている芸名があるときはその芸名並びに実演家が外国人であるときはその国籍

ロ　実演が行われた年月日及びその行われた国の国名

ハ　レコードに固定されている実演にあつては、当該レコードの名称（名称がないときは、その旨）及び次号イに掲げる事項並びに実演が国外において行われたものである場合には同号ロに掲げる事項

ニ　国外において行われ、かつ、放送又は有線放送において送信された実演（実演家の承諾を得て送信前に録音され、又は録画されているものを除く。）で法第八条各号のいずれかに該当するレコードに固定されているもの以外のものにあつては、当該放送番組又は有線放送番組の名称（名称がないときは、その旨）並びに第四号イ及びロ又は第五号イ及びロに掲げる事項

ホ　映画の著作物において録音され、又は録画されている実演にあつては、当該映画の著作物の題号（題号がないときは、その旨）及び映画製作者の氏名又は名称

ヘ　実演の種類及び内容

三　レコード製作者の権利に関する法第百四条の登録　次に掲げる事項を記

載した書面

　　イ　レコード製作者の氏名又は名称

　　ロ　レコード製作者が外国人であるときは、その国籍及びレコードに固定
　　　されている音が最初に固定された国の国名

　　ハ　レコードに固定されている音が最初に固定された年月日

　　ニ　商業用レコードが既に販売されているレコードにあつては、最初に販
　　　売された商業用レコードの名称（名称がないときは、その旨）、体様及
　　　び製作者の氏名又は名称

　　ホ　レコードの内容

　四　放送事業者の権利に関する法第百四条の登録　次に掲げる事項を記載し
　　た書面

　　イ　放送事業者の氏名又は名称

　　ロ　放送事業者が外国人であるときは、その国籍及び放送が行われた放送
　　　設備のある国の国名

　　ハ　放送が行われた年月日

　　ニ　放送の種類及び放送番組の内容

　五　有線放送事業者の権利に関する法第百四条の登録　次に掲げる事項を記
　　載した書面

　　イ　有線放送事業者の氏名又は名称

　　ロ　有線放送事業者が外国人であるときは、その国籍及び有線放送が行わ
　　　れた有線放送設備のある国の国名

　　ハ　有線放送が行われた年月日

　　ニ　有線放送の種類及び有線放送番組の内容

3　前項第一号ホに掲げる著作物の体様を明らかにするため必要があるとき
　は、その図面、写真その他当該著作物の体様を明らかにする資料を添付しな
　ければならない。

　　　　　　　　（昭六一政二八六・一部改正、平十七政二四・１項一号三号一部改正、
　　　　　　　　平三〇政三六〇・２項一号イ二号ロハ三号ニ四号ロハ一部改正、令元
　　　　　　　　政四二・１項柱書一部改正１項三号削除四号以下繰上１項新三号２項
　　　　　　　　柱書一部改正）

　（添付資料の省略）

第二十一条の二　同時に二以上の登録の申請の手続をする場合において、各手
　続において添付すべき資料の内容が同一であるときは、一の手続においてこ
　れを添付し、他の手続においてその旨を申し出てその添付を省略することが
　できる。

2　登録の申請の手続において添付すべき資料は、当該資料と内容が同一である資料を他の登録の申請において既に提出しており、かつ、当該資料の内容に変更がないときは、その旨を申し出てその添付を省略することができる。ただし、文化庁長官は、特に必要があると認めるときは、当該添付すべき資料の提出を求めることができる。

　　　　（令元政四二・追加）

（登録の順序）

第二十二条　申請による登録は、受付の順序に従つて行う。

2　職権による登録は、登録の原因が発生した順序に従つて行う。

　　　　（平三〇政三六〇・各項一部改正、令元政四二・１項一部改正）

（却下）

第二十三条　文化庁長官は、次に掲げる場合には、登録の申請を却下する。

　一　登録を申請した事項が登録すべきものでないとき。

　二　申請書が方式に適合しないとき。

　三　登録の申請に係る著作物、実演、レコード、放送又は有線放送に関する登録がされている場合において、次に掲げる事由があるとき。

　　イ　申請書に記載した登録義務者の表示が著作権登録原簿等と符合しないこと。

　　ロ　申請者が登録名義人である場合において、その表示（当該申請が登録名義人の表示の変更又は更正の登録である場合におけるその登録の目的に係る事項の表示を除く。）が著作権登録原簿等と符合しないこと。

　　ハ　申請書に記載した著作物の題号若しくは実演、レコード、放送番組若しくは有線放送番組の名称、登録の目的に係る権利の表示又は登録番号が著作権登録原簿等と符合しないこと。

　四　申請書に必要な資料を添付せず、又は第二十一条の二第二項ただし書の規定により求められた資料を提出しないとき。

　五　申請書に登録の原因を証明する書面を添付した場合において、これが申請書に記載した事項と符合しないとき。

　六　登録免許税を納付しないとき。

2　前項の規定による却下は、理由を付した書面をもつて行う。

　　　　（昭六一政二八六・一部改正、平三〇政三六〇・１項四号五号２項一部改正、令元政四二・１項三号イ四号一部改正）

（申請者への通知）

第二十四条　文化庁長官は、登録を完了したときは、申請者に申請の受付の年月日及び登録番号を記載した通知書を送付する。

（令元政四二・一部改正）

（行政区画等の変更）

第二十四条の二　行政区画又は土地の名称の変更があつたときは、著作権登録原簿等に記録した行政区画又は土地の名称は、変更されたものとみなす。

（昭六一政二八六・追加、平二三政一五四・一部改正）

（更正）

第二十五条　文化庁長官は、登録を完了した後、その登録について錯誤又は脱落があることを発見したときは、遅滞なく、その旨を登録権利者及び登録義務者に通知する。

2　文化庁長官は、登録が第二十九条の規定による申請に係るものであるときは、債権者にも前項の通知をする。

3　前二項の通知は、登録権利者、登録義務者又は債権者が二人以上あるときは、その一人に対してすることをもつて足りる。

第二十六条　文化庁長官は、登録を完了した後、その登録について錯誤又は脱落があることを発見した場合において、その錯誤又は脱落が文化庁長官の過失に基づくものであるときは、登録上の利害関係を有する第三者がある場合を除き、遅滞なく、その登録を更正し、かつ、その旨を登録権利者及び登録義務者に通知する。

2　前条第二項及び第三項の規定は、前項の場合について準用する。

　　　　第二款　実名及び第一発行年月日等の登録

（実名の登録の申請書）

第二十七条　法第七十五条第一項の登録の申請書には、著作者の氏名又は名称及び住所又は居所を記載し、かつ、戸籍の謄本又は抄本、登記事項証明書、住民票の写しその他実名を証明することができる書面を添付しなければならない。

（昭六一政二八六・一部改正、平十七政二四・一部改正）

（第一発行年月日等の登録の申請書）

第二十八条　法第七十六条第一項の登録の申請書には、申請者が著作権者であるか発行者であるかの別を記載し、かつ、第一発行年月日又は第一公表年月日を証明する資料を添付しなければならない。

（平三〇政三六〇・一部改正）

　　　　第三款　著作権等の登録

（債権者の代位）

第二十九条　債権者は、民法（明治二十九年法律第八十九号）第四百二十三条第一項又は第四百二十三条の七の規定により債務者に代位して著作権等の登

録を申請するときは、申請書に次に掲げる事項を記載し、かつ、代位の原因を証明する書面を添付しなければならない。

一　債権者及び債務者の氏名又は名称及び住所又は居所

二　代位の原因

　　　　（昭六一政二八六・一部改正、平十九政三九・一部改正、平三〇政一八三・柱書一部改正）

（権利の消滅に関する事項の記載）

第三十条　登録の原因に登録の目的に係る権利の消滅に関する事項の定めがあるときは、申請書にその事項を記載しなければならない。

　　　　（昭六一政二八六・一部改正）

（持分等の記載）

第三十一条　登録権利者が二人以上ある場合において、登録の原因に持分の定めがあるときは、申請書にその持分を記載しなければならない。著作権等の一部移転の登録を申請するときも、同様とする。

2　前項の場合において、民法第二百六十四条において準用する同法第二百五十六条第一項ただし書の契約があるときは、申請書にこれを記載しなければならない。

（出版権の登録の申請書）

第三十二条　法第八十八条第一項の登録の申請書には、次に掲げる事項を記載しなければならない。ただし、当該申請に係る出版権に関する登録がされている場合において、当該申請書にその登録番号を記載したときは、この限りでない。

一　設定された出版権の範囲

二　設定行為で定められた存続期間（設定行為に定めがないときは、その旨）

三　設定行為に法第八十条第二項及び第八十一条ただし書の別段の定めがあるときは、その定め

　　　　（平二三政一五四・四号一部改正、平二六政二八五・旧二号削除旧三号四号繰上、令元政四二・柱書一部改正）

（質権の登録の申請書）

第三十三条　法第七十七条第二号（法第百四条において準用する場合を含む。）又は第八十八条第一項第二号に掲げる事項の登録の申請書には、次に掲げる事項を記載しなければならない。ただし、当該申請に係る質権に関する登録がされている場合において、当該申請書にその登録番号を記載したときは、この限りでない。

一　質権の目的である権利の表示

二　債権金額（一定の債権金額がないときは、債権の価格）

三　登録の原因に存続期間、利息、違約金若しくは賠償の額に関する定めが
あるとき、法第六十六条第一項（法第百三条において準用する場合を含
む。）の定めがあるとき、民法第三百四十六条ただし書の定めがあるとき、
又は当該債権に条件を付したときは、その定め又は条件

四　債務者の氏名又は名称及び住所又は居所

2　債権の一部の譲渡又は代位弁済による質権の移転の登録を申請する場合の
申請書には、前項各号に掲げる事項のほか、当該譲渡又は代位弁済の目的で
ある債権の額を記載しなければならない。

　　　　　（平三〇政三六〇・1項三号一部改正、令元政四二・1項ただし書一
　　　　　部改正）

（登録した権利の順位）

第三十四条　同一の著作権等について登録した権利の順位は、登録の前後によ
る。

（保全仮登録に基づく本登録の順位）

第三十四条の二　民事保全法（平成元年法律第九十一号）第五十四条において
準用する同法第五十三条第二項の規定による仮処分による仮登録（以下「保
全仮登録」という。）をした場合においては、同法第六十一条において準用
する同法第五十八条第三項の規定による保全仮登録に基づく本登録の順位
は、保全仮登録の順位による。

　　　　　（平二政二八五・追加）

（仮処分の登録に後れる登録等の抹消）

第三十四条の三　著作権又は著作隣接権について民事保全法第五十四条におい
て準用する同法第五十三条第一項の規定による仮処分の登録（保全仮登録と
ともにしたものを除く。以下この条及び次条において同じ。）をした後、そ
の仮処分の債権者がその仮処分の債務者を登録義務者として著作権又は著作
隣接権について登録を申請する場合においては、その債権者だけでその仮処
分の登録に後れる登録の抹消を申請することができる。

2　前項の規定により登録の抹消を申請するときは、申請書に民事保全法第六
十一条において準用する同法第五十九条第一項の規定による通知をしたこと
を証明する書面を添付しなければならない。

3　文化庁長官は、第一項の規定により仮処分の登録に後れる登録を抹消した
ときは、職権でその仮処分の登録を抹消する。

　　　　　（平二政二八五・追加）

第三十四条の四　前条第一項及び第二項の規定は、出版権又は著作権、出版権

若しくは著作隣接権を目的とする質権について民事保全法第五十四条におい
て準用する同法第五十三条第一項の規定による仮処分の登録をした後、その
仮処分の債権者がその仮処分の債務者を登録義務者としてその権利の移転又
は消滅について登録を申請する場合について準用する。

2　前条第三項の規定は、前項において準用する同条第一項の規定により仮処
分の登録に後れる登録を抹消した場合について準用する。

第三十四条の五　出版権について保全仮登録をした後、本登録を申請する場合
においては、その保全仮登録に係る仮処分の債権者だけで出版権又は出版権
を目的とする質権に関する登録であつてその仮処分の登録に後れるものの抹
消を申請することができる。

2　第三十四条の三第二項の規定は、前項の規定による抹消の申請について準
用する。

　　　　（平二政二八五・追加）

第三十四条の六　文化庁長官は、保全仮登録をした後、本登録をしたときは、
職権でその保全仮登録とともにした処分禁止の登録を抹消する。

　　　　（平二政二八五・追加）

　　　　第四款　信託に関する登録

　　　　（平十九政二〇七・改称）

　（信託の登録の申請方法等）

第三十五条　信託の登録の申請は、当該信託に係る著作権等の移転、変更又は
設定の登録の申請と同時にしなければならない。

2　信託の登録は、受託者だけで申請することができる。

3　信託法（平成十八年法律第百八号）第三条第三号に掲げる方法によつてさ
れた信託による著作権等の変更の登録は、受託者だけで申請することができ
る。

　　　　（平十九政二〇七・見出し１項一部改正２項３項追加）

　（信託の登録の申請書）

第三十六条　信託の登録の申請書には、次に掲げる事項を記載しなければなら
ない。

一　委託者、受託者及び受益者の氏名又は名称及び住所又は居所

二　受益者の指定に関する条件又は受益者を定める方法の定めがあるとき
　　は、その定め

三　信託管理人があるときは、その氏名又は名称及び住所又は居所

四　受益者代理人があるときは、その氏名又は名称及び住所又は居所

　　五　信託法第百八十五条第三項に規定する受益証券発行信託であるときは、その旨

　　六　信託法第二百五十八条第一項に規定する受益者の定めのない信託であるときは、その旨

　　七　公益信託ニ関スル法律（大正十一年法律第六十二号）第一条に規定する公益信託であるときは、その旨

　　八　信託の目的

　　九　信託財産の管理の方法

　　十　信託の終了の理由

　　十一　その他の信託の条項

2　前項の申請書に同項第二号から第六号までに掲げる事項のいずれかを記載したときは、同項第一号の受益者（同項第四号に掲げる事項を記載した場合にあつては、当該受益者代理人が代理する受益者に限る。）の氏名又は名称及び住所又は居所を記載することを要しない。

3　文化庁長官は、第一項各号に掲げる事項を明らかにするため、文部科学省令で定めるところにより、信託目録を作成することができる。

　　　　　（平十九政二〇七・旧第三十六条削除旧第三十七条繰上二号四号五号六号七号追加旧二号三号四号五号繰下2項3項追加）

　（代位による信託の登録）

第三十七条　受益者又は委託者は、受託者に代位して信託の登録を申請することができる。

2　第二十九条の規定は、前項の規定による申請について準用する。この場合においては、申請書に登録の目的に係る著作権等が信託財産であることを証明する書面を添付しなければならない。

　　　　　（昭六一政二八六・2項一部改正、平十九政二〇七・旧第三十八条繰上、平三〇政三六〇・2項一部改正）

　（信託の登録の抹消）

第三十八条　信託財産に属する著作権等が移転、変更又は消滅により信託財産に属さないこととなつた場合における信託の登録の抹消の申請は、当該著作権等の移転若しくは変更の登録又は当該著作権等の登録の抹消の申請と同時にしなければならない。

2　信託の登録の抹消は、受託者だけで申請することができる。

　　　　　（平十九政二〇七・旧第三十九条削除旧第四十条繰上1項一部改正2項全改）

　（受託者の変更）

第三十九条　受託者の変更があつた場合において、著作権等の移転の登録を申請するときは、申請書にその変更を証明する書面を添付しなければならない。

2　前項の規定は、信託法第八十六条第四項本文の規定による著作権等の変更の登録の申請について準用する。

　　　　　（平十九政二〇七・旧第四十一条繰上見出し全改1項2項一部改正）

第四十条　受託者の任務が死亡、破産手続開始の決定、後見開始若しくは保佐開始の審判、法人の合併以外の理由による解散又は裁判所若しくは主務官庁（その権限の委任を受けた国に所属する行政庁及びその権限に属する事務を処理する都道府県の執行機関を含む。第四十二条において同じ。）の解任の命令により終了し、新たに受託者が選任されたときは、前条第一項の登録は、新たに選任された当該受託者だけで申請することができる。

2　受託者が二人以上ある場合において、その一部の受託者の任務が前項に規定する事由により終了したときは、前条第二項の登録は、他の受託者だけで申請することができる。

　　　　　（平四政一六三・一部改正、平十二政三七・一部改正、平十二政四二・一部改正、平十六政三一八・一部改正、平十九政二〇七・旧第四十二条繰上1項一部改正2項追加）

（嘱託による信託の変更の登録）

第四十一条　裁判所書記官は、受託者の解任の裁判があつたとき、信託管理人若しくは受益者代理人の選任若しくは解任の裁判があつたとき、又は信託の変更を命ずる裁判があつたときは、職権で、遅滞なく、信託の変更の登録を文化庁長官に嘱託するものとする。

　　　　　（平十九政二〇七・追加）

第四十二条　主務官庁は、受託者を解任したとき、信託管理人若しくは受益者代理人を選任し、若しくは解任したとき、又は信託の変更を命じたときは、遅滞なく、信託の変更の登録を文化庁長官に嘱託するものとする。

　　　　　（平十九政二〇七・追加）

（職権による信託の変更の登録）

第四十三条　文化庁長官は、信託財産に属する著作権等について次に掲げる登録をするときは、職権で、信託の変更の登録をしなければならない。

一　信託法第七十五条第一項又は第二項の規定による著作権等の移転の登録

二　信託法第八十六条第四項本文の規定による著作権等の変更の登録

三　受託者である登録名義人の氏名若しくは名称又は住所若しくは居所についての変更の登録又は更正の登録

　　　　　（平十九政二〇七・全改）

（信託の変更の登録の申請）

第四十四条　前三条に規定するもののほか、第三十六条第一項各号に掲げる事項について変更があつたときは、受託者は、遅滞なく、信託の変更の登録を申請しなければならない。

2　受益者又は委託者は、受託者に代位して前項の登録を申請することができる。

3　第二十九条の規定は、前項の規定による申請について準用する。

（平十九政二〇七・全改）

（著作権等の変更の登録等の特則）

第四十五条　信託の併合又は分割により著作権等が一の信託の信託財産に属する財産から他の信託の信託財産に属する財産となつた場合における当該著作権等に係る当該一の信託についての信託の登録の抹消及び当該他の信託についての信託の登録の申請は、信託の併合又は分割による著作権等の変更の登録の申請と同時にしなければならない。信託の併合又は分割以外の事由により著作権等が一の信託の信託財産に属する財産から受託者を同一とする他の信託の信託財産に属する財産となつた場合も、同様とする。

2　信託財産に属する著作権等についてする次の表の上欄に掲げる場合における著作権等の変更の登録（第三十五条第三項の登録を除く。）については、同表の中欄に掲げる者を登録権利者とし、同表の下欄に掲げる者を登録義務者とする。

一　著作権等が固有財産に属する財産から信託財産に属する財産となつた場合	受益者（信託管理人がある場合にあつては、信託管理人。以下この表において同じ。）	受託者
二　著作権等が信託財産に属する財産から固有財産に属する財産となつた場合	受託者	受益者
三　著作権等が一の信託の信託財産に属する財産から他の信託の信託財産に属する財産となつた場合	当該他の信託の受益者及び受託者	当該一の信託の受益者及び受託者

（平十九政二〇七・全改）

第八章　放送同時配信等に係る報酬又は補償金に関する指定報酬管理事業者等

（令三政二六六・追加）

（指定の告示）

第四十五条の二　文化庁長官は、法第九十三条の三第三項、第九十四条第一項、第九十四条の三第三項又は第九十六条の三第三項の規定による指定をしたときは、その旨を官報で告示する。

（令三政二六六・追加）

（業務規程）

第四十五条の三　法第九十三条の三第三項に規定する指定報酬管理事業者、法第九十四条第一項に規定する指定補償金管理事業者又は法第九十四条の三第三項若しくは第九十六条の三第三項の規定による指定を受けた著作権等管理事業者（以下この章において「指定報酬管理事業者等」という。）は、法第九十三条の三第二項の報酬（以下この章において「報酬」という。）又は法第九十四条第一項、第九十四条の三第二項若しくは第九十六条の三第二項の補償金（以下この章において「補償金」という。）に係る業務（以下この章において「報酬等関係業務」という。）の執行に関する規程（次項及び第四十五条の九第一項第三号において「業務規程」という。）を定め、報酬等関係業務の開始前に、文化庁長官に届け出なければならない。これを変更しようとするときも、同様とする。

2　業務規程で定めなければならない事項は、文部科学省令で定める。

（令三政二六六・追加）

（報酬等関係業務の会計）

第四十五条の四　指定報酬管理事業者等は、報酬等関係業務に関する会計を他の業務に関する会計と区分し、特別の会計として経理しなければならない。

（令三政二六六・追加）

（事業計画等の提出等）

第四十五条の五　指定報酬管理事業者等は、毎事業年度、報酬等関係業務に関する事業計画及び収支予算を作成し、当該事業年度の開始前に、文化庁長官に提出するとともに、当該事業計画及び収支予算を公表しなければならない。

2　指定報酬管理事業者等は、前項の事業計画又は収支予算を変更するときは、当該変更に係る事業の開始又は予算の執行の日までに、変更後の事業計画又は収支予算を文化庁長官に提出するとともに、公表しなければならない。

3　指定報酬管理事業者等は、毎事業年度、報酬等関係業務に関する事業報告書及び収支決算書を作成し、決算完結後一月以内に文化庁長官に提出すると

ともに、当該事業報告書及び収支決算書を公表しなければならない。

（令三政二六六・追加）

（報酬等の額の届出等）

第四十五条の六　指定報酬管理事業者等は、法第九十三条の三第七項（法第九十四条第四項、第九十四条の三第四項及び第九十六条の三第四項において準用する場合を含む。次条第一項において同じ。）の協議が成立したときは、遅滞なく、その協議において定められた報酬又は補償金の額を文化庁長官に届け出なければならない。

2　文化庁長官は、前項の規定による届出を受理したときは、遅滞なく、公正取引委員会に対し、その旨を通知しなければならない。

（令三政二六六・追加）

（報告の徴収等）

第四十五条の七　文化庁長官が法第九十三条の三第六項（法第九十四条第四項、第九十四条の三第四項及び第九十六条の三第四項において準用する場合を含む。次項及び第四十五条の九第一項第二号において同じ。）の規定により報告又は帳簿、書類その他の資料の提出を求めることができる事項は、報酬又は補償金の管理に関する事項及び法第九十三条の三第七項の協議に関する事項とする。

2　法第九十三条の三第六項の規定による勧告は、理由を付した書面をもつて行う。

（令三政二六六・追加）

（業務の休廃止）

第四十五条の八　指定報酬管理事業者等は、報酬等関係業務を休止し、又は廃止するときは、あらかじめ、次に掲げる事項を記載した書面をもつて、その旨を文化庁長官に届け出なければならない。

一　休止又は廃止を必要とする理由

二　休止しようとする日及び休止の期間又は廃止する日（第三項において「廃止の日」という。）

三　報酬又は補償金を受ける権利を有する者（次条第一項第五号において「権利者」という。）に対する報酬又は補償金の支払に関し必要な事項

2　文化庁長官は、前項の規定による廃止の届出があつたときは、その旨及び同項各号に掲げる事項を官報で告示する。

3　法第九十三条の三第三項、第九十四条の三第一項、第九十四条の三第三項又は第九十六条の三第三項の規定による指定は、廃止の日として前項の規定により官報で告示された日に、その効力を失う。

　　　　（令三政二六六・追加）

（指定の取消し）

第四十五条の九　文化庁長官は、指定報酬管理事業者等が次の各号のいずれか
に該当するときは、法第九十三条の三第三項、第九十四条第一項、第九十四
条の三第三項又は第九十六条の三第三項の規定による指定を取り消すことが
できる。

一　法第九十三条の三第四項各号（法第九十四条第四項、第九十四条の三第
　　四項及び第九十六条の三第四項において準用する場合を含む。）に掲げる
　　要件のいずれかを備えなくなつたとき。

二　法第九十三条の三第六項の規定に違反して報告をせず、若しくは帳簿、
　　書類その他の資料を提出せず、若しくは同項の規定による報告若しくは資
　　料の提出について虚偽の報告をし、若しくは虚偽の資料を提出したとき、
　　又は同項の規定による勧告に従わなかつたとき。

三　第四十五条の三第一項の規定により文化庁長官に届け出た業務規程によ
　　らないで報酬等関係業務を行つたとき、その他報酬等関係業務の適正な運
　　営をしていないと認められるとき。

四　第四十五条の五又は第四十五条の六第一項の規定に違反したとき。

五　相当期間にわたり報酬等関係業務を休止している場合であつて、当該休
　　止により権利者の利益を著しく害するおそれがあると認められるとき。

2　文化庁長官は、前項の規定による指定の取消しをしたときは、その旨を官
報で告示する。

　　　　（令三政二六六・追加）

（報酬等の額に関する裁定の申請）

第四十五条の十　法第九十三条の三第八項（法第九十四条第四項、第九十四条
の三第四項及び第九十六条の三第四項において準用する場合を含む。）の裁
定（第三号において「裁定」という。）を求めようとする者は、次に掲げる
事項を記載した申請書を文化庁長官に提出しなければならない。

一　申請者の氏名又は名称及び住所又は居所並びに法人にあつては代表者の
　　氏名

二　他の当事者の氏名又は名称及び住所又は居所並びに法人にあつては代表
　　者の氏名

三　裁定を求めようとする報酬又は補償金の額の算定の基礎となるべき事項

四　協議が成立しない理由

2　前項の申請書には、申請に至るまでの協議経過を記載した書面を添付しな
ければならない。

（令三政二六六・追加）

第九章　二次使用料に関する指定団体等

（平二一政二九九・旧五章繰下、平三〇政三六〇・旧九章繰上、令三
政二六六・旧八章繰下）

第一節　指定団体

（指定の告示）

第四十六条　文化庁長官は、法第九十五条第五項又は第九十七条第三項の指定
をしたときは、その旨を官報で告示する。

（平元政二九三・一部改正、平二一政二九九・一部改正）

（業務規程）

第四十七条　法第九十五条第五項又は第九十七条第三項の指定を受けた団体
（以下「指定団体」という。）は、法第九十五条第一項又は第九十七条第一
項の二次使用料に係る業務（以下「二次使用料関係業務」という。）の開始
の際、二次使用料関係業務の執行に関する規程（次項及び第五十二条第一項
第四号において「業務規程」という。）を定め、文化庁長官に届け出なけれ
ばならない。これを変更しようとするときも、同様とする。

2　前項の業務規程で定めなければならない事項は、文部科学省令で定める。

（平元政二九三・一部改正、平十二政三〇八・2項一部改正、平二一
政二九九・1項一部改正、令三政二六六・1項一部改正）

（二次使用料関係業務の会計）

第四十八条　指定団体は、二次使用料関係業務に関する会計を、他の業務に関
する会計と区分し特別の会計として経理しなければならない。

（事業計画等の提出等）

第四十九条　指定団体は、毎事業年度、二次使用料関係業務に関する事業計画
及び収支予算を作成し、当該事業年度の開始前に文化庁長官に提出するとと
もに、当該事業計画及び収支予算を公表しなければならない。

2　指定団体は、前項の事業計画又は収支予算を変更するときは、当該変更に
係る事業の開始又は予算の執行の日までに、変更後の事業計画又は収支予算
を文化庁長官に提出するとともに、公表しなければならない。

3　指定団体は、毎事業年度、二次使用料関係業務に関する事業報告書及び収
支決算書を作成し、決算完結後一月以内に文化庁長官に提出するとともに、
当該事業報告書及び収支決算書を公表しなければならない。

（平三〇政三六〇・各項一部改正、令三政二六六・1項2項一部改正
旧2項繰下2項追加）

（二次使用料の額の届出等）

第四十九条の二　指定団体は、法第九十五条第十項（法第九十七条第四項において準用する場合を含む。以下この章において同じ。）の協議が成立したときは、遅滞なく、その協議において定められた二次使用料の額を文化庁長官に届け出なければならない。

2　文化庁長官は、前項の規定による届出を受理したときは、遅滞なく、公正取引委員会に対し、その旨を通知しなければならない。

　　　　　　（平十政三二四・追加、平二一政二九九・1項一部改正、令三政二六六・1項一部改正）

（報告の徴収等）

第五十条　文化庁長官が法第九十五条第九項（法第九十七条第四項において準用する場合を含む。次項及び第五十二条第一項第三号において同じ。）の規定により報告又は帳簿、書類その他の資料の提出を求めることができる事項は、法第九十五条第一項又は第九十七条第一項の二次使用料の管理に関する事項及び法第九十五条第十項の協議に関する事項とする。

2　法第九十五条第九項の規定による勧告は、理由を付した書面をもつて行う。

　　　　　　（令三政二六六・全改）

（業務の休廃止）

第五十一条　指定団体は、その二次使用料関係業務を休止し、又は廃止しようとするときは、あらかじめ、次に掲げる事項を記載した書面をもつて、その旨を文化庁長官に届け出なければならない。

一　休止又は廃止を必要とする理由

二　休止しようとする日及び休止の期間又は廃止しようとする日（第三項において「廃止の日」という。）

三　法第九十五条第一項又は第九十七条第一項の二次使用料を受ける権利を有する者（次条第一項第六号及び第五十七条において「権利者」という。）に対する措置

2　文化庁長官は、前項の規定による廃止の届出があつたときは、その旨を官報で告示する。

3　法第九十五条第五項又は第九十七条第三項の指定は、廃止の日として前項の規定により官報で告示された日に、その効力を失う。

　　　　　　（平元政二九三・一部改正、平二一政二九九・3項一部改正、平三〇政三六〇・2項一部改正、令三政二六六・1項三号一部改正）

（指定の取消し）

第五十二条　文化庁長官は、指定団体が次の各号のいずれかに該当するときは、

法第九十五条第五項又は第九十七条第三項の指定を取り消すことができる。

一　法第九十五条第六項各号（法第九十七条第四項において準用する場合を含む。）に掲げる要件のいずれかを備えなくなつたとき。

二　法第九十五条第七項（法第九十七条第四項において準用する場合を含む。）の規定に違反したとき。

三　法第九十五条第九項の規定に違反して報告をせず、若しくは帳簿、書類その他の資料を提出せず、若しくは同項の規定による報告若しくは資料の提出について虚偽の報告をし、若しくは虚偽の資料を提出したとき、又は同項の規定による勧告に従わなかつたとき。

四　第四十七条第一項の規定により文化庁長官に届け出た業務規程によらないで二次使用料関係業務を行つたとき、その他二次使用料関係業務の適正な運営をしていないと認められるとき。

五　第四十九条又は第四十九条の二第一項の規定に違反したとき。

六　相当期間にわたり二次使用料関係業務を休止している場合であつて、当該休止により権利者の利益を著しく害するおそれがあると認められるとき。

2　文化庁長官は、前項の規定による指定の取消しをしたときは、その旨を官報で告示する。

　　　　　　（平元政二九三・一部改正、平十政三二四・1項三号五号一部改正、平二一政二九九・1項柱書一号二号一部改正、平三〇政三六〇・1項五号2項一部改正、令三政二六六・1項三号四号五号全改六号追加）

　　　第二節　二次使用料の額の裁定に関する手続等

（二次使用料の額に関する裁定の申請）

第五十三条　法第九十五条第十一項（法第九十七条第四項において準用する場合を含む。）の裁定（以下この節において「裁定」という。）を求めようとする者は、次に掲げる事項を記載した申請書を文化庁長官に提出しなければならない。

一　申請者の氏名又は名称及び住所又は居所並びに法人にあつては代表者の氏名

二　当事者の一方から裁定を求めようとするときは、他の当事者の氏名又は名称及び住所又は居所並びに法人にあつては代表者の氏名

三　当事者の一方が放送事業者又は有線放送事業者を構成員とする団体（以下この節において「放送事業者等の団体」という。）であるときは、その額の裁定を求めようとする二次使用料に係る放送事業者又は有線放送事業者の氏名又は名称及び住所又は居所

　　　四　裁定を求めようとする二次使用料の額の算定の基礎となるべき事項

　　　五　協議が成立しない理由

２　前項の申請書には、申請に至るまでの協議経過を記載した書面を添付しなければならない。

３　放送事業者等の団体が裁定を求めようとするときは、第一項の申請書に、当該団体が同項第三号の放送事業者又は有線放送事業者から法第九十五条第十項の協議による定めをする権限の委任を受けていることを証明する書面を添付しなければならない。

　　　　　（昭六一政二八六・一部改正、平元政二九三・一部改正、平十政三二四・３項一部改正、平二一政二九九・１項３項一部改正、平三〇政三六〇・２項一部改正）

（裁定前の手続等）

第五十四条　文化庁長官は、指定団体から放送事業者等の団体を他の当事者とする裁定を求められた場合（当事者の双方から裁定を求められた場合を除く。）において、法第九十五条第十二項（法第九十七条第四項において準用する場合を含む。）において準用する法第七十条第三項の規定による通知をするときは、当該団体に対し、相当の期間を指定して、裁定の当事者となることに同意するかどうかを書面をもつて回答すべきことを求める。

２　前項の規定により回答を求められた放送事業者等の団体は、その額の裁定が求められている二次使用料に係る放送事業者又は有線放送事業者の一部が支払うべき二次使用料の額についての裁定の当事者となることに同意する旨の回答をすることができる。

３　前条第三項の規定は、第一項の規定により回答を求められた放送事業者等の団体が同意する旨の回答をする場合について準用する。

４　第一項の規定により回答を求められた放送事業者等の団体が同項の規定により指定された期間内に回答をしなかつたときは、裁定の当事者となることに同意しなかつたものとみなす。

５　文化庁長官は、第一項の規定により回答を求められた放送事業者等の団体が裁定の当事者となることに同意しなかつたときは、裁定を行わないものとし、当該団体が第二項の規定により同意する旨の回答をしたときは、当該同意に係る放送事業者又は有線放送事業者以外の放送事業者又は有線放送事業者が支払うべき二次使用料の額については裁定を行わないものとする。

６　文化庁長官は、前項の規定により裁定を行わないこととしたときは、理由を付した書面をもつて裁定を求めた指定団体にその旨を通知する。

７　前項の規定による通知を受けた指定団体は、その額の裁定を行わないこと

とされた二次使用料に係る放送事業者又は有線放送事業者を他の当事者として、裁定を求めることができる。

8　前条第一項第五号及び第二項の規定は、前項の裁定の申請については、適用しない。

　　　　　（昭六一政二八六・一部改正、平元政二九三・一部改正、平十二政三二六・1項一部改正、平二一政二九九・1項一部改正、平三〇政三六〇・1項6項7項一部改正）

（協議の勧告）

第五十五条　文化庁長官は、裁定を求められた場合において、なお、当事者間において法第九十五条第十項の協議を行う余地があると認めるときは、当事者に対し、その協議を行うように勧告することができる。

　　　　　（平元政二九三・一部改正、平二一政二九九・一部改正）

（資料の提出の要求）

第五十六条　文化庁長官は、裁定を行うため必要があると認めるときは、当事者に対し、資料の提出を求めることができる。

　　　　　（平三〇政三六〇・一部改正）

（裁定すべき二次使用料の額）

第五十七条　裁定は、次の各号に掲げる場合には、当該各号に掲げる額について行うものとする。

　一　当事者の一方が放送事業者又は有線放送事業者である場合　当該裁定に係る指定団体が、相手方である当事者に対し、法第九十五条第五項又は第九十七条第三項の規定により権利者のために請求することができる二次使用料の総額

　二　当事者の一方が放送事業者等の団体である場合　当該裁定に係る指定団体が、その額の裁定が求められた二次使用料に係る全ての放送事業者又は有線放送事業者（第五十四条第五項の規定によりその額の裁定を行わないこととされた二次使用料に係る放送事業者又は有線放送事業者を除く。）に対し、法第九十五条第五項又は第九十七条第三項の規定により権利者のために請求することができる二次使用料の総額

　　　　　（昭六一政二八六・一部改正、平元政二九三・一部改正、平二一政二九九・1項一号二号一部改正、平三〇政三六〇・二号一部改正）

第十章　貸与権の適用に係る期間及び貸与に係る報酬に関する指定団体等

　　　　　（昭五九政三二三・追加、平二一政二九九・旧六章繰下、平三〇政三

- 374 -

六〇・旧十章繰上、令三政二六六・旧九章繰下）

（貸与権の適用に係る期間）

第五十七条の二　法第九十五条の三第二項の政令で定める期間は、十二月とする。

　　　　（昭五九政三二三・追加、平二一政二九九・一部改正）

（報酬に関する指定団体）

第五十七条の三　前章第一節の規定は、法第九十五条の三第四項において準用する法第九十五条第五項の指定を受けた団体及び法第九十七条の三第四項において準用する法第九十七条第三項の指定を受けた団体について準用する。この場合において、次の表の上欄に掲げる同節の規定中同表の中欄に掲げる字句は、それぞれ同表の下欄に掲げる字句に読み替えるものとする。

第四十七条第一項	第九十五条第一項又は第九十七条第一項の二次使用料に係る業務（以下「二次使用料関係業務」という。）	第九十五条の三第三項若しくは第九十七条の三第三項の報酬（以下この節において「報酬」という。）又は法第九十五条の三第五項若しくは第九十七条の三第六項の使用料（以下この節において「使用料」という。）に係る業務
	二次使用料関係業務の執行	報酬及び使用料に係る業務（以下「報酬等関係業務」という。）の執行
第四十八条、第四十九条第一項及び第三項、第五十一条第一項、第五十二条第一項第四号及び第六号	二次使用料関係業務	報酬等関係業務
第四十九条の二第一項	第九十五条第十項（法第九十七条第四項において準用する場合を含む。以下この章において同じ。）	第九十五条の三第四項及び第六項並びに第九十七条の三第五項（同条第七項において準用する場合を含む。）において準用する法第九十五条第十項
	二次使用料	報酬又は使用料

第五十条第一項	第九十五条第九項（法第九十七条第四項において準用する場合を含む。次項及び第五十二条第一項第三号において同じ。）	第九十五条の三第四項及び第六項並びに第九十七条の三第五項（同条第七項において準用する場合を含む。）において準用する法第九十五条第九項
	第九十五条第十項	第九十五条の三第四項及び第六項並びに第九十七条の三第五項（同条第七項において準用する場合を含む。）において準用する法第九十五条第十項
第五十条第一項、第五十一条第一項第三号	法第九十五条第一項又は第九十七条第一項の二次使用料	報酬又は使用料
第五十条第二項、第五十二条第一項第三号	法	法第九十五条の三第四項及び第六項並びに第九十七条の三第五項（同条第七項において準用する場合を含む。）において準用する法
第五十二条第一項第一号	第九十五条第六項各号（法第九十七条第四項において準用する場合を含む。）	第九十五条の三第四項及び第九十七条の三第五項において準用する法第九十五条第六項各号
第五十二条第一項第二号	第九十五条第七項（法第九十七条第四項において準用する場合を含む。）	第九十五条の三第四項及び第六項並びに第九十七条の三第五項（同条第七項において準用する場合を含む。）において準用する法第九十五条第七項

（昭五九政三二三・追加、平元政二九三・一部改正、平十政三二四・一部改正、平二一政二九九・一部改正、令三政二六六・一部改正）

（報酬等の額の裁定に関する手続等）

第五十七条の四　前章第二節の規定は、法第九十五条の三第四項及び第六項並びに第九十七条の三第五項（同条第七項において準用する場合を含む。）において準用する法第九十五条第十一項の裁定について準用する。この場合において、次の表の上欄に掲げる同節の規定中同表の中欄に掲げる字句は、それぞれ同表の下欄に掲げる字句に読み替えるものとする。

第五十三条第一項第三号	放送事業者又は有線放送事業者	商業用レコードの公衆への貸与を営業として行う者（以下この節において「貸レコード業者」という。）
第五十三条第一項第三号及び第三項、第五十四条第一項から第五項まで、第五十七条第二号	放送事業者等の団体	貸レコード業者の団体
第五十三条第一項第三号及び第四号、第五十四条第二項、第五項及び第七項、第五十七条	二次使用料	報酬又は使用料
第五十三条第一項第三号及び第三項、第五十四条第二項、第五項及び第七項、第五十七条	放送事業者又は有線放送事業者	貸レコード業者

（昭五九政三二三・追加、昭六一政二八六・一部改正、平元政二九三・一部改正、平二一政二九九・一部改正）

第十一章　私的録音録画補償金に関する指定管理団体等

（平四政三八二・追加、平二一政二九九・旧七章繰下、平三〇政三六〇・旧十一章繰上、令三政二六六・旧十章繰下）

（業務規程）

第五十七条の五　法第百四条の七第一項の補償金関係業務の執行に関する規程（以下この章において「業務規程」という。）には、同条第二項に規定するもののほか、次に掲げる事項を含むものとする。

一　法第百四条の四第二項の規定による私的録音録画補償金の返還に関する事項

二　法第百四条の八第一項の事業のための支出に関する事項

2　前項に規定するもののほか、業務規程で定めなければならない事項は、文部科学省令で定める。

（平四政三八二・追加、平十二政三〇八・2項一部改正）

（著作権等の保護に関する事業等のために支出すべき私的録音録画補償金の額の割合）

第五十七条の六　法第百四条の八第一項の政令で定める割合は、二割とする。

（平五政一四七・追加）

（業務の休廃止）

第五十七条の七　指定管理団体（法第百四条の二第一項に規定する指定管理団体をいう。以下この章において同じ。）は、その補償金関係業務（法第百四条の三第四号に規定する補償金関係業務をいう。以下この章において同じ。）を休止し、又は廃止しようとするときは、あらかじめ、次に掲げる事項を記載した書面をもつて、その旨を文化庁長官に届け出なければならない。

一　休止又は廃止を必要とする理由

二　休止しようとする日及び休止の期間又は廃止しようとする日（第三項において「廃止の日」という。）

三　権利者（法第百四条の二第一項に規定する権利者をいう。次条第一項第六号において同じ。）に対する措置

四　法第百四条の四第二項の規定による私的録音録画補償金の返還に関する措置

五　法第百四条の八第一項の事業のための支出に関する措置

2　文化庁長官は、前項の規定による廃止の届出があつたときは、その旨を官報で告示する。

3　法第百四条の二第一項の規定による指定は、廃止の日として前項の規定により官報で告示された日に、その効力を失う。

　　　　　　　　（平四政三八二・追加、平五政一四七・旧第五十七条の六繰下、平三〇政三六〇・2項一部改正）

（指定の取消し）

第五十七条の八　文化庁長官は、指定管理団体が次の各号のいずれかに該当するときは、法第百四条の二第一項の規定による指定を取り消すことができる。

一　法第百四条の三各号に掲げる要件のいずれかを備えなくなつたとき。

二　法第百四条の七第一項の規定により文化庁長官に届け出た業務規程によらないで補償金関係業務を行つたとき、その他補償金関係業務の適正な運営をしていないとき。

三　法第百四条の八第三項の規定による命令に違反したとき。

四　法第百四条の九の規定に違反して報告をせず、若しくは帳簿、書類その他の資料を提出せず、若しくは同条の規定による報告若しくは資料の提出について虚偽の報告をし、若しくは虚偽の資料を提出したとき、又は同条の規定による勧告に従わなかつたとき。

五　次条において準用する第四十九条の規定に違反したとき。

六　相当期間にわたり補償金関係業務を休止している場合において、当該休止により権利者の利益を著しく害するおそれがあると認められるとき。

2　文化庁長官は、前項の規定による指定の取消しをしたときは、その旨を官

報で告示する。

（平四政三八二・追加、平五政一四七・旧第五十七条の七繰下、平三
〇政三六〇・1項四号2項一部改正）

（準用）

第五十七条の九　第四十六条、第四十八条及び第四十九条の規定は、指定管理
団体について準用する。この場合において、第四十六条中「法第九十五条第
五項又は第九十七条第三項の」とあるのは「法第百四条の二第一項の規定に
よる」と、第四十八条中「二次使用料関係業務」とあるのは「補償金関係業
務」と、第四十九条第一項中「二次使用料関係業務」とあるのは「補償金関
係業務」と、「開始前に」とあるのは「開始前に（法第百四条の二第一項の
規定による指定を受けた日の属する事業年度にあつては、その指定を受けた
後遅滞なく）」と、同条第三項中「二次使用料関係業務」とあるのは「補償
金関係業務」と、「決算完結後一月」とあるのは「当該事業年度の終了後三月」
と読み替えるものとする。

（平四政三八二・追加、平五政一四七・一部改正旧第五十七条の八繰
下、平二一政二九九・一部改正、令四政四〇五・一部改正）

第十二章　図書館等公衆送信補償金に関する指定管理団体等
（令四政四〇五・追加）

（指定の告示）

第五十八条　文化庁長官は、法第百四条の十の二第一項の規定による指定をし
たときは、その旨を官報で告示する。

（令四政四〇五・追加）

（業務規程）

第五十九条　法第百四条の十の五第一項の補償金関係業務の執行に関する規程
（次項及び第六十四条第一項第二号において「業務規程」という。）には、
法第百四条の十の五第二項に規定するもののほか、法第百四条の十の六第一
項の規定による著作権等保護振興事業（同項に規定する著作権、出版権及び
著作隣接権の保護に関する事業並びに著作物の創作の振興及び普及に資する
事業をいう。以下この章において同じ。）のための支出に関する事項を含む
ものとする。

2　前項に規定するもののほか、業務規程で定めなければならない事項は、文
部科学省令で定める。

（令四政四〇五・追加）

（著作権等保護振興事業のために支出すべき図書館等公衆送信補償金の額の

算出方法）

第六十条 一の事業年度において著作権等保護振興事業のために支出すべき図書館等公衆送信補償金の額は、当該事業年度に係る補償金残余額（当該事業年度の前々年の事業年度において指定管理団体（法第百四条の十の二第一項に規定する指定管理団体をいう。以下この章において同じ。）に支払われた図書館等公衆送信補償金の総額から、当該図書館等公衆送信補償金のうち当該一の事業年度の前年の事業年度の末までに指定管理団体が権利者（同項に規定する権利者をいう。以下この章において同じ。）に支払つた額を控除した額をいう。）に図書館等公衆送信による著作物等の利用状況、図書館等公衆送信補償金の分配に係る事務に要する費用その他の事情を勘案して文部科学省令で定める割合を乗じて算出するものとする。

（令四政四〇五 ・ 追加）

（著作権等保護振興事業に関する意見聴取）

第六十一条 指定管理団体は、著作権等保護振興事業の内容を決定しようとするときは、当該著作権等保護振興事業が権利者全体の利益に資するものとなるよう、学識経験者の意見を聴かなければならない。

（令四政四〇五 ・ 追加）

（補償金関係業務の会計等）

第六十二条 指定管理団体は、その補償金関係業務（法第百四条の十の三第四号に規定する補償金関係業務をいう。以下この章において同じ。）に関する会計を、他の業務に関する会計と区分し特別の会計として経理しなければならない。

2 第四十九条の規定は、指定管理団体の補償金関係業務に関する事業計画及び収支予算並びに事業報告書及び収支決算書について準用する。この場合において、同条第三項中「決算完結後一月」とあるのは、「当該事業年度の終了後三月」と読み替えるものとする。

（令四政四〇五 ・ 追加）

（業務の休廃止）

第六十三条 指定管理団体は、その補償金関係業務を休止し、又は廃止するときは、あらかじめ、次に掲げる事項を記載した書面をもつて、その旨を文化庁長官に届け出なければならない。

一 休止又は廃止を必要とする理由

二 休止する日及び休止の期間又は廃止する日

三 権利者に対する措置

四 著作権等保護振興事業のための支出に関する措置

2　文化庁長官は、前項の規定による廃止の届出があつたときは、その旨を官報で告示する。

3　法第百四条の十の二第一項の規定による指定は、補償金関係業務を廃止する日として前項の規定により官報で告示された日に、その効力を失う。

　　　　　（令四政四〇五 ・ 追加）

（指定の取消し）

第六十四条　文化庁長官は、指定管理団体が次の各号のいずれかに該当するときは、法第百四条の十の二第一項の規定による指定を取り消すことができる。

　一　法第百四条の十の三各号に掲げる要件のいずれかを備えなくなつたとき。

　二　法第百四条の十の五第一項の規定により文化庁長官に届け出た事業規程によらないで補償金関係業務を行つたとき、その他補償金関係業務の適正な運営をしていないとき。

　三　法第百四条の十の六第三項の規定による命令に違反したとき。

　四　法第百四条の十の七の規定に違反して報告をせず、若しくは帳簿、書類その他の資料を提出せず、若しくは同条の規定による報告若しくは資料の提出について虚偽の報告をし、若しくは虚偽の資料を提出したとき、又は同条の規定による勧告に従わなかつたとき。

　五　第六十一条の規定に違反したとき。

　六　第六十二条第二項において準用する第四十九条の規定に違反したとき。

　七　相当期間にわたり補償金関係業務を休止している場合において、当該休止により権利者の利益を著しく害するおそれがあると認められるとき。

2　文化庁長官は、前項の規定による指定の取消しをしたときは、その旨を官報で告示する。

　　　　　（令四政四〇五 ・ 追加）

第十三章　授業目的公衆送信補償金に関する指定管理団体等

　　　　（平三〇政三六〇・追加、令三政二六六・旧十一章繰下、令四政四〇五 ・ 旧十二章繰下）

（業務規程）

第六十五条　法第百四条の十四第一項の補償金関係業務の執行に関する規程（以下この章において「業務規程」という。）には、同条第二項に規定するもののほか、法第百四条の十五第一項の事業のための支出に関する事項を含むものとする。

2　前項に規定するもののほか、業務規程で定めなければならない事項は、文

部科学省令で定める。

　　　　　　（平三〇政三六〇・追加、令四政四〇五 ・ 旧五十七条の十繰下）

　（著作権等の保護に関する事業等のために支出すべき授業目的公衆送信補償金の額の算出方法）

第六十六条　法第百四条の十五第一項の事業のために支出すべき授業目的公衆送信補償金の額は、著作物等の利用の実績に応じて支払う方法以外の方法により支払われた授業目的公衆送信補償金の総額に授業目的公衆送信による著作物等の利用状況、授業目的公衆送信補償金の分配に係る事務に要する費用その他の事情を勘案して文部科学省令で定める割合を乗じて算出するものとする。

　　　　　　（平三〇政三六〇・追加、令四政四〇五 ・ 旧五十七条の十一繰下）

　（著作権等の保護に関する事業等に関する意見聴取）

第六十七条　指定管理団体（法第百四条の十一第一項に規定する指定管理団体をいう。以下この章において同じ。）は、法第百四条の十五第一項の事業を実施しようとするときは、当該事業が権利者（法第百四条の十一第一項に規定する権利者をいう。以下この章において同じ。）全体の利益に資するものとなるよう、その内容について学識経験者の意見を聴かなければならない。

　　　　　　（平三〇政三六〇・追加、令四政四〇五 ・ 旧五十七条の十二繰下一部改正）

　（業務の休廃止）

第六十八条　指定管理団体は、その補償金関係業務（法第百四条の十二第四号に規定する補償金関係業務をいう。以下この章において同じ。）を休止し、又は廃止するときは、あらかじめ、次に掲げる事項を記載した書面をもつて、その旨を文化庁長官に届け出なければならない。

　一　休止又は廃止を必要とする理由

　二　休止する日及び休止の期間又は廃止する日（第三項において「廃止の日」という。）

　三　権利者に対する措置

　四　法第百四条の十五第一項の事業のための支出に関する措置

2　文化庁長官は、前項の規定による廃止の届出があつたときは、その旨を官報で告示する。

3　法第百四条の十一第一項の規定による指定は、廃止の日として前項の規定により官報で告示された日に、その効力を失う。

　　　　　　（平三〇政三六〇・追加、令四政四〇五 ・ 旧五十七条の十三繰下1項柱書二号一部改正）

（指定の取消し）

第六十九条 文化庁長官は、指定管理団体が次の各号のいずれかに該当するときは、法第百四条の十一第一項の規定による指定を取り消すことができる。

一 法第百四条の十二各号に掲げる要件のいずれかを備えなくなつたとき。

二 法第百四条の十四第一項の規定により文化庁長官に届け出た業務規程によらないで補償金関係業務を行つたとき、その他補償金関係業務の適正な運営をしていないとき。

三 法第百四条の十五第三項の規定による命令に違反したとき。

四 法第百四条の十六の規定に違反して報告をせず、若しくは帳簿、書類その他の資料を提出せず、若しくは同条の規定による報告若しくは資料の提出について虚偽の報告をし、若しくは虚偽の資料を提出したとき、又は同条の規定による勧告に従わなかつたとき。

五 第六十七条の規定に違反したとき。

六 次条において準用する第四十九条の規定に違反したとき。

七 相当期間にわたり補償金関係業務を休止している場合において、当該休止により権利者の利益を著しく害するおそれがあると認められるとき。

2 文化庁長官は、前項の規定による指定の取消しをしたときは、その旨を官報で告示する。

　　　　（平三〇政三六〇・追加、令四政四〇五 ・ 旧五十七条の十四繰下1
　　　　項5号一部改正）

（準用）

第七十条 第四十六条、第四十八条及び第四十九条の規定は、指定管理団体について準用する。この場合において、第四十六条中「法第九十五条第五項又は第九十七条第三項の」とあるのは「法第百四条の十一第一項の規定による」と、第四十八条中「二次使用料関係業務」とあるのは「補償金関係業務」と、第四十九条第一項中「二次使用料関係業務」とあるのは「補償金関係業務」と、「開始前に」とあるのは「開始前に（法第百四条の十一第一項の規定による指定を受けた日の属する事業年度にあつては、その指定を受けた後遅滞なく）」と、同条第三項中「二次使用料関係業務」とあるのは「補償金関係業務」と、「決算完結後一月」とあるのは「当該事業年度の終了後三月」と読み替えるものとする。

　　　　（平三〇政三六〇・追加、令四政四〇五 ・ 旧五十七条の十五繰下一
　　　　部改正）

第十四章　あつせんの手続等

　　　　（昭五九政三二三・旧六章繰下、平四政三八二・旧七章繰下、平二一
　　　　政二九九・旧八章繰下、令三政二六六・旧十二章繰下、令四政四〇
　　　　五・旧十三章繰下）

（あつせんの申請）

第七十一条　法第百五条第一項のあつせん（以下この章において「あつせん」
　という。）の申請をしようとする者は、次に掲げる事項を記載した申請書を
　文化庁長官に提出しなければならない。

　一　申請者の氏名又は名称及び住所又は居所並びに法人にあつては代表者の
　　　氏名

　二　当事者の一方からあつせんの申請をしようとするときは、他の当事者の
　　　氏名又は名称及び住所又は居所並びに法人にあつては代表者の氏名

　三　あつせんを求める事項

　四　紛争の問題点及び交渉経過の概要

　五　その他あつせんを行なうに際し参考となる事項

　　　　（令四政四〇五・旧五十八条繰下）

（手数料）

第七十二条　法第百七条第一項の政令で定める手数料の額は、あつせんを求め
　る事件一件につき四万六千円とする。

　　　　（昭五六政一八四・一部改正、昭五九政一四一・一部改正、昭六二政
　　　　四六・一部改正、平三政四七・一部改正、平十二政三二六・一部改正、
　　　　令四政四〇五・旧五十九条繰下）

（他の当事者への通知等）

第七十三条　文化庁長官は、当事者の一方からあつせんの申請があつたときは、
　他の当事者に対し、その旨を通知するとともに、相当の期間を指定して、当
　該申請に係る事件をあつせんに付することに同意するかどうかを書面をもつ
　て回答すべきことを求める。

　2　前項の規定により回答を求められた者が同項の期間内に回答をしなかつた
　ときは、あつせんに付することに同意しなかつたものとみなす。

　3　文化庁長官は、当事者の一方からあつせんの申請があつた場合において、
　他の当事者がこれに同意しなかつたときは、その旨を申請者に通知する。

　　　　（令四政四〇五・旧六十条繰下）

（あつせんに付した旨の通知等）

第七十四条　文化庁長官は、申請に係る事件をあつせんに付したときは、その
　旨及び当該事件に係る著作権紛争解決あつせん委員（次条及び第七十七条に

おいて「委員」という。）の氏名を当事者に通知する。

2　文化庁長官は、申請に係る事件を法第百八条第二項の規定によりあつせんに付さないこととしたときは、理由を附した書面をもつて当事者にその旨を通知する。

　　　　　（令四政四〇五 ・ 旧六十一条繰下１項一部改正）

（委員長）

第七十五条　事件につき二人又は三人の委員が委嘱されたときは、当該委員は、委員長を互選しなければならない。

2　委員長は、委員の会議を主宰し、委員を代表する。

3　委員の会議は、委員長が召集する。

4　委員長に事故があるときは、委員長のあらかじめ指名する委員が、その職務を代理する。

　　　　　（令四政四〇五 ・ 旧六十二条繰下）

（報告等）

第七十六条　法第百十条第一項の報告は、あつせんの経過及び結果を記載した書面をもつてしなければならない。

2　法第百十条第二項の通知及び報告は、書面をもつてしなければならない。

　　　　　（令四政四〇五 ・ 旧六十三条繰下）

（委員の退任）

第七十七条　委員は、法第百十条第一項又は第二項の報告をしたときは、退任するものとする。

　　　　　（令四政四〇五 ・ 旧六十四条繰下）

第十五章　著作権等の侵害とみなす行為

　　　　　（平十六政三三八・追加、平二一政二九九・旧十章繰下、令二政二八四・一部改正、令二政三六四・旧十四章繰上、令三政二六六・旧十三章繰下、令四政四〇五 ・ 旧十四章繰下）

（公衆への提示が一体的に行われていると認められる要件）

第七十八条　法第百十三条第四項の政令で定める要件は、送信元識別符号のうちインターネットにおいて個々の電子計算機を識別するために用いられる部分が共通するウェブページ（同項に規定するウェブページをいう。以下この条において同じ。）の集合物の一部を構成する複数のウェブページに次の各号に掲げるウェブページのいずれもが含まれていることとする。

一　当該複数のウェブページに共通する性質を示す名称の表示その他の当該複数のウェブページを他のウェブページと区別して識別するための表示が

行われているウェブページ

二　当該複数のウェブページを構成する他のウェブページに到達するための送信元識別符号等を一括して表示するウェブページその他の当該複数のウェブページの一体的な閲覧を可能とする措置が講じられているウェブページ

（令二政二八四・追加、令二政三六四・旧六十六条繰上、令四政四〇五　・旧六十五条繰下）

（国外頒布目的商業用レコードの輸入等を著作権等の侵害とみなす期間）

第七十九条　法第百十三条第十項ただし書の政令で定める期間は、四年とする。

（平十六政三三八・追加、平三〇政三六〇・一部改正、令二政二八四・旧六六条繰下一部改正、令二政三六四・旧六十七条繰上一部改正、令四政四〇五　・旧六十六条繰下）

附　則（抄）

（施行期日）

第一条　この政令は、法の施行の日から施行する。〔昭和四十六年一月一日から施行〕

（著作権法の施行に関する件の廃止）

第二条　著作権法の施行に関する件（昭和十年勅令第百九十号）は廃止する。

（録音物による演奏についての経過規定を適用しない事業）

第三条　削除

（平十一政四〇五・削除）

（商業用レコードへの録音に関する裁定の申請についての経過措置）

第四条　第十条第一項の申請書には、同条第二項各号に掲げる資料のほか、申請に係る音楽の著作物が法の施行前に国内において販売された商業用レコードに録音されているものでないことを疎明する資料を添附しなければならない。

（著作権登録原簿等についての経過措置）

第五条　著作権法の施行に関する件第一条の著作登録簿は、法の施行前にした著作権法（明治三十二年法律第三十九号。以下この条において「旧法」という。）第十五条の著作権の登録（実演又はレコードについてした登録を除く。）、実名の登録、第一発行年月日の登録及び著作年月日の登録（実演又はレコードについてした登録を除く。）に関しては法第七十八条第一項の著作権登録原簿とみなし、法の施行前にした旧法第二十八条ノ十の出版権の登録に関しては法第八十八条第二項の出版権登録原簿とみなし、法の施行前に実演又は

レコードについてした旧法第十五条の著作権の登録及び著作年月日の登録に関しては法第百四条の著作隣接権登録原簿とみなす。

（指定報酬管理事業者等の事業計画等の提出等についての経過措置）

第六条 第四十五条の三第一項に規定する指定報酬管理事業者等の同項に規定する報酬等関係業務に係る最初の事業年度における第四十五条の五第一項の事業計画及び収支予算については、同項中「当該事業年度の開始前に」とあるのは、「法第九十三条の三第三項、第九十四条第一項、第九十四条の三第三項又は第九十六条の三第三項の規定による指定を受けた後遅滞なく」とする。

（令三政二六六・追加）

（指定団体の事業計画等の提出についての経過措置）

第七条 指定団体の二次使用料関係業務に係る最初の事業年度の事業計画及び収支予算については、第四十九条第一項中「当該事業年度の開始前に」とあるのは、「法第九十五条第四項又は第九十七条第三項の指定後遅滞なく」とする。

（平元政二九三・一部改正、令三政二六六・旧六条繰下）

（指定管理団体が支出すべき図書館等公衆送信補償金の額の算出等についての経過措置）

第八条 第六十条に規定する指定管理団体（次項において「指定管理団体」という。）の最初の事業年度及びその翌事業年度において第五十九条第一項に規定する著作権等保護振興事業のために支出すべき図書館等公衆送信補償金の額の算出については、第六十条に規定する補償金残余額は、零とする。

2 指定管理団体の最初の事業年度に係る第六十二条第二項において準用する第四十九条第一項の規定の適用については、同項中「当該事業年度の開始前に」とあるのは、「法第百四条の十の二第一項の規定による指定を受けた後遅滞なく」とする。

（令四政四〇五 ・ 追加）

附 則（昭和五十六年政令第百八十四号）

この政令は、昭和五十六年六月一日から施行する。

附 則（昭和五十九年政令第百四十一号）

この政令は、各種手数料等の額の改定及び規定の合理化に関する法律（昭和五十九年法律第二十三号）の施行の日から施行する。〔昭和五十九年五月二十一日から施行〕

附 則（昭和五十九年政令第二百二十九号）

この政令は、昭和五十九年七月一日から施行する。

　　　附　則（昭和五十九年政令第二百八十八号）

この政令は、昭和五十九年十月一日から施行する。

　　　附　則（昭和五十九年政令第三百二十三号）（抄）

（施行期日）

第一条　この政令は、昭和六十年一月一日から施行する。

　　　附　則（昭和六十一年政令第二百八十六号）

（施行期日）

第一条　この政令は、昭和六十二年一月一日から施行する。ただし、第二十一条第二項第一号の改正規定中「第七十六条第一項」の下に「、第七十六条の二第一項」を加える部分は、同年四月一日から施行する。

（経過措置）

第二条　この政令の施行の日前に改正前の著作権法施行令第四章第二節の規定に基づいてされた登録の申請で、この政令の施行の際現にこれに対する登録又は登録の拒否の処分がされていないものの処理については、なお従前の例による。

　　　附　則（昭和六十二年政令第四十六号）

この政令は、昭和六十二年四月一日から施行する。

　　　附　則（平成元年政令第二百九十三号）

この政令は、著作権法の一部を改正する法律の施行の日から施行する。〔平成元年十月二十六日から施行〕

　　　附　則（平成二年政令第二百八十五号）

この政令は、民事保全法の施行の日から施行する。〔平成三年一月一日から施行〕

　　　附　則（平成二年政令第三百四十七号）

この政令は、平成三年一月一日から施行する。（以下略）

　　　附　則（平成三年政令第四十七号）

この政令は、平成三年四月一日から施行する。

　　　附　則（平成四年政令第百六十三号）

この政令は、平成四年五月二十日から施行する。

　　　附　則（平成四年政令第三百八十二号）（抄）

（施行期日）

第一条　この政令は、公布の日から施行する。ただし、第八章を第九章とし、第七章を第八章とし、第六章の次に一章を加える改正規定中第五十七条の六、第五十七条の七第一項第二号、第三号及び第六号並びに第五十七条の八（第四十九条第二項の準用に係る部分に限る。）に係る部分は、著作権法の一部

を改正する法律（平成四年法律第百六号）の施行の日から施行する。〔平成
五年六月一日から施行〕

　　　附　則（平成五年政令第六十九号）

（施行期日）

1　この政令は、平成五年四月一日から施行する。

（罰則に関する経過措置）

2　この政令の施行前にした行為に対する罰則の適用については、なお従前の
例による。

　　　附　則（平成五年政令第百四十七号）

この政令は、著作権法の一部を改正する法律（平成四年法律第百六号）の施
行の日から施行する。〔平成五年六月一日から施行〕

　　　附　則（平成十年政令第三百二十四号）

（施行期日）

1　この政令は、平成十年十一月一日から施行する。

（経過措置）

2　改正後の著作権法施行令（以下「新令」という。）第一条又は第一条の二
の規定は、この政令の施行前の購入（小売に供された後の最初の購入に限
る。）に係る新令第一条（第一号から第三号までを除く。）に規定する機器又
は当該機器によるデジタル方式の録音の用に供される新令第一条の二に規定
する光ディスクについては、適用しない。

　　　附　則（平成十年政令第三百七十二号）

この政令は、平成十一年四月一日から施行する。

　　　附　則（平成十一年政令第二百十号）

（施行期日）

1　この政令は、平成十一年七月一日から施行する。

（経過措置）

2　改正後の著作権法施行令（以下「新令」という。）第一条又は第一条の二
の規定は、この政令の施行前の購入（小売に供された後の最初の購入に限
る。）に係る新令第一条第二項に規定する機器又は新令第一条の二第二項に
規定する磁気テープについては、適用しない。

　　　附　則（平成十一年政令第四百五号）

この政令は、平成十二年一月一日から施行する。

　　　附　則（平成十二年政令第三十七号）（抄）

（施行期日）

第一条　この政令は、平成十二年四月一日から施行する。

（経過措置）

第二条　民法の一部を改正する法律附則第三条第三項の規定により従前の例によることとされる純禁治産者及びその保佐人に関するこの政令による改正規定の適用については、第十一条の規定による都市再開発法施行令第四条の二第一項の改正規定並びに第十五条の規定による旧公共施設の整備に関連する市街地の改造に関する法律施行令第十九条第二項及び第三項の改正規定を除き、なお従前の例による。

　　　　附　則（平成十二年政令第四十二号）（抄）

1　この政令は、平成十二年四月一日から施行する。

　　　　附　則（平成十二年政令第百三十号）

この政令は、平成十二年四月一日から施行する。

　　　　附　則（平成十二年政令第三百八号）（抄）

（施行期日）

第一条　この政令は、内閣法の一部を改正する法律（平成十一年法律第八十八号）の施行の日から施行する。〔平成十三年一月六日から施行〕

　　　　附　則（平成十二年政令第三百二十六号）

この政令は、平成十三年一月六日から施行する。

　　　　附　則（平成十二年政令第三百三十三号）（抄）

（施行期日）

1　この政令（第一条を除く。）は平成十三年四月一日から施行する。

　　　　附　則（平成十二年政令第三百八十二号）

（施行期日）

1　この政令は、平成十二年七月二十一日から施行する。

（経過措置）

2　改正後の著作権法施行令（以下「新令」という。）第一条第二項又は第一条の二第二項の規定は、この政令の施行前の購入（小売に供された後の最初の購入に限る。）に係る新令第一条第二項（第一号及び第二号を除く。）に規定する機器又は当該機器によるデジタル方式の録画（デジタル方式の録音及び録画を含む。）の用に供される新令第一条の二第二項に規定する光ディスクについては、適用しない。

　　　　附　則（平成十二年政令第五百四号）

この政令は、平成十三年一月一日から施行する。

　　　　附　則（平成十二年政令第五百七号）

この政令は、平成十三年一月六日から施行する。ただし、第一条から第八条まで及び第六十一条の規定は、同年四月一日から施行する。

　　附　則（平成十三年政令第百五十七号）

この政令は、平成十三年四月一日から施行する。

　　　附　則（平成十五年政令第二百四十四号）

この政令は、法附則第一条ただし書の政令で定める日から施行する。〔平成十五年十月一日から施行〕

　　　附　則（平成十五年政令第四百八十三号）（抄）

（施行期日）

第一条　この政令は、平成十六年四月一日から施行する。

　　　附　則（平成十六年政令第十四号）（抄）

（施行期日）

第一条　この政令は、平成十六年四月一日から施行する。

　　　附　則（平成十六年政令第二百十一号）（抄）

（施行期日）

第一条　この政令は、平成十六年十月一日から施行する。

　　　附　則（平成十六年政令第三百十八号）（抄）

（施行期日）

1　この政令は、破産法の施行の日から施行する。〔平成十七年一月一日から施行〕

　　　附　則（平成十六年政令第三百三十八号）

（施行期日）

1　この政令は、平成十七年一月一日から施行する。

（国外頒布目的商業用レコードの輸入等を著作権等の侵害とみなす期間に関する経過措置）

2　著作権法の一部を改正する法律（平成十六年法律第九十二号）附則第三条の規定により読み替えて適用される同法による改正後の著作権法第百十三条第五項ただし書の政令で定める期間は、四年とする。

　　　附　則（平成十七年政令第二十四号）（抄）

（施行期日）

第一条　この政令は、平成十七年三月七日から施行する。

　　　附　則（平成十八年政令第百五十九号）（抄）

この政令は、平成十八年四月一日から施行する。

　　　附　則（平成十八年政令第三百二十号）（抄）

この政令は、障害者自立支援法の一部の施行の日（平成十八年十月一日）から施行する。

　　　附　則（平成十九年政令第三十九号）

　この政令は、一般社団法人及び一般財団法人に関する法律の施行の日から施行する。〔平成二十年十二月一日から施行〕

　　　　　附　則（平成十九年政令第五十五号）（抄）

（施行期日）

第一条　この政令は、平成十九年四月一日から施行する。

　　　　　附　則（平成十九年政令第百十号）（抄）

この政令は、平成十九年四月一日から施行する。

　　　　　附　則（平成十九年政令第二百七号）

この政令は、信託法の施行の日から施行する。〔平成十九年九月三十日から施行〕

　　　　　附　則（平成二十一年政令第百十一号）（抄）

この政令は、平成二十一年四月一日から施行する。

　　　　　附　則（平成二十一年政令第百三十七号）

（施行期日）

1　この政令は、平成二十一年五月二十二日から施行する。

（経過措置）

2　改正後の著作権法施行令（以下「新令」という。）第一条第二項又は第一条の二第二項の規定は、新令第一条第二項（第四号に係る部分に限る。）に規定する機器又は当該機器によるデジタル方式の録画（デジタル方式の録音及び録画を含む。）の用に供される同号に規定する光ディスクであって、この政令の施行前の購入（小売に供された後の最初の購入に限る。）に係るものについては、適用しない。

　　　　　附　則（平成二十一年政令第二百四十号）

この政令は、平成二十一年十月一日から施行する。

　　　　　附　則（平成二十一年政令第二百九十九号）（抄）

（施行期日）

1　この政令は、平成二十二年一月一日から施行する。

　　　　　附　則（平成二十三年政令第百五十四号）

（施行期日）

1　この政令は、著作権法の一部を改正する法律の一部の施行の日（平成二十三年六月一日）から施行する。

（著作権法施行令の一部改正に伴う経過措置）

2　この政令の施行の際現に存する著作権登録原簿等（著作権法第七十八条第一項の著作権登録原簿、同法第八十八条第二項の出版権登録原簿及び同法第百四条の著作隣接権登録原簿をいう。以下同じ。）であって帳簿をもって調

製されているものについては、当該著作権登録原簿等が第一条の規定による改正後の著作権法施行令第十三条第一項の規定による著作権登録原簿等に改製されるまでの間は、同項の規定にかかわらず、なお従前の例による。

3　前項の規定による著作権登録原簿等の改製に関し必要な事項は、文部科学省令で定める。

4　第二項の規定によりなお従前の例によることとされる著作権登録原簿等の謄本若しくは抄本の交付又は当該著作権登録原簿等の閲覧に係る手数料の額については、なお従前の例による。

　　　附　則（平成二十三年政令第二百九十六号）

この政令は、平成二十三年十月一日から施行する。

　　　附　則（平成二十四年政令第二十六号）（抄）

（施行期日）

第一条　この政令は、平成二十四年四月一日から施行する。

　　　附　則（平成二十五年政令第五号）（抄）

この政令は、平成二十五年四月一日から施行する。

　　　附　則（平成二十五年政令第三百十九号）（抄）

（施行期日）

1　この政令は、平成二十六年四月一日から施行する。

　　　附　則（平成二十六年政令第三十九号）（抄）

（施行期日）

1　この政令は、法の施行の日（平成二十六年三月一日）から施行する。

　　　附　則（平成二十六年政令第二百八十五号）

この政令は、平成二十七年一月一日から施行する。

　　　附　則（平成二十七年政令第七十四号）（抄）

この法律は、平成二十七年四月一日から施行する。

　　　附　則（平成二十八年政令第十一号）（抄）

（施行期日）

1　この政令は、平成二十八年四月一日から施行する。ただし、第十四条の規定は、公布の日から施行する。

　　　附　則（平成二十九年政令第二十二号）（抄）

（施行期日）

1　この政令は、平成二十九年四月一日から施行する。

　　　附　則（平成二十九年政令第二百八十三号）

（施行期日）

1　この政令は、平成三十年四月一日から施行する。

（経過措置）

2　この政令の施行前にされた著作権法第六十七条第一項、第六十八条第一項及び第六十九条の裁定の申請に係る手数料の額については、この政令による改正後の著作権法施行令第十一条の規定にかかわらず、なお従前の例による。

　　　附　則（平成三十年政令第百八十三号）

この政令は、民法の一部を改正する法律の施行の日（令和二年四月一日）から施行する。

　　　附　則（平成三十年政令第三百六十号）

（施行期日）

1　この政令は、平成三十一年一月一日から施行する。ただし、次の各号に掲げる規定は、当該各号に定める日から施行する。

　一　第六十六条の改正規定　環太平洋パートナーシップ協定の締結及び環太平洋パートナーシップに関する包括的及び先進的な協定の締結に伴う関係法律の整備に関する法律（平成二十八年法律第百八号）の施行の日〔平成三十年十二月三十日から施行〕

　二　目次の改正規定（「第十一章　私的録音録画補償金に関する指定管理団体等（第五十七条の五―第五十七条の九）」を「第十章　私的録音録画補償金に関する指定管理団体等（第五十七条の五―第五十七条の九）　第十一章　授業目的公衆送信補償金に関する指定管理団体等（第五十七条の十一―第五十七条の十五）」に改める部分に限る。）、第四十九条の改正規定及び第十一章を第十章とし、同章の次に一章を加える改正規定　著作権法の一部を改正する法律（附則第三項において「改正法」という。）附則第一条第二号に掲げる規定の施行の日〔令和二年四月二十八日から施行〕

　（視覚障害者等のための複製等が認められる者に関する経過措置）

2　この政令の施行の日の前日においてこの政令による改正前の著作権法施行令（次項において「旧令」という。）第二条第一項第二号の規定による指定を受けていた者（この政令による改正後の著作権法施行令（以下この項において「新令」という。）第二条第一項第二号に該当する者を除く。）は、この政令の施行の日に新令第二条第一項第三号の規定による指定を受けたものとみなす。この場合において、文化庁長官は、その旨をインターネットの利用その他の適切な方法により公表するものとする。

　（送信可能化された情報の送信元識別符号の検索等のための複製等に関する経過措置）

3　改正法の施行の日の前日において改正法による改正前の著作権法（以下この項において「旧法」という。）第四十七条の六（旧法第八十六条第三項及

び第百二条第一項において準用する場合を含む。以下この項において同じ。）
の規定により著作物(旧法第百二条第一項において準用する場合にあつては、
実演、レコード、放送又は有線放送）を利用していた者については、旧法第
四十七条の六及び旧令第七条の五の規定は、改正法の施行の日から起算して
一年を経過する日までの間は、なおその効力を有する。

　　　附　則（令和元年政令第四十二号）（抄）

（施行期日）

第一条　この政令は、民法及び家事事件手続法の一部を改正する法律（平成三
十年法律第七十二号）の施行の日（令和元年七月一日）から施行する。

（経過措置）

第二条　改正後の著作権法施行令第七章第二節の規定は、この政令の施行後に
受付がされた申請又は嘱託に係る登録の手続について適用し、この政令の施
行前に受付がされた申請又は嘱託に係る登録の手続については、なお従前の
例による。

第三条　この政令の施行前に受付がされた申請又は嘱託に係る登録は、著作権
法施行令第三十四条の規定の適用については、この政令の施行後に受付がさ
れた申請又は嘱託に係る登録より前にされたものとみなす。

　　　附　則（令和元年六月二八日政令第四四号）（抄）

（施行期日）

第一条　この政令は、不正競争防止法等の一部を改正する法律の施行の日（令
和元年七月一日）から施行する。

　　　附　則（令和二年政令第二百八十四号）

この政令は、令和二年十月一日から施行する。

　　　附　則（令和二年政令第三百六十四号）（抄）

（施行期日）

1　この政令は、令和三年一月一日から施行する。

（国立大学法人法施行令及び総合法律支援法施行令の一部改正に伴う経過措
置）

2　この政令の施行の日前に国立大学法人等及び日本司法支援センターが行っ
た著作権法第六十七条第一項の裁定の申請、同法七十八条第四項の請求（プ
ログラムの著作物に係る登録に関するものを除く。）及び同法第百六条のあっ
せんの申請に係る手数料の納付については、なお従前の例による。

　　　附　則（令和三年政令第二百六十六号）

（施行期日）

1　この政令は、令和四年一月一日から施行する。ただし、次項の規定は、令

和三年十月一日から施行する。

（業務規程の届出等に関する準備行為）

2　著作権法の一部を改正する法律附則第四条第一項の規定による指定を受けた著作権等管理事業者（同項に規定する著作権等管理事業者をいう。）は、この政令の施行の日（以下この項において「施行日」という。）前においても、この政令による改正後の著作権法施行令第四十五条の三第一項の規定の例により、同項に規定する業務規程を定め、文化庁長官に届け出ることができる。この場合において、当該届出は、施行日以後は、同項の規定による届出とみなす。

　　　附　則（令和四年政令第百八十五号）

この政令は、著作権法の一部を改正する法律（令和三年法律第五十二号）附則第一条第三号に掲げる規定の施行の日（令和四年五月一日）から施行する。

　　　附　則（令和四年政令第三百三十三号）

（施行期日）

1　この政令は、公布の日から起算して三十日を経過した日から施行する。

〔令和四年十一月二十五日から施行〕

（経過措置）

2　改正後の第一条第二項（第五号に係る部分に限る。）及び第一条の二第二項（同号に係る部分に限る。）の規定は、この政令の施行の日以後に購入するもの（小売に供された後に最初に購入するものに限る。）について適用する。

　　　附　則（令和四年政令第四百五号）

この政令は、著作権法の一部を改正する法律附則第一条第四号に掲げる規定の施行の日（令和五年六月一日）から施行する。

3 著作権法施行規則

（昭和四十五年十二月二十三日　文部省令第二十六号）

改正　昭和五十九年　五月二十一日　文部省令　　第三十四号
　　　同　五十九年十二月二十三日　同　　　　　　第五十四号
　　　同　六十一年　九月二十五日　同　　　　　　第三十四号
　　　平成　　二年十二月　十九日　同　　　　　　第二十九号
　　　同　　　四年十二月　十六日　同　　　　　　第三十八号
　　　同　　　五年　四月二十三日　同　　　　　　第二十四号
　　　〔大学入学資格検定規程等の一部を改正する省令第七条による改
　　　　正〕
　　　同　　　五年　五月　十四日　同　　　　　　第二十七号
　　　同　　　十年十一月　十七日　同　　　　　　第三十八号
　　　〔学校教育法施行規則等の一部を改正する省令第二十条による改
　　　　正〕
　　　同　　　十年十二月　十八日　同　　　　　　第四十五号
　　　〔博物館法施行規則等の一部を改正する省令第三条による改正〕
　　　同　　十一年　三月　三十日　同　　　　　　第九号
　　　〔著作権法施行規則及び著作権に関する仲介業務に関する法律施
　　　　行規則の一部を改正する省令第一条による改正〕
　　　同　　十二年　十月三十一日　同　　　　　　第五十三号
　　　〔中央省庁等改革のための文部省令の整備等に関する省令による
　　　　改正〕
　　　同　　十三年　三月三十一日　文部科学省令第六十四号
　　　同　　十九年　九月二十八日　同　　　　　　第二十九号
　　　〔著作権法施行規則及びプログラムの著作物に係る登録の特例に
　　　　関する法律施行規則の一部を改正する省令第一条による改正〕
　　　同　二十一年　五月　十五日　同　　　　　　第二十四号
　　　同　二十一年十二月二十八日　同　　　　　　第三十八号
　　　同　二十三年　五月三十一日　同　　　　　　第二十一号
　　　同　二十六年　八月　二十日　同　　　　　　第二十四号
　　　同　二十九年　十月三十一日　同　　　　　　第三十九号
　　　同　　三十年十二月二十八日　同　　　　　　第三十七号
　　　令和　　元年　六月二十八日　同　　　　　　第八号

3
著作権法施行規則

〔著作権法施行規則及びプログラムの著作物に係る登録の特例に
関する法律施行規則の一部を改正する省令による改正〕
同　　　元年　七月　　一日　同　　　　　第九号
〔不正競争防止法等の一部を改正する法律の施行に伴う文部科学
省関係省令の整理等に関する省令第三条による改正〕
同　　　二年　四月二十一日　同　　　　　第十七号
同　　　二年　九月　十六日　同　　　　　第三十一号
同　　　二年十二月二十八日　同　　　　　第四十四号
同　　　三年　九月二十九日　同　　　　　第四十六号
同　　　四年　四月二十七日　同　　　　　第十九号
同　　　四年十二月二十八日　同　　　　　第四十二号
同　　　五年　五月三十一日　同　　　　　第二十三号

目次

第一章　放送番組等のデジタル方式の複製を防止等するための措置（第一
　　　　条）
第一章の二　音の信号に係る接続の方法及び影像の固定に用いる光学的方法
　　　　に係る基準（第一条の二・第一条の三）
第二章　司書に相当する職員（第一条の四・第二条）
第二章の二　図書館資料を用いて行う公衆送信に係る著作物等の提供等を防
　　　　止等するための措置等（第二条の二－第二条の四）
第二章の三　国立国会図書館と外国の施設との間の協定で定める事項（第二
　　　　条の五）
第二章の四　特定絶版等資料に係る著作物等のデジタル方式の複製を防止等
　　　　するための措置等（第二条の六）
第三章　視覚障害者等のために情報を提供する事業を行う法人の公表事項等
　　　　（第二条の七・第二条の八）
第三章の二　聴覚障害者等用複製物の貸出しの基準（第二条の九）
第四章　一時的固定物の保存状況の報告等（第三条・第四条）
第五章　著作物の表示の大きさ又は精度に係る基準（第四条の二）
第六章　削除
第七章　電子計算機による情報処理及びその結果の提供等を適正に行うため
　　　　に必要な措置（第四条の四・第四条の五）
第八章　登録手続等
　第一節　著作権登録原簿の調製方法等（第五条・第六条）

　　第一節の二　申請の手続（第七条・第八条）

　　第二節　登録の手続（第九条－第十八条の四）

　　第三節　登録事項記載書類の交付手続等（第十九条・第二十条）

　第九章　業務規程の記載事項（第二十条の二－第二十二条）

　第十章　私的録音録画補償金の額の認可申請等（第二十二条の二・第二十二
　　　　条の三）

　第十章の二　図書館等公衆送信補償金の額の認可申請等（第二十二条の四・
　　　　第二十二条の五）

　第十章の三　授業目的公衆送信補償金の額の認可申請等（第二十二条の六－
　　　　第二十二条の八）

　第十一章　印紙納付（第二十三条）

　第十二章　ディスク等による手続（第二十四条）

　第十三章　インターネットを利用した情報の閲覧の用に供される電磁的記録
　　　　（第二十五条）

　附則

第一章　放送番組等のデジタル方式の複製を防止等するための措置

　　　　（令三文科令四六・追加）

第一条　著作権法（以下「法」という。）第二条第一項第九号の七ハの文部科
　学省令で定める措置は、同号に規定する自動公衆送信が行われた放送番組又
　は有線放送番組を視聴する者が当該放送番組又は有線放送番組のデジタル方
　式の複製をするための送信元識別符号等（法第百十三条第二項に規定する送
　信元識別符号等をいう。第二条の六第一号において同じ。）の提供を行わな
　い措置とする。

　　　　　　（令三文科令四六・追加、令四文科令十九・見出削除一部改正、令五
　　　　文科令二三・一部改正）

第一章の二　音の信号に係る接続の方法及び影像の固定に用いる光学的方法に係る基準

　　　　（平五文令二七・追加、平二一文科令二四・改称、令三文科令四六・
　　　　旧一章繰下）

（他の機器との間の音の信号に係る接続の方法）

第一条の二　著作権法施行令（以下「令」という。）第一条第一項の文部科学
　省令で定める他の機器との間の音の信号に係る接続の方法は、国際電気標準

会議が放送局スタジオ用として定める音のデジタル信号の伝送方式によるものとする。

　　　　　（平五文令二七・追加、平十二文令五三・一部改正、平二一文科令二四・一部改正、令三文科令四六・旧一条繰下）

（影像の固定に用いる光学的方法に係る基準）

第一条の三　令第一条第二項第四号の文部科学省令で定める基準は、標準的な室内環境において、波長が四百五ナノメートルのレーザー光を開口数が〇・八五の対物レンズを通して照射することとする。

　　　　　（平二一文科令二四・追加、令三文科令四六・旧一条の二繰下）

　　第二章　司書に相当する職員

　　　　　（平五文令二七・旧第一章繰下、平二一文科令三八・旧一条の二繰下）

（司書に相当する職員）

第一条の四　令第一条の三第一項の文部科学省令で定める職員は、次の各号のいずれかに該当する者で本務として図書館の専門的事務又はこれに相当する事務（以下「図書館事務」という。）に従事するものとする。

一　図書館法（昭和二十五年法律第百十八号）第四条第二項の司書となる資格を有する者

二　図書館法第四条第三項の司書補となる資格を有する者で当該資格を得た後四年以上図書館事務に従事した経験を有するもの

三　人事院規則で定める採用試験のうち、主として図書館学に関する知識、技術又はその他の能力を必要とする業務に従事することを職務とする官職を対象とするものに合格した者

四　大学又は高等専門学校を卒業した者（専門職大学の前期課程を修了した者を含む。）で、一年以上図書館事務に従事した経験を有し、かつ、文化庁長官が定める著作権に関する講習を修了したもの

五　高等学校若しくは中等教育学校を卒業した者又は高等専門学校第三学年を修了した者で、四年以上図書館事務に従事した経験を有し、かつ、文化庁長官が定める著作権に関する講習を修了したもの

　　　　　（昭六一文令三四・一部改正、平五文令二七・一部改正旧一条繰下、平十文令三八・一部改正、平十二文令五三・柱書一部改正、平二一文科令二四・旧一条の二繰下、平二九文科令三九・四号一部改正、令三文科令四六・旧一条の三繰下）

（著作権に関する講習）

第二条　前条第四号及び第五号の著作権に関する講習に関し、講習の期間、履

習すべき科目その他講習を実施するため必要な事項は、文化庁長官が定める。

2　受講者の人数、選定の方法及び講習の日時その他講習実施の細目について
は、毎年インターネットの利用その他の適切な方法により公表するものとす
る。

　　　　　（平三〇文科令三七・2項一部改正）

　第二章の二　　図書館資料を用いて行う公衆送信に係る著作物等の提供等を防止等するための措置等

　　　　　（令五文科令二三・追加）

（その他の登録情報）

第二条の二　法第三十一条第二項（法第八十六条第三項及び第百二条第一項に
おいて準用する場合を含む。以下この章において同じ。）の文部科学省令で
定める情報は、住所とする。

　　　　　（令五文科令二三・追加）

（図書館資料に係る著作物等の電磁的記録の提供等を防止等するための措置）

第二条の三　法第三十一条第二項第二号の文部科学省令で定める措置は、同号
に規定する公衆送信を受信して作成される著作物等（法第二条第一項第二十
号に規定する著作物等をいう。以下同じ。）の複製物に当該公衆送信を受信
する者を識別するための情報を表示する措置とする。

　　　　　（令五文科令二三・追加）

（公衆送信のために作成された電磁的記録に係る情報の目的外利用を防止等するための措置）

第二条の四　法第三十一条第三項第四号（法第百二条第一項において準用する
場合を含む。）の文部科学省令で定める措置は、法第三十一条第二項の規定
による公衆送信のために作成された電磁的記録（同項第二号に規定する電磁
的記録をいう。以下この条及び第四条の四において同じ。）の取扱いに関し
て次に掲げる事項を定める措置とする。

一　法第三十一条第二項の規定による公衆送信のための電磁的記録の作成に
係る事項

二　前号の電磁的記録の送信に係る事項

三　第一号の電磁的記録の破棄に係る事項

　　　　　（令五文科令二三・追加）

第二章の三　国立国会図書館と外国の施設との間の協定で定める事項

（平三〇文科令三七・追加、令五文科令二三・旧二章の二繰下）

第二条の五　令第一条の六第三号の文部科学省令で定める事項は、次に掲げるものとする。

一　法第三十一条第七項前段（法第八十六条第三項及び第百二条第一項において準用する場合を含む。次号において同じ。）に規定する自動公衆送信により送信される絶版等資料に係る著作物等の利用を適切に行うために必要な体制の整備に関する事項

二　法第三十一条第七項前段に規定する自動公衆送信により送信される絶版等資料に係る著作物等の種類及び当該自動公衆送信の方法に関する事項

三　協定の変更又は廃止を行う場合の条件に関する事項

（平三〇文科令三七・追加、令五文科令二三・柱書一号二号一部改正）

第二章の四　特定絶版等資料に係る著作物等のデジタル方式の複製を防止等するための措置

（令四文科令十九・追加、令五文科令二三・旧二章の三繰下一部改正）

第二条の六　法第三十一条第八項（法第八十六条第三項及び第百二条第一項において準用する場合を含む。以下この条において同じ。）の文部科学省令で定める措置は、次のいずれかの措置とする。

一　法第三十一条第八項に規定する自動公衆送信を受信する者が当該自動公衆送信により送信される特定絶版等資料（法第三十一条第十項に規定する特定絶版等資料をいう。次号において同じ。）に係る著作物等のデジタル方式の複製をするための送信元識別符号等の提供を行わないこと。

二　法第三十一条第八項に規定する自動公衆送信を受信して作成される特定絶版等資料に係る著作物等の複製物に当該自動公衆送信を受信する者を識別するための情報を表示し、かつ、同条第九項第一号の複製に際しその旨を示すこと。

（令四文科令十九・追加、令五文科令二三・見出削除旧二条の三繰下柱書一号二号一部改正）

第三章　視覚障害者等のために情報を提供する事業を行う法人の公表事項等

（平三〇文科令三七・追加）

（公表事項）

第二条の七 令第二条第一項第二号ニの文部科学省令で定める事項は、次に掲げるものとする。

一 視覚障害者等のために情報を提供する事業の内容（法第三十七条第三項（法第八十六条第一項及び第三項並びに第百二条第一項において準用する場合を含む。）の規定により複製又は公衆送信を行う著作物等の種類及び当該複製又は公衆送信の態様を含む。）

二 令第二条第一項第二号イからハまでに掲げる要件を満たしている旨

　　　　　　（平三〇文科令三七・追加、令四文科令十九・旧第二条の三繰下、令五文科令二三・旧二条の五繰下）

（公表方法）

第二条の八 令第二条第一項第二号ニの規定による公表は、文化庁長官が定めるウェブサイトへの掲載により行うものとする。

　　　　　　（平三〇文科令三七・追加、令四文科令十九・旧第二条の四繰下、令五文科令二三・旧二条の六繰下）

第三章の二　聴覚障害者等用複製物の貸出しの基準

　　　　　　（平二一文科令三八・追加、平三〇文科令三七・旧第三章繰下）

第二条の九 令第二条の二第一項第二号の文部科学省令で定める基準は、次のとおりとする。

一 専ら法第三十七条の二第二号の規定の適用を受けて作成された複製物（以下この条において「聴覚障害者等用複製物」という。）の貸出しを受けようとする聴覚障害者等を登録する制度を整備すること。

二 聴覚障害者等用複製物の貸出しに関し、次に掲げる事項を含む規則を定めること。

　イ 聴覚障害者等用複製物の貸出しを受ける者が当該聴覚障害者等用複製物を法第三十七条の二第二号に定める目的以外の目的のために、頒布せず、かつ、当該聴覚障害者等用複製物によつて当該聴覚障害者等用複製物に係る著作物を公衆に提示しないこと。

　ロ 複製防止手段（電磁的方法（法第二条第一項第二十号に規定する電磁的方法をいう。）により著作物のデジタル方式の複製を防止する手段であつて、著作物の複製に際しこれに用いられる機器が特定の反応をする信号を著作物とともに記録媒体に記録する方式によるものをいう。次号において同じ。）が用いられていない聴覚障害者等用複製物の貸出しを受ける場合に、当該貸出しを受ける者が当該聴覚障害者等用複製物を用いて当該聴覚障害者等用複製物に係る著作物を複製しないこと。

三　複製防止手段を用いていない聴覚障害者等用複製物の貸出しをする場合
は、当該聴覚障害者等用複製物に係る著作物とともに、法第三十七条の二
第二号の規定により複製を行つた者の名称及び当該聴覚障害者等用複製物
を識別するための文字、番号、記号その他の符号の記録（当該聴覚障害者
等用複製物に係る著作物が映画の著作物である場合にあつては、当該著作
物に係る影像の再生の際に併せて常に表示されるようにする記録に限
る。）又は記載をして、当該貸出しを行うこと。

四　聴覚障害者等用複製物の貸出しに係る業務を適正に行うための管理者を
置くこと。

2　前項の規定は、法第八十六条第一項及び第百二条第一項において準用する
法第三十七条の二の政令で定める者に係る令第二条の二第一項第二号の文部
科学省令で定める基準について準用する。

（平二一文科令三八・追加、平二三文科令二一・1項一号一部改正、
平三〇文科令三七・旧第二条の二繰下、令三文科令四六・1項一号一
部改正、令四文科令十九・旧第二条の五繰下、令五文科令二三・旧二
条の七繰下）

第四章　一時的固定物の保存状況の報告等
（平二一文科令三八・旧第二章繰下）
（一時的固定物の保存の状況の報告）
第三条　令第三条第一項第二号の記録保存所を設置する者（以下この章におい
て「記録保存所の設置者」という。）は、毎事業年度の終了後一月以内に、
その記録保存所において当該事業年度に保存を始めた令第三条第一項の一時
的固定物について、次に掲げる事項を記載した書面をもつて文化庁長官に報
告しなければならない。この場合において、記録保存所の設置者は、当該書
面に令第五条第三項の目録を添付しなければならない。

一　当該一時的固定物に係る放送番組又は有線放送番組の名称

二　当該一時的固定物を作成した放送事業者、有線放送事業者又は放送同時
配信等事業者の名称及び放送、有線放送又は放送同時配信等が行われた年
月日又は期間（放送、有線放送又は放送同時配信等が行われなかったとき
は、その旨）

三　当該一時的固定物がテレビジョン放送又は有線テレビジョン放送（当該
テレビジョン放送の放送番組又は当該有線テレビジョン放送の放送番組の
放送同時配信等を含む。以下この号において同じ。）のために作成された
ものであるかラジオ放送又は有線ラジオ放送（当該ラジオ放送の放送番組

又は当該有線ラジオ放送の有線放送番組の放送同時配信等を含む。以下この号において同じ。）のために作成されたものであるかの別（テレビジョン放送又は有線テレビジョン放送及びラジオ放送又は有線ラジオ放送のために作成されたものであるときは、その旨）

2　前項の規定によるもののほか、記録保存所の設置者は、その記録保存所において保存する令第三条第一項の一時的固定物の保存の状態について、文化庁長官が特に必要があると認めて報告を求めた場合には、その報告を求められた事項を文化庁長官に報告しなければならない。

　　　　（昭六一文令三四・一部改正、令三文科令四六・1項二号三号一部改正）

（業務の廃止の届出事項）

第四条　令第六条第一項の文部科学省令で定める事項は、次に掲げるものとする。

一　廃止を必要とする理由

二　廃止しようとする日

三　令第三条第一項の一時的固定物に関する措置

　　　　（平十二文令五三・柱書一部改正）

第五章　著作物の表示の大きさ又は精度に係る基準

　　　　（平二一文科令三八・追加）

第四条の二　令第七条の三第一号の文部科学省令で定める基準は、次に掲げるもののいずれかとする。

一　図画として法第四十七条の二（法第八十六条第一項及び第百二条第一項において準用する場合を含む。以下この項において同じ。）に規定する複製を行う場合にあつては、当該複製により作成される複製物に係る著作物の表示の大きさが五十平方センチメートル以下であること。

二　デジタル方式により法第四十七条の二に規定する複製を行う場合にあつては、当該複製により複製される著作物に係る影像を構成する画素数が三万二千四百以下であること。

三　前二号に掲げる基準のほか、法第四十七条の二に規定する複製により作成される複製物に係る著作物の表示の大きさ又は精度が、同条に規定する譲渡若しくは貸与に係る著作物の原作品若しくは複製物の大きさ又はこれらに係る取引の態様その他の事情に照らし、これらの譲渡又は貸与の申出のために必要な最小限度のものであり、かつ、公正な慣行に合致するものであると認められること。

2　令第七条の三第二号イの文部科学省令で定める基準は、次に掲げるものの
　いずれかとする。

　一　デジタル方式により法第四十七条の二（法第八十六条第三項及び第百二
　　条第一項において準用する場合を含む。以下この項及び次項において同
　　じ。）に規定する公衆送信を行う場合にあつては、当該公衆送信により送
　　信される著作物に係る影像を構成する画素数が三万二千四百以下であるこ
　　と。

　二　前号に掲げる基準のほか、法第四十七条の二に規定する公衆送信を受信
　　して行われる著作物の表示の精度が、同条に規定する譲渡若しくは貸与に
　　係る著作物の原作品若しくは複製物の大きさ又はこれらに係る取引の態様
　　その他の事情に照らし、これらの譲渡又は貸与の申出のために必要な最小
　　限度のものであり、かつ、公正な慣行に合致するものであると認められる
　　こと。

3　令第七条の三第二号ロの文部科学省令で定める基準は、次に掲げるものの
　いずれかとする。

　一　デジタル方式により法第四十七条の二に規定する公衆送信を行う場合に
　　あつては、当該公衆送信により送信される著作物に係る影像を構成する画
　　素数が九万以下であること。

　二　前号に掲げる基準のほか、法第四十七条の二に規定する公衆送信を受信
　　して行われる著作物の表示の精度が、同条に規定する譲渡若しくは貸与に
　　係る著作物の原作品若しくは複製物の大きさ又はこれらに係る取引の態様
　　その他の事情に照らし、これらの譲渡又は貸与の申出のために必要と認め
　　られる限度のものであり、かつ、公正な慣行に合致すると認められるもの
　　であること。

　　　　　（平二一文科令三八・追加、平二六文科令二四・1項柱書一号2項柱
　　　　書一号3項柱書一部改正4項削除、平三〇文科令三七・1項柱書一号
　　　　二号2項柱書一号3項柱書一号一部改正）

第六章　削除
　　　　　（平三〇文科令三七・削除）

第四条の三　削除
　　　　　（平三〇文科令三七・削除）

第七章　電子計算機による情報処理及びその結果の提供等を適正に行うために必要な措置

（平二一文科令三八・追加、平三〇文科令三七・改称）

（送信元識別符号検索結果提供を適正に行うために必要な措置）

第四条の四　令第七条の四第一項第一号ロの文部科学省令で定める措置は、次に掲げる行為のいずれかが送信元識別符号検索結果提供を目的とする情報の収集を禁止する措置に係る一般の慣行に従つて行われている場合にあつては、当該行為に係る情報の提供を行わないこととする。

一　ｒｏｂｏｔｓ．ｔｘｔの名称の付された電磁的記録で送信可能化されたものに次に掲げる事項を記載すること。

　イ　送信元識別符号検索結果提供を目的とする情報の収集のためのプログラムのうち情報の収集を禁止するもの

　ロ　送信元識別符号検索結果提供を目的とする情報の収集において収集を禁止する情報の範囲

二　ＨＴＭＬ（送信可能化された情報を電子計算機による閲覧の用に供するに当たり、当該情報の表示の配列その他の態様を示すとともに、当該情報以外の情報で送信可能化されたものの送信の求めを簡易に行えるようにするための電磁的記録を作成するために用いられる文字その他の記号及びその体系であつて、国際的な標準となつているものをいう。第二十五条において同じ。）その他これに類するもので作成された電磁的記録で送信可能化されたものに送信元識別符号検索結果提供を目的とする情報の収集を禁止する旨を記載すること。

（平二一文科令三八・追加、平二六文科令二四・柱書一部改正、平三〇文科令三七・見出し追加１項柱書一号イロ２項一部改正、令二文科令三一・二号一部改正、令五文科令二三・一号柱書一部改正）

（著作物等の利用を適正に行うために必要な措置）

第四条の五　令第七条の四第一項第三号の文部科学省令で定める措置は、業として法第四十七条の五第一項（法第八十六条第一項及び第三項並びに第百二条第一項において準用する場合を含む。第一号において同じ。）各号に掲げる行為を行う場合にあつては、次に掲げる措置を講ずることとする。

一　当該行為に係る著作物等の利用が法第四十七条の五第一項に規定する要件に適合するものとなるよう、あらかじめ、当該要件の解釈を記載した書類の閲覧、学識経験者に対する相談その他の必要な取組を行うこと。

二　当該行為に関する問合せを受けるための連絡先その他の情報を、当該行為の態様に応じ合理的と認められる方法及び程度により明示すること。

（平三〇文科令三七・追加）

第八章　登録手続等
（平二一文科令三八・旧第三章繰下）
第一節　著作権登録原簿の調製方法等
（著作権登録原簿等の調製方法）

第五条　次の各号に掲げる著作権登録原簿、出版権登録原簿又は著作隣接権登録原簿（以下「著作権登録原簿等」と総称する。）は、それぞれに記録されている事項を記載した書類（以下「登録事項記載書類」という。）をそれぞれ当該各号に定める様式により作成できるように調製する。

一　著作権登録原簿（次号に掲げる著作権登録原簿を除く。）及び出版権登録原簿　別記様式第一

二　プログラムの著作物に係る著作権登録原簿　別記様式第一の二

三　著作隣接権登録原簿　別記様式第二

　　　（平二三文科令二一・見出し柱書一部改正1項一号二号三号追加2項削除）

（附属書類）

第六条　令第十三条第二項の附属書類として、文化庁に登録受付簿を置く。
　　　（平二三文科令二一・第六条削除旧第七条繰上）

第一節の二　申請の手続
（昭六一文令三四・追加）
（書面の用語等）

第七条　申請書及び令第二十一条第二項各号の書面は、日本語で書かなければならない。

2　前項の書面以外の資料であつて、外国語で書いたものには、その翻訳文を添付しなければならない。
　　　（昭六一文令三四・追加、平二三文科令二一・第八条削除旧第八条の二繰上）

（申請書等の様式）

第八条　法第七十五条第一項の登録の申請書は別記様式第三により、法第七十六条第一項の登録の申請書は別記様式第四により、法第七十六条の二第一項の登録の申請書は別記様式第五により、法第七十七条の登録の申請書は別記様式第六（相続又は法人の合併による権利の移転の登録の申請にあつては、別記様式第六の二）により、法第八十八条第一項の登録の申請書は別記様式第七（相続又は法人の合併による権利の移転の登録の申請にあつては、別記

様式第七の二）により、法第百四条の登録の申請書は別記様式第八（相続又は法人の合併による権利の移転の登録の申請にあつては、別記様式第八の二）により作成しなければならない。

2　令第二十一条第二項第一号の書面は別記様式第九により、同項第二号の書面は別記様式第十により、同項第三号の書面は別記様式第十一により、同項第四号及び第五号の書面は別記様式第十二により作成しなければならない。

　　　　　（昭六一文令三四・追加、平二三文科令二一・旧第八条の三繰上１項一部改正、令元文科令八・１項一部改正）

第二節　登録の手続

（登録受付簿の記載）

第九条　申請書の提出があつたときは、登録受付簿に次に掲げる事項を記載するとともに、当該申請書に第一号及び第二号に掲げる事項を記載する。

一　申請の受付の年月日

二　受付番号

三　著作物の題号又は実演等（実演、レコード、放送番組又は有線放送番組をいう。第十一条第二項第一号において同じ。）の名称

四　著作者、実演家、レコード製作者、放送事業者若しくは有線放送事業者の氏名又は名称

五　登録の目的

六　登録免許税として納付する額

七　申請者の氏名又は名称

2　前項第二号の受付番号は、受付の順序により付す。

3　第一項の規定により登録受付簿に申請者の氏名又は名称を記載する場合において、申請者が二人以上あるときは、申請書に掲げた代表者又は筆頭者の氏名又は名称及び他の申請者の数を記載するだけで足りる。

　　　　　（昭六一文令三四・一部改正、平二三文科令二一・１項三号２項一部改正、令元文科令八・１項一号２項一部改正）

（受付番号の更新）

第十条　受付番号は、毎年更新する。

（表示部等の登録の方法）

第十一条　著作権登録原簿等は、表示部、事項部及び信託部（次項において「表示部等」という。）の別に記録する。

2　表示部等についての登録は、次の各号に掲げる部の区分に応じ、当該各号に掲げる事項を記録して行う。

一　表示部　申請書に掲げた事項のうち著作物の題号又は実演等の名称及び

申請書に添付した令第二十一条第二項各号のいずれかの書面に掲げた事項
（プログラムの著作物に係る著作権登録原簿にあつては、同項第一号イに
規定する事項を除く。）

　二　事項部　次に掲げる事項

　　イ　申請書に掲げた事項のうち令第二十条各号（第三号及び第七号を除
く。）の事項

　　ロ　申請書に掲げた事項のうち令第二十七条若しくは第二十八条に規定す
る事項又は登録すべき権利に関する事項

　　ハ　第九条第一項の規定により申請書に記載した同項第一号及び第二号に
掲げる事項

　三　信託部　前号に掲げる事項及び申請書に掲げた事項のうち令第三十六条
第一項各号に掲げる事項

３　令第二十九条又は第三十七条第一項の規定による申請があつた場合におい
て著作権登録原簿等の事項部又は信託部に登録するときは、前項第二号又は
第三号の事項のほか、債権者又は受益者若しくは委託者の氏名又は名称及び
住所又は居所並びに代位の原因を記録する。

　　　　　（昭六一文令三四・一部改正、平十九文科令二九・一部改正、平二三
文科令二一・全改）

　（準用）

第十二条　申請による登録の手続に関する第九条から前条までの規定は、嘱託
による登録の手続について準用する。

　（表示番号等の記録）

第十三条　著作権登録原簿等について、表示部に最初に登録したときは、当該
登録事項を記録した順序により表示番号を記録する。

２　著作権登録原簿等について、事項部又は信託部に登録したときは、その登
録が民事保全法（平成元年法律第九十一号）第五十四条において準用する同
法第五十三条第二項の規定による仮処分による仮登録（以下「保全仮登録」
という。）をしたものについての本登録である場合及び保全仮登録の抹消の
登録である場合を除き、当該登録事項を記録した順序により順位番号を当該
登録事項を記録する部分の前に記録する。

　　　　　（平二三文科令二一・見出し１項一部改正２項追加）

　（変更された登録事項等の抹消の方法）

第十四条　著作権登録原簿等について変更又は更正の登録をしたときは、変更
され、又は更正された登録事項について抹消記号を記録する。

　　　　　（平二三文科令二一・一部改正）

（登録の抹消の方法）

第十五条 著作権登録原簿等について抹消の登録をするときは、備考欄に抹消すべき登録を抹消する旨を記録した後、当該登録について抹消記号を記録する。

2 前項の場合において、抹消に係る権利を目的とする第三者の登録があるときは、備考欄に当該抹消に係る権利の登録を抹消することによりその登録を抹消する旨を記録した後、当該登録について抹消記号を記録する。

（平二三文科令二一・一部改正）

（回復の登録の方法）

第十六条 著作権登録原簿等について回復の登録をするときは、備考欄に抹消に係る登録を回復する旨を記録した後、当該登録と同一の登録をする。

（平二三文科令二一・一部改正）

（登録年月日の記録等）

第十七条 著作権登録原簿等について職権により登録したときは、登録の原因及びその発生年月日並びに登録すべき権利に関する事項欄に当該登録の年月日を記録する。

2 文化庁長官が指定する職員は、著作権登録原簿等について登録したときは、登録事項記載書類を作成し、登録の確認を行わなければならない。

（平二三文科令二一・見出し１項一部改正２項追加、令元文科令八・１項一部改正）

（分界）

第十八条 著作権登録原簿等について登録したときは、備考欄に続けて分界記号を記録する。

（平二三文科令二一・一部改正）

（保全仮登録の方法等）

第十八条の二 著作権登録原簿等について保全仮登録をするときは、事項部に登録をする。

（平二文令二九・追加、平二三文科令二一・１項一部改正２項削除）

第十八条の三 出版権の設定又は変更について、著作権登録原簿について民事保全法第五十四条において準用する同法第五十三条第一項の規定による仮処分の登録（以下この条において「仮処分の登録」という。）をするとともに出版権登録原簿について保全仮登録をするときは、第十一条第二項第二号に掲げる事項のほか、次の各号に掲げる部には当該各号に掲げる事項を記録する。

一 著作権登録原簿の事項部 当該仮処分の登録とともに出版権登録原簿に

保全仮登録をする旨並びに当該保全仮登録の表示番号及び順位番号

二　出版権登録原簿の事項部　当該保全仮登録とともに著作権登録原簿に仮処分の登録をする旨並びに当該仮処分の登録の表示番号及び順位番号

（平二文令二九・追加、平二三文科令二一・一部改正）

（保全仮登録後の本登録等）

第十八条の四　著作権登録原簿等について保全仮登録をした後本登録の申請があつたときは、保全仮登録の次にその登録をする。保全仮登録の抹消の嘱託があつたときも、同様とする。

（平二文令二九・追加、平二三文科令二一・一部改正）

第三節　登録事項記載書類の交付手続等

（平二三文科令二一・全改）

（登録事項記載書類の交付申請手続等）

第十九条　登録事項記載書類の交付又は著作権登録原簿等の附属書類の写しの交付若しくは閲覧を請求しようとする者は、次に掲げる事項を記載した申請書を文化庁長官に提出しなければならない。

一　登録番号（著作権登録原簿等の附属書類の写しの交付又は閲覧を請求するときは、申請の受付の年月日及び受付番号）

二　申請者の氏名又は名称及び住所又は居所並びに法人にあつては代表者の氏名

三　登録事項記載書類又は著作権登録原簿等の附属書類の写しの交付を請求するときは、その部数

（昭六一文令三四・一部改正、平十三文科令六四・１項柱書一号三号一部改正、平二三文科令二一・第十九条削除旧第二十条繰上見出し１項柱書三号一部改正２項削除、令元文科令八・一号一部改正）

（登録事項記載書類の作成方法）

第二十条　登録事項記載書類に余白があるときは、その部分に余白である旨を記載する。

2　登録事項記載書類には、作成の年月日並びに記載事項が著作権登録原簿等に記録されている事項と相異がない旨及び文化庁長官の文字を記載し、これに文化庁長官の印を押す。

（平二三文科令二一・旧第二十一条繰上見出し１項２項一部改正３項削除）

第九章　業務規程の記載事項

（平二一文科令三八・旧第四章繰下）

（指定報酬管理事業者等の報酬等関係業務に係る業務規程の記載事項）

第二十条の二　令第四十五条の三第二項の業務規程で定めなければならない事項は、次に掲げるものとする。

一　法第九十三条の三第二項の報酬（以下この条において「報酬」という。）又は法第九十四条の三第二項若しくは第九十六条の三第二項の補償金を受ける権利を行使する業務又は法第九十四条第一項の補償金を受領する業務に要する手数料に関する事項

二　報酬又は法第九十四条第一項、第九十四条の三第二項若しくは第九十六条の三第二項の補償金（次号において「補償金」という。）の分配方法に関する事項

三　報酬又は補償金を受ける権利を有する者(以下この号において「権利者」という。）の不明その他の理由により、権利者と連絡することができず、報酬又は補償金の分配を行うことができなかつた場合における報酬又は補償金の取り扱い)

　　　　　（令三文科令四六・追加）

（指定団体の二次使用料関係業務に係る業務規程の記載事項）

第二十一条　令第四十七条第二項の業務規程で定めなければならない事項は、次に掲げるものとする。

一　法第九十五条第一項又は第九十七条第一項の二次使用料（以下この条において「二次使用料」という。）を受ける権利を行使する権限の受任に関する事項

二　二次使用料を受ける権利を行使する業務に要する手数料に関する事項

三　二次使用料の分配方法に関する事項

　　　　　（昭五九文令五四・一部改正、昭六一文令三四・一部改正、平二三文科令二一・旧第二十二条繰上、令三文科令四六・見出し柱書一部改正）

（指定団体の報酬等関係業務に係る業務規程の記載事項）

第二十二条　令第五十七条の三において準用する令第四十七条第二項の業務規程で定めなければならない事項は、次に掲げるものとする。

一　法第九十五条の三第三項又は第九十七条の三第三項の報酬（以下この条において「報酬」という。）及び法第九十五条の三第五項又は第九十七条の三第六項の使用料（以下この条において「使用料」という。）を受ける権利を行使する権限の受任に関する事項

二　報酬及び使用料を受ける権利を行使する業務に要する手数料に関する事項

三　報酬及び使用料の分配方法に関する事項

（昭五九文令五四・追加、平二一文科令三八・一号一部改正、平二三文科令二一・旧第二十二条の二繰上、令三文科令四六・見出し一部改正）

第十章　私的録音録画補償金の額の認可申請等
（平四文令三八・追加、平二一文科令三八・旧第五章繰下）

（私的録音録画補償金の額の認可の申請）

第二十二条の二　法第百四条の二第一項に規定する指定管理団体は、法第百四条の六第一項の規定により私的録音録画補償金（法第百四条の二第一項の私的録音録画補償金をいう。以下この章において同じ。）の額の設定又は変更の認可を受けようとするときは、次に掲げる事項を記載した申請書を文化庁長官に提出しなければならない。

一　名称及び住所並びに代表者の氏名

二　設定又は変更の認可を受けようとする私的録音録画補償金の額及びその算定の基礎となるべき事項

三　法第百四条の六第三項の規定により製造業者等の団体から意見を聴取したときは、その概要
（平四文令三八・追加、平二三文科令二一・旧第二十二条の三繰上）

（補償金関係業務に係る業務規程の記載事項）

第二十二条の三　令第五十七条の五第二項の業務規程で定めなければならない事項は、次に掲げるものとする。

一　私的録音録画補償金を受ける権利を行使する業務に要する手数料に関する事項

二　文化庁長官の認可を受けた私的録音録画補償金の額の公示に関する事項
（平四文令三八・追加、平二三文科令二一・旧第二十二条の四繰上）

第十章の二　図書館等公衆送信補償金の額の認可申請等
（令四文科令四二・追加）

（図書館等公衆送信補償金の額の認可の申請）

第二十二条の四　法第百四条の十の二第一項に規定する指定管理団体（以下この章において「指定管理団体」という。）は、法第百四条の十の四第一項の規定により図書館等公衆送信補償金（法第百四条の十の二第一項の図書館等公衆送信補償金をいう。以下この章において同じ。）の額の設定又は変更の認可を受けようとするときは、次に掲げる事項を記載した申請書に参考となる事項を記載した書類を添付して、文化庁長官に提出しなければならない。

　一　指定管理団体の名称及び住所並びに代表者の氏名

　二　設定又は変更の認可を受けようとする図書館等公衆送信補償金の額及び
　　その算定の基礎となるべき事項

　三　法第百四条の十の四第三項の規定による図書館等を設置する者の団体か
　　らの意見聴取の概要（当該団体の名称及び代表者の氏名、当該意見聴取の
　　年月日及び方法、当該団体から聴取した意見の内容並びに当該意見聴取の
　　結果の図書館等公衆送信補償金の額への反映状況を含む。）

　　　　　（令四文科令四二　・　追加）

（補償金関係業務に係る業務規程の記載事項等）

第二十二条の五　令第五十九条第二項の業務規程で定めなければならない事項
　は、次に掲げるものとする。

　一　図書館等公衆送信補償金を受ける権利を行使する業務に要する手数料
　　（第三項第一号において「手数料」という。）に関する事項

　二　文化庁長官の認可を受けた図書館等公衆送信補償金の額及びその算定の
　　基礎となるべき事項の公示に関する事項

2　法第百四条の十の五第二項の図書館等公衆送信補償金の分配に関する事項
　には、当該分配の方法の詳細（著作権者又は著作隣接権者の不明その他の理
　由により図書館等公衆送信補償金を受ける権利を有する著作権者又は著作隣
　接権者と連絡することができない場合における分配の方法を含む。）及びそ
　の決定の基礎となるべき事項を含むものとする。

3　指定管理団体は、法第百四条の十の五第一項の規定により同項の規程を届
　け出るときは、次に掲げる事項を記載した書類（変更の場合にあつては、変
　更の内容及び理由を記載した書類）を添付しなければならない。

　一　手数料の算定の基礎となるべき事項

　二　法第百四条の十の三第四号の補償金関係業務を的確に遂行するための体
　　制の整備に関する事項

　三　法第百四条の十の六第一項の事業の検討の状況及び令第六十一条の規定
　　による学識経験者からの意見聴取の方法に関する事項

　　　　　（令四文科令四二　・　追加）

　　第十章の三　授業目的公衆送信補償金の額の認可申請等
　　　　　（平三〇文科令三七・追加、令四文科令四二・旧十章の二繰下）

（授業目的公衆送信補償金の額の認可の申請）

第二十二条の六　法第百四条の十一第一項に規定する指定管理団体（以下この
　章において「指定管理団体」という。）は、法第百四条の十三第一項の規定

により授業目的公衆送信補償金（法第百四条の十一第一項の授業目的公衆送信補償金をいう。以下この章において同じ。）の額の設定又は変更の認可を受けようとするときは、次に掲げる事項を記載した申請書に参考となる事項を記載した書類を添付して、文化庁長官に提出しなければならない。

一　指定管理団体の名称及び住所並びに代表者の氏名

二　設定又は変更の認可を受けようとする授業目的公衆送信補償金の額及びその算定の基礎となるべき事項

三　法第百四条の十三第三項の規定による教育機関を設置する者の団体からの意見聴取の概要（当該団体の名称及び代表者の氏名、当該意見聴取の年月日及び方法、当該団体から聴取した意見の内容並びに当該意見聴取の結果の授業目的公衆送信補償金の額への反映状況を含む。）

　　　　　（平三〇文科令三七・追加、令四文科令四二・旧二十二条の四繰下）

（補償金関係業務に係る業務規程の記載事項等）

第二十二条の七　令第六十五条第二項の業務規程で定めなければならない事項は、次に掲げるものとする。

一　授業目的公衆送信補償金を受ける権利を行使する業務に要する手数料（第三項第一号において「手数料」という。）に関する事項

二　文化庁長官の認可を受けた授業目的公衆送信補償金の額及びその算定の基礎となるべき事項の公示に関する事項

2　法第百四条の十四第二項の授業目的公衆送信補償金の分配に関する事項には、当該分配の方法の詳細（著作権者又は著作隣接権者の不明その他の理由により授業目的公衆送信補償金を受ける権利を有する著作権者又は著作隣接権者と連絡することができない場合における分配の方法を含む。）及びその決定の基礎となるべき事項を含むものとする。

3　指定管理団体は、法第百四条の十四第一項の規定により同項の規程を届け出るときは、次に掲げる事項を記載した書類（変更の場合にあつては、変更の内容及び理由を記載した書類）を添付しなければならない。

一　手数料の算定の基礎となるべき事項

二　法第百四条の十二第四号の補償金関係業務を的確に遂行するための体制の整備に関する事項

三　法第百四条の十五第一項の事業の検討の状況及び令第六十七条の規定による学識経験者からの意見聴取の方法に関する事項

　　　　　（平三〇文科令三七・追加、令四文科令四二・旧二十二条の五繰下1項柱書3項三号一部改正）

（著作権等の保護に関する事業等のために支出すべき授業目的公衆送信補償

金の額の算出に用いる割合）

第二十二条の八　令第六十六条の文部科学省令で定める割合は、二割とする。

　　　（令二文科令一七・追加、令四文科令四二・旧二十二条の六繰下一部
　　　改正）

第十一章　印紙納付

　　　（平四文令三八・旧第五章繰下、平二一文科令三八・旧第六章繰下）

　（印紙納付）

第二十三条　法第七十条第一項、第七十八条第五項（法第八十八条第二項及び
　第百四条において準用する場合を含む。）及び第百七条の規定による手数料
　は、収入印紙をもつて納付しなければならない。

　　　（昭五九文令三四・一部改正、平二三文科令二一・一部改正）

第十二章　ディスク等による手続

　　　（平十一文令九・追加、平二一文科令三八・旧第七章繰下）

　（ディスク等による手続）

第二十四条　次に掲げる書類の提出については、電子的方法、磁気的方法その
　他の方法により当該書類に記載すべきこととされている事項を記録したディ
　スクその他これに準ずるものを提出することによつて行うことができる。

　一　法第百四条の七第一項、第百四条の十の五第一項及び第百四条の十四第
　　一項の規定により届け出なければならない規程に係る書類並びに第二十二
　　条の五第三項及び第二十二条の七第三項の規定により添付しなければなら
　　ない書類

　二　令第五条第一項の規定により報告しなければならない事項に係る第三条
　　第一項に定める書類及び同項の規定により当該書類に添付しなければなら
　　ない目録に係る書類

　三　令第六条第一項の規定により届け出る事項に係る書類

　四　令第四十五条の三第一項及び第四十七条（令第五十七条の三において準
　　用する場合を含む。）第一項の規定により届け出なければならない業務規
　　程に係る書類

　五　令第四十五条の五第一項及び第二項並びに第四十九条（令第五十七条の
　　三、第五十七条の九、第六十二条第二項及び第七十条において準用する場
　　合を含む。以下同じ。）第一項及び第二項の規定により提出しなければな
　　らない事業計画及び収支予算に係る書類並びに令第四十五条の五第三項及
　　び第四十九条第三項の規定により提出しなければならない事業報告書に係

る書類

六　令第四十五条の八第一項及び第五十一条（令第五十七条の三において準用する場合を含む。）第一項の規定により届け出なければならない事項に係る書類

七　令第五十七条の七第一項、第六十三条第一項及び第六十八条第一項の規定により届け出なければならない事項に係る書類

八　第二十二条の二、第二十二条の四及び第二十二条の六の規定により提出しなければならない申請書に係る書類並びに同条の規定により添付しなければならない参考となる事項を記載した書類

　　　　　　（平十一文令九・追加、平二三文科令二一・八号一部改正、平三〇文科令三七・一号五号七号八号一部改正、令三文科令四六・四号五号六号一部改正、令四文科令四二・一号五号七号八号一部改正）

第十三章　インターネットを利用した情報の閲覧の用に供される電磁的記録

（令二文科令三一・追加）

第二十五条　法第百十三条第四項の文部科学省令で定める電磁的記録は、ＨＴＭＬその他の記号及びその体系で作成された電磁的記録で送信可能化されたものであつて、インターネットを利用した閲覧の際に、一の送信元識別符号によつて特定された一のページとして電子計算機の映像面に表示されることとなるものをいう。

　　　　　　（令二文科令三一・追加）

　　附　則

1　この省令は、法の施行の日から施行する。〔昭和四十六年一月一日から施行〕

2　著作権法施行規則（昭和六年内務省令第十八号）は、廃止する。

3　令第一条第一項の文部省令で定める職員には、この省令施行後三年間に限り、第一条に規定する者のほか、次の各号のいずれかに該当する者で本務として図書館事務に従事する者を含むものとする。

一　大学又は高等専門学校を卒業した者で、二年以上図書館事務に従事した経験を有し、かつ、文化庁長官が定める著作権に関する講習会を受講したもの

二　高等学校を卒業した者又は高等専門学校第三学年を修了した者で、五年以上図書館事務に従事した経験を有し、かつ、文化庁長官が定める著作権

に関する講習会を受講したもの

　三　令第一条第一項各号に掲げる施設において六年以上図書館事務に従事した経験を有する者

4　第一条の四第四号及び前項第一号の大学には旧大学令（大正七年勅令第三百八十八号）、旧高等学校令（大正七年勅令第三百八十九号）、旧専門学校令（明治三十六年勅令第六十一号）又は旧教員養成諸学校官制（昭和二十一年勅令第二百八号）の規定による大学、大学予科、高等学校高等科、専門学校及び教員養成諸学校並びにこれらの学校に準ずる学校として文化庁長官が定めるものを、第一条の三第五号及び前項第二号の高等学校には旧中等学校令（昭和十八年勅令第三十六号）、旧高等学校令又は旧青年学校令（昭和十四年勅令第二百五十四号）の規定による中等学校、高等学校尋常科及び青年学校本科並びにこれらの学校に準ずる学校として文化庁長官が定めるものを、それぞれ含むものとする。

　　　　（平五文科令二七・一部改正、平二一文科令二四・一部改正、令三文科令四六・一部改正）

5　この省令の施行の際現に登録がされている著作物、実演又はレコードに関し、この省令施行後に登録するときは、著作権登録原簿等の備考欄に、当該著作物、実演又はレコードに関する登録がされている旨を記録する。

　　　　（平二三文科令二一・5項削除旧6項繰上一部改正）

　　　附　則（昭和五十九年文部省令第三十四号）

この省令は、公布の日から施行する。〔昭和五十九年五月二十一日から施行〕

　　　附　則（昭和五十九年文部省令第五十四号）

この省令は、昭和六十年一月一日から施行する。

　　　附　則（昭和六十一年文部省令第三十四号）

この省令は、昭和六十二年一月一日から施行する。ただし、第八条の三第一項中法第七十六条の二第一項の登録の申請書に係る部分は、同年四月一日から施行する。

　　　附　則（平成二年文部省令第二十九号）

この省令は、平成三年一月一日から施行する。

　　　附　則（平成四年文部省令第三十八号）

この省令は、公布の日から施行する。〔平成四年十二月十六日から施行〕

　　　附　則（平成五年文部省令第二十四号）（抄）

1　この省令は、公布の日から施行する。〔平成五年四月二十三日から施行〕

　　　附　則（平成五年文部省令第二十七号）

この省令は、平成五年六月一日から施行する。

　　　　附　則（平成十年文部省令第三十八号）（抄）

1　この省令は、平成十一年四月一日から施行する。

　　　　附　則（平成十年文部省令第四十五号）

　この省令は、公布の日から施行する。〔平成十年十二月十八日から施行〕

　　　　附　則（平成十一年文部省令第九号）

　この省令は、公布の日から施行する。〔平成十一年三月三十日から施行〕

　　　　附　則（平成十二年文部省令第五十三号）（抄）

　（施行期日）

第一条　この省令は、内閣法の一部を改正する法律（平成十一年法律第八十八号）の施行の日から施行する。〔平成十三年一月六日から施行〕

　　　　附　則（平成十三年文部科学省令第六十四号）

　この省令は、平成十三年四月一日から施行する。

　　　　附　則（平成十九年文部科学省令第二十九号）

　この省令は、信託法（平成十八年法律第百八号）の施行の日（平成十九年九月三十日）から施行する。

　　　　附　則（平成二十一年文部科学省令第二十四号）

　この省令は、平成二十一年五月二十二日から施行する。

　　　　附　則（平成二十一年文部科学省令第三十八号）

　この省令は、平成二十二年一月一日から施行する。

　　　　附　則（平成二十三年文部科学省令第二十一号）

　（施行期日）

1　この省令は、著作権法の一部を改正する法律の一部の施行の日（平成二十三年六月一日）から施行する。

　（経過措置）

2　著作権法施行令及びプログラムの著作物に係る登録の特例に関する法律施行令の一部を改正する政令（平成二十三年政令第百五十四号。以下「改正政令」という。）附則第二項による著作権登録原簿等（著作権法（昭和四十五年法律第四十八号）第七十八条第一項の著作権登録原簿、同法第八十八条第二項の出版権登録原簿及び同法第百四条の著作隣接権登録原簿をいう。以下同じ。）の改製は、同令の施行の際現に存する著作権登録原簿等であって帳簿をもって調製されているものに記載されている事項を、改正政令による改正後の著作権法施行令第十三条第一項の規定による著作権登録原簿等に記録してするものとする。

3　前項の規定により著作権法施行令附則第五条の規定により同令による著作権登録原簿等とみなされた著作権法の施行に関する件（昭和十年勅令第百九

十号）第一条の著作登録簿を改製するときは、当該著作登録簿に記載されている登録事項のうちこの省令による改正後の著作権法施行規則第十一条第二項各号に掲げる事項に該当しないものについては、備考欄に記録してするものとする。

4　前二項の規定による著作権登録原簿等の改製を完了すべき期日は、著作物、実演、レコード、放送又は有線放送ごとに、文化庁長官が指定する。

　　　　附　則（平成二十六年文部科学省令第二十四号）

この省令は、平成二十七年一月一日から施行する。

　　　　附　則（平成二十九年文部科学省令第三十九号）

この省令は、平成三十一年四月一日から施行する。

　　　　附　則（平成三十年文部科学省令第三十七号）

（施行期日）

1　この省令は、平成三十一年一月一日から施行する。ただし、目次の改正規定（「第十章　私的録音録画補償金の額の認可申請等（第二十二条の二・第二十二条の三）」を「第十章　私的録音録画補償金の額の認可申請等（第二十二条の二・第二十二条の三）　第十章の二　授業目的公衆送信補償金の額の認可申請等（第二十二条の四・第二十二条の五）」に改める部分に限る。）、第十章の次に一章を加える改正規定及び第二十四条の改正規定は、著作権法の一部を改正する法律（次項において「改正法」という。）附則第一条第二号に掲げる規定の施行の日から施行する。〔令和二年四月二十八日から施行〕

（経過措置）

2　改正法の施行の日の前日において改正法による改正前の著作権法（以下この項において「旧法」という。）第四十七条の六（旧法第八十六条第三項及び第百二条第一項において準用する場合を含む。）の規定により著作物（旧法第百二条第一項において準用する場合にあつては、実演、レコード、放送又は有線放送）を利用していた者については、この省令による改正前の著作権法施行規則第四条の四の規定は、改正法の施行の日から起算して一年を経過する日までの間は、なおその効力を有する。

　　　　附　則（令和元年文部科学省令第八号）（抄）

（施行期日）

1　この省令は、民法及び家事事件手続法の一部を改正する法律（平成三十年法律第七十二号）の施行の日（令和元年七月一日）から施行する。

（経過措置）

2　第一条の規定による改正後の著作権法施行規則第八章の規定及び別記様式は、この省令の施行後に受付がされた申請又は嘱託に係る登録の手続につい

て適用し、この省令の施行前に受付がされた申請又は嘱託に係る登録の手続については、なお従前の例による。

　　　附　則（令和元年文部科学省令第九号）

（施行期日）

1　この省令は、公布の日から施行する。〔令和元年七月一日から施行〕

（経過措置）

2　この省令の施行の際、現に存する改正前の様式による用紙は、当分の間、これを取り繕って使用することができる。

　　　附　則（令和二年文部科学省令第十七号）

　この省令は、著作権法の一部を改正する法律（平成三十年法律第三十号）附則第一条第二号に掲げる規定の施行の日（令和二年四月二十八日）から施行する。

　　　附　則（令和二年文部科学省令第三十一号）

　この省令は、令和二年十月一日から施行する。

　　　附　則（令和二年文部科学省令第四十四号）

（施行期日）

1　この省令は、令和三年一月一日から施行する。

（経過措置）

2　この省令の施行の際現にあるこの省令による改正前の様式（次項において「旧様式」という。）により使用されている書類は、この省令による改正後の様式によるものとみなす。

3　この省令の施行の際原にある旧様式による用紙については、当分の間、これを取り繕って使用することができる。

　　　附　則（令和三年文部科学省令第四十六号）

　この省令は、令和四年一月一日から施行する。ただし、目次の改正規定（「第二十一条・第二十二条」を「第二十条の二－第二十二条」に改める部分に限る。）並びに第二十条の二及び第二十四条第四号の改正規定は、令和三年十月一日から施行する。

　　　附　則（令和四年文部科学省令第十九号）

　この省令は、著作権法の一部を改正する法律（令和三年法律第五十二号）附則第一条第三号に掲げる規定の施行の日（令和四年五月一日）から施行する。

　　　附　則（令和四年文部科学省令第四十二号）

　この省令は、著作権法の一部を改正する法律（令和三年法律第五十二号）附則第一条第四号に掲げる規定の施行の日〔令和五年六月一日〕から施行する。

　　　附　則（令和五年文部科学省令第二十三号）

この省令は、著作権法の一部を改正する法律（令和三年法律第五十二号）附則第一条第四号に掲げる規定の施行の日（令和五年六月一日）から施行する。

別記様式第一　（平二三文科令二一・全改、令元文科令八・一部改正）

| 表示番号　　　第　　　号 |

表	示	部

登	録	事	項
著作物の題号			
著作者の氏名又は名称及びその国籍			
著作物の最初の公表の際に表示された著作者名			
著作物が最初に公表された年月日			
著作物が最初に公表された国の国名			
著作物の種類及び内容			

事	項	部

順位番号	登	録	事	項
	受付年月日及び受付番号			
	登録の目的			
	権利の表示			
	登録の原因及びその発生年月日並びに登録すべき権利に関する事項			
	申請者の氏名及び住所			
	備考			

信	託	部

順位番号	登	録	事	項

別記様式第一の二　（平二三文科令二一・追加、令元文科令八・一部改正）

表示番号　　第　　号

表　　　　　　　　　　示　　　　　　　　　　部

登　　　　録　　　　事　　　項	
著作物の題号	
著作物の最初の公表の際に表示された著作者名	
著作物が最初に公表された年月日	
著作物が最初に公表された国の国名	
著作物の種類及び内容	

事　　　　　　　　　　項　　　　　　　　　　部		
順位番号	登　　　録　　　事　　　項	
	受付年月日及び受付番号	
	登録の目的	
	権利の表示	
	登録の原因及びその発生年月日並びに登録すべき権利に関する事項	
	申請者の氏名及び住所	
	備考	

信　　　　　　　　　　託　　　　　　　　　　部		
順位番号	登　　　録　　　事　　　項	

別記様式第二 （平二三文科令二一・全改、令元文科令八・一部改正）

| 表示番号 | 第 | 号 |

表	示	部
登 録 事 項		
実演、レコード又は放送番組の名称		
実演家、レコード製作者又は放送事業者の氏名又は名称及びその国籍		
実演が行われ、レコードに固定されている音が最初に固定され又は放送が行われた年月日		
実演が行われ若しくはレコードに固定されている音が最初に固定された国又は放送が行われた放送設備がある国の国名		
実演又は放送の種類、実演、レコード又は放送番組の内容及びその他の事項		

事	項	部
順位番号	登 録 事 項	
	受付年月日及び受付番号	
	登録の目的	
	権利の表示	
	登録の原因及びその発生年月日並びに登録すべき権利に関する事項	
	申請者の氏名及び住所	
	備考	

信	託	部
順位番号	登 録 事 項	

別記様式第三 （令元文科令八・全改、令元文科令九・一部改正、
令二文科令四四・一部改正）

| 収入印紙 | 実名登録申請書 | 年　月　日 |

文化庁長官　　　　殿

1　著作物の題号 ^{フリガナ}

2　登録の原因及びその発生年月日

3　登録の目的

4　著作者
　　住所（居所）
　　氏名（名称）^{フ リ ガ ナ}

5　前登録の登録番号

6　申請者
　　住所（居所）
　　氏名（名称）^{フ リ ガ ナ}

　　代理人
　　　住所（居所）
　　　氏名（名称）^{フ リ ガ ナ}

7　添付資料の目録

〔備考〕
1　用紙は、日本産業規格A列4番（横21.0 cm、縦29.7 cm）の大きさとする。
2　余白は、少なくとも用紙の左右及び上下におのおの2 cmをとる。
3　文字は、明瞭にかつ容易に消すことができないように書く。
4　「著作物の題号」は、題号がないときは「なし」、題号が不明であるときは「不明」と記載する。
5　「著作物の題号」には、かたかなでふりがなをつける。
6　「前登録の登録番号」の欄には、登録の申請に係る著作物に関する登録がされているときは、その登録の登録番号を記載するものとし、不明であるときは「不明」と、登録がされていないときは「なし」と記載する。
7　「申請者」の欄の住所の次になるべく電話の番号を記載する。
8　「氏名（名称）」は、法人にあつては、名称とその代表者の氏名とを記載する。
9　「氏名（名称）」には、かたかなでふりがなをつける。
10　代理人によらないときは「代理人」は記載するには及ばない。
11　「収入印紙」は、登録免許税の額に相当する金額の収入印紙を申請書にはり付け、その金額を余白に記載する。
12　外国語の固有名詞は、ローマ字を用いて記載する。
12の2　令第20条の2の規定により二以上の登録の申請を同一の申請書で行う場合には、各欄（「登録の目的」、「申請者」及び「添付資料の目録」の欄を除く。以下同じ。）にそれぞれ「別紙のとおり」と記載し、別の用紙に「（別紙）」と記載して、その次に登録の申請ごとにそれぞれ各欄に記載すべき事項を記載する。ただし、二以上の登録の申請において一の欄に記載すべき事項が全て同一となる場合など、これによるのが適切でない場合は申請書の当該欄に記載することができる。
12の3　令第21条の2の規定により資料の添付を省略するときは、「添付資料の目録」の欄に、当該資料の資料名とともにその旨を記載する。
13　訂正をしたときは、右の余白に訂正字数を記載する。

別記様式第四　（昭六一文令三四・追加、令元文科令八・一部改正、
　　　　　　　令二文科令四四・一部改正）

```
┌────────────────────────────────────────────────┐
│ ┌──┐      第一発行年月日                         │
│ │収入│     第一公表年月日  登 録 申 請 書          │
│ │印紙│                              年　月　日    │
│ └──┘                                            │
│                                                  │
│       文化庁長官　　　　　殿                       │
│                                                  │
│  1　著作物の題号                                  │
│  2　登録の原因及びその発生年月日                   │
│  3　登録の目的                                     │
│  4　前登録の登録番号                               │
│  5　申請者（　　　　　　）                          │
│       住所（居所）                                 │
│       氏名（名称）                                 │
│       代理人                                       │
│         住所（居所）                               │
│         氏名（名称）                               │
│  6　添付資料の目録                                 │
└────────────────────────────────────────────────┘
```

〔備考〕
　1　表題として、登録の目的の別に応じ、「第一発行年月日登録申請書」、
　　「第一公表年月日登録申請書」のいずれかを記載する。
　2　「申請者」の欄の（　）には、申請者が著作権者であるか発行者である
　　かの別を記載する。
　3　その他は、別記様式第三の備考1から13までと同様とする。

別記様式第五　（昭六一文令三四・追加、令元文科令八・一部改正、
　　　　　　　令二文科令四四・一部改正）

```
┌────────────────────────────────────────────────┐
│           創 作 年 月 日 登 録 申 請 書            │
│ ┌──┐                            年　月　日       │
│ │収入│                                           │
│ │印紙│ 文化庁長官　　　　　殿                      │
│ └──┘                                            │
│                                                  │
│  1　著作物の題号                                  │
│  2　登録の原因及びその発生年月日                   │
│  3　登録の目的                                     │
│  4　前登録の登録番号                               │
│  5　申請者                                         │
│       住所（居所）                                 │
│       氏名（名称）                                 │
│       代理人                                       │
│         住所（居所）                               │
│         氏名（名称）                               │
│  6　添付資料の目録                                 │
└────────────────────────────────────────────────┘
```

〔備考〕
　別記様式第三の備考1から13までと同様とする。

別記様式第六　（昭六一文令三四・追加、平一九文科令二九・一部改正、令元文科令八・一部改正、令二文科令四四・一部改正）

```
┌─────────────────────────────────────────────┐
│ ┌──┐           著作権登録申請書                │
│ │収入│                                        │
│ │印紙│                      年　月　日         │
│ └──┘                                         │
│                                             │
│     文化庁長官　　　　殿                       │
│                                             │
│  1  著作物の題号（フリガナ）                   │
│                                             │
│  2  権利の表示並びに登録の原因及びその発生年月日 │
│                                             │
│  3  登録の目的                               │
│                                             │
│  4  前登録の登録番号                          │
│                                             │
│  5  申請者                                   │
│    （登録権利者）                             │
│       住所（居所）                            │
│       氏名（名称）（フリガナ）                 │
│                                             │
│       代理人                                 │
│         住所（居所）                          │
│         氏名（名称）（フリガナ）               │
│                                             │
│    （登録義務者）                             │
│       住所（居所）                            │
│       氏名（名称）（フリガナ）                 │
│                                             │
│       代理人                                 │
│         住所（居所）                          │
│         氏名（名称）（フリガナ）               │
│                                             │
│  6  添付資料の目録                            │
│                                             │
└─────────────────────────────────────────────┘
```

〔備考〕
　1　令第 29 条各号（令第 37 条第 2 項及び第44条第 3 項において準用する場合を含む。）に規定する事項は「申請者」の欄の登録権利者の氏名（名称）の次に記載し、令第 30 条、第 31 条、第 33 条及び第 36 条に規定する事項は「権利の表示並びに登録の原因及びその発生年月日」の欄に記載する。
　2　その他は、別記様式第三の備考 1 から 13 までと同様とする。

別記様式第六の二　（令元文科令八・追加、令二文科令四四・一部改正）

収入印紙	相続又は法人の合併による著作権登録申請書

　　　　　　　　　　　　　　　　　　　　　　　　年　月　日

　　　　　文化庁長官　　　　　殿

1　著作物の題号（フリガナ）

2　権利の表示並びに登録の原因及びその発生年月日

3　被承継人の表示

　　　住所（居所）
　　　氏名（名称）（フ　リ　ガ　ナ）

4　登録の目的

5　前登録の登録番号

6　申請者

　　（登録権利者・承継人）
　　　　住所（居所）
　　　　氏名（名称）（フ　リ　ガ　ナ）

　　　　代理人
　　　　　住所（居所）
　　　　　氏名（名称）（フ　リ　ガ　ナ）

7　添付資料の目録

〔備考〕
　1　令第 29 条各号に規定する事項は「申請者」の欄の登録権利者・承継人
　　の氏名（名称）の次に記載し、令第 31 条及び第 33 条に規定する事項は
　　「権利の表示並びに登録の原因及びその発生年月日」の欄に記載する。
　2　その他は、別記様式第三の備考 1 から 13 までと同様とする。

別記様式第七 （平二六文科令二四・全改、令元文科令八・一部改正、
　　　　　　令二文科令四四・一部改正）

```
┌─────────────────────────────────────────────────────────┐
│┌──┐      出 版 権 登 録 申 請 書                          │
││収入│                                                    │
││印紙│                           年　月　日              │
│└──┘                                                    │
│      文化庁長官　　　　殿                                │
│                                                         │
│ 1　著作物の題号                                          │
│ 2　権利の表示並びに登録の原因及びその発生年月日          │
│ 3　登録の目的                                            │
│ 4　出版権の範囲                                          │
│ 5　出版権の存続期間                                      │
│ 6　出版権に関する特約                                    │
│ 7　前登録の登録番号                                      │
│ 8　申請者                                                │
│　（登録権利者）                                          │
│　　　住所（居所）                                        │
│　　　氏名（名称）                                        │
│                                                         │
│　　　代理人                                              │
│　　　　住所（居所）                                      │
│　　　　氏名（名称）                                      │
│                                                         │
│　（登録義務者）                                          │
│　　　住所（居所）                                        │
│　　　氏名（名称）                                        │
│                                                         │
│　　　代理人                                              │
│　　　　住所（居所）                                      │
│　　　　氏名（名称）                                      │
│                                                         │
│ 9　添付資料の目録                                        │
└─────────────────────────────────────────────────────────┘
```

〔備考〕
　1　「出版権の範囲」の欄には、当該出版権が平成27年1月1日以降に設定
　　されたものである場合であつて、出版権者が法第80条第1項第1号に掲げ
　　る権利のみを専有するとき、同項第2号に掲げる権利のみを専有するとき
　　その他同項に掲げる権利の一部を専有するときは設定行為で定められた出
　　版権の内容を記載し、出版権者が同項に掲げる権利の全部を専有するとき
　　は「限定なし」と記載する。
　2　「出版権の存続期間」は、設定行為に定めがないときは「定めなし」と
　　記載する。
　3　「出版権に関する特約」の欄には、設定行為に、法第80条第2項及び第
　　81条ただし書の別段の定めがあるときはその定めを記載し、別段の定め
　　がないときは「定めなし」と記載する。
　4　その他は、別記様式第三の備考1から13まで及び別記様式第六の備考
　　1と同様とする。

別記様式第七の二　（令元文科令八・追加、令二文科令四四・一部改正）

収入印紙	相続又は法人の合併による出版権登録申請書

　　　　　　　　　　　　　　　　　　　　　　年　月　日

　　　文化庁長官　　　　　殿

1　著作物の題号（フリガナ）

2　権利の表示並びに登録の原因及びその発生年月日

3　被承継人の表示

　　住所（居所）
　　氏名（名称）（フリガナ）

4　登録の目的

5　出版権の範囲

6　出版権の存続期間

7　出版権に関する特約

8　前登録の登録番号

9　申請者

　（登録権利者・承継人）

　　住所（居所）
　　氏名（名称）（フリガナ）

　　代理人
　　　住所（居所）
　　　氏名（名称）（フリガナ）

10　添付資料の目録

〔備考〕
　　別記様式第三の備考１から13まで、別記様式第六の二の備考１及び別記
様式第七の備考１から３までと同様とする。

別記様式第八　（昭六一文令三四・追加、令元文科令八・一部改正、
　　　　　　　　令二文科令四四・一部改正）

```
┌─────────────────────────────────────────────────────┐
│ ┌──┐                 著作隣接権登録申請書              │
│ │収入│                                                │
│ │印紙│                          年　月　日            │
│ └──┘                                                │
│                                                       │
│       文化庁長官　　　　　殿                          │
│                                                       │
│  1　実演、レコード、放送番組又は有線放送番組の名称    │
│                                                       │
│  2　権利の表示並びに登録の原因及びその発生年月日      │
│                                                       │
│  3　登録の目的                                        │
│                                                       │
│  4　前登録の登録番号                                  │
│                                                       │
│  5　申請者                                            │
│   （登録権利者）                                      │
│       住所（居所）                                    │
│       氏名（名称）                                    │
│                                                       │
│       代理人                                          │
│          住所（居所）                                 │
│          氏名（名称）                                 │
│                                                       │
│   （登録義務者）                                      │
│       住所（居所）                                    │
│       氏名（名称）                                    │
│                                                       │
│       代理人                                          │
│          住所（居所）                                 │
│          氏名（名称）                                 │
│                                                       │
│  6　添付資料の目録                                    │
└─────────────────────────────────────────────────────┘
```

※「名称」の上に「フリガナ」、「氏名」の上に「フ　リ　ガ　ナ」と付す。

〔備考〕
　1　「実演、レコード、放送番組又は有線放送番組の名称」は、名称がない
　　ときは「なし」、名称が不明であるときは「不明」と記載する。
　2　「実演、レコード、放送番組又は有線放送番組の名称」には、かたかな
　　でふりがなをつける。
　3　「前登録の登録番号」の欄には、登録の申請に係る実演、レコード、放
　　送又は有線放送に関する登録がされているときは、その登録の登録番号を
　　記載するものとし、不明であるときは「不明」と、登録がされていないと
　　きは「なし」と記載する。
　4　その他は、別記様式第三の備考1から3まで及び7から13まで並びに
　　別記様式第六の備考1と同様とする。

別記様式第八の二　（令元文科令八・追加、令二文科令四四・一部改正）

	相続又は法人の合併による著作隣接権登録申請書

収入
印紙

　　　　　　　　　　　　　　　　　　　　　　　　　　　年　月　日

　　　　文化庁長官　　　　　殿

1　実演、レコード、放送番組又は有線放送番組の名称
　　　　　　　　　　　　　　　　　　　　　　　　フリガナ

2　権利の表示並びに登録の原因及びその発生年月日

3　被承継人の表示

　　　住所（居所）
　　　　　　　　フ　リ　ガ　ナ
　　　氏名（名称）

4　登録の目的

5　前登録の登録番号

6　申請者

　　（登録権利者・承継人）
　　　　住所（居所）
　　　　　　　　　フ　リ　ガ　ナ
　　　　氏名（名称）

　　　代理人
　　　　住所（居所）
　　　　　　　　　フ　リ　ガ　ナ
　　　　氏名（名称）

7　添付資料の目録

〔備考〕
　　別記様式第三の備考1から3まで及び7から13まで、別記様式第六の二
の備考1並びに別記様式第八の備考1から3までと同様とする。

別記様式第九 （昭六一文令三四・追加）

```
┌─────────────────────────────────────────────────────┐
│              著 作 物 の 明 細 書                     │
│                                                       │
│  1  著作物の題号                                      │
│                    フ リ ガ ナ                        │
│  2  著作者の氏名 （名称)                               │
│                                                       │
│  3  著作者の国籍                                      │
│                                                       │
│  4  最初の公表の際に表示された著作者名                 │
│                                                       │
│  5  最初の公表年月日                                  │
│                                                       │
│  6  最初に発行された国の国名                           │
│                                                       │
│  7  著作物の種類                                      │
│                                                       │
│  8  著作物の内容又は体様                               │
└─────────────────────────────────────────────────────┘
```

〔備考〕

1 「著作者の氏名（名称)」には、かたかなでふりがなをつける。

2 「著作者の国籍」は、著作者が外国人であるときに限り記載する。

3 「最初の公表の際に表示された著作者名」は、無名で公表されたときは「無名」と記載する。

4 「最初の公表年月日」は、当該著作物が公表されていないときは「未公表」と記載する。

5 「最初に発行された国の国名」は、発行された外国人の著作物であるときに限り記載する。

6 「著作物の内容又は体様」は、著作物の概要を 200 字から 400 字程度で記載する。

　また、プログラムの著作物の場合は、プログラムの分類も記載する。

7 その他は、別記様式第三の備考1から4まで、12 及び 13 と同様とする。

別記様式第十　（昭六一文令三四・追加）

実　演　の　明　細　書

1　実演の名称

2　実演家の氏名及び芸名

　　フリガナ
　　氏名
　　フリガナ
　　芸名

3　実演家の国籍

4　実演が行われた年月日及び国の国名

5　レコードの名称等

　(1)　レコードの名称

　(2)　レコード製作者の氏名（名称）

　(3)　レコード製作者の国籍

　(4)　音が最初に固定された国の国名

6　放送番組の名称等

　(1)　放送番組の名称

　(2)　放送事業者の氏名（名称）

　(3)　放送事業者の国籍

　(4)　放送設備のある国の国名

7　映画の著作物の題号等

　(1)　映画の著作物の題号

　(2)　映画製作者の氏名（名称）

8　実演の種類

9　実演の内容

〔備考〕

1　「実演の名称」は、名称がないときは「なし」、名称が不明であるとき
　は「不明」と記載する。

2　「実演家の氏名及び芸名」の欄の「芸名」は、実演家がその氏名に代え
　て通常用いている芸名があるときはその芸名を記載し、芸名がないときは
　「芸名なし」と記載する。

3　「実演家の氏名及び芸名」の欄の「氏名」及び「芸名」には、かたかな
　でふりがなをつける。

4　「実演家の国籍」は、実演家が外国人であるときに限り記載する。

5　「レコードの名称等」の欄は、実演がレコードに固定されているときに
　限り記載するものとし、「レコードの名称」は名称がないときは「なし」
　と記載し、「レコード製作者の国籍」及び「音が最初に固定された国の国
　名」は実演が国外において行われたときに限り記載する。

6　「放送番組の名称等」の欄は、実演が国外において行われ、かつ、放送
　において送信され、かつ、法第8条各号に掲げるレコードに固定されたも
　の以外のものであるときに限り記載するものとし、「放送番組の名称」は
　名称がないときは「なし」と記載する。

7　実演が有線放送されたものであるときは、「放送番組の名称等」の欄中
　「放送」とあるのを「有線放送」とし、備考6を準用する。

8　「映画の著作物の題号等」の欄は、実演が映画の著作物において録音さ
　れ、又は録画されているときに限り記載するものとし、「映画の著作物の
　題号」は題号がないときは「なし」と記載する。

9　「実演の内容」は、実演の概要を200字から400字程度で記載する。

10　その他は、別記様式第三の備考1から3まで、12及び13と同様とする。

別記様式第十一 （昭六一文令三四・追加）

```
┌─────────────────────────────────────────────┐
│            レ コ ー ド の 明 細 書            │
│                                             │
│  1  レコードの名称                          │
│                                             │
│  2  レコード製作者の氏名（名称）            │
│                フ リ ガ ナ                   │
│                                             │
│  3  レコード製作者の国籍等                  │
│  (1)  レコード製作者の国籍                   │
│  (2)  音が最初に固定された国の国名          │
│                                             │
│  4  音が最初に固定された年月日              │
│                                             │
│  5  商業用レコードの名称等                  │
│  (1)  名称                                  │
│  (2)  体様                                  │
│  (3)  製作者の氏名（名称）                  │
│                                             │
│  6  レコードの内容                          │
└─────────────────────────────────────────────┘
```

〔備考〕
1 「レコードの名称」は、名称がないときは「なし」、名称が不明であるときは「不明」と記載する。
2 「レコード製作者の氏名（名称）」には、かたかなでふりがなをつける。
3 「レコード製作者の国籍等」の欄は、レコード製作者が外国人であるときに限り記載する。
4 「商業用レコードの名称等」の欄は、商業用レコードがすでに販売されているときに限り記載するものとし、「(1)名称」は、名称がないときは「なし」と記載する。
5 「レコードの内容」は、レコードの概要を200字から400字程度で記載する。
6 その他は、別記様式第三の備考1から3まで、12及び13と同様とする。

別記様式第十二　（昭六一文令三四・追加）

```
┌─────────────────────────────────────────────────┐
│              放　送　の　明　細　書              │
│                                                  │
│  1  放送の名称                                   │
│                                                  │
│                                                  │
│                  フ リ ガ ナ                     │
│  2  放送事業者の氏名（名称）                     │
│                                                  │
│                                                  │
│  3  放送事業者の国籍等                           │
│   (1)  放送事業者の国籍                           │
│   (2)  放送設備のある国の国名                     │
│                                                  │
│                                                  │
│  4  放送が行われた年月日                         │
│                                                  │
│                                                  │
│  5  放送の種類                                   │
│                                                  │
│                                                  │
│  6  放送番組の内容                               │
│                                                  │
└─────────────────────────────────────────────────┘
```

〔備考〕
　1　「放送の名称」は、名称がないときは「なし」、名称が不明であるとき
　　は「不明」と記載する。
　2　「放送事業者の氏名（名称）」には、かたかなでふりがなをつける。
　3　「放送事業者の国籍等」の欄は、放送事業者が外国人であるときに限り
　　記載する。
　4　「放送番組の内容」は、放送番組の概要を 200 字から 400 字程度で記載
　　する。
　5　その他は、別記様式第三の備考 1 から 3 まで、12 及び 13 と同様とする。
　6　有線放送の明細書を作成するときは、「放送」とあるのを「有線放送」
　　とし、備考 1 から 5 までを準用する。

4 プログラムの著作物に係る登録の特例に関する法律

（昭和六十一年五月二十三日　法律第六十五号）

改正　平成　　五年十一月　十二日　法律第八十九号

〔行政手続法の施行に伴う関係法律の整備に関する法律第八十四条による改正〕

同　　十一年十二月二十二日　同　第百六十号

〔中央省庁等改革関係法施行法第五百七十四条による改正〕

同　　十一年十二月二十二日　同　第二百二十号

〔独立行政法人の業務実施の円滑化等のための関係法律の整備等に関する法律第十七条による改正〕

同　　十八年　六月　　二日　同　第五十号

〔一般社団法人及び一般財団法人に関する法律及び公益社団法人及び公益財団法人の認定等に関する法律の施行に伴う関係法律の整備等に関する法律による改正〕

同　二十一年　六月　十九日　同　第五十三号

〔著作権法の一部を改正する法律第六条による改正〕

同　二十三年　六月二十四日　同　第七十四号

〔情報処理の高度化等に対処するための刑法等の一部を改正する法律による改正〕

同　二十六年　六月　十三日　同　第六十九号

〔行政不服審査法の施行に伴う関係法律の整備等に関する法律第百十五条による改正〕

令和　　二年　六月　十二日　同　第四十八号

〔著作権法及びプログラムの著作物に係る登録の特例に関する法律の一部を改正する法律による改正〕

令和　　四年　六月　十七日　同　第六十八号

〔刑法等の一部を改正する法律の施行に伴う関係法律の整理等に関する法律第二百十七条による改正〕

目次

第一章　総則（第一条）

第二章　登録手続等に関する特例（第二条－第四条）

第三章　登録機関に関する特例（第五条－第二十八条）

第四章　罰則（第二十九条－第三十一条）

附則

第一章　総則
（目的）

第一条　この法律は、プログラムの著作物に係る登録に関し、著作権法（昭和
四十五年法律第四十八号）の特例を定めることを目的とする。

第二章　登録手続等に関する特例
（プログラム登録の申請）

第二条　プログラムの著作物に係る著作権法第七十五条第一項、第七十六条第
一項、第七十六条の二第一項又は第七十七条の登録（以下「プログラム登録」
という。）の申請をしようとする者は、政令で定めるところにより、申請に
係るプログラムの著作物の内容を明らかにする資料として、当該著作物の複
製物を文化庁長官に提出しなければならない。ただし、当該著作物につき、
既に、申請に係るプログラム登録以外のプログラム登録がされている場合は、
この限りでない。

　　　　　　　（平二一法五三・一部改正、令二法四八・第二条削除旧第三条繰上）

（プログラム登録の公示）

第三条　文化庁長官は、プログラムの著作物に係る著作権法第七十六条第一項
又は第七十六条の二第一項の登録をした場合においては、文部科学省令で定
めるところにより、その旨を公示するものとする。

　　　　　　　　　　（平十一法一六〇・一部改正、令二法四八・旧第四条繰上）

（プログラム登録に関する証明の請求）

第四条　プログラム登録がされた著作物の著作権者その他の当該プログラム登
録に関し利害関係を有する者は、文化庁長官に対し、政令で定めるところに
より、自らが保有する記録媒体に記録されたプログラムの著作物が当該プロ
グラム登録がされた著作物であることの証明を請求することができる。

２　前項の規定による請求をする者は、実費を勘案して政令で定める額の手数
料を納付しなければならない。

３　前項の規定は、同項の規定により手数料を納付すべき者が国であるときは、
適用しない。

　　　　　　　（令二法四八・追加）

第三章　登録機関に関する特例
（指定登録機関の指定等）
第五条　文化庁長官は、その指定する者（以下「指定登録機関」という。）に、プログラム登録並びにプログラム登録につき前条第一項及び著作権法第七十八条第四項の規定による請求に基づき行われる事務並びに第三条の規定による公示（以下「登録事務」と総称する。）の全部又は一部を行わせることができる。

2　前項の指定は、文部科学省令で定めるところにより、登録事務を行おうとする者の申請により行う。

3　文化庁長官は、指定登録機関に登録事務を行わせるときは、当該指定登録機関が行う登録事務を行わないものとする。

4　指定登録機関が登録事務を行う場合においては、第二条中「文化庁長官」とあるのは「第五条第一項に規定する指定登録機関（次条及び第四条第一項において単に「指定登録機関」という。）」と、第三条及び前条第一項中「文化庁長官」とあるのは「指定登録機関」と、著作権法第七十八条第一項中「文化庁長官」とあるのは「プログラムの著作物に係る登録の特例に関する法律（昭和六十一年法律第六十五号）第五条第一項に規定する指定登録機関（第三項及び第四項において単に「指定登録機関」という。）」と、同条第三項中「第七十五条第一項の登録を行つたときは」とあるのは「指定登録機関が第七十五条第一項の登録を行つたときは」と、同条第四項中「文化庁長官」とあるのは「指定登録機関」とする。

　　　　　（平十一法一六〇・2項一部改正、平二一法五三・1項4項一部改正、令二法四八・1項4項一部改正）

（欠格条項）
第六条　次の各号のいずれかに該当する者は、前条第一項の指定を受けることができない。
一　この法律又は著作権法の規定により罰金以上の刑に処せられ、その執行を終わり、又は執行を受けることがなくなつた日から二年を経過しない者
二　第二十条の規定により指定を取り消され、その取消しの日から二年を経過しない者
三　その業務を行う役員のうちに、次のいずれかに該当する者がある場合
　　イ　第一号に該当する者
　　ロ　第十五条の規定による命令により解任され、その解任の日から二年を経過しない者

（指定の基準）

第七条　文化庁長官は、第五条第一項の指定の申請が次の各号に適合している
　　と認めるときでなければ、その指定をしてはならない。

　一　文部科学省令で定める条件に適合する知識経験を有する者がプログラム
　　　登録を実施し、その数が文部科学省令で定める数以上であること。

　二　登録事務を的確かつ円滑に行うに必要な経理的基礎及び技術的能力を有
　　　するものであること。

　三　一般社団法人又は一般財団法人であつて、その役員又は職員の構成が登
　　　録事務の公正な遂行に支障を及ぼすおそれがないものであること。

　四　登録事務以外の業務を行つているときは、その業務を行うことによつて
　　　登録事務が不公正になるおそれがないものであること。

　五　その指定をすることによつて登録事務の的確かつ円滑な実施を阻害する
　　　こととならないこと。

　　　　　　　（平十一法一六〇・一号一部改正、平十八法五〇・三号一部改正）

　（登録の実施義務等）

第八条　指定登録機関は、プログラム登録をすべきことを求められたときは、
　　正当な理由がある場合を除き、遅滞なく、プログラム登録を行わなければな
　　らない。

２　指定登録機関は、プログラム登録を行うときは、前条第一号に規定する者
　　（以下「登録実施者」という。）に実施させなければならない。

　（実名の登録の報告義務）

第九条　指定登録機関は、著作権法第七十五条第一項の登録を行つた場合には、
　　速やかに、文化庁長官に対し、同法第七十八条第三項の規定による公表のた
　　めに必要な事項を報告しなければならない。

　　　　　　　（平二一法五三・一部改正、令二法四八・一部改正）

　（事務所の変更）

第十条　指定登録機関は、登録事務を行う事務所の所在地を変更しようとする
　　ときは、変更しようとする日の二週間前までに、文化庁長官に届け出なけれ
　　ばならない。

　（登録事務規程）

第十一条　指定登録機関は、登録事務に関する規程（以下「登録事務規程」と
　　いう。）を定め、文化庁長官の認可を受けなければならない。これを変更し
　　ようとするときも、同様とする。

２　登録事務規程で定めるべき事項は、文部科学省令で定める。

３　文化庁長官は、第一項の認可をした登録事務規程が登録事務の公正な遂行
　　上不適当となつたと認めるときは、指定登録機関に対し、登録事務規程を変

更すべきことを命ずることができる。

（平十一法一六〇・2項一部改正）

（登録事務の休廃止）

第十二条　指定登録機関は、文化庁長官の許可を受けなければ、登録事務の全部又は一部を休止し、又は廃止してはならない。

（事業計画等）

第十三条　指定登録機関は、第五条第一項の指定を受けた日の属する事業年度にあつてはその指定を受けた後遅滞なく、その他の事業年度にあつてはその開始前に、その事業年度の事業計画及び収支予算を作成し、文化庁長官の認可を受けなければならない。これを変更しようとするときも、同様とする。

2　指定登録機関は、毎事業年度経過後三月以内に、その事業年度の事業報告書及び収支決算書を作成し、文化庁長官に提出しなければならない。

（役員等の選任及び解任）

第十四条　指定登録機関の役員又は登録実施者の選任又は解任は、文化庁長官の認可を受けなければ、その効力を生じない。

（解任命令）

第十五条　文化庁長官は、指定登録機関の役員又は登録実施者が、この法律（この法律に基づく命令又は処分を含む。）若しくは登録事務規程に違反したとき、又は登録事務に関し著しく不適当な行為をしたときは、指定登録機関に対し、その役員又は登録実施者を解任すべきことを命ずることができる。

（秘密保持義務等）

第十六条　指定登録機関の役員若しくは職員又はこれらの職にあつた者は、登録事務に関して知り得た秘密を漏らしてはならない。

2　登録事務に従事する指定登録機関の役員又は職員は、刑法（明治四十年法律第四十五号）その他の罰則の適用については、法令により公務に従事する職員とみなす。

（適合命令等）

第十七条　文化庁長官は、指定登録機関が第七条第一号から第四号までに適合しなくなつたと認めるときは、その指定登録機関に対し、これらの規定に適合するため必要な措置をとるべきことを命ずることができる。

2　文化庁長官は、前項に定めるもののほか、この法律を施行するため必要があると認めるときは、指定登録機関に対し、登録事務に関し監督上必要な命令をすることができる。

（帳簿の記載等）

第十八条　指定登録機関は、帳簿を備え、登録事務に関し文部科学省令で定め

る事項を記載しなければならない。

2　前項の帳簿は、文部科学省令で定めるところにより、保存しなければならない。

　　　　　（平十一法一六〇・１項２項一部改正）

（報告及び立入検査）

第十九条　文化庁長官は、この法律の施行に必要な限度において、指定登録機関に対し、その業務若しくは経理の状況に関し報告させ、又はその職員に、指定登録機関の事務所に立ち入り、業務の状況若しくは帳簿、書類その他の物件を検査させ、若しくは関係者に質問させることができる。

2　前項の規定により立入検査をする職員は、その身分を示す証明書を携帯し、関係者に提示しなければならない。

3　第一項に規定する立入検査の権限は、犯罪捜査のために認められたものと解してはならない。

（指定の取消し等）

第二十条　文化庁長官は、指定登録機関が次の各号のいずれかに該当するときは、その指定を取り消し、又は期間を定めて登録事務の全部若しくは一部の停止を命ずることができる。

　一　第八条から第十条まで、第十一条第一項、第十二条、第十三条、第十六条第一項又は第十八条の規定に違反したとき。

　二　第六条第一号又は第三号に該当するに至つたとき。

　三　第十一条第一項の認可を受けた登録事務規程によらないで登録事務を行つたとき。

　四　第十一条第三項、第十五条又は第十七条の規定による命令に違反したとき。

　五　不正の手段により指定を受けたとき。

　　　　　（令二法四八・一号一部改正）

（聴聞の方法の特例）

第二十一条　第十五条の規定による解任の命令又は前条の規定による指定の取消しに係る聴聞の期日における審理は、公開により行わなければならない。

2　前項の聴聞の主宰者は、行政手続法（平成五年法律第八十八号）第十七条第一項の規定により当該処分に係る利害関係人が当該聴聞に関する手続に参加することを求めたときは、これを許可しなければならない。

　　　　　（平五法八九・全改）

（文化庁長官による登録事務の実施等）

第二十二条　文化庁長官は、指定登録機関が第十二条の許可を受けて登録事務

の全部若しくは一部を休止したとき、第二十条の規定により指定登録機関に対し登録事務の全部若しくは一部の停止を命じたとき、又は指定登録機関が天災その他の事由により登録事務の全部若しくは一部を実施することが困難となつた場合において必要があると認めるときは、当該登録事務の全部又は一部を自ら行うものとする。

2　文化庁長官が前項の規定により登録事務の全部若しくは一部を自ら行う場合、指定登録機関が第十二条の許可を受けて登録事務の全部若しくは一部を廃止する場合又は第二十条の規定により文化庁長官が指定登録機関の指定を取り消した場合における登録事務の引継ぎその他の必要な事項については、文部科学省令で定める。

　　　　　（平十一法一六〇・2項一部改正）

（指定登録機関がした処分等に係る審査請求）

第二十三条　指定登録機関が行う登録事務に係る処分又はその不作為について不服がある者は、文化庁長官に対し、審査請求をすることができる。この場合において、文化庁長官は、行政不服審査法（平成二十六年法律第六十八号）第二十五条第二項及び第三項、第四十六条第一項及び第二項、第四十七条並びに第四十九条第三項の規定の適用については、指定登録機関の上級行政庁とみなす。

　　　　　（平二六法六九・一部改正）

（公示）

第二十四条　文化庁長官は、次の場合には、文部科学省令で定めるところにより、その旨を官報で告示しなければならない。

一　第五条第一項の指定をしたとき。

二　第十条の規定による届出があつたとき。

三　第十二条の許可をしたとき。

四　第二十条の規定により指定を取り消し、又は登録事務の全部若しくは一部の停止を命じたとき。

五　第二十二条第一項の規定により文化庁長官が登録事務の全部若しくは一部を自ら行うこととするとき、又は自ら行つていた登録事務の全部若しくは一部を行わないこととするとき。

　　　　　（平十一法一六〇・1項柱書一部改正）

（手数料）

第二十五条　指定登録機関がプログラム登録を行う場合において、その登録の申請をしようとする者は、実費を勘案して政令で定める額の手数料を指定登録機関に納付しなければならない。

第二十六条　指定登録機関がプログラム登録につき第四条第一項又は著作権法第七十八条第四項の規定による請求に基づき行われる事務を行う場合には、第四条第三項又は同法第七十八条第六項の規定は、適用しない。

　　　　　（平十一法二二〇・一部改正、平二一法五三・一部改正、令二法四八・全改）

第二十七条　第四条第二項若しくは第二十五条又は著作権法第七十八条第五項の規定により指定登録機関に納められた手数料は、指定登録機関の収入とする。

　　　　　（平二一法五三・一部改正、令二法四八・一部改正）

第二十八条　この章に規定するもののほか、指定登録機関の行う登録事務に関し必要な事項は、政令で定める。

　　　第四章　罰則

第二十九条　第十六条第一項の規定に違反した者は、一年以下の懲役又は三十万円以下の罰金に処する。

第二十九条　第十六条第一項の規定に違反した者は、一年以下の<u>拘禁刑</u>又は三十万円以下の罰金に処する。

　　　　　（令和四年六月十七日から起算して三年を越えない範囲内において政令で定める日から施行）

第三十条　第二十条の規定による登録事務の停止の命令に違反したときは、その違反行為をした指定登録機関の役員又は職員は、一年以下の懲役又は三十万円以下の罰金に処する。

第三十条　第二十条の規定による登録事務の停止の命令に違反したときは、その違反行為をした指定登録機関の役員又は職員は、一年以下の<u>拘禁刑</u>又は三十万円以下の罰金に処する。

　　　　　（令和四年六月十七日から起算して三年を越えない範囲内において政令で定める日から施行）

第三十一条　次の各号のいずれかに該当するときは、その違反行為をした指定登録機関の役員又は職員は、二十万円以下の罰金に処する。

一　第十二条の許可を受けないで登録事務の全部を廃止したとき。

二　第十八条第一項の規定に違反して帳簿を備えず、帳簿に記載せず、若しくは帳簿に虚偽の記載をし、又は同条第二項の規定に違反して帳簿を保存しなかつたとき。

三　第十九条第一項の規定による報告をせず、若しくは虚偽の報告をし、又は同項の規定による検査を拒み、妨げ、若しくは忌避し、若しくは同項の

規定による質問に対して陳述をせず、若しくは虚偽の陳述をしたとき。

　　附　則（抄）
（施行期日）
1　この法律は、昭和六十二年四月一日から施行する。ただし、第五条から第七条まで、第十条、第十一条、第十三条第一項、第十四条から第十七条まで、第十九条、第二十条（第三号を除く。）、第二十一条、第二十四条、第二十九条、第三十一条第三号及び次項の規定は、昭和六十一年十月一日から施行する。
（経過措置）
2　この法律の施行の日前に指定登録機関の指定がされた場合においては、指定登録機関は、第五条第一項の規定にかかわらず、その施行の日の前日までの間は、登録事務を行うことができないものとする。
　　附　則（平成五年法律第八十九号）（抄）
（施行期日）
第一条　この法律は、行政手続法（平成五年法律第八十八号）の施行の日から施行する。〔平成六年十月一日から施行〕
　　附　則（平成十一年法律第百六十号）（抄）
（施行期日）
第一条　この法律（第二条及び第三条を除く。）は、平成十三年一月六日から施行する。ただし、次の各号に掲げる規定は、当該各号に定める日から施行する。
一・二　（略）
　　附　則（平成十一年法律第二百二十号）（抄）
（施行期日）
第一条　この法律（第一条を除く。）は、平成十三年一月六日から施行する。ただし、次の各号に掲げる規定は、当該各号に定める日から施行する。
一～三　（略）
　　附　則（平成十八年法律第五十号）（抄）
（施行期日）
1　この法律は、一般社団・財団法人法の施行の日から施行する。〔平成二十年十二月一日から施行〕
　　附　則（平成二十一年法律第五十三号）（抄）
（施行期日）
第一条　この法律は、平成二十二年一月一日から施行する。ただし、第七十条

第二項、第七十八条、第八十八条第二項及び第百四条の改正規定並びに附則第六条の規定は、公布の日から起算して二年を超えない範囲内において政令で定める日から施行する。〔平成二十三年六月一日から施行〕

　　　　附　則（平成二十三年法律第七十四号）（抄）

（施行期日）

第一条　この法律は、公布の日から起算して二十日を経過した日から施行する。〔平成二十三年七月十三日から施行〕

　　　　附　則（平成二十六年法律第六十九号）（抄）

（施行期日）

第一条　この法律は、行政不服審査法（平成二十六年法律第六十八号）の施行の日から施行する。〔平成二十八年四月一日から施行〕

　　　　附　則（令和二年法律第四十八号）（抄）

（施行期日）

第一条　この法律は、令和三年一月一日から施行する。ただし、次の各号に掲げる規定は、当該各号に定める日から施行する。

　一　第三条（プログラムの著作物に係る登録の特例に関する法律（以下「プログラム登録特例法」という。）第二十条第一号の改正規定に限る。）並びに次条並びに附則第三条、第六条、第七条、第十二条及び第十三条（映画の盗撮の防止に関する法律（平成十九年法律第六十五号）第四条第一項の改正規定中「含む」の下に「。第三項において同じ」を加える部分に限る。）の規定　公布の日〔令和二年六月十二日から施行〕

　二　第一条並びに附則第四条、第八条、第十一条及び第十三条（前号に掲げる改正規定を除く。）の規定　令和二年十月一日

　三　第三条（プログラム登録特例法第九条、第二十条第一号及び第二十六条の改正規定を除く。）の規定　公布の日から起算して一年を超えない範囲内において政令で定める日〔令和三年六月一日から施行〕

（検討）

第七条　政府は、著作権、出版権又は著作隣接権を侵害する送信可能化への対処に関し、その施策の充実を図る観点から検討を加え、その結果に基づいて必要な措置を講ずるものとする。

（手数料の納付についての経過措置）

第九条　この法律の施行の日（以下「施行日」という。）前に独立行政法人（独立行政法人通則法（平成十一年法律第百三号）第二条第一項に規定する独立行政法人をいう。以下この条において同じ。）（第二条の規定による改正前の著作権法（以下この条において「第二条改正前著作権法」という。）第七十

条第二項の政令で定める独立行政法人に限る。）が行った第二条改正前著作権法第六十七条第一項（第二条改正前著作権法第百三条において準用する場合を含む。）の裁定の申請及び第二条改正前著作権法第百六条のあっせんの申請に係る手数料の納付については、第二条改正後著作権法第七十条第二項及び第百七条第二項の規定にかかわらず、なお従前の例による。

2　施行日前に国又は独立行政法人（第三条の規定による改正前のプログラム登録特例法第二十六条の政令で定める独立行政法人に限る。）が行った第二条改正前著作権法第七十五条第一項、第七十六条第一項、第七十六条の二第一項及び第七十七条の登録の申請並びに第二条改正前著作権法第七十八条第四項（第二条改正前著作権法第百四条において準用する場合を含む。）の請求に係る手数料の納付については、第二条改正後著作権法第七十八条第六項及び第三条の規定による改正後のプログラム登録特例法（次条において「新プログラム登録特例法」という。）第二十六条の規定にかかわらず、なお従前の例による。

（附則第一条第三号に掲げる規定の施行の日の前日までの間の読替え）

第十条　施行日から附則第一条第三号に掲げる規定の施行の日の前日までの間における新プログラム登録特例法第二十六条の規定の適用については、同条中「第四条第一項又は著作権法」とあるのは「著作権法」と、「第四条第三項又は同法」とあるのは「同法」とする。

（政令への委任）

第十二条　附則第八条から前条までに規定するもののほか、この法律の施行に関し必要な経過措置（罰則に関する経過措置を含む。）は、政令で定める。

　　　附　則（令和四年法律第六十八号）（抄）

（施行期日）

1　この法律は、刑法等一部改正法施行日から施行する。〔令和四年七月七日から施行〕ただし、次の各号に掲げる規定は、当該各号に定める日から施行する。

一　第五百九条の規定　公布の日〔令和四年六月十七日から施行〕

5 万国著作権条約の実施に伴う著作権法の 特例に関する法律

（昭和三十一年四月二十八日　法律第八十六号）

改正　昭和三十七年　三月二十九日　法律第三十五号
　　　〔文部省設置法の一部を改正する法律附則第四項による改正〕
　　　同　四十三年　六月　十五日　同　第九十九号
　　　〔行政機構の簡素化等のための総理府設置法等の一部を改正する
　　　法律第二十五条による改正〕
　　　同　四十五年　五月　　六日　同　第四十八号
　　　〔著作権法附則第二十六条による改正〕
　　　同　五十八年十二月　　二日　同　第七十八号
　　　〔国家行政組織法の一部を改正する法律の施行に伴う関係法律の
　　　整理等に関する法律第七十四条による改正〕
　　　平成　　六年十二月　十四日　同　第百十二号
　　　同　　十一年十二月二十二日　同　第百六十号
　　　〔中央省庁等改革関係法施行法第五百三十九条による改正〕
　　　同　　十二年　五月　　八日　同　第五十六号

　（目的）
第一条　この法律は、万国著作権条約の実施に伴い、著作権法（昭和四十五年
　法律第四十八号）の特例を定めることを目的とする。
　（定義）
第二条　この法律において「万国条約」とは、万国著作権条約をいう。
2　この法律において「発行」とは、万国条約第六条に規定する発行をいう。
3　この法律において「翻訳権」とは、万国条約第五条に規定する翻訳権をい
　う。
　（著作物の保護期間の特例）
第三条　万国条約の締約国の国民の発行されていない著作物又は万国条約の締
　約国で最初に発行された著作物で、万国条約第二条の規定に基いて著作権法
　による保護を受けているものが、その締約国の法令により保護期間の満了に
　よつて保護を受けなくなつたときは、その著作物の保護期間は、著作権法の
　規定にかかわらず、その締約国の法令による保護期間の満了の日までとする。
2　万国条約の締約国の国民の発行されていない著作物又は万国条約の締約国

で最初に発行された著作物で、その締約国の法令により保護を受ける著作物の種類に属しないものは、万国条約第二条の規定に基く著作権法による保護を受けないものとする。

第四条　万国条約の締約国の国民の著作物で非締約国で最初に発行されたものは、前条の規定の適用については、その締約国で最初に発行されたものとみなす。

2　二以上の万国条約の締約国で同時に発行された著作物は、前条の規定の適用については、最も短い保護期間を許与する締約国で最初に発行されたものとみなす。最初の発行の日から三十日以内に二以上の締約国で発行された著作物は、これらの締約国で同時に発行されたものとみなす。

（翻訳権に関する特例）

第五条　万国条約に基いて著作権法による保護を受けている文書の最初の発行の日の属する年の翌年から起算して七年を経過した時までに、翻訳権を有する者又はその者の許諾を得た者により、日本語で、その文書の翻訳物が発行されず、又は発行されたが絶版になつている場合において、次の各号の一に該当するときは、日本国民は、政令の定めるところにより、文化庁長官の許可を受けて、日本語でその文書の翻訳物を発行することができる。ただし、その発行前に、政令の定めるところにより、文化庁長官の認可を受けた公正なかつ国際慣行に合致した補償額の全部又は一部を、翻訳権を有する者に支払い、又はその者のために供託しなければならない。

一　翻訳権を有する者に対し翻訳し、かつ、その翻訳物を発行することの許諾を求めたが拒否されたとき。

二　相当な努力を払つたが翻訳権を有する者と連絡することができなかつたとき。

2　前項第二号の場合においては、同項の許可を申請した者は、原著作物に発行者の氏名が掲げられているときはその発行者に対し、及び翻訳権を有する者の国籍が判明しているときはその翻訳権を有する者が国籍を有する国の外交代表若しくは領事代表又はその国の政府が指定する機関に対して、申請書の写を送付し、かつ、これを送付した旨を文化庁長官に届け出なければならない。

3　文化庁長官は、前項の規定による申請書の写の発送の日から二箇月の期間が経過するまでは、第一項の許可をすることができない。

4　文化庁長官は、第一項ただし書の認可をするには、文化審議会に諮問しなければならない。

　　　　（平十一法一六〇・4項一部改正）

第六条　前条第一項の許可を受けた者は、その許可に係る翻訳物を発行する権利を譲渡することができない。

第七条　第五条第一項の許可に係る翻訳物には、政令の定めるところにより、原著作物の題号、原著作者の氏名及びその他の事項を掲げなければならない。

第八条　第五条第一項の許可に係る翻訳物は、政令で定める万国条約の締約国以外の国へは、輸出することができない。

　（無国籍者及び亡命者）

第九条　無国籍者及び亡命者の著作物に対する万国著作権条約の適用に関する同条約の第一附属議定書の締約国に常時居住する無国籍者及び亡命者は、第三条から第五条までの規定の適用については、その締約国の国民とみなす。

　（ベルヌ条約等の保護を受ける著作物）

第十条　この法律は、文学的及び美術的著作物の保護に関するベルヌ条約により創設された国際同盟の加盟国、著作権に関する世界知的所有権機関条約の締約国又は世界貿易機関の加盟国の一をそれぞれ文学的及び美術的著作物の保護に関するベルヌ条約、著作権に関する世界知的所有権機関条約又は世界貿易機関を設立するマラケシュ協定の規定に基づいて本国とする著作物については、適用しない。ただし、当該著作物となる前に第五条第一項の許可を受けた者及び当該許可に係る翻訳物に対する同条から第八条までの規定の適用については、この限りでない。

　　　　　（平十二法五六・一部改正）

　（日本国との平和条約第十二条の保護を受けている著作物）

第十一条　日本国との平和条約第二十五条に規定する連合国でこの法律の施行の際万国条約の締約国であるもの及びその国民は、この法律の施行の際日本国との平和条約第十二条の規定に基く旧著作権法（明治三十二年法律第三十九号）による保護を受けている著作物については、この法律の施行後も引き続き、その保護（著作権法の施行の際当該保護を受けている著作物については、同法による保護）と同一の保護を受けるものとする。

　（政令への委任）

第十二条　この法律に定めるもののほか、この法律の実施のため必要な事項は、政令で定める。

　　　附　則（抄）

（施行期日）

1　この法律は、万国条約が日本国について効力を生ずる日から施行する。〔昭和三十一年四月二十八日から施行〕

（経過規定）

2　この法律（第十一条を除く。）は、発行されていない著作物でこの法律の施行前に著作されたもの及び発行された著作物でこの法律の施行前に発行されたものについては、適用しない。

　　　附　則（昭和三十七年法律第三十五号）（抄）

1　この法律は、昭和三十七年四月一日から施行する。

　　　附　則（昭和四十三年法律第九十九号）（抄）

（施行期日）

1　この法律は、公布の日から施行する。〔昭和四十三年六月十五日から施行〕

（経過規定）

3　この法律の施行の際現にこの法律による改正前の文化財保護法、著作権法、著作権に関する仲介業務に関する法律、万国著作権条約の実施に伴う著作権法の特例に関する法律、銃砲刀剣類所持等取締法又は国立劇場法の規定により文化財保護委員会又は文部大臣がした許可、認可、指定その他の処分又は通知その他の手続は、この法律による改正後のこれらの法律の相当規定に基づいて、文部大臣又は文化庁長官がした処分又は手続とみなす。

4　この法律の施行の際現にこの法律による改正前の文化財保護法、著作権法、著作権に関する仲介業務に関する法律、万国著作権条約の実施に伴う著作権法の特例に関する法律、銃砲刀剣類所持等取締法又は国立劇場法の規定により文化財保護委員会又は文部大臣に対してされている申請、届出その他の手続は、この法律による改正後のこれらの法律の相当規定に基づいて、文部大臣又は文化庁長官に対してされた手続とみなす。

　　　附　則（昭和四十五年法律第四十八号）（抄）

（施行期日）

第一条　この法律は、昭和四十六年一月一日から施行する。

　　　附　則（昭和五十八年法律第七十八号）（抄）

1　この法律（第一条を除く。）は、昭和五十九年七月一日から施行する。

2　この法律の施行の日の前日において法律の規定により置かれている機関等で、この法律の施行の日以後は国家行政組織法又はこの法律による改正後の関係法律の規定に基づく政令（以下「関係政令」という。）の規定により置かれることとなるものに関し必要となる経過措置その他この法律の施行に伴う関係政令の制定又は改廃に関し必要となる経過措置は、政令で定めることができる。

　　　附　則（平成六年法律第百十二号）（抄）

（施行期日）

1　この法律は、世界貿易機関を設立するマラケシュ協定が日本国について効力を生ずる日の翌日から起算して一年を超えない範囲内において政令で定める日から施行する。〔平成八年一月一日から施行〕

　　　附　則（平成十一年法律第百六十号）（抄）

（施行期日）

第一条　この法律（第二条及び第三条を除く。）は、平成十三年一月六日から施行する。ただし、次の各号に掲げる規定は、当該各号に定める日から施行する。

　一・二　（略）

　　　附　則（平成十二年法律第五十六号）（抄）

1　この法律は、平成十三年一月一日から施行する。ただし、第一条中著作権法第五十八条の改正規定及び第二条の規定は、著作権に関する世界知的所有権機関条約が日本国について効力を生ずる日から施行する。

6 連合国及び連合国民の著作権の特例に関する法律

（昭和二十七年八月八日　法律第三百二号）

改正　昭和四十二年六月十二日　法律第三十六号
　　　〔登録免許税法の施行に伴う関係法令の整備等に関する法律第三
　　　十四条による改正〕
　　　同　四十五年五月　六日　同　第四十八号
　　　〔著作権法附則第二十四条による改正〕

（目的）
第一条　この法律は、連合国及び連合国民の著作権に関し、日本国との平和条約第十五条(c)の規定に基き、著作権法（昭和四十五年法律第四十八号）の特例を定めることを目的とする。

（定義）
第二条　この法律において「連合国」とは、日本国との平和条約第二十五条において「連合国」として規定された国をいう。

2　この法律において「連合国民」とは、左の各号に掲げるものをいう。

一　連合国の国籍を有する者

二　連合国の法令に基いて設立された法人及びこれに準ずる者

三　前号に掲げるものを除く外、営利を目的とする法人その他の団体で、前二号又は本号に掲げるものがその株式又は持分（当該法人その他の団体の役員が有する株式又は持分を除く。）の全部を有するもの

四　第二号に掲げるものを除く外、前三号又は本号に掲げるものが支配する宗教法人その他の営利を目的としない法人その他の団体

3　この法律において「著作権」とは、旧著作権法（明治三十二年法律第三十九号）に基く権利（同法第二十八条の三に規定する出版権を除く。）の全部又は一部をいう。

（戦時中に生じた著作権）
第三条　昭和十六年十二月七日に日本国が当事国であつた条約又は協定が、日本国と当該連合国との戦争の発生の時以後において、日本国又は当該連合国の国内法により廃棄され、又は停止されたかどうかにかかわらず、その日から日本国と当該連合国との間に日本国との平和条約が効力を生ずる日の前日までの期間に、当該条約又は協定により連合国又は連合国民が取得するはずであつた著作権は、その取得するはずであつた日において有効に取得された

ものとして保護する。

（著作権の存続期間に関する特例）

第四条　昭和十六年十二月七日に連合国及び連合国民が有していた著作権は、著作権法に規定する当該著作権に相当する権利の存続期間に、昭和十六年十二月八日から日本国と当該連合国との間に日本国との平和条約が効力を生ずる日の前日までの期間（当該期間において連合国及び連合国民以外の者が当該著作権を有していた期間があるときは、その期間を除く。）に相当する期間を加算した期間継続する。

2　昭和十六年十二月八日から日本国と当該連合国との間に日本国との平和条約が効力を生ずる日の前日までの期間において、連合国又は連合国民が取得した著作権（前条の規定により有効に取得されたものとして保護される著作権を含む。)は、著作権法に規定する当該著作権に相当する権利の存続期間に、当該連合国又は連合国民がその著作権を取得した日から日本国と当該連合国との間に日本国との平和条約が効力を生ずる日の前日までの期間（当該期間において連合国及び連合国民以外の者が当該著作権を有していた期間があるときは、その期間を除く。）に相当する期間を加算した期間継続する。

（翻訳権の存続期間に関する特例）

第五条　著作物を日本語に翻訳する権利について、著作権法附則第八条の規定によりなお効力を有することとされる旧著作権法第七条第一項（翻訳権）に規定する期間につき前条第一項又は第二項の規定を適用する場合には、それぞれ更に六箇月を加算するものとする。

（連合国及び連合国民以外の者の著作権）

第六条　前二条の規定は、日本国と当該連合国との間に日本国との平和条約が効力を生ずる日において連合国又は連合国民が有する著作権（前二条に規定する加算期間を加算することにより、著作権の存続期間が同日以後なお継続することとなる場合を含む。）についてのみ、これを適用する。

（手続等の不要）

第七条　第三条から第五条までの規定の適用については、申請書の提出、手数料の支払その他一切の手続又は条件を課さない。但し、著作権法第七十七条（著作権の登録）若しくは第七十八条（登録手続等）又は登録免許税法（昭和四十二年法律第三十五号）の規定の適用を妨げない。

　　　附　則

　この法律は、公布の日から施行し、日本国との平和条約の最初の効力発生の日から適用する。〔昭和二十七年四月二十八日から適用〕

　　附　則（昭和四十二年法律第三十六号）（抄）

１　この法律は、登録免許税法の施行の日から施行する。〔昭和四十二年八月一日から施行〕

　　附　則（昭和四十五年法律第四十八号）（抄）

　（施行期日）

第一条　この法律は、昭和四十六年一月一日から施行する。

　（連合国及び連合国民の著作権の特例に関する法律の一部改正に伴う経過措置）

第二十五条　前条の規定による改正後の連合国及び連合国民の著作権の特例に関する法律（以下「改正後の特例法」という。）の規定は、この法律の施行の際現に消滅している改正後の特例法第二条第三項に規定する著作権については、適用しない。

２　この法律の施行前に公表された著作物の改正後の特例法第二条第三項に規定する著作権でこの法律の施行の際現に存するものの存続期間については、前条の規定による改正前の連合国及び連合国民の著作権の特例に関する法律第四条の規定による当該著作権の存続期間が改正後の特例法第四条の規定による当該著作権の存続期間より長いときは、なお従前の例による。

7　著作権等管理事業法

（平成十二年十一月二十九日　法律第百三十一号）

改正　平成　十三年十二月　　五日　法律第百三十八号
　　　〔刑法の一部を改正する法律附則第三条による改正〕
　　　同　　十四年　六月　十九日　同　第七十二号
　　　〔著作権法の一部を改正する法律附則第九項による改正〕
　　　同　　十六年　六月　　二日　同　第七十六号
　　　〔破産法の施行に伴う関係法律の整備等に関する法律第百二十六
　　　条による改正〕
　　　同　　十六年　六月　十八日　同　第百二十四号
　　　〔不動産登記法の施行に伴う関係法律の整備等に関する法律第二
　　　十条による改正〕
　　　同　　十六年十二月　　三日　同　第百五十四号
　　　〔信託業法附則九十八条による改正〕
　　　同　　二十年　五月　　二日　同　第二十八号
　　　〔暴力団員による不当な行為の防止等に関する法律の一部を改正
　　　する法律附則第三条による改正〕
　　　同　二十四年　八月　　一日　同　第五十三号
　　　〔暴力団員による不当な行為の防止等に関する法律の一部を改正
　　　する法律附則第二十二条・第二十三条による改正〕
　　　同　二十五年十一月二十七日　同　第八十六号
　　　〔自動車の運転により人を死傷させる行為等の処罰に関する法律
　　　附則第八条による改正〕
　　　令和　　元年　六月　十四日　同　第三十七号
　　　〔成年被後見人等の権利の制限に係る措置の適正化等を図るため
　　　の関係法律の整備に関する法律第七十三条による改正〕
　　　令和　　四年　六月　十七日　同　第六十八号
　　　〔刑法等の一部を改正する法律の施行に伴う関係法律の整理等に
　　　関する法律第二百十五条による改正〕

目次

　第一章　総則（第一条・第二条）
　第二章　登録（第三条－第十条）

第三章　業務（第十一条－第十八条）

第四章　監督（第十九条－第二十二条）

第五章　使用料規程に関する協議及び裁定（第二十三条・第二十四条）

第六章　雑則（第二十五条－第二十八条）

第七章　罰則（第二十九条－第三十四条）

附則

第一章　総則

（目的）

第一条　この法律は、著作権及び著作隣接権を管理する事業を行う者について登録制度を実施し、管理委託契約約款及び使用料規程の届出及び公示を義務付ける等その業務の適正な運営を確保するための措置を講ずることにより、著作権及び著作隣接権の管理を委託する者を保護するとともに、著作物、実演、レコード、放送及び有線放送の利用を円滑にし、もって文化の発展に寄与することを目的とする。

（定義）

第二条　この法律において「管理委託契約」とは、次に掲げる契約であって、受託者による著作物、実演、レコード、放送又は有線放送（以下「著作物等」という。）の利用の許諾に際して委託者（委託者が当該著作物等に係る次に掲げる契約の受託者であるときは、当該契約の委託者。次項において同じ。）が使用料の額を決定することとされているもの以外のものをいう。

　一　委託者が受託者に著作権又は著作隣接権（以下「著作権等」という。）を移転し、著作物等の利用の許諾その他の当該著作権等の管理を行わせることを目的とする信託契約

　二　委託者が受託者に著作物等の利用の許諾の取次ぎ又は代理をさせ、併せて当該取次ぎ又は代理に伴う著作権等の管理を行わせることを目的とする委任契約

2　この法律において「著作権等管理事業」とは、管理委託契約（委託者が人的関係、資本関係等において受託者と密接な関係を有する者として文部科学省令で定める者であるものを除く。）に基づき著作物等の利用の許諾その他の著作権等の管理を行う行為であって、業として行うものをいう。

3　この法律において「著作権等管理事業者」とは、次条の登録を受けて著作権等管理事業を行う者をいう。

第二章　登録

（登録）

第三条　著作権等管理事業を行おうとする者は、文化庁長官の登録を受けなければならない。

（登録の申請）

第四条　前条の登録を受けようとする者は、次に掲げる事項を記載した登録申請書を文化庁長官に提出しなければならない。

一　名称

二　役員（第六条第一項第一号に規定する人格のない社団にあっては、代表者。同項第五号及び第九条第四号において同じ。）の氏名

三　事業所の名称及び所在地

四　取り扱う著作物等の種類及び著作物等の利用方法

五　その他文部科学省令で定める事項

2　前項の登録申請書には、次に掲げる書類を添付しなければならない。

一　第六条第一項第三号から第六号までに該当しないことを誓約する書面

二　登記事項証明書、貸借対照表その他の文部科学省令で定める書類

（平十六法一二四・2項二号一部改正）

（登録の実施）

第五条　文化庁長官は、前条の規定による登録の申請があったときは、次条第一項の規定により登録を拒否する場合を除き、次に掲げる事項を著作権等管理事業者登録簿に登録しなければならない。

一　前条第一項各号に掲げる事項

二　登録年月日及び登録番号

2　文化庁長官は、前項の規定による登録をしたときは、遅滞なく、その旨を登録申請者に通知しなければならない。

3　文化庁長官は、著作権等管理事業者登録簿を公衆の縦覧に供しなければならない。

（登録の拒否）

第六条　文化庁長官は、登録申請者が次の各号のいずれかに該当するとき、又は登録申請書若しくはその添付書類のうちに虚偽の記載があり、若しくは重要な事実の記載が欠けているときは、その登録を拒否しなければならない。

一　法人（営利を目的としない法人格を有しない社団であって、代表者の定めがあり、かつ、その直接又は間接の構成員との間における管理委託契約のみに基づく著作権等管理事業を行うことを目的とするもの（以下「人格のない社団」という。）を含む。以下この項において同じ。）でない者

　二　他の著作権等管理事業者が現に用いている名称と同一の名称又は他の著作権等管理事業者と誤認されるおそれがある名称を用いようとする法人

　三　第二十一条第一項又は第二項の規定により登録を取り消され、その取消しの日から五年を経過しない法人

　四　この法律又は著作権法（昭和四十五年法律第四十八号）の規定に違反し、罰金の刑に処せられ、その刑の執行を終わり、又はその刑の執行を受けることがなくなった日から五年を経過しない法人

　五　役員のうちに次のいずれかに該当する者のある法人

　　イ　心身の故障により著作権等管理事業者の役員の職務を適正に行うことができない者として文部科学省令で定めるもの

　　ロ　破産手続開始の決定を受けて復権を得ない者

　　ハ　著作権等管理事業者が第二十一条第一項又は第二項の規定により登録を取り消された場合において、その取消しの日前三十日以内にその著作権等管理事業者の役員であった者でその取消しの日から五年を経過しないもの

　　ニ　禁錮以上の刑に処せられ、その刑の執行を終わり、又はその刑の執行を受けることがなくなった日から五年を経過しない者

　　ニ　拘禁刑以上の刑に処せられ、その刑の執行を終わり、又はその刑の執行を受けることがなくなった日から五年を経過しない者

　　　（令和四年六月十七日から起算して三年を越えない範囲内において政令で定める日から施行）

　　ホ　この法律、著作権法若しくはプログラムの著作物に係る登録の特例に関する法律（昭和六十一年法律第六十五号）の規定若しくは暴力団員による不当な行為の防止等に関する法律（平成三年法律第七十七号）の規定（同法第三十二条の三第七項及び第三十二条の十一第一項の規定を除く。）に違反し、又は刑法（明治四十年法律第四十五号）第二百四条、第二百六条、第二百八条、第二百八条の二、第二百二十二条若しくは第二百四十七条の罪若しくは暴力行為等処罰に関する法律（大正十五年法律第六十号）の罪を犯し、罰金の刑に処せられ、その刑の執行を終わり、又はその刑の執行を受けることがなくなった日から五年を経過しない者

　六　著作権等管理事業を遂行するために必要と認められる文部科学省令で定める基準に適合する財産的基礎を有しない法人

2　文化庁長官は、前項の規定により登録を拒否したときは、遅滞なく、文書によりその理由を付して通知しなければならない。

　　　　　（平十三法一三八・1項五号一部改正、平二十法二八・1項五号ホ一

部改正、平二四法五三・1項五号ニホ一部改正、平二五法八六・1項
五号ホ一部改正、令元法三七・1項五号イロ全改）

（変更の届出）

第七条 著作権等管理事業者は、第四条第一項各号に掲げる事項に変更があっ
たときは、その日から二週間以内に、その旨を文化庁長官に届け出なければ
ならない。

2 文化庁長官は、前項の規定による届出を受理したときは、届出があった事
項を著作権等管理事業者登録簿に登録しなければならない。

（承継）

第八条 著作権等管理事業者がその著作権等管理事業の全部を譲渡し、又は著
作権等管理事業者について合併若しくは分割（その著作権等管理事業の全部
を承継させるものに限る。）があったときは、その著作権等管理事業の全部
を譲り受けた法人（人格のない社団を含む。）又は合併後存続する法人（著
作権等管理事業者である法人と著作権等管理事業を行っていない法人の合併
後存続する著作権等管理事業者である法人を除く。以下この項において同
じ。）若しくは合併により設立された法人若しくは分割によりその著作権等
管理事業の全部を承継した法人は、当該著作権等管理事業者の地位を承継す
る。ただし、その著作権等管理事業の全部を譲り受けた法人（人格のない社
団を含む。）又は合併後存続する法人若しくは合併により設立された法人若
しくは分割によりその著作権等管理事業の全部を承継した法人が第六条第一
項第二号から第六号までのいずれかに該当するときは、この限りでない。

2 前項の規定により著作権等管理事業者の地位を承継した者は、その承継の
日から三十日以内に、その旨を文化庁長官に届け出なければならない。

3 前条第二項の規定は、前項の規定による届出について準用する。

（廃業の届出等）

第九条 著作権等管理事業者が次の各号のいずれかに該当することとなったと
きは、当該各号に定める者は、その日から三十日以内に、その旨を文化庁長
官に届け出なければならない。

一 合併により消滅したとき 消滅した法人を代表する役員であった者

二 破産手続開始の決定を受けたとき 破産管財人

三 合併及び破産手続開始の決定以外の理由により解散（人格のない社団に
あっては、解散に相当する行為）をしたとき 清算人（人格のない社団に
あっては、代表者であった者）

四 著作権等管理事業を廃止したとき 著作権等管理事業者であった法人
（人格のない社団を含む。）を代表する役員

（登録の抹消）

第十条　文化庁長官は、前条の規定による届出があったとき又は第二十一条第一項若しくは第二項の規定により登録を取り消したときは、当該著作権等管理事業者の登録を抹消しなければならない。

第三章　業務

（管理委託契約約款）

第十一条　著作権等管理事業者は、次に掲げる事項を記載した管理委託契約約款を定め、あらかじめ、文化庁長官に届け出なければならない。これを変更しようとするときも、同様とする。

一　管理委託契約の種別（第二条第一項第二号の委任契約であるときは、取次ぎ又は代理の別を含む。）

二　契約期間

三　収受した著作物等の使用料の分配の方法

四　著作権等管理事業者の報酬

五　その他文部科学省令で定める事項

2　著作権等管理事業者は、前項後段の規定による変更の届出をしたときは、遅滞なく、委託者に対し、その届出に係る管理委託契約約款の内容を通知しなければならない。

3　著作権等管理事業者は、第一項の規定による届出をした管理委託契約約款によらなければ、管理委託契約を締結してはならない。

（管理委託契約約款の内容の説明）

第十二条　著作権等管理事業者は、管理委託契約を締結しようとするときは、著作権等の管理を委託しようとする者に対し、管理委託契約約款の内容を説明しなければならない。

（使用料規程）

第十三条　著作権等管理事業者は、次に掲げる事項を記載した使用料規程を定め、あらかじめ、文化庁長官に届け出なければならない。これを変更しようとするときも、同様とする。

一　文部科学省令で定める基準に従い定める利用区分（著作物等の種類及び利用方法の別による区分をいう。第二十三条において同じ。）ごとの著作物等の使用料の額

二　実施の日

三　その他文部科学省令で定める事項

2　著作権等管理事業者は、使用料規程を定め、又は変更しようとするときは、利用者又はその団体からあらかじめ意見を聴取するように努めなければならない。

3　著作権等管理事業者は、第一項の規定による届出をしたときは、遅滞なく、その届出に係る使用料規程の概要を公表しなければならない。

4　著作権等管理事業者は、第一項の規定による届出をした使用料規程に定める額を超える額を、取り扱っている著作物等の使用料として請求してはならない。

（使用料規程の実施禁止期間）

第十四条　前条第一項の規定による届出をした著作権等管理事業者は、文化庁長官が当該届出を受理した日から起算して三十日を経過する日までの間は、当該届出に係る使用料規程を実施してはならない。

2　文化庁長官は、著作権等管理事業者から前条第一項の規定による届出があった場合において、当該届出に係る使用料規程が著作物等の円滑な利用を阻害するおそれがあると認めるときは、その全部又は一部について、当該届出を受理した日から起算して三月を超えない範囲内において、前項の期間を延長することができる。

3　文化庁長官は、指定著作権等管理事業者（第二十三条第一項の指定著作権等管理事業者をいう。以下この条において同じ。）から前条第一項の規定による届出があった場合において、第一項の期間を経過する日までの間に利用者代表（第二十三条第二項に規定する利用者代表をいう。第五項において同じ。）から当該届出に係る使用料規程に関し第二十三条第二項の協議を求めた旨の通知があったときは、当該使用料規程のうち当該協議に係る部分の全部又は一部について、当該届出を受理した日から起算して六月を超えない範囲内において、第一項の期間を延長することができる。

4　文化庁長官は、前項の規定により第一項の期間を延長した場合において、当該延長された同項の期間を経過する日前に、当該使用料規程のうち当該延長に係る部分の全部又は一部について、当該指定著作権等管理事業者から第二十三条第二項の協議において変更する必要がないこととされた旨の通知があったとき、又は変更する必要がない旨の第二十四条第一項の裁定をしたときは、当該使用料規程のうち当該変更する必要がないこととされた部分について、当該延長された第一項の期間を短縮することができる。

5　文化庁長官は、第二項の規定により第一項の期間を延長したとき又は第三項の規定により第一項の期間を延長し、若しくは前項の規定により当該延長された第一項の期間を短縮したときは、その旨を、当該著作権等管理事業者

又は当該指定著作権等管理事業者及び利用者代表に通知するとともに、公告
しなければならない。

（管理委託契約約款及び使用料規程の公示）

第十五条　著作権等管理事業者は、文部科学省令で定めるところにより、第十
　一条第一項の規定による届出をした管理委託契約約款及び第十三条第一項の
　規定による届出をした使用料規程を公示しなければならない。

（利用の許諾の拒否の制限）

第十六条　著作権等管理事業者は、正当な理由がなければ、取り扱っている著
　作物等の利用の許諾を拒んではならない。

（情報の提供）

第十七条　著作権等管理事業者は、著作物等の題号又は名称その他の取り扱っ
　ている著作物等に関する情報及び当該著作物等ごとの取り扱っている利用方
　法に関する情報を利用者に提供するように努めなければならない。

（財務諸表等の備付け及び閲覧等）

第十八条　著作権等管理事業者は、毎事業年度経過後三月以内に、その事業年
　度の著作権等管理事業に係る貸借対照表、事業報告書その他の文部科学省令
　で定める書類（次項及び第三十四条第二号において「財務諸表等」という。）
　を作成し、五年間事業所に備えて置かなければならない。

2　委託者は、著作権等管理事業者の業務時間内は、いつでも、財務諸表等の
　閲覧又は謄写を請求することができる。

第四章　監督

（報告徴収及び立入検査）

第十九条　文化庁長官は、この法律の施行に必要な限度において、著作権等管
　理事業者に対し、その業務若しくは財産の状況に関し報告させ、又はその職
　員に、著作権等管理事業者の事業所に立ち入り、業務の状況若しくは帳簿、
　書類その他の物件を検査させ、若しくは関係者に質問させることができる。

2　前項の規定により立入検査をする職員は、その身分を示す証明書を携帯し、
　関係者に提示しなければならない。

3　第一項の規定による立入検査の権限は、犯罪捜査のために認められたもの
　と解してはならない。

（業務改善命令）

第二十条　文化庁長官は、著作権等管理事業者の業務の運営に関し、委託者又
　は利用者の利益を害する事実があると認めるときは、委託者又は利用者の保
　護のため必要な限度において、当該著作権等管理事業者に対し、管理委託契

約款又は使用料規程の変更その他業務の運営の改善に必要な措置をとるべきことを命ずることができる。

（登録の取消し等）

第二十一条　文化庁長官は、著作権等管理事業者が次の各号のいずれかに該当するときは、その登録を取り消し、又は六月以内の期間を定めて著作権等管理事業の全部若しくは一部の停止を命ずることができる。

一　この法律若しくはこの法律に基づく命令又はこれらに基づく処分に違反したとき。

二　不正の手段により第三条の登録を受けたとき。

三　第六条第一項第一号、第二号、第四号又は第五号のいずれかに該当することとなったとき。

2　文化庁長官は、著作権等管理事業者が登録を受けてから一年以内に著作権等管理事業を開始せず、又は引き続き一年以上著作権等管理事業を行っていないと認めるときは、その登録を取り消すことができる。

3　第六条第二項の規定は、前二項の場合について準用する。

（監督処分の公告）

第二十二条　文化庁長官は、前条第一項又は第二項の規定による処分をしたときは、文部科学省令で定めるところにより、その旨を公告しなければならない。

第五章　使用料規程に関する協議及び裁定

（協議）

第二十三条　文化庁長官は、著作権等管理事業者について、その使用料規程におけるいずれかの利用区分（当該利用区分における著作物等の利用の状況を勘案して当該利用区分をより細分した区分についてこの項の指定をすることが合理的であると認めるときは、当該細分した区分。以下この条において同じ。）において、すべての著作権等管理事業者の収受した使用料の総額に占めるその収受した使用料の額の割合が相当の割合であり、かつ、次に掲げる場合に該当するときは、当該著作権等管理事業者を当該利用区分に係る指定著作権等管理事業者として指定することができる。

一　当該利用区分において収受された使用料の総額に占めるすべての著作権等管理事業者の収受した使用料の総額の割合が相当の割合である場合

二　前号に掲げる場合のほか、当該著作権等管理事業者の使用料規程が当該利用区分における使用料の額の基準として広く用いられており、かつ、当該利用区分における著作物等の円滑な利用を図るために特に必要があると

認める場合

2　指定著作権等管理事業者は、当該利用区分に係る利用者代表（一の利用区分において、利用者の総数に占めるその直接又は間接の構成員である利用者の数の割合、利用者が支払った使用料の総額に占めるその直接又は間接の構成員が支払った使用料の額の割合その他の事情から当該利用区分における利用者の利益を代表すると認められる団体又は個人をいう。以下この章において同じ。）から、第十三条第一項の規定による届出をした使用料規程（当該利用区分に係る部分に限る。以下この章において同じ。）に関する協議を求められたときは、これに応じなければならない。

3　利用者代表は、前項の協議（以下この章において「協議」という。）に際し、当該利用区分における利用者（当該利用者代表が直接又は間接の構成員を有する団体であるときは、当該構成員である利用者を除く。）から意見を聴取するように努めなければならない。

4　文化庁長官は、利用者代表が協議を求めたにもかかわらず指定著作権等管理事業者が当該協議に応じず、又は協議が成立しなかった場合であって、当該利用者代表から申立てがあったときは、当該指定著作権等管理事業者に対し、その協議の開始又は再開を命ずることができる。

5　指定著作権等管理事業者は、協議が成立したとき（当該使用料規程を変更する必要がないこととされたときを除く。次項において同じ。）は、その結果に基づき、当該使用料規程を変更しなければならない。

6　使用料規程の実施の日（第十四条第三項の規定により同条第一項の期間が延長されたときは、当該延長された同項の期間を経過する日。次条第三項において同じ。）前に協議が成立したときは、当該使用料規程のうち変更する必要があることとされた部分に係る第十三条第一項の規定による届出は、なかったものとみなす。

　（裁定）

第二十四条　前条第四項の規定による命令があった場合において、協議が成立しないときは、その当事者は、当該使用料規程について文化庁長官の裁定を申請することができる。

2　文化庁長官は、前項の裁定（以下この条において「裁定」という。）の申請があったときは、その旨を他の当事者に通知し、相当の期間を指定して、意見を述べる機会を与えなければならない。

3　指定著作権等管理事業者は、使用料規程の実施の日前に裁定の申請をし、又は前項の通知を受けたときは、第十四条の規定により使用料規程を実施してはならないこととされる期間を経過した後においても、当該裁定がある日

までは、当該使用料規程を実施してはならない。

4　文化庁長官は、裁定をしようとするときは、文化審議会に諮問しなければ
　ならない。

5　文化庁長官は、裁定をしたときは、その旨を当事者に通知しなければなら
　ない。

6　使用料規程を変更する必要がある旨の裁定があったときは、当該使用料規
　程は、その裁定において定められたところに従い、変更されるものとする。

第六章　雑則

（適用除外）

第二十五条　第十一条第一項第三号、第十三条、第十四条、第十五条（使用料
　規程に係る部分に限る。）、第二十三条及び前条の規定は、次の各号に掲げる
　団体が第三条の登録を受けて当該各号に定める権利に係る著作権等管理事業
　を行うときは、当該権利に係る使用料については、適用しない。

　一　著作権法第九十五条の三第四項において準用する同法第九十五条第五項
　　の団体　同法第九十五条の三第一項に規定する権利

　二　著作権法第九十七条の三第四項において準用する同法第九十七条第三項
　　の団体　同法第九十七条の三第一項に規定する権利

　　　　　（平十二法一三一・2号一部改正）

（信託業法の適用除外等）

第二十六条　信託業法（平成十六年法律第百五十四号）第三条の規定は、第二
　条第一項第一号に掲げる契約に基づき著作権等のみの信託の引受けを業とし
　て行う者については、適用しない。

　　　　　（平十六法一五四・1項一部改正2項削除）

（文部科学省令への委任）

第二十七条　この法律に定めるもののほか、この法律を実施するため必要な事
　項は、文部科学省令で定める。

（経過措置）

第二十八条　この法律の規定に基づき文部科学省令を制定し、又は改廃する場
　合においては、その文部科学省令で、その制定又は改廃に伴い合理的に必要
　と判断される範囲内において、所要の経過措置を定めることができる。

第七章　罰則

第二十九条　次の各号のいずれかに該当する者は、百万円以下の罰金に処する。

　一　第三条の規定に違反して著作権等管理事業を行った者

二　不正の手段により第三条の登録を受けた者

第三十条　第二十一条第一項の規定による著作権等管理事業の停止の命令に違反した者は、五十万円以下の罰金に処する。

第三十一条　次の各号のいずれかに該当する者は、三十万円以下の罰金に処する。

一　第十一条第三項の規定に違反して管理委託契約を締結した者

二　第十三条第四項の規定に違反して請求した使用料を収受した者

三　第二十条の規定による命令に違反した者

第三十二条　次の各号のいずれかに該当する者は、二十万円以下の罰金に処する。

一　第七条第一項又は第八条第二項の規定による届出をせず、又は虚偽の届出をした者

二　第十五条の規定に違反して管理委託契約約款又は使用料規程を公示しなかった者

三　第十九条第一項の規定による報告をせず、若しくは虚偽の報告をし、又は同項の規定による検査を拒み、妨げ、若しくは忌避し、若しくは同項の規定による質問に対して陳述をせず、若しくは虚偽の陳述をした者

第三十三条　法人（法人格を有しない社団又は財団で代表者又は管理人の定めのあるものを含む。以下この項において同じ。）の代表者若しくは管理人又は法人若しくは人の代理人、使用人その他の従業者が、その法人又は人の業務に関し、第二十九条から前条までの違反行為をしたときは、行為者を罰するほか、その法人又は人に対しても、各本条の罰金刑を科する。

２　法人格を有しない社団又は財団について前項の規定の適用がある場合には、その代表者又は管理人がその訴訟行為につきその社団又は財団を代表するほか、法人を被告人又は被疑者とする場合の刑事訴訟に関する法律の規定を準用する。

第三十四条　次の各号のいずれかに該当する者は、二十万円以下の過料に処する。

一　第九条の規定による届出をせず、又は虚偽の届出をした者

二　第十八条第一項の規定に違反して財務諸表等を備えて置かず、財務諸表等に記載すべき事項を記載せず、若しくは虚偽の記載をし、又は正当な理由がないのに同条第二項の規定による財務諸表等の閲覧若しくは謄写を拒んだ者

附　則

（施行期日）

第一条　この法律は、平成十三年十月一日から施行する。

（著作権に関する仲介業務に関する法律の廃止）

第二条　著作権に関する仲介業務に関する法律（昭和十四年法律第六十七号）は、廃止する。

（旧仲介業務であった著作権等管理事業に係る経過措置）

第三条　この法律の施行の際現に前条の規定による廃止前の著作権に関する仲介業務に関する法律（以下「旧仲介業務法」という。）第二条の規定による許可を受けている者であって著作権等管理事業を行っているものは、当該許可に係る旧仲介業務（旧仲介業務法第一条に規定する著作権に関する仲介業務をいう。次条第一項において同じ。）のうち著作権等管理事業に該当する部分について、この法律の施行の日に第三条の登録を受けたものとみなす。

2　前項の規定により第三条の登録を受けたものとみなされる者（以下この条において「旧仲介人」という。）は、この法律の施行の日から三十日以内に、第四条第一項各号に掲げる事項を記載した書類及び同条第二項各号に掲げる書類を文化庁長官に提出しなければならない。

3　文化庁長官は、前項に規定する書類の提出があったときは、当該書類に記載された第四条第一項各号に掲げる事項及び第五条第一項第二号に掲げる事項を著作権等管理事業者登録簿に登録するものとする。

4　旧仲介人に対する第十一条第三項、第十二条及び第十五条（管理委託契約約款に係る部分に限る。）の規定の適用については、平成十四年三月三十一日又は第十一条第一項の規定により届け出た管理委託契約約款の実施の日の前日のいずれか早い日までの間は、旧仲介業務法第二条又は第四条の規定により許可を受けた業務執行の方法は、第十一条第一項の規定により届け出た管理委託契約約款とみなす。

5　旧仲介人に対する第十三条第四項及び第十五条（使用料規程に係る部分に限る。）の規定の適用については、平成十四年三月三十一日又は第十三条第一項の規定により新たに届け出た使用料規程の実施の日の前日のいずれか早い日までの間は、旧仲介業務法第三条第一項の規定により認可を受けた著作物使用料規程（次項において「旧著作物使用料規程」という。）は、第十三条第一項の規定により届け出た使用料規程とみなす。

6　旧仲介人が第十三条第一項の規定により新たに届け出た使用料規程であってその実施の日が平成十四年四月一日以前であるものの全部又は一部について次の各号に掲げる事由があるときは、旧著作物使用料規程のうち当該全部又は一部に相当する部分については、前項の規定にかかわらず、当該各号に

定める日までの間、同条第一項の規定により届け出た使用料規程とみなす。

一　第十四条第二項から第四項までの規定により同条第一項の期間が変更された
とき（次号に該当するときを除く。）　当該変更された同項の期間を経過する日

二　その実施の日（第十四条第三項の規定により同条第一項の期間が延長され
たときは、当該延長された同項の期間を経過する日）前に第二十四条第
一項の裁定の申請があったとき　その実施の日の前日又は当該裁定の日の
いずれか遅い日

（旧仲介業務に該当しない著作権等管理事業に係る経過措置）

第四条　この法律の施行の際現に著作権等管理事業（旧仲介業務に該当するも
のを除く。以下この条において同じ。）を行っている者は、平成十四年三月
三十一日までの間は、第三条の登録を受けないで、当該著作権等管理事業を
引き続き行うことができる。

2　前項に規定する者が同項の著作権等管理事業について平成十四年三月三十
一日以前に第三条の登録を受けた場合には、当該著作権等管理事業について
は、同日又は第十一条第一項の規定により届け出た管理委託契約約款の実施
の日の前日のいずれか早い日までの間は、同条第三項及び第十二条の規定は、
適用しない。

3　前項に規定する場合には、当該著作権等管理事業については、平成十四年
三月三十一日又は第十三条第一項の規定により届け出た使用料規程の実施の
日の前日のいずれか早い日までの間は、同条第四項の規定は、適用しない。

4　その実施の日が平成十四年四月一日以前である使用料規程の全部又は一部
について前条第六項各号に掲げる事由があるときは、当該著作権等管理事業
のうち当該全部又は一部に係る部分については、前項の規定にかかわらず、
当該各号に定める日までの間、第十三条第四項の規定は、適用しない。

（登録の拒否に関する経過措置）

第五条　第六条第一項第三号及び第五号ハの規定の適用については、旧仲介業
務法第九条の規定により旧仲介業務法第二条の許可を取り消された者は、そ
の処分を受けた日において、第二十一条第一項の規定により登録を取り消さ
れた者とみなす。

2　第六条第一項第四号及び第五号ホの規定の適用については、旧仲介業務法
の規定により罰金の刑に処せられた者は、その処分を受けた日において、こ
の法律の規定に違反し、罰金の刑に処せられた者とみなす。

（罰則に関する経過措置）

第六条　この法律の施行前にした行為に対する罰則の適用については、なお従

前の例による。

　（検討）

第七条　政府は、この法律の施行後三年を経過した場合において、この法律の施行の状況を勘案し、必要があると認めるときは、この法律の規定について検討を加え、その結果に基づいて必要な措置を講ずるものとする。

　　　附　則（平成十三年法律第百三十八号）（抄）

　（施行期日）

第一条　この法律は、公布の日から起算して二十日を経過した日から施行する。

　〔平成十三年十二月二十五日から施行〕

　　　附　則（平成十四年法律第七十二号）（抄）

　（施行期日）

1　この法律の規定は、次の各号に掲げる区分に従い、当該各号に定める日から施行する。

　一　第七条の改正規定、第八条の改正規定、第九十五条の改正規定、第九十五条の三の改正規定、第九十七条の改正規定、第九十七条の三の改正規定並びに附則第二項から第四項まで、第六項、第七項及び第九項の規定　実演及びレコードに関する世界知的所有権機関条約（以下「実演・レコード条約」という。）が日本国について効力を生ずる日〔平成十四年十月九日から施行〕

　　　附　則（平成十六年法律第七十六号）（抄）

　（施行期日）

第一条　この法律は、破産法（平成十六年法律第七十五号。次条第八項並びに附則第三条第八項、第五条第八項、第十六項及び第二十一項、第八条第三項並びに第十三条において「新破産法」という。）の施行の日から施行する。〔平成十七年一月一日から施行〕

　（罰則の適用等に関する経過措置）

第十二条　施行日前にした行為並びに附則第二条第一項、第三条第一項、第四条、第五条第一項、第九項、第十七項、第十九項及び第二十一項並びに第六条第一項及び第三項の規定によりなお従前の例によることとされる場合における施行日以後にした行為に対する罰則の適用については、なお従前の例による。

5　施行日前にされた破産の宣告、再生手続開始の決定、更生手続開始の決定又は外国倒産処理手続の承認の決定に係る届出、通知又は報告の義務に関するこの法律による改正前の証券取引法、測量法、国際観光ホテル整備法、建築士法、投資信託及び投資法人に関する法律、電気通信事業法、電気通信役

務利用放送法、水洗炭業に関する法律、不動産の鑑定評価に関する法律、外国証券業者に関する法律、積立式宅地建物販売業法、銀行法、貸金業の規制等に関する法律、浄化槽法、有価証券に係る投資顧問業の規制等に関する法律、抵当証券業の規制等に関する法律、金融先物取引法、遊漁船業の適正化に関する法律、前払式証票の規制等に関する法律、商品投資に係る事業の規制に関する法律、不動産特定共同事業法、保険業法、資産の流動化に関する法律、債権管理回収業に関する特別措置法、新事業創出促進法、建設工事に係る資材の再資源化等に関する法律、著作権等管理事業法、マンションの管理の適正化の推進に関する法律、確定給付企業年金法、特定製品に係るフロン類の回収及び破壊の実施の確保等に関する法律、社債等の振替に関する法律、確定拠出年金法、使用済自動車の再資源化等に関する法律、信託業法及び特定目的会社による特定資産の流動化に関する法律等の一部を改正する法律附則第二条第一項の規定によりなおその効力を有するものとされる同法第一条の規定による改正前の特定目的会社による特定資産の流動化に関する法律の規定並びにこれらの規定に係る罰則の適用については、なお従前の例による。

（政令への委任）

第十四条 附則第二条から前条までに規定するもののほか、この法律の施行に関し必要な経過措置は、政令で定める。

　　　　附　則（平成十六年法律第百二十四号）（抄）

（施行期日）

第一条 この法律は、新不動産登記法の施行の日から施行する。〔平成十七年三月七日から施行〕

　　　　附　則（平成十六年法律第百五十四号）（抄）

（施行期日）

第一条 この法律は、公布の日から起算して六月を超えない範囲内において政令で定める日（以下「施行日」という。）から施行する。（後略）〔平成十六年十二月三十日から施行〕

（処分等の効力）

第百二十一条 この法律の施行前のそれぞれの法律（これに基づく命令を含む。以下この条において同じ。）の規定によってした処分、手続その他の行為であって、改正後のそれぞれの法律の規定に相当の規定があるものは、この附則に別段の定めがあるものを除き、改正後のそれぞれの法律の相当の規定によってしたものとみなす。

（罰則に関する経過措置）

第百二十二条 この法律の施行前にした行為並びにこの附則の規定によりなお従前の例によることとされる場合及びこの附則の規定によりなおその効力を有することとされる場合におけるこの法律の施行後にした行為に対する罰則の適用については、なお従前の例による。

（その他の経過措置の政令への委任）

第百二十三条 この附則に規定するもののほか、この法律の施行に伴い必要な経過措置は、政令で定める。

　　　附　則（平成二十年法律第二十八号）（抄）

（施行期日）

第一条 この法律は、公布の日から施行する。

　　　附　則（平成二十四年法律第五十三号）（抄）

（施行期日）

第一条 この法律は、公布の日から起算して三月を超えない範囲内において政令で定める日から施行する。〔平成二十四年十月三十日から施行〕ただし、次の各号に掲げる規定は、当該各号に定める日から施行する。

一　第二条の規定並びに附則第五条、第七条、第十条、第十二条、第十四条、第十六条、第十八条、第二十条、第二十三条、第二十八条及び第三十一条第二項の規定　公布の日から起算して六月を超えない範囲内において政令で定める日

二　（略）

　　　附　則（平成二十五年法律第八十六号）（抄）

（施行期日）

第一条 この法律は、公布の日から起算して六月を超えない範囲内において政令で定める日から施行する。〔平成二十六年五月二十日から施行〕

（罰則の適用等に関する経過措置）

第十四条 この法律の施行前にした行為に対する罰則の適用については、なお従前の例による。

　　　附　則（令和元年法律第三十七号）（抄）

（施行期日）

第一条 この法律は、公布の日から起算して三月を経過した日から施行する。〔令和元年九月十四日から施行〕

（行政庁の行為等に関する経過措置）

第二条 この法律（前条各号に掲げる規定にあっては、当該規定。以下この条及び次条において同じ。）の施行の日前に、この法律による改正前の法律又はこれに基づく命令の規定（欠格条項その他の権利の制限に係る措置を定め

るものに限る。）に基づき行われた行政庁の処分その他の行為及び当該規定により生じた失職の効力については、なお従前の例による。

（罰則に関する経過措置）

第三条 この法律の施行前にした行為に対する罰則の適用については、なお従前の例による。

（検討）

第七条 政府は、会社法（平成十七年法律第八十六号）及び一般社団法人及び一般財団法人に関する法律（平成十八年法律第四十八号）における法人の役員の資格を成年被後見人又は被保佐人であることを理由に制限する旨の規定について、この法律の公布後一年以内を目途として検討を加え、その結果に基づき、当該規定の削除その他の必要な法制上の措置を講ずるものとする。

　　附　則（令和四年法律第六十八号）（抄）

（施行期日）

1　この法律は、刑法等一部改正法施行日から施行する。〔令和四年七月七日から施行〕ただし、次の各号に掲げる規定は、当該各号に定める日から施行する。

一　第五百九条の規定　公布の日〔令和四年六月十七日〕

8　映画の盗撮の防止に関する法律

（平成十九年五月三十日　法律第六十五号）

改正　令和　　二年六月十二日　法律第四十八号

（目的）

第一条　この法律は、映画館等における映画の盗撮により、映画の複製物が作成され、これが多数流通して映画産業に多大な被害が発生していることにかんがみ、映画の盗撮を防止するために必要な事項を定め、もって映画文化の振興及び映画産業の健全な発展に寄与することを目的とする。

（定義）

第二条　この法律において、次の各号に掲げる用語の意義は、それぞれ当該各号に定めるところによる。

一　上映　著作権法（昭和四十五年法律第四十八号）第二条第一項第十七号に規定する上映をいう。

二　映画館等　映画館その他不特定又は多数の者に対して映画の上映を行う会場であって当該映画の上映を主催する者によりその入場が管理されているものをいう。

三　映画の盗撮　映画館等において観衆から料金を受けて上映が行われる映画（映画館等における観衆から料金を受けて行われる上映に先立って観衆から料金を受けずに上映が行われるものを含み、著作権の目的となっているものに限る。以下単に「映画」という。）について、当該映画の影像の録画（著作権法第二条第一項第十四号に規定する録画をいう。）又は音声の録音（同項第十三号に規定する録音をいう。）をすること（当該映画の著作権者の許諾を得てする場合を除く。）をいう。

（映画産業の関係事業者による映画の盗撮の防止）

第三条　映画館等において映画の上映を主催する者その他映画産業の関係事業者は、映画の盗撮を防止するための措置を講ずるよう努めなければならない。

（映画の盗撮に関する著作権法の特例）

第四条　映画の盗撮については、著作権法第三十条第一項の規定は、適用せず、映画の盗撮を行った者に対する同法第百十九条第一項の規定の適用については、同項中「第三十条第一項（第百二条第一項において準用する場合を含む。第三項において同じ。）に定める私的使用の目的をもつて自ら著作物若しくは実演等の複製を行つた者、第百十三条第二項」とあるのは、「第百十三条

第二項」とする。

2　前項の規定は、最初に日本国内の映画館等において観衆から料金を受けて上映が行われた日から起算して八月を経過した映画に係る映画の盗撮については、適用しない。

　　　　　（令二法四八・１項一部改正）

　　　　附　則

この法律は、公布の日から起算して三月を経過した日から施行する。〔平成十九年八月三十日から施行〕

　　　　附　則（令和二年法律第四十八号）（抄）

（施行期日）

第一条　この法律は、令和三年一月一日から施行する。ただし、次の各号に掲げる規定は、当該各号に定める日から施行する。

　一　第三条（プログラムの著作物に係る登録の特例に関する法律（以下「プログラム登録特例法」という。）第二十条第一号の改正規定に限る。）並びに次条並びに附則第三条、第六条、第七条、第十二条及び第十三条（映画の盗撮の防止に関する法律（平成十九年法律第六十五号）第四条第一項の改正規定中「含む」の下に「。第三項において同じ」を加える部分に限る。）の規定　公布の日〔令和二年六月十二日〕

　二　第一条並びに附則第四条、第八条、第十一条及び第十三条（前号に掲げる改正規定を除く。）の規定　令和二年十月一日

参考資料　著作権関係条約等締結状況

区分	国・地域名 (注1)	WIPO加盟国	ベルヌ条約				万国著作権条約		世界知的所有権機関条約著作権に関する	マラケシュVIP条約 (注3)
			ローマ改正条約	ブラッセル改正条約	条約（管理規定ストックホルム改正	パリ改正条約（注2）	一九五二年条約	一九七一年条約		
ア ジ ア	イ　　ン　　ド	○	○	○		○	○	○	○	○
	インドネシア共和国	○	○			○			○	○
	韓　　　　　国	○				○		○	○	○
	カ　ン　ボ　ジ　ア	○				○			○	○
	北　　朝　　鮮	○				○				
	シ　ン　ガ　ポ　ー　ル	○				○			○	○
	ス　リ　ラ　ン　カ	○	○			○	○	○		
	タ　　　　　イ	○				○				
	台　　　　　湾									
	中 華 人 民 共 和 国	○				○	○	○	○	○
	日　　　　　本	○	○	○		○	○	○	○	
	ネ　　パ　　ー　　ル	○				○				
	パ　キ　ス　タ　ン	○	○		○		○			
	バ　ン　グ　ラ　デ　シ　ュ	○				○	○			
	東 テ ィ モ ー ル	○								
	フ　ィ　リ　ピ　ン	○		○		○	○		○	○
	ブ　ー　タ　ン	○				○				
	ブルネイ・ダルサラーム	○				○			○	
	ベ　ト　ナ　ム	○				○			○	○
	香　　　　　港					※				
	マ　　カ　　オ					※				
	マ　レ　ー　シ　ア	○				○			○	○
	ミ　ャ　ン　マ　ー	○								
	モ　ル　デ　ィ　ヴ	○								

実演家等保護条約（注4）	レコード保護条約（注5）	世界知的所有権機関条約 実演及びレコードに関する	視聴覚的実演に関する 北京条約	TRIPS協定	備考（注6）
	○	○		○	（ベ）パリの附属書を適用、パリ第33条（1）に拘束されない
		○	○	○	（ベ）パリ第33条（1）に拘束されない
○	○	○	○	○	（万）例外規定を適用
			○	○	
			○		（ベ）パリの附属書を適用、パリ第33条（1）に拘束されない
	○			○	（ベ）パリの附属書を適用
				○	
				○	（ベ）パリ第33条（1）に拘束されない
				○	
	○	○	○	○	（万）例外規定を適用
○	○	○		○	
				○	
				○	
				○	（ベ）パリの附属書を適用 （万）例外規定を適用
○		○	○	○	（ベ）パリの附属書を適用
		○		○	
○	○	○		○	
	※			○	※（注7）
	※			○	※（注7）
		○			
				○	
				○	

区分	国・地域名 （注1）	WIPO加盟国	ベルヌ条約				万国著作権条約		世界知的所有権機関条約 著作権に関する	マラケシュVIP条約（注3）
			ローマ改正条約	ブラッセル改正条約	ストックホルム改正条約（管理規定）	パリ改正条約（注2）	一九五二年条約	一九七一年条約		
アジア	モ　ン　ゴ　ル	○				○			○	○
	ラ　　オ　　ス	○				○	○			
中　　近　　東	ア フ ガ ニ ス タ ン	○				○			○	○
	ア ラ ブ 首 長 国 連 邦	○				○			○	○
	イ エ メ ン 共 和 国	○				○				
	イ　ス　ラ　エ　ル	○	○	○	○	○	○			
	イ　　　ラ　　　ク	○								
	イ　　　ラ　　　ン	○								
	オ　　マ　　ー　　ン	○				○			○	
	カ　　タ　　ー　　ル	○				○			○	○
	ク　ウ　ェ　ー　ト	○				○				
	サ ウ ジ ア ラ ビ ア	○				○	○	○		
	シ　　　リ　　　ア	○	○			○				
	ト　　ル　　　　コ	○		○		○			○	
	バ　ー　レ　ー　ン	○				○			○	
	ヨ　ル　　ダ　　ン	○				○			○	
	レ　バ　　ノ　　ン	○	○				○			
N I S 諸 国	ア ゼ ル バ イ ジ ャ ン	○				○	○		○	○
	ア　ル　メ　ニ　ア	○				○	○		○	
	ウ　ク　ラ　イ　ナ	○				○	○		○	
	ウ ズ ベ キ ス タ ン	○				○				
	カ ザ フ ス タ ン	○				○			○	
	キ　　ル　　ギ　　ス	○				○			○	
	ジ　ョ　ー　ジ　ア	○				○			○	
	タ ジ キ ス タ ン	○				○	○		○	
	ト ル ク メ ニ ス タ ン	○				○				○

実演家等保護条約（注4）	レコード保護条約（注5）	世界知的所有権機関条約 実演及びレコードに関する	視聴覚的実演に関する 北京条約	TRIPS協定	備考（注6）
		○		○	（ベ）パリの附属書を適用、パリ第33条（1）に拘束されない
				○	
		○		○	
○		○	○	○	
				○	
○	○			○	
		○		○	（ベ）パリ第33条（1）に拘束されない
○		○	○	○	
				○	
	○			○	
○			○		
○		○		○	
○		○			（ベ）パリの附属書を適用
		○		○	（ベ）パリの附属書を適用、パリ第33条（1）に拘束されない
○					
○	○	○			
○	○	○	○	○	
○	○	○		○	
	○	○			
○	○	○		○	
○	○	○			
	○	○		○	
○	○	○		○	
○					

区分	国・地域名（注1）	WIPO加盟国	ベルヌ条約				万国著作権条約		世界知的所有権機関著作権に関する条約	マラケシュVIP条約（注3）
			ローマ改正条約	ブラッセル改正条約	条約（管理規定）ストックホルム改正	パリ改正条約（注2）	一九五二年条約	一九七一年条約		
NIS諸国	ベ ラ ル ー シ	○				○	○		○	○
	モ ル ド バ 共 和 国	○				○	○		○	○
	ロ シ ア	○				○	○	○	○	○
EU	E U								○	○
ヨーロッパ（EU加盟国）	ア イ ル ラ ン ド	○	○	○	○	○	○	○		
	イ タ リ ア	○	○	○	○	○	○	○	○	○
	エ ス ト ニ ア	○				○			○	○
	オ ー ス ト リ ア	○	○	○	○	○	○	○	○	○
	オ ラ ン ダ	○	○	○	○	○	○	○	○	○
	キ プ ロ ス	○	○			○	○	○	○	
	ギ リ シ ャ	○	○			○	○	○	○	
	ク ロ ア チ ア	○				○	○	○	○	
	ス ウ ェ ー デ ン	○	○	○		○	○	○		
	ス ペ イ ン	○	○	○	○	○	○	○	○	○
	ス ロ バ キ ア	○				○	○	○	○	
	ス ロ ベ ニ ア	○				○	○	○	○	
	チ ェ コ	○				○	○	○	○	
	デ ン マ ー ク	○	○	○	○	○	○	○		
	ド イ ツ	○	○	○	○	○	○	○	○	○
	ハ ン ガ リ ー	○	○			○	○	○	○	
	フ ィ ン ラ ン ド	○	○			○	○	○		
	フ ラ ン ス	○	○	○	○	○	○	○	○	○
	ブ ル ガ リ ア	○	○			○	○	○	○	
	ベ ル ギ ー	○	○	○	○	○	○	○	○	
	ポ ー ラ ン ド	○	○			○	○	○	○	
	ポ ル ト ガ ル	○	○			○	○	○	○	

実演家等保護条約（注4）	レコード保護条約（注5）	世界知的所有権機関条約 実演及びレコードに関する	視聴覚的実演に関する 北京条約	TRIPS協定	備考 （注6）
○	○	○			
○	○	○	○	○	
○	○	○	○	○	
		○		○	
○		○		○	
○	○	○		○	
○	○	○		○	
○	○	○		○	
○	○	○		○	（ベ）翻訳権を留保
○		○		○	
○	○	○		○	
○		○		○	
○	○	○		○	
○		○	○	○	
○	○	○		○	（ベ）翻訳権を留保
○		○		○	
○	○	○		○	
○		○		○	
○	○	○		○	
○		○		○	
○	○	○		○	
○		○		○	
		○		○	
○		○		○	
		○		○	

区分	国・地域名 （注1）	WIPO加盟国	ベルヌ条約 ローマ改正条約	ベルヌ条約 ブラッセル改正条約	ベルヌ条約 条約（管理規定）ストックホルム改正	ベルヌ条約 パリ改正条約（注2）	万国著作権条約 一九五二年条約	万国著作権条約 一九七一年条約	世界知的所有権機関条約 著作権に関する	マラケシュVIP条約（注3）
EU加盟国	マ　ル　タ	○	○			管理	○		○	
	ラ　ト　ビ　ア	○	○			○			○	
	リ　ト　ア　ニ　ア	○				○			○	
	ル　ー　マ　ニ　ア	○	○		○	○			○	
	ル　ク　セ　ン　ブ　ル　ク	○	○			○	○		○	
ヨーロッパ（EU加盟国以外）	ア　イ　ス　ラ　ン　ド	○	○			○	○		○	○
	ア　ル　バ　ニ　ア	○				○		○	○	
	ア　ン　ド　ラ	○								
	イ　ギ　リ　ス	○	○			○	○	○	○	
	サ　ン　マ　リ　ノ	○							○	○
	ス　イ　ス	○				○	○	○	○	
	セ　ル　ビ　ア	○				○	○	○	○	
	ノ　ル　ウ　ェ　ー	○				○	○	○	○	
	バ　チ　カ　ン	○	○			○	○	○	○	
	ボスニア・ヘルツェゴビナ	○								
	北　マ　ケ　ド　ニ　ア	○								
	モ　ナ　コ	○	○			○	○		○	
	モ　ン　テ　ネ　グ　ロ	○							○	○
	リ　ヒ　テ　ン　シ　ュ　タ　イ　ン	○	○	○	○	○	○		○	
アフリカ	ア　ル　ジ　ェ　リ　ア	○				○	○		○	
	ア　ン　ゴ　ラ	○								
	ウ　ガ　ン　ダ	○				○			○	○
	エ　ジ　プ　ト	○				○				
	エ　ス　ワ　テ　ィ　ニ	○				○				
	エ　チ　オ　ピ　ア	○								○
	エ　リ　ト　リ　ア	○								

実演家等保護条約（注4）	レコード保護条約（注5）	世界知的所有権機関条約 実演及びレコードに関する	視聴覚的実演に関する 北京条約	TRIPS協定	備考（注6）
		○		○	（ベ）パリ第33条（1）に拘束されない
○	○	○		○	
○	○	○		○	（ベ）パリ第33条（1）に拘束されない
○	○	○		○	
○	○	○			
○				○	
○	○				
○					
		○			
○	○	○		○	
○	○	○			（ベ）翻訳権を留保
○				○	
		○			
○		○			（ベ）翻訳権を留保
○	○	○		○	
○	○				
○	○	○		○	（ベ）翻訳権を留保
○	○	○	○	○	
○		○	○		（ベ）パリの附属書を適用、パリ第33条（1）に拘束されない （万）例外規定を適用
				○	
		○	○	○	
	○			○	（ベ）パリ第33条（1）に拘束されない
				○	

区分	国・地域名 (注1)	WIPO加盟国	ベルヌ条約				万国著作権条約		世界知的所有権機関条約	マラケシュVIP条約 (注3)
			ローマ改正条約	ブラッセル改正条約	条約（管理規定ストックホルム改正	パリ改正条約 (注2)	一九五二年条約	一九七一年条約	著作権に関する	
ア フ リ カ	ガ　ー　ナ	○				○	○		○	○
	カ ー ボ ベ ル デ	○				○			○	○
	ガ　ボ　ン	○		○		○				○
	カ メ ル ー ン	○		○		○	○	○		○
	ガ ン ビ ア	○								
	ギ ニ ア	○				○	○	○	○	
	ギ ニ ア ビ サ ウ	○								
	ケ ニ ア	○				○	○	○		○
	コ ー ト ジ ボ ワ ー ル	○		○		○				○
	コ モ ロ	○				○			○	○
	コ ン ゴ 共 和 国	○				○				
	コ ン ゴ 民 主 共 和 国	○		○		○				
	サ ン ト メ・プ リ ン シ ペ	○							○	○
	ザ ン ビ ア	○								
	シ エ ラ レ オ ネ	○								
	ジ ブ チ	○				○				
	ジ ン バ ブ エ	○	○			管理				○
	ス ー ダ ン	○								
	セ ー シ ェ ル 共 和 国	○								
	赤 道 ギ ニ ア	○				○				
	セ ネ ガ ル	○		○	○	○	○	○	○	
	ソ マ リ ア	○								
	タ ン ザ ニ ア	○				○				○
	チ ャ ド	○		○	○					
	中 央 ア フ リ カ	○				○				○
	チ ュ ニ ジ ア	○	○	○		○	○	○	○	○

実演家等保護条約（注4）	レコード保護条約（注5）	世界知的所有権機関条約 実演及びレコードに関する	視聴覚的実演に関する 北京条約	TRIPS協定	備　考（注6）
	○	○		○	
○		○		○	
		○	○	○	
				○	
				○	
		○		○	
				○	
	○		○	○	
				○	
		○	○		
○				○	
	○			○	
		○	○		
				○	
				○	
				○	
			○	○	
				○	
	○			○	
				○	（ベ）パリ第33条（1）に拘束されない
				○	
			○	○	
○			○	○	（ベ）パリ第33条（1）に拘束されない （万）例外規定を適用

区分	国・地域名(注1)	WIPO加盟国	ベルヌ条約				万国著作権条約		世界知的所有権機関条約著作権に関する	マラケシュVIP条約(注3)
			ローマ改正条約	ブラッセル改正条約	条約（管理規定）ストックホルム改正	パリ改正条約(注2)	一九五二年条約	一九七一年条約		
ア フ リ カ	ト ー ゴ	○				○	○	○	○	
	ナ イ ジ ェ リ ア	○				○	○		○	○
	ナ ミ ビ ア	○				○				
	ニ ジ ェ ー ル	○		○		○	○	○		
	ブルキナファソ	○		○		○			○	○
	ブ ル ン ジ	○				○				
	ベ ナ ン	○		○		○			○	○
	ボ ツ ワ ナ	○				○			○	○
	マ ダ ガ ス カ ル	○		○					○	
	マ ラ ウ イ	○				○	○			○
	マ リ	○				○			○	
	南 ア フ リ カ	○	○	○	管理					
	モ ザ ン ビ ー ク	○				○				
	モ ー リ シ ャ ス	○				○	○			
	モ ー リ タ ニ ア	○		○		○				
	モ ロ ッ コ	○	○			○	○	○	○	○
	リ ビ ア	○				○				
	リ ベ リ ア	○				○			○	○
	ル ワ ン ダ	○				○	○	○	○	
	レ ソ ト	○				○				
北 米	ア メ リ カ 合 衆 国	○				○	○	○	○	○
	カ ナ ダ	○		○	○	○	○		○	○
中米・カリブ	アンチグア・バーブーダ	○				○				
	エ ル サ ル バ ド ル	○				○	○	○	○	○
	キ ュ ー バ	○				○				
	グ ア テ マ ラ	○				○	○		○	○

実演家等保護条約 (注4)	レコード保護条約 (注5)	実演及びレコードに関する世界知的所有権機関条約	視聴覚的実演に関する北京条約	TRIPS協定	備　考 (注6)
○	○	○	○	○	
○	○		○	○	
				○	
○				○	
○	○	○	○	○	
				○	
		○			
		○	○		
		○			
				○	
				○	(べ) パリ第33条 (1) に拘束されない
				○	
				○	(べ) パリ第33条 (1) に拘束されない
				○	
		○	○	○	
				○	(べ) パリ第33条 (1) に拘束されない
○	○			○	(べ) パリ第33条 (1) に拘束されない
				○	
○				○	(べ) パリ第33条 (1) に拘束されない
	○	○		○	
				○	
○	○	○	○	○	
				○	(べ) パリの附属書を適用、パリ第33条 (1) に拘束されない
○	○	○		○	(べ) パリ第33条 (1) に拘束されない

区分	国・地域名 (注1)	WIPO加盟国	ベルヌ条約				万国著作権条約		世界知的所有権機関条約 著作権に関する条約	マラケシュVIP条約 (注3)
			ローマ改正条約	ブラッセル改正条約	条約（管理規定）ストックホルム改正	パリ改正条約 (注2)	一九五二年条約	一九七一年条約		
中米・カリブ	グ　レ　ナ　ダ	○				○				
	コ　ス　タ　リ　カ	○				○	○	○	○	○
	ジ　ャ　マ　イ　カ	○				○		○		
	セントクリストファー・ネ　イ　ビ　ス	○				○				
	セントビンセント・グレナディーン	○				○	○	○		○
	セ　ン　ト　ル　シ　ア	○				○			○	○
	ド　ミ　ニ　カ　共　和　国	○				○				
	ド　ミ　ニ　カ	○				○				
	トリニダード・トバゴ	○				○				
	ニ　カ　ラ　グ　ア	○				○				
	ハ　イ　チ	○				○	○			
	パ　ナ　マ	○				○				
	バ　ハ　マ	○		○		管理	○	○		
	バ　ル　バ　ド　ス	○				○	○	○	○	○
	ベ　リ　ー　ズ	○				○	○	○	○	○
	ホ　ン　ジ　ュ　ラ　ス	○				○			○	○
	メ　キ　シ　コ	○		○		○	○	○	○	○
南米	ア　ル　ゼ　ン　チ　ン	○		○		○	○		○	○
	ウ　ル　グ　ア　イ	○		○		○	○		○	○
	エ　ク　ア　ド　ル	○				○	○	○	○	○
	ガ　イ　ア　ナ	○				○				
	コ　ロ　ン　ビ　ア	○				○	○	○	○	
	ス　リ　ナ　ム	○				○				
	チ　リ	○		○		○	○		○	○
	パ　ラ　グ　ア　イ	○				○	○		○	○

実演家等保護条約（注4）	レコード保護条約（注5）	実演及びレコードに関する世界知的所有権機関条約	視聴覚的実演に関する北京条約	TRIPS協定	備　考（注6）
				○	
○	○	○	○	○	
○	○	○		○	
				○	
		○	○	○	
○	○	○		○	(べ) パリ第33条 (1) に拘束されない
○		○	○	○	
○	○	○		○	
				○	
○	○	○		○	
			○		(べ) パリ第33条 (1) に拘束されない
○	○	○		○	
○		○	○	○	
○	○	○		○	
○	○	○	○	○	(万) 例外規定を適用
○	○	○		○	
○	○	○		○	
○	○	○	○	○	
○	○	○		○	
				○	
○	○	○	○	○	
○	○	○		○	

区分	国・地域名 (注1)	WIPO加盟国	ベルヌ条約				万国著作権条約		世界知的所有権機関条約著作権に関する	マラケシュVIP条約 (注3)
			ローマ改正条約	ブラッセル改正条約	条約(管理規定)ストックホルム改正	パリ改正条約 (注2)	一九五二年条約	一九七一年条約		
南米	ブ ラ ジ ル	○	○	○		○	○	○		○
	ベ ネ ズ エ ラ	○				○	○	○		○
	ペ ル ー	○				○	○	○		○
	ボ リ ビ ア	○				○	○	○		○
大洋州	オ ー ス ト ラ リ ア	○	○	○	○	○	○	○		○
	キ リ バ ス	○				○			○	○
	ク ッ ク 諸 島	○				○			○	
	サ モ ア	○							○	
	ソ ロ モ ン 諸 島	○							○	
	ツ バ ル	○								
	ト ン ガ	○				○			○	
	ナ ウ ル	○							○	
	ニ ウ エ	○				○				
	ニ ュ ー ジ ー ラ ン ド	○	○			○	○			○
	バ ヌ ア ツ	○				○			○	○
	パ プ ア ニ ュ ー ギ ニ ア	○								
	フ ィ ジ ー	○		○	○		○			
	マ ー シ ャ ル 諸 島	○								○
	ミ ク ロ ネ シ ア	○				○				
加盟又は締約国・地域数		193	179				100		115	93

(注)　1　国・地域の区分については独自に定め、地域については主なものだけを掲げた。

　　　2　ベルヌ条約パリ改正条約の欄において「管理」とあるのは、管理規定(第202条〜第308条)のみについて締約している国・地域である。

　　　3　正式な名称は、「盲人、視覚障害者その他の印刷物の判読に障害の

実演家等保護条約（注4）	レコード保護条約（注5）	世界知的所有権機関条約 実演及びレコードに関する	視聴覚的実演に関する 北京条約	TRIPS協定	備　考（注6）
○	○			○	
○	○			○	（ベ）パリ第33条（1）に拘束されない
○	○	○	○	○	
○				○	（万）例外規定を適用
○	○	○		○	
		○	○		
		○	○		
			○	○	
				○	
				○	
	○	○		○	
		○	○		
				○	
○	○			○	
			○		
97	81	112	47	164	

　　ある者が発行された著作物を利用する機会を促進するためのマラケ
　シュ条約」である。
　4　実演家等保護条約は不遡及を原則としている。したがって、日本の
　　実演家等保護条約締約（1989・10・26）後に実演家等保護条約を締約
　　した国（レソト（1990・1・26）、ホンジュラス（1990・2・16）、スペ

イン（1991・11・14）、アルゼンチン（1992・3・2）、オーストラリア（1992・9・30）、チェコ（1993・1・1）、スロバキア（1993・1・1）、ギリシャ（1993・1・6）、スイス（1993・9・24）、オランダ（1993・10・7）、ナイジェリア（1993・10・29）、ボリビア（1993・11・24）、ジャマイカ（1994・1・27）、アイスランド（1994・6・15）、ハンガリー（1995・2・10）、ブルガリア（1995・8・31）、モルドバ共和国（1995・12・5）、ベネズエラ（1996・1・30）、セントルシア（1996・8・17）、スロベニア（1996・10・9）、ポーランド（1997・6・13）、カーボベルデ（1997・7・3）、レバノン（1997・8・12）、北マケドニア（1998・3・2）、カナダ（1998・6・4）、ルーマニア（1998・10・22）、リトアニア（1999・7・22）、ラトビア（1999・8・20）、ベルギー（1999・10・2）、リヒテンシュタイン（1999・10・12）、ドミニカ（1999・11・9）、クロアチア（2000・4・20）、エストニア（2000・4・28）、ニカラグア（2000・8・10）、アルバニア（2000・9・1）、ウクライナ（2002・6・12）、ポルトガル（2002・7・17）、イスラエル（2002・12・30）、アルメニア（2003・1・31）、ロシア（2003・5・26）、ベラルーシ（2003・5・27）、セルビア（2003・6・10）、トーゴ（2003・6・10）、キルギス（2003・8・13）、トルコ（2004・4・8）、アンドラ（2004・5・25）、ジョージア（2004・8・14）、アラブ首長国連邦（2005・1・14）、アゼルバイジャン（2005・10・5）、リベリア（2005・12・16）、バーレーン（2006・1・18）、シリア（2006・5・13）、モンテネグロ（2006・6・3）、ベトナム（2007・3・1）、アルジェリア（2007・4・22）、タジキスタン（2008・5・19）、韓国（2009・3・18）、ボスニア・ヘルツェゴビナ（2009・5・19）、キプロス（2009・6・17）、カザフスタン（2012・6・30））、カタール（2017・9・23）、ベリーズ（2019・2・9）、トリニダード・トバゴ（2020・3・9）、トルクメニスタン（2020・11・30）、チュニジア（2023・7・13）に関しては、締約の日から保護を受ける。

5　レコード保護条約は不遡及を原則としている。したがって、日本のレコード保護条約締約（1978・10・14）後にレコード保護条約を締約した国（エルサルバドル（1979・2・9）、パラグアイ（1979・2・13）、コスタリカ（1982・6・17）、オーストリア（1982・8・21）、ベネズエラ（1982・11・18）、ウルグアイ（1983・1・18）、バルバドス（1983・7・29）、ペルー（1985・8・24）、韓国（1987・10・10）、ブルキナファソ（1988・1・30）、トリニダード・トバゴ（1988・10・1）、ホンジュラス（1990・3・6）、チェコ（1993・1・1）、スロバキア（1993・1・1）、

中華人民共和国（1993・4・30）、キプロス（1993・9・30）、スイス（1993・9・30）、オランダ（1993・10・12）、ジャマイカ（1994・1・11）、ギリシャ（1994・2・9）、コロンビア（1994・5・16）、ロシア（1995・3・13）、ブルガリア（1995・9・6）、スロベニア（1996・10・15）、ラトビア（1997・11・23）、北マケドニア（1998・3・2）、ルーマニア（1998・10・1）、リヒテンシュタイン（1999・10・12）、リトアニア（2000・1・27）、ウクライナ（2000・2・18）、クロアチア（2000・4・20）、エストニア（2000・5・28）、モルドバ共和国（2000・7・17）、ニカラグア（2000・8・10）、セントルシア（2001・4・2）、アルバニア（2001・6・26）、カザフスタン（2001・8・3）、アゼルバイジャン（2001・9・1）、キルギス（2002・10・12）、アルメニア（2003・1・31）、ベラルーシ（2003・4・17）、セルビア（2003・6・10）、トーゴ（2003・6・10）、ベトナム（2005・7・6）、リベリア（2005・12・16）、モンテネグロ（2006・6・3）、ボスニア・ヘルツェゴビナ（2009・5・25）、タジキスタン（2013・2・26））、ガーナ（2017・2・10）、ウズベキスタン（2019・4・25）、サウジアラビア（2023・7・4）に関しては、締約の日から保護を受ける。

6　備考中、（ベ）はベルヌ条約に、（万）は万国著作権条約に関するものである。

7　香港、マカオには中華人民共和国が締結している著作権関係条約等が適用されている。

著作権法入門 2023－2024

2023年11月15日　発行

編 著 者　　文 化 庁

発 行 者　　公益社団法人 著作権情報センター

〒164 0012　東京都中野区本町1-32-2
ハーモニータワー 22 階
電 話(03)5309-2421　FAX(03)5354-6435

印刷・製本　　日本フィニッシュ株式会社

ISBN978-4-88526-099-5

出版案内

公益社団法人著作権情報センター

著作権法逐条講義（七訂新版）

◎最も信頼のおけるわが国著作権法の解説書！
昭和四十九年の初版以来、法改正のつど適切な改訂を重ねた、最も信頼のおけるわが国屈指の著作権法解説書。
他に例をみないわが国屈指の著作権法コンメンタール。

加戸守行著

A5判・上製箱入／1161頁　定価（本体一六、〇〇〇円＋税）

（二〇二一年一一月二二日発行）

実務者のための 著作権ハンドブック（新版）

◎初心者から実務者までこの一冊！　著作権制度のポイントを読みやすいレイアウトとわかりやすい記述で解説し、豊富なQ&Aを擁する。

池村聡・小坂準記・澤田将史編著

A5判／612頁　定価（本体三、〇〇〇円＋税）

（二〇二三年四月一日発行）

著作権関係法令・条約集（令和元年版）

◎TPP条約対応を含む平成三十年著作権法改正を反映した実務者・研究者必携の一冊！
著作権関係の法令、規則、国際条約、協定を完全網羅。

B6判／736頁　定価（本体三、五〇〇円＋税）

（二〇一九年一一月発行）

そこが知りたい 著作権Q&A100～CRIC著作権相談室から～（第二版）

◎著作権に関する問題を解決！　一九九六年から開設している「著作権相談室」に実際に寄せられた疑問・質問を、ジャンルごとに分類された目次構成でわかりやすく解説する一冊。

早稲田祐美子著

A5判／260頁　定価（本体二、三〇〇円＋税）

（二〇二〇年十二月発行）